SOTA RASANT
Aspectes teòrics i pràctica constructiva

Agustí Portales Pons

Edicions UPC
UNIVERSITAT POLITÈCNICA DE CATALUNYA

Aquesta obra compta amb el suport de la Generalitat de Catalunya

En col·laboració amb el Servei de Llengües i Terminologia de la UPC.

Disseny de la coberta: Ernest Castelltort
Disseny de la maqueta interior: Tono Cristófol
Maquetació: Mercè Aicart

Primera edició: setembre de 2009

©   Agustí Portales Pons, 2009

©   Edicions UPC, 2009
       Edicions de la Universitat Politècnica de Catalunya, SL
       Jordi Girona Salgado 1-3, 08034 Barcelona
       Tel.: 934 137 540   Fax: 934 137 541
       Edicions Virtuals: www.edicionsupc.es
       E-mail: edicions-upc@upc.edu

Producció: LIGHTNING SOURCE

Dipòsit legal: B-35032-2009
ISBN: 978-84-9880-375-4

Qualsevol forma de reproducció, distribució, comunicació pública o transformació d'aquesta obra només es pot fer amb l'autorització dels seus titulars, llevat de l'excepció prevista a la llei. Si necessiteu fotocopiar o escanejar algun fragment d'aquesta obra, us he d'adreçar al Centre Espanyol de Drets Reprogràfics (CEDRO), <http://www.cedro.org>.

*Als correctors i als bibliotecaris que, amb la seva tasca callada i eficient, ens permeten fruir dels llibres.
I, a la meva esposa Lina.*

presentació

En el món de les construccions arquitectòniques, se soler aplicar els conceptes de "cota zero cap avall" i de "cota zero cap amunt" per definir dues situacions molt particulars i diferenciades del procés d'edificació.

Per sota de la cota zero, se solen presentar situacions no previstes, problemes i dificultats habitualment d'abast més important que els que es produeixen quan la construcció ha superat la "cota zero".

Malgrat que hi ha una bibliografia extensa sobre aspectes de mecànica de sòls i també sobre disseny, càlcul i construcció d'elements de contenció i fonamentació, no sempre es produeix la confluència entre les dues àrees de coneixement que la seva aplicació pràctica requereix.

Sota rasant té per objecte facilitar, als estudiants de carreres tècniques relacionades amb les construccions arquitectòniques, els coneixements bàsics per:

- Afrontar les decisions primàries relatives al tipus de fonament o de contenció que s'ha d'emprar sobre la base del coneixement del comportament mecànic d'un sòl.
- Aplicar-les a les necessitats d'un edifici determinat.
- Resoldre aspectes de detall relatius al disseny constructiu d'elements específics.

Aquest llibre també està concebut per ajudar els diferents professionals de la construcció arquitectònica en la presa de decisions tècniques, des de les primeres fases de disseny fins a l'execució física de la obra grossa situada sota rasant.

Comprèn:

- **Una introducció sobre el sòl i el seu comportament mecànic.** Es planteja conèixer-lo com a base imprescindible per pendre les decisions constructives. El sòl és el primer material de construcció, al igual que els projectes executius són la matèria primera de la construcció.
- **Els treballs de prospecció del sòl i de laboratori.** S'exposen els mecanismes disponibles per parametritzar el comportament mecànic del sòl, el seu abast i la participació que aquests tenen en el disseny constructiu dels sistemes de contenció i fonamentació.
- **El estudi geotècnic.** S'analitza com a document primari del projecte. Té la funció d'orientar el projectista sobre els sistemes de contenció i de fonamentació més idonis a les característiques del sòl i de l'edifici considerats, com també el seu dimensionament corresponent.
- **El disseny constructiu de fonaments i contencions.** S'incideix en els detalls gràfics de repertori i en les descripcions dels processos constructius per materialitzar-los.

– **L'anàlisi de l'execució física de les excavacions, els moviments de terres, les contencions provisionals, els fonaments i les estructures necessàries fins arribar a la cota zero.** Es consideren les diferents possibilitats d'actuació pràctica segons el tipus de sòl, els sistemes de contenció, morfologia de la planta i els condicionaments d'entorn.

La complexitat dels temes plantejats demana disposar de bases sòlides, derivades tant dels aspectes teòrics com de l'experiència i de la pràctica quotidiana. Amb aquests supòsits, es poden adoptar decisions eficients i segures sobre el comportament estructural de l'edifici en relació amb el seu contacte amb el sòl.

La necessitat d'optimitzar els espais disponibles de les ciutats comporta, entre d'altres aspectes, construir un nombre cada cop més gran de plantes soterrani. Les tècniques necessàries per assolir-ho haurien de desenvolupar-se, si més no, amb la mateixa seguretat que la resta de processos constructius.

L'experiència demostra, en canvi, que els treballs sota rasant constitueixen una de les fases de les construccions arquitectòniques amb més risc i sinistralitat. És necessari fer un esforç dràstic per aconseguir, des de tots els fronts, reduir-los. Per aquesta raó, en tots els processos constructius descrits s'han incorporat les mesures de seguretat que s'hi ha d'adoptar com a part indissociable d'aquests.

Una altra característica que sol acompanyar els treballs sota rasant són les desviacions de temps i de cost. La majoria deriven d'una manca d'estudi del projecte i d'una planificació inadequada dels treballs. Les bases de dades de preus unitaris constitueixen una font excel·lent de planificació, a disposició del professionals, que no sempre és utilitzada racionalment.

La presència d'aigua freàtica, desnivells, seccions estratigràfiques irregulars, roques més o menys disgregades, infraestructures properes, dificultats d'accés i de maniobra, edificis entre mitjaneres, amb soterranis i sense i estats de conservació dels edificis propers més o menys correctes són alguns dels aspectes significatius que conformen el marc de treball.

Sense renunciar al rigor científic i tècnic, el treball es decanta, marcadament, vers una integració pràctica de la geotècnia en els coneixements propis de les construccions arquitectòniques. Procura també que les exposicions siguin "llegibles". S'ha evitat tant acumular informació innecessària en els paràgrafs com referir contínuament el lector a altres apartats de la obra, en la mesura que ha estat possible.

El Codi tècnic de l'Edificació (CTE), per mitjà del llibre 3, "DB SE-C Seguretat estructural: fonaments", ha incorporat de manera oficial, i a tots els efectes, el sòl com un material més de construcció, el primer, si es considera que actuant sobre ell es comença a construir.

Amb la disponibilitat dels mitjans tècnics que permeten parametritzar-ne el comportament mecànic i químic, el sòl s'ha convertit, per als professionals de la construcció del segle XXI, en un material complex però previsible. Des d'aquestes premisses es desenvolupen les pàgines següents.

Barcelona-Roses
Juny de 2007-Agost de 2008

índex

Presentació	7
1 El sòl: aire, aigua i partícules sòlides	19
1 Introducció al comportament mecànic del sòl. Una mica d'història	19
2 Geotècnia. Mecànica de roques i mecànica de sòls	21
3 Aproximació a les roques. Origen i comportament	22
4 Els sòls. Origen i característiques principals	24
5 Propietats comunes als sòls	25
6 El sòl com a primer material de construcció. Les bases del seu estudi analític	27
6.1 Propietats bàsiques del sòl	28
6.1.1 Propietats intrínseques	28
6.1.2 Propietats d'estat	29
6.1.3 Propietats o característiques geotècniques	31
7 Classificació dels sòls per la mesura dels seus grans. Albert Mauritz Atterberg 1846-1916	42
7.1 Granulometria. Corbes granulomètriques	45
7.2 Sòls coherents. Caracterització de les argiles i els llims. Límits d'Atterberg. Àbac de Casagrande	47
8 Resistència dels sòls	49
9 Introducció a les situacions de trencament dels sòls. La relació del trencament amb l'angle ϕ de fregament intern i la seva representació. Cercle de Mohr i corba intrínseca de ruptura	51
10 Relacions entre les tensions principals d'un sòl en estat d'equilibri plàstic. Rankine	52
11 Coeficients d'empenta activa i d'empenta passiva. Mobilització d'empenta passiva	54
12 Aplicació dels equilibris de Rankine a la determinació d'empentes del sòl	57
13 Determinació de l'alçada crítica teòrica d'un talús vertical sotmès al seu pes propi	59
2 Aparells de laboratori per mesurar paràmetres geotècnics	61
1 Introducció	61
2 Caixa de tall directe	62
3 Triaxial	63
4 Assaig de compressió simple	64
5 Edòmetre	65
6 Permeàmetre	68
3 Aparells de camp per mesurar paràmetres geotècnics	71
1 Introducció	71
2 Cala o pou	71
3 Sondeig	72

4 Assaig normal de penetració (SPT)	72
5 Penetròmetre estàtic	74
6 Escissòmetre o molinet	77
7 Penetròmetre dinàmic	78
8 Pressiòmetre	80
9 Assaig de placa	81
10 Algunes relacions empíriques entre resultats obtinguts amb diversos aparells de camp per determinar paràmetres geotècnics	83

4 Aigua i sòl. Conceptes bàsics — 87

1 Introducció	87
2 Nivell freàtic. Definició	87
3 Permeabilitat	88
4 Filtració	88
5 Gradient hidràulic	89
6 Coeficient de permeabilitat	89
7 Velocitat de descàrrega	89
8 Tensió efectiva i tensió neutra	90
9 Gradient hidràulic crític. Aplicació pràctica	92
10 El control del nivell freàtic	93
11 Avaluació de la entrada d'aigua dins d'un vas d'edificació	94
12 Tècniques i sistemes per rebaixar el nivell freàtic en els vasos d'edificació	95
12.1 Sistema Siemens	95
12.2 Well-point	96
12.3 Well-point d'injecció	97
12.4 Pous profunds amb bombes submergides	97
13 Procés de construcció d'un vas d'edificació controlant el nivell freàtic	98

5 Estudis geotècnics — 101

1 Introducció	101
2 L'estudi geotècnic. Què és i per a què serveix	101
3 Estudi geotècnic. Composició	102
4 La elaboració de l'estudi geotècnic	103
5 Estructura genèrica d'un estudi geotècnic	104
5.1 Dades generals	104
5.2 Objecte	104
5.3 Informació prèvia	104
5.4 Comentari geològic	106
6 Descripció de la campanya de reconeixement	106
7 Informació que s'ha de facilitar a l'empresa que ha de realitzar la prospecció	107
7.1 Disponibilitat recíproca	107
7.2 Plànol d'emplaçament	108
7.3 Característiques de l'edifici	108
7.4 Altres informacions	109
8 Situació actual del solar, condicions de seguretat i d'accés	109
8.1 Estat de conservació i característiques de les edificacions veïnes	109

8.1.1 Inspecció visual i estudi analític	110
8.1.2 Estat de conservació, patologies i el seu abast	111
8.1.3 Deixar constància de les patologies	114
8.2 Possibilitat, o no, d'utilitzar ancoratges segons les condicions d'entorn	114
9 Contingut de l'estudi geotècnic en base al CTE. Els sòls T-3	115
9.1 Els sòls T-3	116
9.1.1 Sòls d'alt risc	117
9.1.1.1 Sòls càrstics de guixos o càlcics	117
9.1.1.2 Sòls en zones proclius de patir lliscaments	117
9.1.1.3 Roques volcàniques en colades primes o amb cavitats	118
9.2 Sòls que requereixen estudis geotècnics específics	119
9.2.1 Sòls expansius	119
9.2.2 Sols col·lapsables	119
9.2.3 Sòls tous o solts	120
9.2.4 Sòls variables quant a composició i estat	120
9.2.5 Sòls antròpics amb gruixos superiors als tres metres	121
9.2.6 Sòls amb desnivells superiors a 15°	122
9.2.7 Sòls residuals	125
9.2.8 Sòls de maresmes	125
10 Aparells normalitzats de camp i de laboratori	126
10.1 Resultats obtinguts	127
10.2 Seccions estratigràfiques	128
10.3 Interpretació dels resultats	128
10.4 Conclusions i recomanacions	128
11 Signatura	130
12 Referències al llibre 3 del Codi Tècnic de l'Edificació: "Seguretat estructural. Fonaments"	131
12.1 Les situacions de dimensionament	132
12.2 Bases de dimensionament	133
12.3 Comprovacions que s'han de fer per al dimensionament dels sistemes de fonamentació	134
6 Tipologies i tècniques de construcció dels sistemes de contenció de terres	**137**
1 Introducció	137
2 Tipologia dels sistemes de contenció de terres	138
2.1 Contencions per gravetat	139
2.1.1 Exemples de contencions per gravetat sense flexió	140
2.1.2 Exemples tipològics de contencions per gravetat amb elements flectats	143
2.3 Exemples tipològics i tècniques de construcció de contencions flectades i subjectades	146
2.3.1 Murs subjectats en cap	147
2.3.2 Recalçats	151
2.3.3 Corones descendents	152
2.3.4 Encofrats per a murs	154
2.3.5 Productes desencofrants	157
2.3.6 Murs pantalla. Introducció i tipus de murs pantalla	159
2.3.7 Prestacions exigibles als murs pantalla	161

2.3.8 Aplicacions constructives dels tipus de murs pantalla — 168
2.3.9 Barreres de pilons — 172
3 Proteccions dels murs de contenció i les soleres enfront de la humitat. Les prescripcions del CTE — 173
3.1 Impermeabilització de murs — 173
3.2 Impermeabilització de soleres i sostres sanitaris — 176

7 Murs de contenció per gravetat a flexió. Aspectes de disseny constructiu i de dimensionament — 181
1 Consideracions generals — 181
2 Quanties geomètriques mínimes — 182
3 Aspectes constructius — 183
4 Toleràncies — 184
5 Junts — 185
6 Paràmetres geotècnics i dades de partida necessaris per realitzar el disseny constructiu d'un mur de contenció de gravetat amb la pantalla flectada — 186
7 Les empentes i la seva representació gràfica — 187
8 Empentes activa, passiva i en repòs — 189
9 Els diagrames d'empentes — 189
10 Conceptes bàsics per comprovar el disseny dels murs de contenció — 192
11 Estabilitat al bolc — 194
12 Estabilitat al lliscament — 195
13 Comprovació de les tensions en la base de la sabata — 197
14 Murs subjectats en cap — 199
15 Disposició de les armadures en els murs flectats en voladís — 200

8 Murs pantalla. Aspectes de disseny constructiu i de dimensionament — 203
1 Introducció — 203
2 Protocol d'execució dels murs pantalla i formació del vas — 203
2.1 Implantació de l'obra i condicions de seguretat — 204
2.2 Preparació de les plataformes de treball. Eliminació d'obstacles aeris — 205
2.3 Replantejament general. Replantejament i construcció dels murets guia — 205
2.4 Fase de perforació, armat i formigonatge dels batatges — 207
2.4.1 Preparació dels llots bentonítics — 207
2.4.2 Perforació — 209
2.4.3 Col·locació dels elements de junt — 211
2.4.4 Introducció de les gàbies d'armadura — 212
2.4.5 Formigonatge i recuperació de llots bentonítics — 214
2.4.6 Extracció de l'element de junt — 216
2.5 Sanejament de la zona superior del mur pantalla — 217
2.6 Construcció de la biga de coronació — 218
2.7 Excavació del recinte i col·locació d'ancoratges provisionals — 219
2.8 Neteja o fresatge dels panells — 221
2.9 Execució de la fonamentació del fons del vas i inici de l'estructura — 221

2.10 Fixació de sostres al mur pantalla	224
2.11 Supressió dels ancoratges provisionals i regularització dels paraments	225
3 Murs pantalla autoestables. Plantejament teòric del problema. Determinació de la fondària de la clava. Mètode de Blum	226
3.1 Desenvolupament numèric	227
3.2 Determinació del moment màxim que sol·licita la pantalla. Diagrama de moments	228
4 Murs pantalla estabilitzats isostàticament	229
4.1 Mètode del "peu lliure"	230
4.2 Mètode del "peu fix"	232
5 Murs pantalla estabilitzats hiperestàticament. Introducció	234
5.1 Diagrames	234
5.2 Criteris per a l'estimació de moments i d'armats	236
6 Armadures per a murs pantalla. Disseny constructiu de les gàbies	237
7 Com evitar patologies en els murs pantalla i corregir-les si es produeixen	240
7.1 Deformacions de la pantalla per empentes més grans de les previstes	240
7.2 Clava insuficient	242
7.3 Sifonaments	243
7.4 Fallida del sistema o dels sistemes de contenció provisional	243
9 Pantalles de pilons	**247**
1 Aspectes generals	247
2 Diàmetres i disposició dels pilons	247
3 Pantalles de pilons separats	248
4 Pantalles de pilons tangents	248
5 Pantalles de pilons secants	248
6 Consideracions de tipus constructiu	249
7 Dades de partida per al disseny constructiu de pantalles de pilons	249
8 Procés constructiu	250
8.1 Replantejament	250
8.2 Formació dels murets guia	251
8.3 Perforació de la sèrie parell	252
8.4 Armat i formigonat de la sèrie parell	252
8.5 Perforació, armat i formigonatge de la sèrie imparell	253
8.6 Escapçament dels pilons	254
8.7 Assaigs d'integritat	254
8.8 Realització de la biga de coronació	254
8.9 Procés d'excavació i de contencions provisionals per a la formació del vas	255
8.10 Neteja i acabat dels pilons	256
8.11 Realització de la fonamentació	256
8.12 Unions sostre-pilons	258
8.13 Eliminació dels estintolaments provisionals	258

10 Els sistemes de contenció provisional de terres durant la formació de vasos d'edificació resolts amb murs pantalla   261

1 Introducció als sistemes de contenció provisional de terres per a l'excavació de vasos d'edificació   261

2 Bases per el estudi de les contencions provisionals dels vasos d'edificació   262
- **2.1** Característiques del sòl   262
- **2.2** Garantia, en tot moment, de la seguretat   262
- **2.3** Nombre de soterranis per construir   263
- **2.4** Superfície, dimensions i morfologia del vas   263
- **2.5** Condicions d'entorn   264
- **2.6** Facilitació el procés d'excavació   265

3 Recursos tècnics per a la contenció provisional de terres   265
- **3.1** Bermes de terres   266
- **3.2** La geometria   267
- **3.3** Estintolaments i estampidors metàl·lics   268
- **3.4** Ancoratges injectats al terreny. Definició. Generalitats   269
  - **3.4.1** Elements i parts que conformen un ancoratge injectat al terreny   272
    - **3.4.1.1** La perforació   272
    - **3.4.1.2** Els greixos   273
    - **3.4.1.3** Els tendons, els separadors i els centradors   274
    - **3.4.1.4** Les fundes, les beines i els injectors   275
    - **3.4.1.5** Barres i tubs   275
    - **3.4.1.6** Els ciments i la beurada   276
    - **3.4.1.7** Bulb   277
    - **3.4.1.8** Longitud lliure   279
    - **3.4.1.9** La trompeta   280
    - **3.4.1.10** Les cues   280
    - **3.4.1.11** Els gats de tesatge i el procés de tesatge   281
    - **3.4.1.12** La placa de base   282
    - **3.4.1.13** El cap de bloqueig i les seves falques   283
  - **3.4.2** Tipus d'ancoratges   283
  - **3.4.3** Durada del servei   284
  - **3.4.4** Protecció contra la corrosió   284
  - **3.4.5** Coeficients de seguretat   284
  - **3.4.6** Assaigs i programes de control   285
    - **3.4.6.1** Assaigs d'investigació   285
    - **3.4.6.2** Assaigs d'adequació   285
    - **3.4.6.3** Assaigs d'acceptació   285
  - **3.4.7** Mètodes d'assaig   286
  - **3.4.8** Programes de control   286
  - **3.4.9** Posada en càrrega   286
  - **3.4.10** Procés d'execució d'un ancoratge   287
  - **3.4.11** Protocol per a la prescripció d'un ancoratge   288
    - **3.4.11.1** Estudi geotècnic   288
    - **3.4.11.2** Estudi del sistema de contenció   289
- **3.5** Mòduls de pantalla   291
- **3.6** Talussos de perímetre   293
- **3.7** Sistema ascendent/descendent   293
- **3.8** Combinacions dels mètodes precedents   294

11 Fonaments superficials i semiprofunds	297
1 Introducció	297
2 Fonaments superficials, tipologies	299
2.1 Sabates contínues	299
2.2 Bigues de fonamentació i engraellats	300
2.3 Sabates aïllades	302
2.4 Sabates associades	303
2.5 Sabates excèntriques	305
2.6 Lloses de fonamentació	306
2.7 Pous i arcs	310
2.8 Pous de fonamentació	311
2.8.1 Capacitat de càrrega a trencament dels pous de fonamentació	312
2.8.2 Disposició constructiva dels armats dels pous de fonamentació	313
2.9 Zapilons	313
3 Criteris de disseny constructiu per a sabates. Algunes consideracions respecte la normativa	315
4 Disseny constructiu d'una sabata a flexió	317
5 Disseny constructiu d'una sabata rígida	319
6 Sabates associades. Procés de disseny	321
7 Procés de disseny constructiu de bigues centradores	325
8 Disseny constructiu de riostes	328
12 Fonaments profunds. Pilons	331
1 Introducció	331
2 El treball mecànic dels pilons	331
3 Nomenclatura de pilons	332
4 Criteris per a la utilització de pilons	333
5 Tipus de pilons	333
5.1 Pilons de desplaçament	334
5.2 Pilons d'extracció	336
5.3 Pilons perforats	337
6 Pilons prefabricats CPP	340
7 Quadre d'aplicacions	341
7.1 Presència de sòls granulars	341
7.2 Consistència del sòl	342
7.3 Existència de nivell freàtic	342
7.4 Possibilitat de realitzar encastaments	342
7.5 Existència de parets mitgeres	343
7.6 Possibilitat d'assolir grans profunditats	343
8 Aspectes de seguretat en el treball durant l'execució dels pilons	343
9 Resistència d'un piló sotmès a compressió centrada	344
10 Quanties mecàniques màximes i mínimes per a les armadures longitudinals dels pilons	344
11 Criteris de disseny per a la formació d'armadures de pilons	345
12 Diàmetres i armats dels pilons	345
13 Protocol per al disseny d'una fonamentació realitzada amb pilons	345

14 Estimació la capacitat portant d'un piló formigonat "in situ"	348
15 Assaigs d'integritat dels pilons	352
16 Enceps. Consideracions de tipus constructiu	353
16.1 Encep de dos pilons	354
16.1.1 Encep rígid de dos pilons	354
16.1.2 Armadures complementàries d'un encep rígid de dos pilons	356
17 Disseny constructiu d'un encep rígid de tres pilons	357
18 Disseny constructiu d'un encep rígid de quatre pilons	360
13 Micropilons	**363**
1 Aspectes generals	363
2 Dades de partida per al disseny constructiu de sistemes de micropilons	364
3 Replantejament i execució	365
4 Aplicacions dels micropilons	368
Bibliografia	377

el sòl: aire, aigua i partícules sòlides

1 Introducció al comportament mecànic del sòl. Una mica d'història

El comportament mecànic del sòl ha estat un gran desconegut per als professionals de la construcció al llarg de la història.

La varietat de situacions, materials i composicions que presenten els sòls ha fet que, durant segles, la fonamentació dels edificis s'hagués reduït a experiències de prova i error.

El desconeixement, tant científic com pràctic, de les interaccions entre el sòl i les diferents tipologies d'edifici ha comportat greus problemes dels quals la història de la construcció és testimoni.

La manca de base científica per dissenyar els fonaments dels edificis s'ha traduït de formes diverses: esquerdes, pèrdues de verticalitat i esfondraments. Fins i tot cal comptar amb el cas afortunat de la torre de Pisa, que és possiblement, l'errada en l'elecció de fonaments més profitosa de la història de la construcció.

L'única base científica sobre la qual fonamentar els fenòmens mecànics derivats de situar un edifici sobre un sòl era, fins al primer terç del segle xx, el concepte de pressió, ja conegut i desenvolupat pels arquitectes romans.

Les primeres referències documentals de què es disposa sobre la consideració de les característiques del sòl per a fonamentar, malauradament sense dibuixos, es troben recollides en els deu llibres que conformen el tractat de Marc Vitruvi Pol·lió *De Architectura* redactat entre els anys 35 i 25 aC.

El llibre sisè, capítol XI, tracta de la solidesa i dels fonaments dels edificis. Vitruvi uneix, en el seu tractat, teoria, pràctica i normativa. Els coneixements que conté no responen, però, a cap base científica. Són el resultat de l'enginy, de la experiència i de la capacitat d'observació adquirida i aplicada a les noves experiències després de molts fracassos.

Reduir la pressió amb mecanismes d'interposició, augmentant la secció de contacte entre l'edifici i el sòl, va ser el camí, emprès sense èxit, per tractadistes del segle xix com Jean Baptiste Rondelet (1743-1829), Eugène Emmanuel Viollet-le-Duc (1814-1879) o Auguste Choisy (1841-1909).

Amb aquesta mesura, pretenien limitar l'efecte dels assentaments diferencials. Varen realitzar, amb resultats decebedors, massissos continus o lloses sota els edificis per tal d'evitar els assentaments. Per desgràcia, no disposaven de formigó armat per absorbir les flexions derivades del contacte entre l'edifici i el sòl.

Cal recordar que el ciment pòrtland l'inventa Joseph Aspdin l'any 1824, però no es produeix industrialment fins a l'any 1845. El precursor del formigó armat Joseph Monier (1832-1906) comença les seves experiències l'any 1849 realitzat unes jardineres armades amb tela metàl·lica. Fins a l'any 1897 no s'imparteix el primer curs de formigó armat a l'École Polytechnique. Es pot concloure que el material adequat per fer lloses de fonamentació, tal com són enteses en l'avui no va estar disponible fins ben entrat l'any 1900, quan els autors esmentats ja havien desaparegut o tenien una edat avançada.

L'any 1773, Charles Auguste Coulomb (1736-1806) va presentar a la Acadèmia de Ciències francesa la primera aportació científica sobre com determinar les empentes de terres. Cal tenir present que, en aquells moments, Coulomb no actuava com a físic sino com a enginyer militar. El que pretenia era optimitzar les seccions dels murs per a contencions de terres de les fortificacions. Ho va aconseguir. L'estimació de les empentes d'un talús basat en l'anomenada falca de Coulomb se segueix emprant avui paral·lelament amb les teories de William John Macquorn Rankine (1820-1872).

La parametrització mecànica del comportament del sòl es deu a Karl von Terzaghi (1883-1963). L'any 1925 va publicar *Erdbaumechanik* (Mecànica dels sòls). En aquesta obra, i en els nombrosos treballs posteriors que van desenvolupar el propi Terzaghi i altres autors que han seguit la línia que va iniciar, es posa de manifest un model de fallida dels sòls per esforç de tall (figura 1.1).

Sobre la base d'això, sigui quin sigui el cas considerat -un talús, una contenció, una sabata de fonamentació, un piló o un ancoratge injectat al terreny-, quan es produeix el col·lapse del sòl per efecte d'una acció determinada, sempre es possible determinar una superfície de fractura. Aquesta delimita el terreny que es desplaça, com a conseqüència d'aquesta acció, respecte del que manté inalterada la posició.

A mitjan anys quaranta del segle XX, els coneixements sobre mecànica de sòls s'estenen per mitjà de la creació de nous aparells de prospecció i mesurament. Es disposa de laboratoris i, el que és més important, els coneixements sobre mecànica de sòls passen a formar part dels programes d'ensenyament de les diferents escoles tècniques.

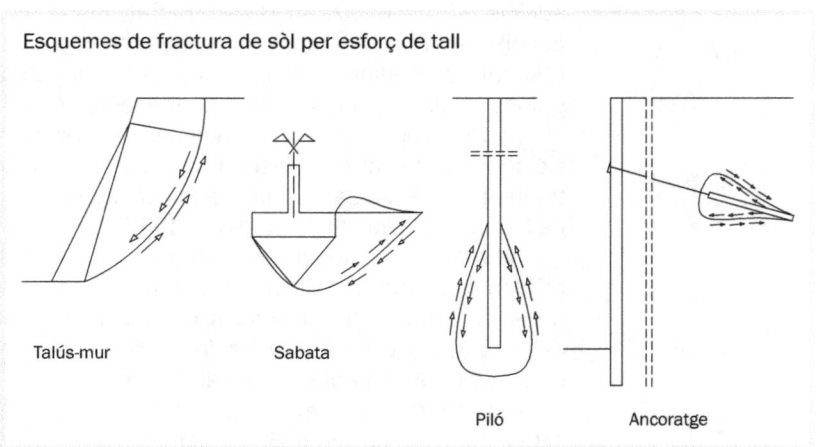

|1.1|
Esquemes de diversos tipus de fractura de sòl per esforç de tall

el sòl: aire, aigua i partícules sòlides

Malgrat disposar d'una base teòrica desenvolupada, la utilització d'estudis geotècnics en obres de construcció arquitectònica no comença a generalitzar-se al nostre país fins a la dècada dels anys setanta. Els requeriments que planteja la construcció d'edificis entre parets mitjaneres amb dos o més soterranis destinats a aparcament, que s'inicia en aquesta època, requereixen fonamentar les decisions de disseny sobre bases científiques.

La primera referència per a l'aplicació de la geotècnia a obres de construccions arquitectòniques, a escala estatal, va ser la norma tecnològica NTE-CEG, publicada l'any 1975. Tenia un caràcter exclusivament orientatiu. Amb tot, s'ha mantingut fins a l'aparició del Codi tècnic de l'edificació (CTE) l'any 2006.

La justificació d'errades en l'elecció del tipus de fonament, dels sistemes de contenció o dels processos d'excavació es feia al·ludint a "vicis ocults" del sòl.

La instrucció EHE-98, a l'article quart, relatiu als documents de projecte, va imposar la necessitat de fer un estudi geotècnic com a pas previ per realitzar el disseny dels sistemes de fonamentació.

El llibre 3 del CTE (Seguretat estructural. Fonaments), dedica el capítol 3 a l'estudi geotècnic. Aquest document suposa integrar, des del punt de vista normatiu, la geotècnia de forma indissoluble al projecte. Malgrat tot, el sòl, àdhuc amb la informació que aporten els estudis geotècnics, continua essent, en alguns casos, una caixa tancada. L'apartat 3.4 del llibre 3 del CTE n'és un bon exemple. Recomana que el director d'obra confirmi de les dades de l'estudi geotècnic abans de l'execució, a la vista del sòl excavat.

En la mesura que el coneixement i les experiències aportades per la geotècnia es vagin incorporant, de forma sòlida, al bagatge científic dels tècnics en construcció arquitectònica; els sistemes de contenció i fonamentació emprats seran més eficients, més econòmics més segurs, i tindran menys impacte ambiental.

2 Geotècnia. Mecànica de roques i mecànica de sòls

La geotècnia té com a font d'estudi els sòls, especialment els aspectes referits al seu comportament mecànic per efecte d'excavacions, rebaixos, terraplens i formació de sistemes de fonaments i contencions.

El concepte "sòl" comprèn tots els materials que es troben a la superfície terrestre. Una primera aproximació permet identificar dos grans grups les roques i les terres.

Les roques tenen, dins d'un marge ampli de variabilitat, aspecte compacte, resistència elevada a la compressió i duresa. Aquestes característiques són d'una entitat tal, respecte de les pròpies de les terres, que ha estat necessari estudiar-les de forma específica amb el nom de *mecànica de roques*.

Les terres estan formades per agregacions de grans, provinents de la disgregació de les roques, separables per accions mecàniques més o menys senzilles. En geotècnia, se solen denominar amb el nom genèric de sòls. Com s'ha enunciat en el títol d'aquest capítol, un sòl està format per aire, per aigua i per partícules sòlides. De la pròpia definició es deriven conceptes, d'alt interès en el comportament mecànic del sòl, com ara la porositat, la saturació o la densitat seca, que seran tractats més endavant.

Les terres, en conjunt, constitueixen el tipus de material més freqüent sobre el qual es construeix. Per a elles es reserva, en geotècnia, l'apel·latiu "mecànica de sòls".

Des de la perspectiva de l'edificació arquitectònica, és plausible fer una aproximació a la geotècnia definint-la com la ciència que estudia la resposta del sòl enfront d'una acció exterior. Aquesta acció és exercida, generalment, per mitjà de la implantació d'un edifici i és tramesa al sòl pels sistemes de contenció i de fonamentació.

Si les accions exercides sobre el sòl són excessives, aquest es pot trencar, col·lapsar i provocar danys en l'edifici. El control de les deformacions del sòl i la seva compatibilitat amb les estructures sustentades en ell és una de les primeres aplicacions pràctiques de la geotècnia. Els resultats són d'aplicació, bàsicament, en el disseny de fonaments.

El segon gran objectiu pràctic de la geotècnia és determinar les empentes que es produeixen, a diferents profunditats, sobre els talussos.

El concepte "empenta" és equivalent a una força horitzontal. Les empentes poden estar exercides directament pel sòl i per addicions de càrregues de diversa índole que graviten sobre ell. Conèixer el valor de les empentes és fonamental per dissenyar els elements de contenció apropiats.

La geotècnia enfocada a les construccions arquitectòniques analitza l'efecte de la presència d'aigua en el sòl, tant en forma líquida (nivell freàtic i venes) com dels canvis de comportament mecànic que originen, en determinats tipus de sòls, les variacions del grau d'humitat que contenen. El seu coneixement i ponderació resulten imprescindible tant a l'apartat de disseny de fonaments com al de contencions.

Finalment, la part química de la geotècnia ajuda a determinar si un tipus concret de sòl conté ions, fonamentalment, de clor i de sofre. Aquests poden perjudicar la durabilitat de les estructures en contacte directe amb ells. Detectar-ne la presència permet establir els materials més idonis per a la confecció dels formigons per realitzar els elements constructius que han d'estar en contacte directe amb un sòl químicament agressiu.

3 Aproximació a les roques. Origen i comportament

Les roques estan formades, fonamentalment, per carbonats i silicats de potassi, alumini, ferro i magnesi. En la seva composició, poden intervenir també d'altres minerals com sulfurs, sulfats i clorurs.

Es distingeixen tres tipus de roques, segons el seu origen:

– **Magmàtiques,** també anomenades eruptives, ígnies o endògenes. Són les de formació més antiga, ja que les seves alteracions donen lloc als altres dos tipus de roques. Provenen de la solidificació de magmes situats a fondàries compreses entre 10 i 150 km de la su-

el sòl: aire, aigua i partícules sòlides

perfície de la Terra. Exemples de roques magmàtiques són el granit, la sienita i el basalt.
- **Sedimentàries**, exògenes o estratificades. Procedeixen de fragments de roques eruptives arrossegades per gravetat, aigua i vent, que s'han tornat a compondre per efecte de les elevades pressions que han experimentat en els dipòsits als quals les accions mecàniques indicades les han conduït. És el cas de les roques calcàries, les arenisques i les dolomites.
- **Metamòrfiques** o estratocristal·lines. Procedeixen de la transformació experimentada per roques eruptives i/o sedimentàries, sotmeses a grans pressions i temperatures o a l'acció d'agents mineralitzadors, com aigües a elevades temperatures o vapors. Exemples representatius de roques metamòrfiques són els gneis, els marbres i les pissarres.

Les roques, per les seves elevades característiques mecàniques (relatives a la duresa, la compacitat i la resistència a la compressió, en què resistències a compressió entre 300 i 500 kg/cm^2 són habituals) no solen presentar problemes per assentar un edifici sobre elles si l'estrat es prou potent.

Les dificultats tècniques i econòmiques apareixen quan els materials rocosos es troben propers a la superfície i cal atacar-los per realitzar un rebaix o per fer les rases d'una determinada fonamentació.

En aquestes situacions, és necessari disposar procediments especials per a la seva fragmentació i extracció; els talls amb serres diamantades i/o martells trencadors son les tècniques més habituals. En obres d'edificació, no se solen emprar explosius per disgregar les roques.

Els costos d'excavació de les roques compactes es poden multiplicar entre 3 i 4 vegades respecte els d'un terreny fluix.

La interpretació del comportament mecànic conjunt de les roques és complex, ja que no es pot comptar amb mostres representatives. Dins d'un mateix estrat poden aparèixer, segons el grau de fractura, mostres amb resultats molt divergents.

A més, cal analitzar l'orientació i la distribució dels plans de fractura i la potència dels estrats, i preveure els efectes de la meteorització. Totes aquestes particularitats donen lloc a una especialitat amb característiques pròpies anomenada *mecànica de roques*.

El grau d'incertesa de la mecànica de roques, per la dificultat de parametritzar-ne el comportament, és més elevat que en el cas de la mecànica de sòls. Si és necessari realitzar treballs d'excavació o de buidat en terrenys rocosos dels quals es desconegui el comportament, es recomana comptar amb la col·laboració d'un geòleg expert per tal d'establir les mesures de seguretat apropiades a fi d'evitar accidents. Aquestes solen consistir, si es possible per qüestió d'espai, en la creació de talussos o si no, en l'establiment de barreres de pilons perforats o micropilons ancorats segons quins siguin la intensitat i l'orientació de les de fractures i el grau de compacitat de la roca afectada.

Cal anar amb molt de compte amb materials com la llicorella, una mena de pissarra amb plans de fractura molt irregulars, que és freqüent en les vessants de Collserola. Es tracta d'un material aparentment compacte però que pot lliscar, sense avís previ, per efecte de les descompressions provocades en el terreny de resultes d'un buidat. Té a favor que no és excessivament abrasiva. Es pot perforar amb maquinària convencional fins a diàmetres de 400 mm amb eines de vídia.

4 Els sòls. Origen i característiques principals

Els sòls, col·loquialment anomenats terres, des del punt de vista de la geotècnia són agregats de grans, de diversos diàmetres i formes. Provenen de la disgregació de les roques per efectes físics i/o químics.

Entre els grans es troben, en proporcions variables, ocupant els espais residuals, aire i aigua. El sòl és, doncs, un compost d'aire, aigua i partícules sòlides. Aquesta composició, la mesura i la forma dels grans tenen incidència en els assentaments, en la velocitat amb la qual aquests es produeixen i en la circulació de l'aigua en el sòl. Els tres factors es troben relacionats.

En conseqüència, els primers estudis sobre sòls es centraren tant a identificar-ne l'origen com a estudiar els ses grans; la seva granulometria, com a base de les interaccions sòl-edifici.

Quan al seu origen, els sòls poden ser residuals i transportats.

Els sòls residuals provenen de l'alteració, en el mateix lloc on aquesta es produeix, de la roca original per accions físiques i/o químiques. En general les roques exposades a la intempèrie es meteoritzen. Comencen un procés de disgregació i perden les propietats mecàniques inicials. El sauló, resultat de la meteorització del granit, n'és un exemple.

És freqüent que les capes superficials d'un sòl rocós estiguin afeblides i presentin un aspecte terrós. La resposta mecànica d'aquest tipus de sòl augmenta amb la fondària en estar la roca protegida dels efectes de la intempèrie.

Els sòls residuals acostumen a experimentar una segona transformació com a conseqüència del transport. Segons el mitjà de transport que hagin tingut els materials, els sòls són d'origen col·luvial, fluvial o loess.

Els sòls d'origen col·luvial són els originats, fonamentalment, per efecte de la gravetat, com és el cas de les tarteres i graveres que es formen en els vessants de les muntanyes per l'erosió de les superfícies en contacte amb l'atmosfera. Els grans formats així tenen dimensions apreciables i presenten arestes vives.

En els sòls d'origen fluvial, les aigües han constituït el seu mitjà de transport. Els grans de majors dimensions presenten formes més arrodonides. Són els anomenats còdols. L'aigua actua també com a element decantador separant els grans segons la dimensió i la densitat de les partícules. Entre els sòls d'origen fluvial es troben els llims i les argiles.

Els llims i les argiles, per la seva reduïda capacitat portant i per la facilitat de deformació, requereixen la realització d'estudis detallats per fonamentar sobre ells amb garanties.

Els loess són sòls formats pel transport de sorres molt fines i homogènies arrossegades pel vent. La seva presència és reduïda a la

el sòl: aire, aigua i partícules sòlides

península Ibèrica. En canvi, són molt abundants als països centreeuropeus.

Menció a part mereixen els **sòls d'origen orgànic**. En ells priva la presència de matèria orgànica, éssers vius d'origen animal o vegetal, en fase de descomposició i mineralització. Es tracta de sòls en període de formació i d'assentament. Tenen una capacitat portant molt baixa. No són, en principi, recomanables per fonamentar sobre ells cap tipus d'edifici d'una certa entitat.

Els sòls tenen tendència a ocupar les zones més baixes i properes als cursos d'aigua, on, per qüestions òbvies de funcionalitat, s'agrupen les concentracions urbanes. Per tant, és molt més freqüent la necessitat d'assentar els edificis sobre sòls que sobre roca. Igualment, resulta més complex el comportament mecànic d'un sòl que el d'un roca.

Les raons exposades fan que la majoria dels problemes que planteja la implantació d'edificis sobre el terreny tinguin l'origen de la seva resposta en campanyes de prospecció i d'assaigs de laboratori recollides en un estudi geotècnic. De realitzar aquestes tasques, se n'ocupa la vessant de la geotècnia anomenada *mecànica de sòls*.

5 Propietats comunes als sòls

Els sòls presenten un alt grau d'heterogeneïtat. Aquesta situació és deguda als materials que els conformen, la forma i dimensió dels seus grans i al grau d'humitat que contenen, per citar tres dels aspectes més significatius. Malgrat tot, els sòls presenten una sèrie de característiques comunes que permeten classificar-los com a tals: baixa compacitat, es poden excavar amb mitjans convencionals i presenten una certa homogeneïtat.

– **Baixa compacitat.** Aquest concepte respon a la capacitat que tenen els sòls de deformar-se de forma pràcticament irreversible, fins i tot quan estan sotmesos a tensions reduïdes. En determinats tipus de sòl, és necessari que les pressions es perllonguin al llarg d'un període de temps dilatat, entre dos o tres anys, per assolir la posició d'equilibri. Els sòls són, per tant, materials de caràcter plàstic.

A continuació, es donen, a manera d'introducció, uns valors orientatius per situar el comportament mecànic del sòl. Aquests aspectes es desenvolupen als capítols 2 i 3.

El paràmetre geotècnic que permet establir la magnitud de les deformacions d'un sòl sotmès a una tensió determinada és el mòdul edomètric E'. Habitualment, el valor del mòdul edomètric en els sòls es determina en l'escaló de càrrega comprès entre $0,10$ i $10,00$ kg/cm^2. Comprèn amb escreix l'àmbit de tensions dels fonaments superficials, que es pot considerar entre $0,50$ i $5,00$ kg/cm^2. Es considera que les tensions de contacte superiors a 5 kg/cm^2 només s'apliquen sobre les roques.

A partir de valors del mòdul edomètric al voltant de $50,00$ kg/cm^2, un sòl comença a ser acceptable per a fonamentar. Una argila tova té un mòdul edomètric per sota del $10,00$ kg/cm^2. Una argila molt rígida pot disposar d'un mòdul edomètric proper als 200,00 kg/cm^2. Els sòls granulars presenten mòduls edomètrics que oscil·len entre els 100,00 i els 3.000,00 kg/cm^2.

El mòdul edomètric equival, amb grans matisacions, al mòdul elàstic, o mòdul de Young dels materials que presenten elasticitat. Aquests, a diferència dels materials plàstics, mentre no se superi el valor del límit elàstic, recuperen la posició original quan cessa la tensió a la qual han estat sotmesos.

La comparació dels valors dels mòduls edomètrics amb altres materials de construcció com l'acer (2.100.000,00 kg/cm^2, el formigó (de 100.000,00 a 300.000,00 kg/cm^2), o la fàbrica de totxo (de 25.000,00 a 35.000,00 kg/cm^2), posa de manifest la gran capacitat de deformació que presenta el sòl respecte d'aquests materials i els problemes de compatibilitat entre materials portants (sòl) i portats (edifici) que aquest fet implica.

Resulta també palesa la millora que pot experimentar la capacitat portant d'un sòl sotmès a un procés de compressió previ. Aquest és el cas de les grans construccions medievals realitzades durant períodes de temps molt llargs. La lentitud de la construcció va permetre la compactació del sòl en les bases dels murs.

La verificació de les tensions de contacte amb el sòl d'aquests edificis dóna valors diverses vegades superiors als que s'adopten actualment. La celeritat amb què s'edifica actualment obliga a adoptar valors de tensió de contacte inferiors per mantenir els assentaments dins de la compatibilitat.

Un experiment senzill de realitzar, i que permet observar la millora de capacitat portant d'un sòl per efecte de la seva compactació, es pot realitzar deixant caure una massa des d'una alçada determinada i mesurar-ne l'empremta en el sòl. Si es repeteix l'operació en el mateix lloc i en les mateixes condicions, l'empremta petja obtinguda serà sensiblement inferior a causa de la millora obtinguda per la compactació prèvia del sòl en raó del primer impacte.

– **Es poden excavar amb mitjans mecànics convencionals.** Les màquines dissenyades per a realitzar excavacions i moviments de terres tenen una capacitat de penetració limitada en el terreny.

A efectes pràctics, la diferència entre un sòl i una roca ve definida per la possibilitat de realitzar una activitat determinada amb la cullera estàndard de la pròpia màquina, la necessitat de reduir l'estri d'excavació o canviar el sistema d'excavació per un de perforació amb martell trencador.

El martell trencador s'utilitza per realitzar treballs a cel obert o rases; les barrines, per fer perforacions profundes. Els explosius no se solen emprar en treballs d'edificació però constitueixen una alternativa per realitzar grans moviments de roques.

Hi ha materials que, per les seves característiques mecàniques, presenten un caràcter intermedi entre els sòls i les roques. És el cas del sauló, de les margues o les llicorelles meteoritzades. Els nivells més superficials es poden extreure amb la capacitat d'excavació de les culleres. A mesura que s'aprofundeix acostuma a ser necessari emprar el martell trencador per continuar el treball. És necessari cobrir en el projecte aquestes eventualitats per evitar desajustos, tant de caràcter temporal com econòmic.

- **Certa homogeneïtat.** Els sòls, malgrat que poden estar constituïts per grans de molt diferents mesures, formes i composició química, tenen la propietat -molt apreciable, per cert- que l'assaig d'un conjunt de mostres petites permet obtenir resultats representatius respecte del comportament mecànic que es pot esperar del conjunt d'un massís, d'un talús o d'un estrat.

  El fet de poder concloure que els sòls presenten una certa homogeneïtat resulta determinant en l'obtenció de paràmetres geotècnics. Aquests són valors numèrics que permeten modelitzar el comportament mecànic del sòl, tant enfront de les accions naturals com de les generades per la incorporació d'edificis.

  En les roques, els plans de fractura alteren l'homogeneïtat i produeixen un comportament més aleatori.

6 El sòl com a primer material de construcció. Les bases del seu estudi analític

Els paràgrafs següents tracten el sòl com el que realment és i tantes vegades s'ha oblidat: el primer material de construcció, ja que sense la seva presència i participació la construcció deixa de tenir sentit perquè li manca el suport físic.

Els sòls són materials complexos, que s'han d'analitzar des de diversos aspectes per tal de formalitzar uns criteris vàlids per donar resposta als requeriments de les construccions que es pretenguin fonamentar sobre ells.

Del coneixement del sòl apareixen, si se saben analitzar d'acord amb les necessitats d'un determinat tipus d'edifici, criteris racionals de disseny. Sobre la base d'aquests és possible aconseguir resultats òptims pel que fa a la qualitat, la seguretat en l'execució i economia de mitjans. És necessari el treball en equip entre el projectista i el responsable de l'execució física de la campanya o les campanyes geotècniques de prospecció.

Resulta indispensable trencar les barreres de coneixements que imposa, en determinades ocasions, l'especialització dels professionals. El projectista ha de conèixer el comportament del sòl i, el geòleg s'ha d'interessar per les tècniques constructives, les seves possibilitats i les seves limitacions, per tal que la seva aportació sigui màximament eficient.

És necessari també, i aquesta és una pretensió d'aquest treball, adequar els àmbits teòrics generats per la investigació de la geotècnia i el càlcul d'estructures a les necessitats específiques dels professionals encarregats de projectar i dirigir construccions arquitectòniques.

Amb aquest propòsit, es planteja, en primer lloc, una exposició senzilla de conceptes i dades, que posteriorment són desenvolupats i ampliats. A aquest efecte, se'n fan les indicacions precises per tal de facilitar-ne la localització, indicant-ne capítol i el paràgraf.

6.1 Propietats bàsiques del sòl

Per fer un estudi analític del sòl, cal començar per l'anàlisi de les seves propietats bàsiques. Un professional de la construcció és un "usuari" del sòl i de les seves propietats mecàniques.

El coneixement de com es realitzen les proposicions sobre el terreny o de quina manera es porten a terme els assaigs de laboratori tenen, des d'aquest perfil un caràcter merament instrumental. El seu estudi general, enfocat sota un prisma pràctic, es considera necessari, tant per establir un millor contacte amb el sòl com per abastar els models que en detallen el comportament mecànic.

A aquest efecte es desenvolupa l'esquema següent:

– **Propietats intrínseques**
  - Corba granulomètrica
  - Forma dels grans
  - Composició química-mineralògica
  - Contingut de matèria orgànica
  - Presència de clorurs i sulfats

– **Propietats d'estat**
  - Densitats
  - Nivell freàtic
  - Situacions circumstancials

– **Propietats o característiques geotècniques**
  - Resistència a la compressió
  - Resistència al esforç tallant. Angle de fregament intern i cohesió
  - Compressibilitat
  - Permeabilitat

6.1.1 Propietats intrínseques

Les propietats intrínseques del sòl són les que tenen l'origen en les seves característiques físiques i en la constitució química dels materials que el conformen. Es tracta d'estudiar al laboratori, purament i simplement, els materials que el conformen, amb independència del grau de compressió a què estigui sotmesa la mostra en l'estrat corresponent o el percentatge d'humitat que pugui tenir en el moment de l'extracció.

Un exemple d'un estudi de propietats intrínseques d'un sòl seria l'obtenció de la seva corba granulomètrica, per mitjà de garbells normalitzats. Aquests permeten establir relacions entre les dimensions dels grans i els percentatges retinguts en cadascun dels garbells normalitzats.

Dins aquest grup de propietats s'inclou l'estudi de la forma dels grans (rodats, amb arestes, lenticulars, etc), la seva composició química-mineralògica (grans més o menys durs), el pes específic de les partícules i l'eventual contingut de matèria orgànica. En general, els sòls amb alt contingut de matèria orgànica no són aptes per fonamentar, perquè es tracta de sòls en procés de formació i, per tant, no estables.

el sòl: aire, aigua i partícules sòlides

La forma i les dimensions dels grans són determinants en la porositat i en la celeritat de la resposta mecànica del sòl en forma d'assentaments, més o menys acusats, o més o menys ràpids.

La duresa dels grans d'un sòl té incidència sobre el tipus de maquinària o el procediment més idoni per a la seva excavació, perforació o extracció. La duresa d'un material s'estableix per comparació amb un conjunt de 10 materials, ordenats de menor a major, de l'1 al 10, que rep el nom d'escala de Mohs en honor de Friedrich Mohs (1773-1839). El valor 1 correspon al talc i el 10 al diamant.

L'anàlisi química de les partícules i de l'aigua que les envolta és determinant per detectar la presència de clorurs i de sulfats. El llibre 3 del CTE (Seguretat estructural. Fonaments), que a l'apartat 3.3 estableix el contingut dels estudis geotècnics, en el punt 8.m detalla la necessitat de quantificar l'agressivitat del sòl, com una de les dades del seu contingut.

Les oficines de Control Tècnic (OCT), que assessoren les companyes d'assegurances encarregades de cobrir la responsabilitat desenal, presten una gran atenció a aquest aspecte. Per tant, s'ha d'exigir com una premissa bàsica més d'un estudi geotècnic.

La presència d'ions de clor o de sofre en un sòl comporta agressivitat vers els formigons confeccionats amb ciment pòrtland. La durabilitat dels elements constructius en contacte amb el sòl, en aquestes condicions, es pot veure seriosament compromesa. En cas de clorurs, s'han d'utilitzar, per realitzar els formigons, ciments amb putzolana. Si es detecta presència de sulfats, cal emprar ciments elaborats amb escòries d'alts forns.

6.1.2 Propietats d'estat

Les propietats d'estat descriuen les circumstàncies en què es troba el sòl en el seu estat natural. Per determinar les propietats d'estat cal disposar, al laboratori, de mostres inalterades.

Una mostra inalterada d'un sòl és aquella que conserva les condicions d'estructura, densitat, humitat, granulometria i components químics estables. La seva obtenció, preparació i conservació, per tal de garantir la inalterabilitat, es realitza, durant la campanya de prospecció, d'acord amb uns protocols que no són objecte d'aquest estudi.

Una de les primeres determinacions que es realitza amb un sòl en el laboratori és l'obtenció de la seva densitat en estat natural. Aquest valor, a més de ser indicatiu de la compacitat de la mostra (a major densitat, menor percentatge de porus i major compacitat), s'utilitza per determinar empentes.

En els sòls, es distingeixen fins a cinc densitats.

- **Densitat en estat natural.** És la que s'obté pesant un volum determinat d'una mostra inalterada d'un sòl, és a dir, que conservi la natural. Habitualment, s'expressa en T/m^3 ó g/cm^3. Es representa amb la lletra grega gamma i el subíndex n: "γ_n".
- **Densitat seca.** Es determina eliminant tota l'aigua d'una mostra d'un volum determinat, per mitjà del seu assecatge total en una estufa,

i després pesant-la. Es el valor més baix de la densitat d'un sòl. Es representa amb la lletra grega gamma, "γ".
- **Densitat saturada.** Consisteix a submergir una mostra en aigua, de volum conegut, fins aconseguir que tots els espais entre els seus grans quedin ocupats per aquesta. El pesatge de la mostra permet determinar la densitat del sòl en grau de saturació. La diferència entre el valor obtingut per a la densitat saturada i la seca dóna el percentatge de porositat d'un sòl. La porositat "n" d'un sòl, en estat natural, afecta valors compresos entre el 25 i el 50% en cas de sorres i entre el 30 i el 60% si es tracta d'argiles. Es representa amb la lletra grega gamma i el subíndex s: "γ_s".
- **Densitat submergida.** És la resultant de canviar l'aire per l'aigua com a fluid de referència en el mesurament dels pesos de les mostres. Pel principi d'Arquimedes, la densitat de la mostra, lògicament saturada, es veu disminuïda pel pes del volum desplaçat. El valor obtingut, γ', és el menor del conjunt de densitats aplicables a un sòl. La densitat de l'aigua 1,00 T/m^3 ó 1,00 g/cm^3 està representada a l'expressió per "γ_w".

$$\gamma' = \gamma - \left(1 - \frac{n}{100}\right) \cdot \gamma_w$$

El valor de la densitat submergida s'utilitza, en el disseny de sistemes de contenció, per determinar les empentes que genera un sòl situat sota el nivell freàtic. Al valor obtingut de l'empenta del sòl submergit, cal afegir l'empenta ocasionada per la pressió hidrostàtica de l'aigua. Aquest tema es tracta amb detall a l'apartat de contencions.
- **Densitat de les partícules sòlides.** La densitat de les partícules sòlides "γ_{sol}" s'obté al laboratori descomptant del volum de la mostra el percentatge corresponent als porus. Per tant, es tracta del valor màxim entre les diverses densitats exposades d'un tipus determinat de sòl.
- **Nivell freàtic.** El nivell freàtic és la cota, mesurada des de la superfície del terreny, a partir de la qual, el sòl apareix saturat d'aigua. Aquestes situacions es donen en zones properes a rius, a llacs o al mar.

El nivell freàtic pot variar substantivament segons les estacions, fins i tot en les proximitats del mar. Aquest, amb independència del cicle de les marees, pot experimentar canvis de nivell per efecte dels temporals.

La presència de nivells freàtics en cotes properes a la superfície suposa una dificultat afegida als processos d'edificació que s'han de desenvolupar sota rasant. Per tant, conèixer aquesta informació és una dada clau per al disseny tant del sistema de fonamentació pròpiament dit com de les fases, els mètodes i els procediments per a la seva execució.

Per determinar el nivell freàtic i, si és possible, les seves oscil·lacions al llarg d'un cicle estacional complet; és necessari realitzar cales en el terreny. Habitualment es porten a terme per mitjà de pous de petit diàmetre realitzats amb un carro perforador.

Les perforacions se situen al voltant dels 100 mm de diàmetre. S'encamisen amb un tub de parets perforades. El tub manté estables les parets de la perforació. La permeabilitat del tub posa de manifest la cota a la que s'estabilitza l'aigua, en cadascuna de les observacions.

Els amidaments periòdics d'aquestes cotes permeten determinar les variacions estacionals del nivell freàtic i establir, si és el cas unes previsions conservadores respecte d'aquelles. Aquestes previsions s'han d'aplicar en el disseny del sistema de fonamentació. Els aspectes relatius a la presència d'aigua, en les construccions sota rasant, es recullen al capítol 4.

— **Situacions circumstancials.** També són propietats d'estat les situacions circumstancials del terreny objecte d'estudi. Entre aquestes, es troben els efectes provocats per edificacions veïnes. Aquests efectes se solen manifestar en forma increments de les empentes que han de suportar les contencions. Paral·lelament, comporten la utilització de procediments i tècniques constructius més conservadors del que és habitual per tal d'evitar lesions o danys col·laterals en els edificis existents.

Per determinar l'efecte que les edificacions veïnes poden comportar sobre el sòl afectat pel sistema de fonamentació que es pretén construir, és necessari conèixer, en planta i en secció, els edificis que provoquen l'afectació, els seus sistemes i subsistemes constructius (especialment, el sistema de fonamentació) i el seu estat de conservació. A partir d'aquest coneixement, que es desenvolupat en el capítol relatiu a contencions, és possible establir les corresponents hipòtesis i avaluar els ordres de magnitud dels esforços que s'han d'absorbir.

Finalment, entre les propietats d'estat, cal considerar, especialment a les zones urbanes, l'existència d'obres subterrànies com galeries, túnels, pous, clavegueram, etc. La seva presència, a més de constituir un factor més de risc per controlar, condiciona la possibilitat d'utilitzar ancoratges per estabilitzar provisionalment les contencions. Aquests aspectes estan desenvolupats, especialment, al capítol 5, relatiu als estudis geotècnics.

6.1.3 Propietats o característiques geotècniques

Les propietats o característiques geotècniques d'un determinat tipus de sòl, en conjunt, ajuden a definir la seva reacció, és a dir, el seu comportament mecànic enfront d'una sol·licitació determinada.

Es tracta de paràmetres mesurables físicament. Per tant, resulten aplicables a algoritmes de càlcul. Són també coneguts amb la denominació de *paràmetres geotècnics*.

Els paràmetres geotècnics es poden determinar, en la majoria de casos, tant in situ com en el laboratori. Habitualment, se solen realitzar, paral·lelament, determinacions de camp i de laboratori per tal d'ajustar la fiabilitat dels resultats.

Aquest apartat és exclusivament de caràcter introductori i expositiu. Els procediments d'assaig i els algoritmes per modelitzar el comportament d'un sòl es desenvolupen, preferentment, als capítols 2 i 3.

El coneixement dels paràmetres geotècnics resulta extraordinàriament útil en la resolució de casos pràctics. Ajuden a quantificar, entre d'altres aspectes, la capacitat portant, la resistència a esforç tallant, l'angle de fregament intern, la compressibilitat i la permeabilitat d'un sòl.

Els paràmetres geotècnics són també la base per comprovar l'estabilitat dels talussos, la capacitat portant de les diferents tipologies de fonamentació o la seguretat dels sistemes de contenció.

A continuació, es fa una exposició introductòria de les característiques i unitats dels paràmetres geotècnics amb més incidència pràctica.

– **Resistència a la compressió.** El valor de la resistència a la compressió d'un sòl es correspon amb el valor numèric obtingut en una situació immediatament anterior al col·lapse. S'entén per col·lapse d'un sòl aquella circumstància de compressió en la qual un increment petit en la càrrega comporta una deformació desproporcionada del sòl, fins a aconseguir un nou estat d'equilibri. Cal recordar que la capacitat portant d'unb sòl millora a mesura que és comprimit.

La resistència a la compressió s'expressa amb la lletra grega σ. Es determina per mitjà de l'equació de Terzaghi a partir de funcions trigonomètriques complexes de l'angle de fregament intern ϕ. Dita equació està desenvolupada al capítol 12, "Fonaments profunds. Pilons", apartat 14, "Estimació la capacitat portant d'un piló formigonat in situ".

La resistència a la compressió s'expressa en unitats de pressió. Es poden utilitzar indistintament en els càlculs com unitats, T/m^2 ó kg/cm^2. De la resistència a la compressió, σ, s'obté, dividint-la per tres, la "σ_a", tensió admissible. Aquest valor és conegut i emprat en la comprovació de les tensions de contacte fonament-sòl. Garanteix deformacions del sòl, en forma d'assentaments, inferiors a 2,5 cm.

En el dimensionament de superfícies de contacte fonament-sòl s'utilitzen els valors de servei dels elements estructurals obtinguts per càlcul (descens de càrregues), no valors majorats, atès que la tensió admissible del sòl, σ_a, ja està afectada pel seu coeficient de seguretat.

– **Resistència a l'esforç tallant. Angle de fregament intern i cohesió.**
A l'apartat 1 d'aquest capítol, denominat "Introducció al comportament mecànic del sòl" s'han incorporat uns esquemes que mostren l'aparició d'esforços de tall en les superfícies de fractura que es produeixen en el sòl quan aquest col·lapsa. Els esforços de tall assenyalen la fricció que es provoca entre la porció de sòl que es desplaça respecte de la que es manté inalterada.

En el cas dels murs de contenció, aquest efecte és favorable, ja que redueixen substantivament el valor de l'empenta passiva, concepte que es tracta als capítols 7 a 10 relatius a contencions.

La resistència d'un sòl a l'esforç de tall cal determinar-la en un laboratori per mitjà aparells. L'aparell més simple, a aquest efecte, és l'anomenada *caixa de tall directe* o *aparell de Casagrande*.

L'obtenció de resultats més precisos sobre la resistència al tall d'un determinat tipus de sòl requereix utilitzar un aparell triaxial.

El principi comú d'ambdós aparells és a provocar el trencament de mostres representatives de sòl sota esforços combinats. El funcionament d'aquests i la interpretació dels seus resultats es troben recollits al capítol 2, apartats 2 i 3, respectivament.

Per mitjà dels assaig de la resistència de l'esforç tallant, s'obtenen dos paràmetres geotècnics, l'angle de fregament intern, ϕ, expressat habitualment en graus sexagesimals, i la cohesió, c, indicada amb unitats de pressió kg/cm^2 ó T/m^2. Ambdós valors tenen aplicació en la determinació de les empentes que, en funció de la seva alçada, pot exercir un massís de terres determinat.

L'angle de fregament intern és el format, respecte de la horitzontal, per la recta que uneix els diferents parells de valors de compressió i de tall, que ocasionen el trencament de les mostres de sòl analitzat. Aquests valors s'obtenen experimentalment amb l'aparell de Casagrande. Realment, els resultats de l'experiment formen un núvol de punts, sensiblement alineats. S'idealitzen per mitjà d'una recta, anomenada *recta de Coulomb*.

La recta de Coulomb es desenvolupa sobre un eixos de coordenades. A l'eix d'ordenades se situen els esforços tangencials, τ. Al de les abscisses, es col·loquen els esforços de compressió, σ. En funció del que s'ha exposat, la recta de Coulomb assenyala la frontera entre les situacions de trencament (parells de valors de compressió i de tallant situats, en, o per damunt d'aquesta) i no-trencament del sòl, representats per les coordenades situades per sota de dita recta.

La cohesió és la propietat que tenen determinats tipus de sòl, especialment les argiles i, en menor grau, els llims per absorbir esforços tangencials o de tall (figura 1.2). El seus valors són relativa-

|1.2|
Gràcies a la cohesió d'aquesta argila compacta, es manté estable el tall vertical i es podrà encofrar el mur de contenció a una cara.

ment baixos. Difícilment superen 1 kg/cm^2. Habitualment, es mouen entre 0,1 i 0,5 kg/cm^2.

En la cohesió dels sòls, són determinants dos aspectes, dimensió dels grans i presència d'aigua. Els grans de les argiles tenen diàmetres de l'ordre dels microns. Estan compresos entre 2 μ i valors inferiors a 0,2 μ. En aquestes situacions, es produeixen enllaços complexos d'origen electroquímic entre els grans i les molècules d'aigua.

Els fets exposats són els que permeten, per exemple, formar i mantenir un talús vertical en un sòl argilós durant un cert període de temps, tal com es pot apreciar a la fotografia inferior. L'estabilitat del talús es produeix gràcies a la humitat natural del sòl.

La presència d'humitat apreciable en un sòl argilós suposa l'existència d'aigua intersticial en els grans i la formació d'enllaços capaços de subjectar-los.

L'assecament superficial del sòl provocat per l'evaporació de l'aigua en contacte amb l'atmosfera és causa, en primer lloc, d'aparició de fissures al cap del talús. Posteriorment es produiran esllavissaments fins que el sòl assoleixi el seu angle de talús natural.

És evident que els fenòmens que originen la cohesió d'argiles i llims no es poden produir quan la dimensió dels grans supera les 20 μ, és a dir, es passa d'un llim a una sorra fina. En aquestes circumstàncies, la capacitat aglutinadora de l'aigua intersticial passa a ser insignificant en relació amb el pes dels grans.

Aquesta situació permet establir una nova classificació en els sòls: els que presenten cohesió i els que no la presenten.

Els que pertanyen al primer grup, s'anomenen *sòls coherents*, i són les argiles i els llims. Els sòls sense cohesió, o de cohesió zero es denominen *sòls granulars*. Són sòls granulars les sorres i les graves. A la figura 1.3 es mostra un sòl granular procedent d'un fons

|1.3|
Sòl granular procedent de l'excavació de les sabates. Es pot apreciar l'angle de talús natural.

d'excavació. Per les seves bones característiques drenants, es va reservar per reomplir el l'extradós de les contencions de perímetre resoltes a dues cares. El pendent de l'aplec mostra l'angle "ϕ" de fregament intern.

En realitzar els assaigs a esforç tallant de les argiles i determinar la recta de Coulomb, s'observa que dita recta, en intersecar amb l'eix d'ordenades, no passa per l'origen de coordenades. Té un valor positiu. Aquest valor és, precisament, el de la cohesió c.

Una recta de Coulomb que passi per origen de coordenades es refereix, necessàriament, a un conjunt d'assaig realitzat sobre un sòl de tipus granular. La seva estabilitat es basa, exclusivament, en els esforços de fricció entre els seus grans, desenvolupats com a conseqüència del seu propi pes o amb l'addició d'un altre esforç normal aplicat.

– **Compressibilitat.** Com s'ha indicat repetidament, els sòls, per la seva composició heterogènia d'aire, aigua i partícules sòlides, són materials de tipus plàstic. Aquest fet suposa que no hi ha la proporcionalitat entre tensions i deformacions que presenten els materials elàstics.

Tot sòl, sota una càrrega permanent, per exemple l'exercida per un fonament, s'acaba deformant, assentant. En funció de la naturalesa dels sòls, els assentaments es produeixen amb més o menys celeritat. Aquesta part del problema es tracta al paràgraf següent, relatiu a la permeabilitat dels sòls.

Per tant, cal tractar de controlar, en primer lloc, l'ordre de magnitud dels assentaments dins de paràmetres tolerables per les estructures d'edificació. Aquest fet comporta analitzar, al laboratori, les deformacions dels sòls dins de valors de tensió compresos entre 0,10 i 10,00 kg/cm^2.

La raó d'utilitzar l'àmbit tensional esmentat és deu a que les tensions de contacte sòl-fonament en sistemes de fonamentació directa, per garantir assentaments compatibles (inferiors, en general, a 2,5 cm), no solen superar, en l'àmbit del conjunt de materials definits com a sòls, els 5 kg/cm^2.

Un altre aspecte que s'ha de controlar, amb relació a la compressibilitat del sòl, són els assentaments diferencials. Es defineixen com la diferència de nivell resultant entre dos punts inicialment arivellats d'un edifici, separats entre si una distància L. Les diferències de nivell es produeixen com a conseqüència de les deformacions que experimenta el sòl, a causa del nou estat de càrregues imposat per la implantació de l'edifici, fins la seva estabilització.

Els materials i les tècniques constructives emprades actualment es caracteritzen per la seva rigidesa i l'especialització entre elements portants i portats. Aquests aspectes imposen límits de compatibilitat que cal respectar per garantir la qualitat de l'edificació i evitar lesions i patologies. A tall indicatiu, són els següents:

- $L/1000$ Límit d'assentaments diferencials que s'aplica a les obres de caràcter monumental o extraordinari.

- $L/500$ Valor que garanteix la compatibilitat entre materials en els edificis corrents.
- $L/300$ Es produeixen esquerdes en els tancaments. En principi, són reparables un cop el sòl s'ha estabilitzat.
- $L/200$ El quadre patològic es generalitzat. Les esquerdes afecten els tancaments i l'estructura. Valor límit per intentar reparacions.
- $L/150$ Lesions irreparables. Enderrocament.

Les gràfiques de tensió-deformació, obtingudes dels assaig dels sòls, presenten, des de l'inici d'aplicació de tensions, una forta curvatura. Aquest fet obliga a definir mòduls de deformació, E', parcials entre dues tensions pròximes, assimilant la corba a un segment de recta. D'aquesta manera és possible simplificar la determinació dels efectes de la compressibilitat dels sòls aproximant la formulació a la dels materials elàstics.

Als materials elàstics és d'aplicació, per determinar-ne les deformacions sota tensió, l'anomenada *llei de Hooke*.

$$\delta = \frac{P \cdot L}{A \cdot E}$$

on: δ = deformació longitudinal de l'element.
      P = càrrega o esforç aplicat.
      L = longitud de l'element del qual es vol mesurar la deformació.
      A = secció de l'element.
      E = mòdul elàstic ó de Young.

Per determinar la deformació previsible dels sòls, la formulació és la mateixa; únicament s'ha de canviar el mòdul elàstic E pel mòdul de deformació E', també anomenat *mòdul edomètric*. Vegeu al capítol 2, "Aparells de laboratori per a mesurar paràmetres geotècnics", l'apartat 5, "Edòmetre".

És evident, en funció de les possibilitats dels mètodes d'assaig i de les simplificacions introduïdes, que el mètode exposat és un mètode empíric de caràcter orientatiu. El que realment acaba assentant un fonament s'ha de determinar, si és el cas, per mitjà de verificacions sobre el terreny.

En l'aplicació pràctica sobre els sòls, el quocient P/A és equivalent a la tensió de contacte sabata-sòl σ. L és la fondària de sòl afectada per l'efecte compressiu de la fonamentació. A efectes pràctics, s'adopta com a valor de L la distància, mesurada verticalment, que hi ha des de la base de la sabata (pressió de contacte σ) fins que la pressió disminueix a $0{,}1\,\sigma$.

La formulació resultant, per determinar els efectes de la compressibilitat en els sòls seria:

$$\delta = \frac{\sigma \cdot L}{E'}$$

Com que la fondària L d'efectivitat de la fonamentació depèn d'una formulació complexa (Boussinesq), es poden emprar gràfics, com els

el sòl: aire, aigua i partícules sòlides

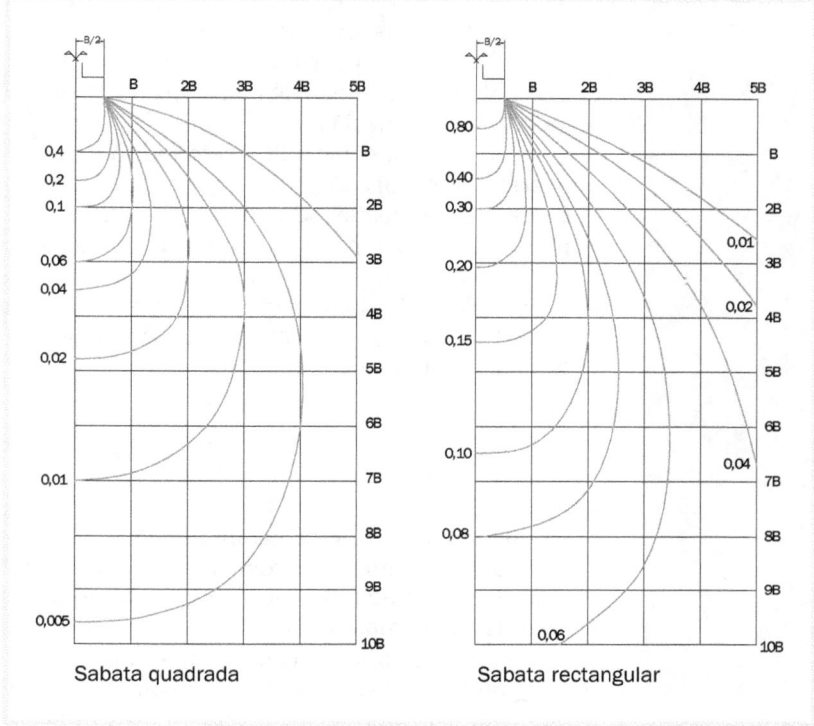

|1.4|
Gràfics de Boussinesq

adjunts (figura 1.4), en els quals s'estableixen les isòbares pressió-fondària corresponents als tipus de fonament més comuns.

També es pot suposar que el repartiment de càrregues sota la base de les sabates es produeix en forma de piràmide truncada amb un angle de 27° respecte de la vertical. L'adopció d'aquest angle i no d'un de proper, 30°, és perquè $\operatorname{tg} 27° = 0,50$. En aquestes circumstàncies, la fondària L és de 9 vegades l'amplada B de la sabata, si es tracta de sabates lineals, i de $2,16B$, en el cas de sabates quadrades aïllades. La comparació d'aquestes dades aproximades amb els gràfics permet validar-ne l'aplicació a efectes pràctics.

Les primeres conclusions que es poden extreure d'aquests valors són:

— A igualtat de tensió i amplada, les sabates lineals tenen més assentament que les quadrades aïllades, perquè afecten més fondària de sòl.
— Es poden produir assentaments entre sabates de dimensions molt dispars, malgrat que mantinguin una tensió de contacte sabata-sòl molt similar, d'acord amb el diferencial existent en les longituds "L" de la fondària d'afectació.

Els estudis geotècnics faciliten una tensió admissible σa, que garanteix assentaments compatibles amb l'estructura, habitualment inferiors a 2,5 cm. El projectista es limita, en la majoria dels casos, a aplicar aquest valor en el disseny dels sistemes de fonamentació directa, sense verificar-ne els assentaments.

Per completar l'assimilació entre les formulacions de les deformacions d'un material elàstic i un sòl, s'ha d'establir com es determina el mòdul de deformació E'.

Al laboratori, el mòdul de deformació d'un sòl es determina amb un aparell anomenat *edòmetre*. El que fa aquest aparell es reproduir l'efecte d'una pressió continuada sobre el sòl. S'utilitza una mostra constreta per un anell, comprimida entre dues plaques poroses per facilitar la migració d'aigua.

El mòdul de deformació E' d'un sòl es defineix, en els diferents graons de càrrega, com el quocient entre l'increment de pressió i l'escurçament unitari de la mostra.

$$E' = -\frac{\Delta\sigma}{\frac{\Delta h}{h}}$$

Per mitjà d'un assaig de camp, també es poden obtenir aproximacions al mòdul edomètric, per exemple amb el pressiòmetre (el pressiòmetre està descrit i tractat al capítol 3, apartat 8) o amb l'assaig de placa (a l'apartat 9 del mateix capítol).

Analitzant els valors comuns dels mòduls de deformació de diferents tipus de sòls i, especialment, comparant-los amb els d'altres materials de construcció, és fàcil concloure que es tracta de materials molt deformables. Lògicament, ho seran més com més petit sigui el seu mòdul de deformació.

La taula següent resulta altament il·lustrativa.

Materials de construcció	
Acer	2.100.000 kg/cm^2
Formigó	de 100.000 a 300.000 kg/cm^2
Fàbrica de totxo	de 25.000 a 35.000 kg/cm^2
Tipus de sòls	
Sorra	de 100 a 3.000 kg/cm^2
Argila rígida	de 15 a 100 kg/cm^2
Argila tova	d'1 a 10 kg/cm^2

A partir de les dades precedents, es pot concloure que el límit raonable del mòdul de deformació d'un sòl, per realitzar una fonamentació directa, hauria de ser superior o igual a 50 kg/cm^2.

Per sota d'aquest valor, l'efecte de la compressibilitat supera, fàcilment, el marge de tolerància dels 2,5 cm. Reduir la tensió de contacte únicament comporta incrementar la dimensió de les sabates fins a fer-les inviables. Empíricament, es recomana canviar el tipus de fonamentació quan la superfície de les sabates és igual o superior al 50% de la superfície de la planta.

el sòl: aire, aigua i partícules sòlides

Els grans, sota pressió, tenen tendència a ocupar, en primer lloc, els espais d'aire de què disposa el sòl en el seu estat natural (sòl normalment consolidat). És el que s'anomena *consolidació primària*.

Si la pressió continua, es produeix l'acomodació progressiva dels grans desplaçant aigua, la qual cosa dóna lloc a la *consolidació secundària*. Aquest fenomen no té transcendència pràctica en els sòls granulars, ja que es produeix de forma pràcticament instantània paral·lelament al procés constructiu.

En les argiles, en canvi, el procés de migració de l'aigua, fins a assolir l'estat d'equilibri que l'edificació requereix, pot comportar anys a causa de la dificultat que tenen les molècules d'aigua per travessar els espais entre grans.

El procés de migració d'aigua a les argiles és possible que acabi comportant assentaments incompatibles amb la rigidesa global de l'edifici. Els assentaments es manifesten en forma de quadres patològics greus, que comencen a aparèixer i a evolucionar mesos després d'acabada l'obra i no s'estabilitzen fins passats quants uns anys.

En general, els canvis estacionals, l'orientació o qualsevol altra circumstància amb capacitat per alterar el grau d'humitat del sòl poden contribuir a la producció d'assentaments.

Els sòls poden veure millorada la capacitat portant per mitjà de procediments molt diversos des de clavar cabirons de fusta, com feien els romans, fins a emprar sistemes de vibrocompactació, passant, si es disposa de temps, per sobrecarregar el sòl amb dipòsits de grava d'un pes equivalent a l'edifici que es pretén edificar.

També es poden fer fonamentacions per substitució. El procediment consisteix a extreure un pes de terres equivalent al de l'edificació que es pretén construir. Amb aquest procediment s'aconsegueix evitar, pràcticament, la deformació del pla de suport.

La presència d'un determinat percentatge d'aigua resulta determinant per obtenir la compactació òptima d'un sòl. Aquest fenomen tée poca aplicació quan es tracta de realitzar els fonaments d'un edifici; en canvi, resulta de gran utilitat en la formació de subbases per a la realització de vials.

Per tal de determinar el percentatge òptim d'humitat, a partir de 1933 es va desenvolupar l'assaig Proctor. La humitat òptma de compactació, expressada en tant per cent, és aquella per a la qual la densitat del sòl és màxima. Aquesta situació es produeix amb continguts d'aigua al voltant del 90-95% de la humitat de saturació.

L'assaig consisteix a determinar la quantitat d'aigua que cal afegir a un sòl per poder-lo compactar al màxim emprant una energia concreta. A aquest efecte, es realitzen quatre assaigs de compactació sobre una determinada mostra de sòl però amb diferents percentatges d'humitat. S'utilitzen una cassoleta i uns estris normalitzats. El diàmetre de la cassoleta i l'energia de compactació varien segons si es tracta d'un assaig Proctor normal o modificat.

A partir dels quatre assaigs, un cop dessecades les mostres, s'obtenen quatre valors de densitat. Si es porten els valors obtinguts sobre un gràfic de coordenades, densitats i percentatges d'humitat, és possible

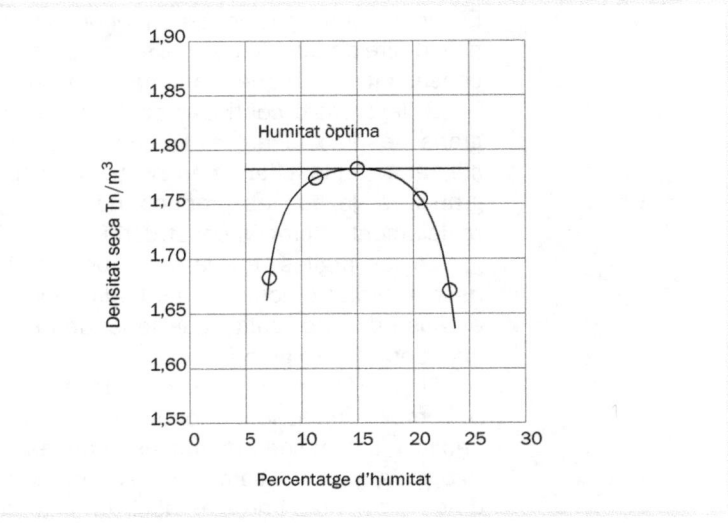

|1.5|
Corba obtinguda d'assaigs PROCTOR. Permet determinar la humitat òptima de compactació

traçar una corba tal com es mostra al gràfic (figura 1.5). La tangent horitzontal a aquesta representa el percentatge d'humitat òptima. Totes les corbes que relacionen la humitat i la densitat tenen com a evolupant la corba de saturació del sòl.

– **Permeabilitat.** És la característica que ofereixen alguns materials per facilitar el pas de líquids o de gasos a través seu.

En el cas dels sòls, el líquid de referència és l'aigua. L'aigua que circula a través d'un sòl ho fa emprant els espais entre els grans, atès que aquests estan formats per partícules sòlides i, per tant, impermeables.

En tractar sobre la compressibilitat dels sòls, s'han exposat procediments per determinar i limitar, aproximadament, les deformacions del sòls dins de paràmetres de compatibilitat amb les estructures suportades.

Paral·lelament, s'han efectuat els comentaris següents amb referència directa a la permeabilitat:

- Les deformacions del sòl es produeixen amb més o menys celeritat segons la dimensió dels seus grans.
- Hi ha una correspondència entre els fenòmens de deformació del sòl i la migració d'aire (consolidació primària) i d'aigua (consolidació secundària).
- La consolidació secundària de les sorres es produeix de forma paral·lela al procés de construcció.
- La consolidació secundària de les argiles, sòls formats per grans molt petits, comporta períodes de temps llargs, de fins a dos anys.

Per tant, s'ha de determinar quina velocitat circula l'aigua, especialment en les argiles, per ponderar les relacions deformació-temps en els sòls.

La permeabilitat d'un sòl es determina al laboratori per mitjà d'uns aparells denominats *permeàmetres*. En ells s'estableix el temps que necessita l'aigua per travessar, sota una pressió controlada, una mostra de sòl.

El valor numèric obtingut de l'assaig s'anomena *coeficient de permeabilitat k*, i s'expressa amb unitats de velocitat (cm/s).

El marge de la permeabilitat dels sòls és amplíssim. Mentre que el coeficient de permeabilitat d'una grava oscil·la entre 10^{-1} i 10^{-2} cm/s, el d'una argila se situa entre 10^{-7} i 10^{-11} cm/s.

Per tal de donar una idea física del que representen aquests valors de velocitat de circulació de l'aigua dins d'una argila, el valor 10^{-6} cm/s suposa una velocitat aproximada de 30 cm per any.

Per tal de determinar el grau de consolidació d'un sòl, en funció del temps transcorregut, Terzaghi i Frölich varen fer un estudi teòric, que consistia a analitzar el comportament, sota pressió, d'un estrat de gruix $2h$ d'argila compressible, comprès entre dues capes de material porós molt permeable (sorres, per exemple).

En primer lloc es determina, l'anomenat factor temps T_v, d'acord amb l'expressió i les unitats següents:

$$T_v = \frac{k \cdot E'}{h^2 \cdot w} \cdot t$$

on: T_v = factor adimensional.
k = coeficient de permeabilitat de l'argila (cm/s)
E' = mòdul edomètric (kg/cm^2)
h = meitat del gruix del estrat (cm)
w = densitat del aigua (0,001 kg/m^3)
t = temps, expressat en segons, del que es vol conèixer el grau de consolidació. Un any indicat en segons té un valor de $31,5 \cdot 10^6$ s.

En funció de T_v, s'obté el grau de consolidació U, en tant per u, segons l'expressió:

$$U = \sqrt[6]{\frac{T_v^3}{T_v^3 + 0,5}}$$

Per agilitar-ne els càlculs, els valors U estan tabulats.

T_v	U	T_v	U	T_v	U
0,02	0,160	0,30	0,613	0,80	0,887
0,06	0,276	0,40	0,697	0,90	0,912
0,10	0,356	0,50	0,764	1,00	0,931
0,15	0,437	0,60	0,816	2,00	0,994
0,20	0,504	0,70	0,856	∞	1,000

Al quadre inferior es recull la funció inversa, corresponent als valors de T_v en funció dels percentatges de consolidació.

U	10%	20%	30%	40%	60%
T_v	0,08	0,031	0,071	0,127	0,289

Resulta evident la fragilitat dels mètodes d'anàlisi descrits per a mesurar, tant els valors de les deformacions com el grau de consolidació dels sòls en el temps. La permeabilitat d'un sòl es pot mesurar amb precisió en un laboratori; els resultats es poden veure, però, substantivament alterats com a conseqüència de la presència de les discontinuïtats que els sòls presenten, en realitat, en els seus estrats.

La presència d'estrats de sorres o llims incrustats dins d'una capa d'argiles actua com a drenant, la qual cosa augmenta la velocitat amb què es produeix la deformació.

L'existència de sorres o llims, dins d'una massa d'argiles, es pot produir també en forma de bosses tancades. En aquest cas, la seva presència no tindrà efecte respecte de la velocitat amb què es produirà la deformació.

Els valors teòrics ajuden, en aquests casos, solament a definir forquilles per establir els valors teòrics extrems. La velocitat real de les deformacions s'ha de mesurar per observació directa. A aquest efecte s'utilitzen habitualment mètodes taquimètrics.

D'acord amb el que s'ha exposat, més que fer càlculs sobre els assentaments previsibles i els percentatges de consolidació d'un sòl en el temps (aquests formen part del treball d'un expert i vindran consignats, si és el cas, a l'estudi geotècnic), el projectista d'obres d'edificació ha de conèixer el comportament global del sòl, en funció de la seva naturalesa.

Resulta clau el coneixement del conjunt de variables i interaccions exposades als apartats precedents (propietats intrínseques, propietats d'estat i propietats o característiques geotècniques) i de les que seran consignades en pàgines següents. El mateix es pot aplicar al pèrit que actuï per determinar les causes de les patologies d'una edificació que tinguin l'origen en les interaccions sòl-fonaments.

7 Classificació dels sòls per la mesura dels seus grans. Albert Mauritz Atterberg 1846-1916

Com s'ha reiterat, els sòls estan formats per aire, aigua i partícules sòlides separables per procediments físics simples. Les partícules sòlides poden tenir composicions mineralògiques molt diverses. Les dimensions dels grans dels sòls oscil·len entre més de 20 cm i les 0,1 μ de micra.

La mecànica de sòls pretén analitzar i sistematitzar el comportament dels diferents tipus de sòl com si es tractessin d'uns materials més de construcció.

el sòl: aire, aigua i partícules sòlides

Per fer-ho, és necessari introduir uns criteris d'ordenació dels grans que conformen els sòls, de forma que, independentment del seu origen, permetin establir, en els sòls, diferents segments constitutius i homogeneïtzar-ne el comportament.

La classificació es realitza per mitjà de l'escalat de la dimensió dels grans. El que té més difusió és el de l'agrònom suec Albert Mauritz Atterberg. El va desenvolupar l'any 1905 i consisteix en una progressió geomètrica de raó 1/10.

Es detalla a la taula següent:

Tipus de sòl	Dimensió dels grans
Granular	
Blocs	> 200 mm ∅
Graves	> 20 < 200 mm ∅
Gravetes	> 2 < 20 mm ∅
Sorres grosses	> 0,2 < 2 mm ∅
Sorres fines	> 0,02 < 0,2 mm ∅
Coherent	
Llims	> 2 < 20 μ ∅
Argiles	> 0,2 < 2 μ ∅
Ultraargiles	< 0,2 μ ∅

A l'annex D, "Criterios de clasificación, correlaciones y valores orientativos tabulados de referencia", del *Libro 3. Seguridad Estructural. Cimientos* del CTE, es troba una taula més detallada en la qual graves, sorres i llims es classifiquen com a gruixuts, mitjans i fins.

La incidència de la mesura dels grans en el comportament mecànic dels sòls, amb independència de la seva composició mineralògica, és tan significativa que estableix la diferència entre els sòls anomenats *granulars* i els *coherents*.

Els blocs, les graves i les sorres són agregats sense cohesió, formats per minerals o fragments de roca. Si tenen els cantells arrodonits per l'arrossegament, els blocs, les graves i les gravetes s'anomenen *còdols*. Els sòls amb presència massiva d'aquests materials no suporten els talussos verticals i, si s'ha de realitzar talussos en aquests tipus de sòl, cal respectar, com a pendent màxim admissible, l'angle ϕ de fregament intern.

Com es pot apreciar a la taula, els llims són sòls que, en funció de la mesura dels seus grans, es troben en una situació intermèdia entre les sorres i les argiles.

Els llims solen ser materials de comportament conflictiu, pel que fa als sistemes de fonamentació. El projectista ha de tenir gran cura, en la previsió de talussos si es detecta la presència de llims.

Els llims presenten un cert grau de cohesió, i baixa permeabilitat i porositat. El grau de cohesió dels llims es pot veure ràpidament alterat i, fins i tot, pot desaparèixer amb relativa celeritat en funció de la presència d'aigua. Els informes de laboratori han d'incloure referències respecte de la seva plasticitat.

Hi ha llims que tenen un comportament similar al de la sorra i d'altres que s'assemblen més a les argiles. Es pot concloure que, dins de l'àmbit dimensional definit pels llims, la mesura dels grans no és suficient per explicar el seu comportament mecànic. La presència d'aigua, la forma dels grans i la composició mineralògica hi passen a tenir un paper rellevant.

Les argiles són agregats de partícules microscòpiques i, fins i tot, ultramicroscòpiques. En el seu comportament mecànic, hi té una gran incidència la quantitat d'aigua que contenen.

Amb determinats continguts d'aigua, les argiles són plàstiques. Es poden amassar fàcilment i es deformen sense presentar superfícies aparents de fractura. En assecar-se, en canvi, si no han estat fortament comprimides, es tornen trencadisses.

Les argiles presenten valors de cohesió i de resistència al tall que permeten, amb l'anàlisi numèrica prèvia, realitzar talussos verticals.

Determinats tipus d'argiles, amb bona capacitat portant aparent, varien de volum en funció del contingut d'aigua; són les anomenades *argiles expansives*. La presència i la manca posterior d'aigua en elles, ocasionada per efectes estacionals o induïda, amb efectes diferencials en zones relativament petites, per altres causes (orientació de les façanes, arbres propers, fuites en canonades o clavegueram), és determinant en la formació de cicles d'entumiment i de retracció.

La desaparició de l'aigua intersticial més propera a la superfície, habitualment per evaporació natural, produeix el que s'anomena un col·lapse del sòl. Els contactes entre partícules i l'aigua desapareixen. El sòl experimenta una disminució de volum. Aquesta disminució de volum pot afectar les estructures assentades superficialment.

Els efectes dels cicles d'entumiment i retracció són més palesos en les zones properes a la superfície, al voltant del primer metre de fondària. S'han detectat, però, argiles en les quals l'afectació dels cicles arriba fins als cinc metres de fondària.

Amb independència dels resultats dels assaigs de laboratori, mostren indicis d'expansivitat les argiles que, un cop seques, presenten esquerdes de retracció i s'enganxen al calçat i a la maquinària en època humida.

Els esforços que generen els cicles d'entumiment i retracció de determinades argiles expansives poden superar els 2 kg/cm^2, és a dir, 20 Tn/m^2. En aquestes circumstàncies resulta fàcil imaginar els efectes nefastos que poden experimentar edificis lleugers (una o dues plantes) fonamentats superficialment.

Els assentaments provocats, en aquest tipus d'edifici, pel col·lapse del sòl no es produeixen de forma homogènia. La causa cal cercar-la en els percentatges diferencials d'aigua intersticial que es manifesten entre l'interior i l'exterior de l'edifici.

Quan el paviment de la planta baixa de l'edifici afectat està resolt amb una solera en contacte directe amb el sòl, aquesta experimenta assentaments més acusats en les zones perimetrals i acaba presentant un aspecte irregular i un quadre patològic de trencaments del paviment.

el sòl: aire, aigua i partícules sòlides

També en resulten afectats els fonaments, les parets, les partions i les conduccions enterrades.

L'orientació de les façanes també afavoreix l'efecte diferencial en la humitat intersticial del sòl. Les zones d'edifici orientades a nord es troben a l'ombra, metre que les façanes i/o les cantonades orientades a sud experimenten una evaporació més gran. Per això, les façanes i les cantonades orientades al sud solen ser les més afectades.

Les mesures per evitar l'efecte de les argiles expansives poden orientar-se en dos sentits:

– Fonamentar per sota de la capa activa del sòl argilós.
– Tractar de reduir les variacions de la humitat intersticial al voltant de l'edifici.

En la primera opció, cal adoptar una fonamentació profunda, enllaçada per un sistema de bigues, per tal que l'edifici es recolzi sobre un sòl estable, amb independència de les oscil·lacions de nivell que pugui experimentar el sòl superficial. Cal considerar que els fonaments profunds poden experimentar un fregament negatiu per efecte del col·lapse del sòl.

La segona opció permet continuar emprant fonaments superficials. Per reduir els efectes de les variacions d'humitat intersticials a límits tolerables per l'edificació, és necessari que:

– Els fonaments tinguin una fondària superior als 1,50 metres.
– Es disposi, al voltant de l'edificació, un paviment impermeable d'una amplària igual, almenys, al 75% de la capa activa amb un mínim d'1,50 metres.
– La tensió de contacte fonament-sòl, sense superar la tensió admissible σ_a, sigui propera a la pressió d'inflament.

7.1 Granulometria. Corbes granulomètriques

Un cop establerta una classificació dels sòls d'acord amb la mesura dels seus grans, per mitjà de la granulometria és possible determinar, per a cada tipus de sòl, quines fraccions conté, en percentatge, de cada un dels tipus de grans definits al paràgraf anterior.

Els sòls naturals, les terres o els terrenys, en llenguatge col·loquial, disten molt de ser homogenis. Dins la fracció sòlida, contenen grans de molt diverses mesures i característiques fisicoquímiques.

La forma habitual de separar els grans al laboratori consisteix a efectuar-ne una dessecació prèvia, de la qual es determina el pes. Posteriorment, per mitjà d'una bateria de garbells de malles normalitzades, es separen i es pesen les diferents fraccions. La figura 1.6 mostra una bateria de garbells normalitzats.

En el cas de llims i argiles, el fraccionament, degut al diàmetre reduït de les partícules, pot requerir la realització de sedimentacions i centrifugacions.

Els resultats corresponents a les fraccions de sòl s'expressa per mitjà de corbes granulomètriques. Aquestes detallen, per a cada diàmetre de

sota rasant

|1.6|
Bateria de garbells normalitzats. Laboratori de Mecànica de Sòls. UPC.

|1.7|
Triangle de Feret per a la classificació dels sòls en funció de la granulometria

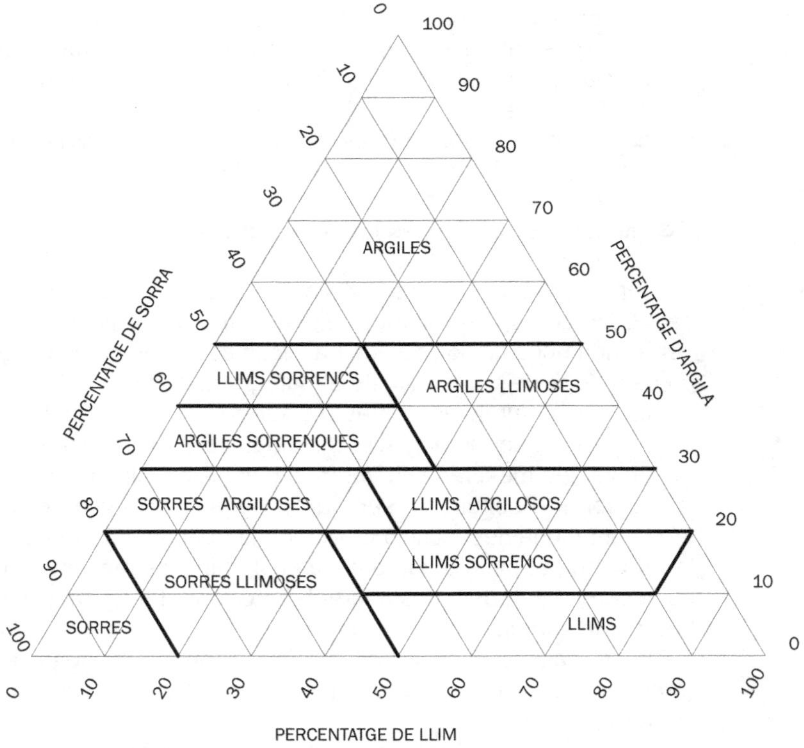

malla normalitzat, en funció de la quantitat de material retingut, el pes i el percentatge que suposa respecte del total de la mostra.

Les corbes granulomètriques permeten identificar els sòls com a graves, sorres, llims o argiles, si tota la corba queda inclosa dins l'àmbit d'una denominació. Per aquest motiu, les corbes granulomètriques no faciliten la identificació de sòls complexos.

Les corbes granulomètriques s'utilitzen, preferentment, per als àrids. És el cas, per exemple, dels estudis de Fuller, que estableixen les relacions òptimes en les mesures dels àrids, per tal de millorar la compacitat i la resistència dels formigons emprant quantitats ajustades de ciment.

En sòls naturals, el que succeeix és que la corba ocupa diversos àmbits. Es planteja un problema de denominació dels sòls. Aquest es resol per mitjà del triangle de Feret.

Com es pot observar a la figura 1.7, el triangle de Feret és un àbac de triple entrada format per un triangle equilàter. El costat de l'esquerra representa el percentatge de sorres contingudes en una determinada mostra; el de la dreta, les argiles, i l'inferior, els llims. Cada costat està graduat en fraccions percentuals del 10%. S'hi indiquen els sectors corresponents a les diferents nomenclatures de les mostres.

7.2 Sòls coherents. Caracterització de les argiles i els llims. Límits d'Atterberg. Àbac de Casagrande

En apartats precedents, s'ha fet referència a la incidència que l'aigua intersticial té en el comportament mecànic de les argiles, especialment pel que es refereix a la cohesió. Igualment s'han comentat els fenòmens d'expansivitat i retracció.

Tots aquests aspectes, relacionats amb la presència i la quantitat d'aigua continguda en una argila, tenen entitat suficient per ser analitzats a fons.

Se suposa la disposició d'una mostra d'argila. Si aquesta es barreja amb una quantitat suficient d'aigua, s'acaba comportant com un líquid. Contràriament, si se'n fa l'assecatge, adquirirà la consistència d'un material sòlid. Elegint, en percentatge, una quantitat intermèdia d'aigua, similar a la del seu estat natural, s'obté una massa pastosa, plàstica.

Prenent com a referència l'experiència descrita, és possible distingir en les argiles tres estats de consistència: líquid, plàstic i sòlid.

La transició d'un estat a un altre és molt progressiva, raó per la qual s'utilitzen els límits definits per Atterberg l'any 1911. Aquests foren precisats, posteriorment, per Casagrande. Els límits d'Atterberg estableixen en quins percentatges d'humitat de les mostres es produeix el canvi d'estat. Ofereixen una orientació valuosa respecte del comportament mecànic de les argiles.

A partir d'ells, es determinen dos valors d'humitat.

- W_L = límit líquid. És el percentatge d'humitat que separa l'estat líquid del plàstic.
- W_P = límit plàstic. És el percentatge d'humitat que separa l'estat plàstic del sòlid.

Una altra dada d'interès s'obté per diferència entre els valors dels límits líquid i plàstic. Es l'anomenat *índex de plasticitat*.

$$I_P = W_L - W_P$$

L'índex de plasticitat expressa el camp de variació de la humitat en un sòl que es comporta com a plàstic.

La forma de mesurar els límits d'Atterberg és força empírica. El límit líquid s'estableix, al laboratori, per mitjà de l'assaig de diferents mostres del mateix sòl en un aparell anomenat *cullera de Casagrande*. Aquest aparell consisteix en un bol vinculat a una lleva accionada manualment pel laborant, per mitjà d'una maneta. Cada volta de la maneta suposa una sacsejada regular del bol i del seu contingut.

La mostra, amb un grau d'humitat conegut, es col·loca en el bol. Sobre ella es fa una ranura segons l'eix del bol, perpendicular a l'eix d'accionament de la lleva.

A partir de l'assaig realitzat amb la cullera de Casagrande, el límit líquid es defineix com el percentatge d'humitat de la mostra que permet tancar amb 25 cops normalitzats un centímetre de la ranura practicada sobre la mostra.

Encara més empírica resulta la determinació del límit plàstic. Aquesta es fa determinat el percentatge d'humitat que permet al laborant realitzar manualment, sobre una superfície llisa i sense porus, cilindres de 3 mm de diàmetre que, quan arriben a aquesta mesura es trenquen en fragments compresos entre 1 i 2 cm de longitud.

Les mostres per determinar ambdós límits es preparen sobre la fracció de sòl que passa pel garbell de 0,40 mm.

El límit de retracció, W_S assenyala el percentatge d'humitat màxim com a límit de l'estat sòlid. Aquest valor no té aplicació pràctica en la mecànica de sòls.

Els valors obtinguts per a una mostra de sòl determinada, corresponents als límits líquid, plàstic, i, per diferència, l'índex de plasticitat permeten caracteritzar el tipus de sòl com una argila o com un llim. De forma convencional, s'estableix per mitjà de la recta $I_P = 0,73 (W_L - 20)$ la separació entre argiles i llims. També se'n pot identificar la compressibilitat. La representació d'aquestes propietats es realitza per mitjà de l'anomenat àbac de Casagrande o gràfic de plasticitats (figura 1.8).

A l'àbac de Casagrande, les abscisses representen el límit líquid, W_L, i les ordenades l'índex de plasticitat, I_P. El gràfic està dividit en sis zones gràcies a les ordenades corresponents al límit líquid del 30%, el del 50% i la recta de separació entre llims i argiles. Tres dels sectors queden per damunt d'aquesta recta i tres per sota.

Els sòls que tenen un límit líquid inferior al 30% són de baixa compressibilitat. Valors compresos entre el 30% i el 50% del límit líquid assenyalen sòls de compressibilitat mitjana. Per damunt del 50%, es tracta de sòls d'alta compressibilitat. Són els més conflictius per fonamentar.

Per fer més clar l'àbac de Casagrande, no s'hi han indicat els sòls orgànics. Aquests són relativament fàcils d'identificar per mitjans organolèptics. Tenen colors foscos i desprenen una olor característica. Les

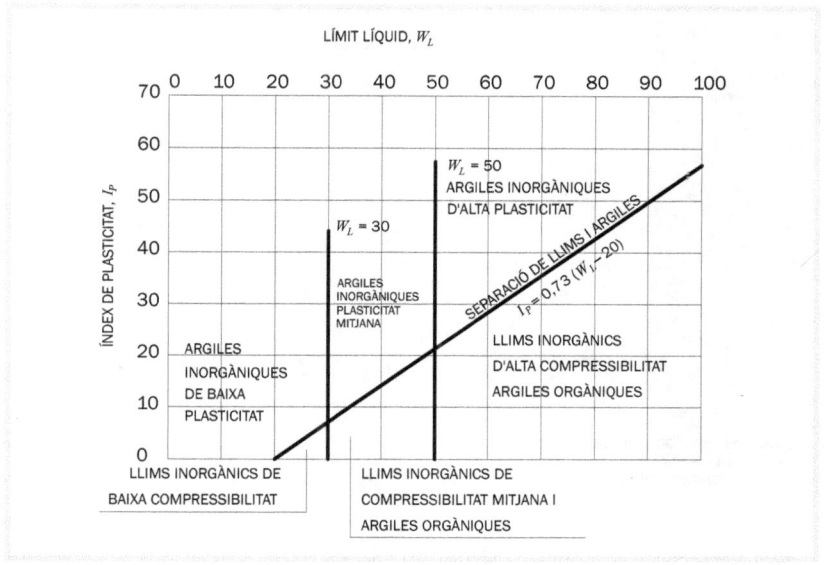

|1.8|
Àbac de plasticitats de Casagrande

argiles orgàniques se situen, normalment, dins la zona que correspon als llims inorgànics d'alta compressibilitat. Els llims orgànics se solen correspondre amb la zona dels llims orgànics mitjanament compressibles.

Els sòls amb límits líquids alts requereixen la presència de molta aigua per modificar el seu comportament. Aparentment, es tracta de sòls amb una bona capacitat portant. Els problemes es presenten quan la gran quantitat d'aigua que contenen, o que poden arribar a contenir, es perd per efecte d'un cicle de sequera o altres causes. Aquestes situacions suposen assentaments significatius en aquests tipus de sòls, amb conseqüències greus per a les edificacions fonamentades sobre ells.

A tall orientatiu, es recullen a la taula següent valors representatius de quatre tipus de sòls.

Sòl	Límit líquid, $W_L\%$	Límit plàstic, $W_P\%$	Índex de plasticitat, I_P
Sorra	de 10 a 25	CAP	CAP
Llims	de 20 a 35	de 10 a 30	de 5 a 15
Argiles	de 40 a 150	de 15 a 50	de 20 a 100
Coloides	> 150	> 50	> 100

8 Resistència dels sòls

El sòl, quant al seu comportament mecànic, és un sistema que, com s'ha indicat, s'equilibra a esforç tallant. Segons la naturalesa del sòl (cohesiu o granular), hi intervé, o no el factor corresponent a la cohesió. L'equa-

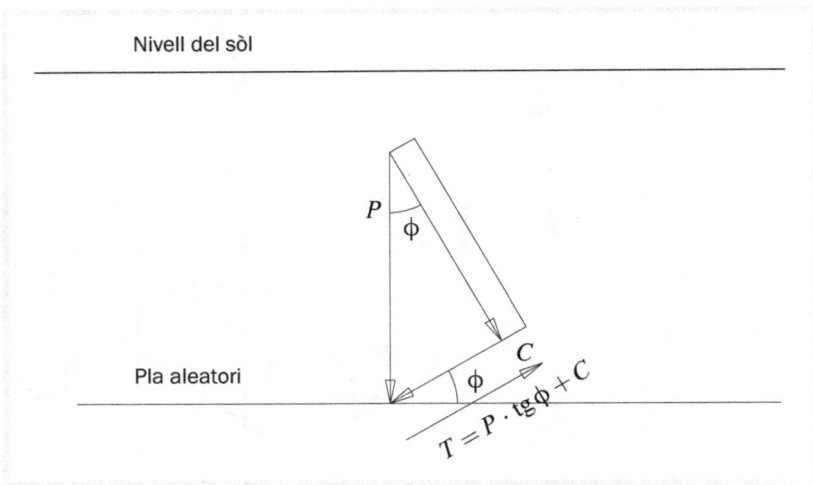

|1.9|
Esquema de l'equilibri d'un sòl en un pla situat a una fondària aleatòria

ció fonamental que regeix la determinació de les situacions d'equilibri del sòl a tallant és l'anomenat *criteri de Mohr-Coulomb* (figura 1.9).

En un massís de sòl coherent, se suposa un pla arbitrari situat a una determinada fondària. El pes que suporta aquest pla s'assimila a un vector P. Aquest vector es descompon en una força normal i en una altra de tangencial, en funció de l'angle ϕ de fregament intern, d'acord amb la posició de fractura, segons el dibuix inferior.

La situació d'equilibri estricte s'acompleix quan:

$$T = P \cdot \mathrm{tg}\,\phi + C$$

El valor de "T" per equilibrar la càrrega "P" no té per què superar el límit de trencament del sòl.

En el supòsit que T coincidís amb el límit de trencament del sòl, es tractaria d'un situació límit. Superar el valor de T comportaria la ruptura del sòl per esforç de tall. A l'equació, C és el valor de la cohesió del sòl. Té unitats de tensió (kg/cm^2 ó Tn/m^2). Tractant-se de graves o de sorres, sòls granulars, el valor de la cohesió és 0.

Als laboratoris, les mostres de sòl són portades a situacions límit, fins a experimentar el trencament, per mitjà d'aparells com la caixa de tall directe o el triaxial.

La unió dels parells de valors (compressió i tallant) obtinguts en sèries d'assaigs permeten obtenir, per a cada tipus de sòl, l'anomenada *corba intrínseca de ruptura*, assimilable a la recta de Coulomb. Suposa la frontera entre els valors situats sota la corba intrínseca de ruptura i els situats per damunt d'ella. Els primers no produeixen trencament del sòl; els segons sí.

Els valors de la cohesió i l'angle de fregament intern són paràmetres geotècnics, amb valor numèric propi i determinable per a cada tipus de sòl. Al capítol 2, es fa referència als aparells de laboratori. El capítol 3 detalla els aparells de camp.

9 Introducció a les situacions de trencament dels sòls. La relació del trencament amb l'angle φ de fregament intern i la seva representació. Cercle de Mohr i corba intrínseca de ruptura

Tot estat tensional, de compressió i tallant, al qual està sotmès un material, entre ells el sòl, es pot expressar segons la seva orientació per mitjà d'un cercle de Mohr.

De forma convencional, per dibuixar el cercle de Mohr, s'adopta a l'eix de les ordenades el valor de l'esforç tallant i al de les abscisses les compressions, segons s'observa al dibuix (figura 1.10).

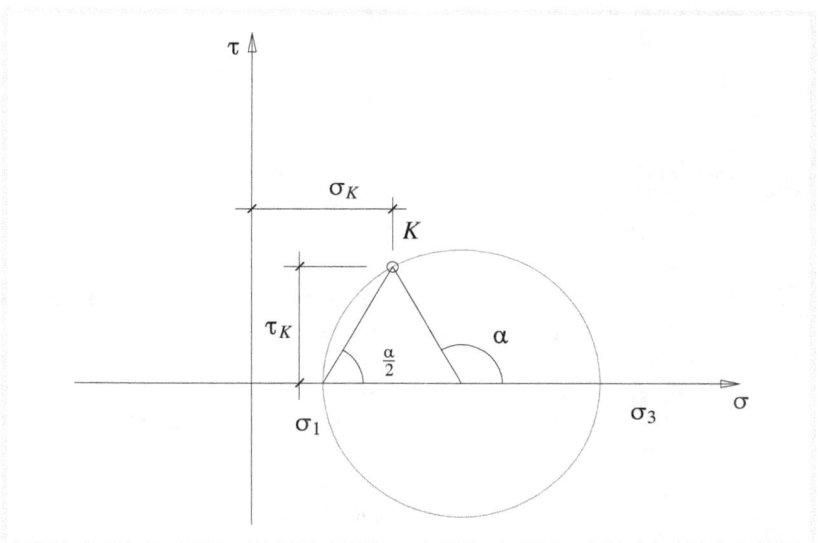

|1.10|
El cercle de Mohr representa estats tensionals límit

Els valors σ_1 i σ_3 tenen tallant igual a 0 i s'anomenen *direccions principals*. Un punt genèric K vindrà representat per un parell de valors (σ_K, τ_K). L'angle α entre l'eix de la tensió principal i el punt K és el doble del de l'orientació en que està aplicat l'esforç. D'acord amb la mesura dels angles expressada als apartats precedents, es pot concloure que σ_1 i σ_3, tensions principals, són ortogonals entre si, atès que α és igual a 180°.

Si es porta el material fins a estats immediats a la ruptura, per mitjà de diferents parells de valors σ_1 i σ_3 (figura 1.11), el conjunt de cercles de Mohr obtinguts assenyalen la frontera entre els esforços de compressió i de tall que trenquen el sòl. Aquest és el principi de l'aparell triaxial; la mesura dels esforços de compressió principals que propicien la ruptura de la mostra.

El lloc geomètric dels cercles de Mohr que representen el trencament d'un determinat tipus de sòl s'anomena *corba intrínseca de ruptura*. En origen, el lloc geomètric és una recta, coincident amb la recta de Coulomb. En la definició de la recta de Coulomb, és determinant l'angle φ de fregament intern.

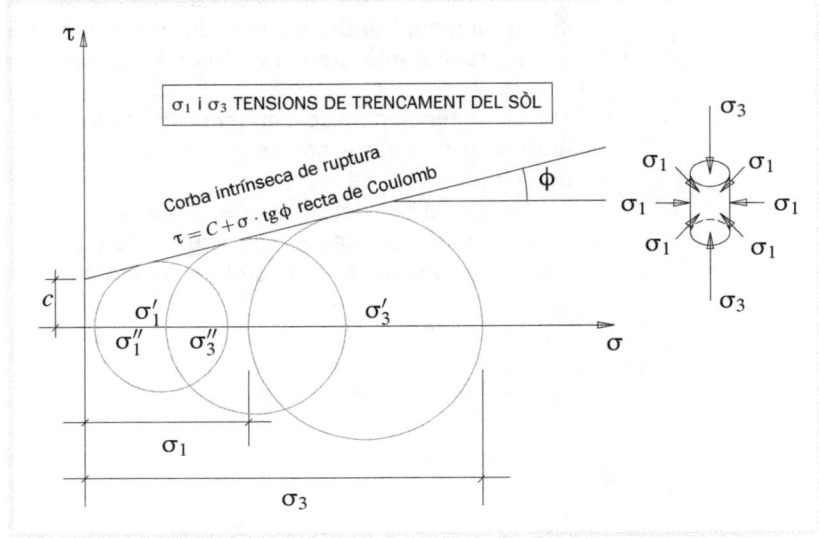

|1.11|
Representació gràfica dels resultats obtinguts amb un aparell triaxial

10 Relacions entre les tensions principals d'un sòl en estat d'equilibri plàstic. Rankine

L'any 1857, Rankine va investigar els estats d'equilibri plàstic del sòl en situacions properes a la ruptura. És el procés que es desenvolupa a continuació.

Suposem un estat tensional de trencament de sòl definit pel cercle de Mohr de la figura 1.12.

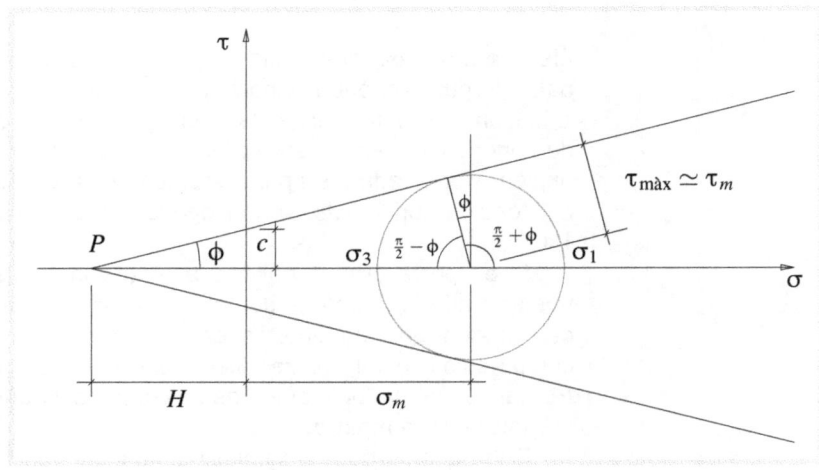

|1.12|
Esquema geomètric per a l'obtenció dels coeficients d'empenta activa i d'empenta passiva

D'acord amb aquesta es té:

$$\tau_{\text{màx}} = \tau_m = (H + \sigma_m) \cdot \sin\phi \qquad (1)$$

el sòl: aire, aigua i partícules sòlides

$$H = C \cdot \cotg \phi$$

$$\sigma_m = \frac{\sigma_1 + \sigma_3}{2}$$

$$\tau_m = \frac{\sigma_1 - \sigma_3}{2}$$

Substituint a (1), es te:

$$\frac{\sigma_1 - \sigma_3}{2} = \left(C \cdot \cos\phi + \frac{\sigma_1 + \sigma_3}{2} \right) \cdot \sin\phi$$

Recordem que $\cotg \phi = \cos\phi / \sin\phi$.
  Multiplicant per dos els termes i operant les funcions trigonomètriques, s'obté

$$\sigma_1 - \sigma_3 = 2 \cdot C \cdot \cos\phi + (\sigma_1 + \sigma_3) \cdot \sin\phi$$

Operant i traient els factors comuns σ_1 i σ_3:

$$\sigma_1 \cdot (1 - \sin\phi) = \sigma_3 \cdot (1 + \sin\phi) + 2 \cdot C \cdot \cos\phi$$

Desplegant σ_1 es té:

$$\sigma_1 = \frac{1 + \sin\phi}{1 - \sin\phi} \cdot \sigma_3 + \frac{2 \cdot C \cdot \cos\phi}{1 - \sin\phi} \qquad (2)$$

Aplicant les relacions de l'angle complementari i les fórmules trigonomètriques de l'angle meitat, els valors de $\sin\phi$ i de $\cos\phi$ es poden expressar:

$$\sin\phi = -\cos\left(\frac{\pi}{2} - \phi\right) = \sin^2\left(\frac{\pi}{4} - \frac{\phi}{2}\right) - \cos^2\left(\frac{\pi}{4} - \frac{\phi}{2}\right)$$

$$\cos\phi = \sin\left(\frac{\pi}{2} - \phi\right) = 2 \cdot \sin\left(\frac{\pi}{4} - \frac{\phi}{2}\right) \cdot \cos\left(\frac{\pi}{4} - \frac{\phi}{2}\right)$$

Substituint en (2) els nous valors de $\sin\phi$ i de $\cos\phi$, i recordant, a efectes de simplificació, que $\sin^2\phi + \cos^2\phi = 1$, s'obté:

$$\sigma_1 = \tg^2\left(\frac{\pi}{4} + \frac{\phi}{2}\right) \cdot \sigma_3 + 2 \cdot C \cdot \tg\left(\frac{\pi}{4} + \frac{\phi}{2}\right)$$

Anàlogament, per a σ_3, es té:

$$\sigma_3 = \tg^2\left(\frac{\pi}{4} - \frac{\phi}{2}\right) \cdot \sigma_1 - 2 \cdot C \cdot \tg\left(\frac{\pi}{4} - \frac{\phi}{2}\right) \qquad (3)$$

En el cas de sòls granulars, graves o sorres amb la seva cohesió $C = 0 \, \text{kg/cm}^2$, el segon terme desapareix. Suprimint el terme de cohesió, es poden establir relacions recíproques entre les tensions principals de trencament, σ_1 i σ_3, en funció de l'angle de fregament intern ϕ. Aquestes tenen les expressions següents:

$$\frac{\sigma_3}{\sigma_1} = \text{tg}^2\left(\frac{\pi}{4} - \frac{\phi}{2}\right) \quad \text{coeficient d'empenta activa}$$

$$\frac{\sigma_1}{\sigma_3} = \text{tg}^2\left(\frac{\pi}{4} + \frac{\phi}{2}\right) \quad \text{coeficient d'empenta passiva}$$

11 Coeficients d'empenta activa i d'empenta passiva. Mobilització d'empenta passiva

Els coeficients d'empenta activa i passiva, en tractar-se de relacions entre tensions, són adimensionals. Ambdós valors, especialment el primer, són d'aplicació en el disseny de sistemes de contenció. Es recorda, un cop més, que σ_1 i σ_3 són valors límits de ruptura.

El coeficient d'empenta activa estableix la relació entre l'esforç vertical que actua sobre el sòl d'un massís i el esforç horitzontal resultant que actua quan s'ha produït el trencament (figura 1.13). Es produeix un desplaçament del massís cap a l'exterior. En aquesta situació de trencament entren en acció, en la superfície de fractura, forces de fricció (de tall). Aquestes forces redueixen notablement l'esforç necessari per mantenir estable el massís.

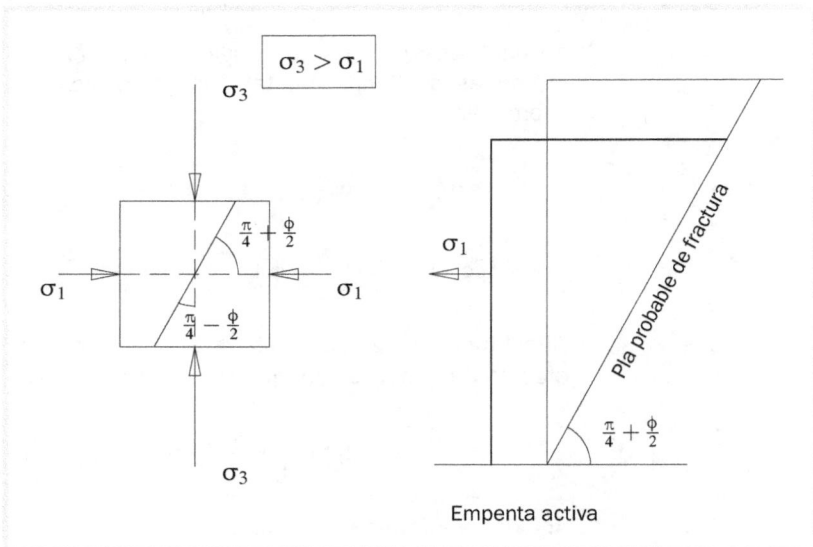

|1.13|
Equilibri "superior" de Rankine.
Pla probable de fractura quan s'ha produït el trencament del sòl

El coeficient d'empenta passiva determina la relació entre l'esforç vertical que actua sobre el sòl d'un massís i l'esforç horitzontal necessari per desplaçar-lo, hipotèticament cap a l'interior, just a l'instant anterior a la ruptura del sòl (figura 1.14). Si es produís ruptura del sòl a l'entrarien en acció les forces de tall i el seu valor es reduiria.

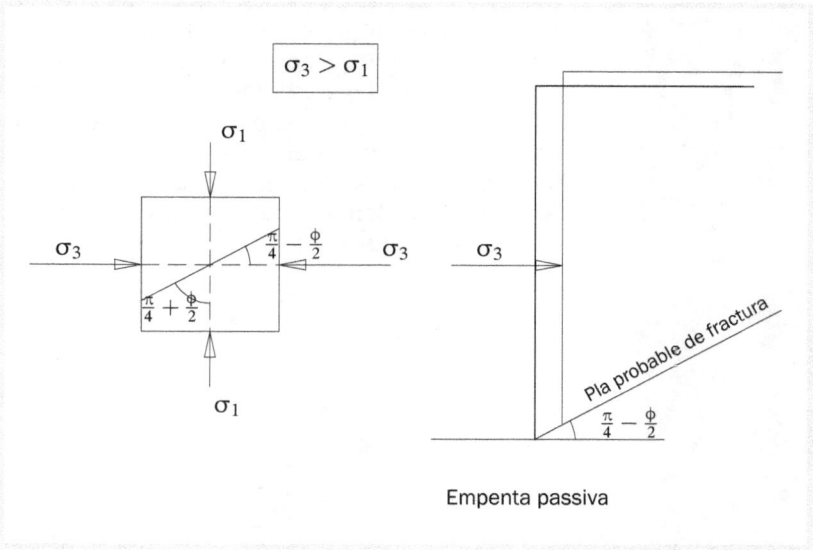

|1.14|
Equilibri "inferior" de Rankine. Pla probable de fractura quan encara no s'ha produït el trencament del sòl

Les situacions de tensions intermèdies entre els valors determinats pels coeficients d'empenta activa i d'empenta passiva, en què no hi ha possibilitat de ruptura del sòl, s'anomenen *situacions de repòs*. Les situacions de repòs no se solen considerar en el disseny de sistemes de contenció. Per garantir-les, seria necessari treballar amb el coeficient d'empenta passiva, i això comportaria un sobredimensionament innecessari de la solució constructiva proposada.

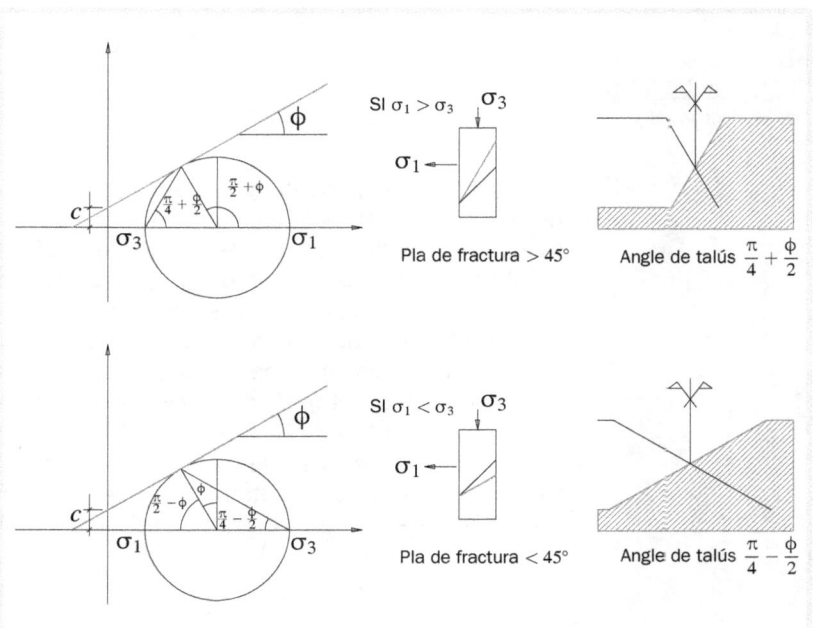

|1.15|
Interpretació geomètrica dels plans de fractura de Rankine a partir del cercle de Mohr. Situacions reals en els sòls

La figura 1.15 mostra la interpretació geomètrica dels plans de fractura de Rankine a partir del cercle de Mohr. S'ha utilitzat en el dibuix un mateix punt teòric. S'han permutat únicament, entre les dues figures, els valors de σ_1 i σ_3. La simetria de les figures ha permès dibuixar, per a un mateix punt, els dos possibles plans probables de fractura.

Es poden considerar, encara, dues situacions teòriques més (figura 1.16): la primera correspondria a un sòl perfectament cohesiu, on la recta de Coulomb esdevé horitzontal i, en conseqüència, el pla de fractura es produeix a 45°.

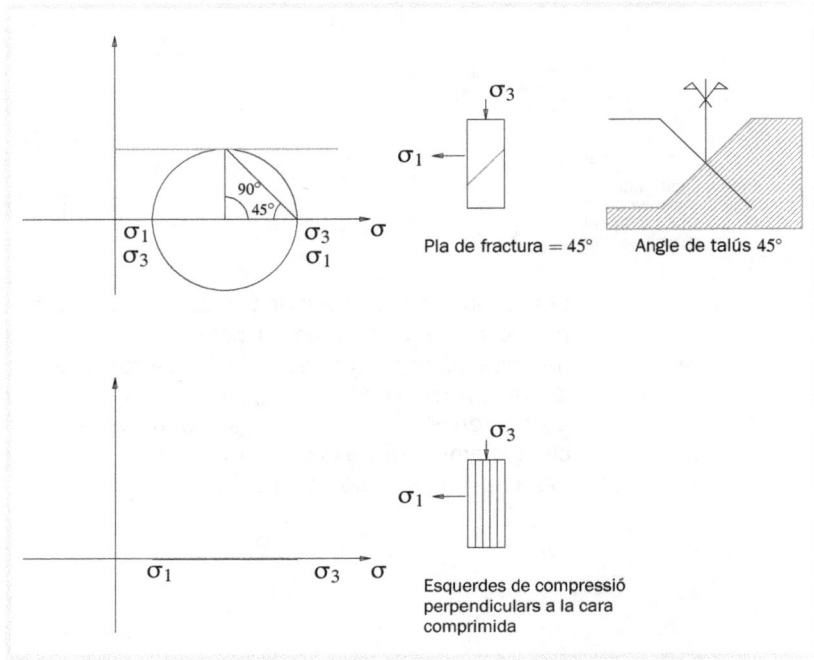

|1.16|
Interpretació geomètrica dels plans de fractura de Rankine a partir del cercle de Mohr. Situacions teòriques en els sòls

La segona correspondria, igualment que el anterior, a un cas hipotètic en què hi hagi tan sols compressió. En aquesta situació, el cercle de Mohr es converteix en una recta perquè l'esforç de tall és inexistent.

Prenent en consideració els angles corresponents als plans probables de fractura desenvolupats per Rankine, justificats en els apartats precedents, es poden establir dins dels massissos, en funció de la simetria aplicable al procés, unes xarxes de plans de fractura corresponents a les empentes actives i passives, amb angles respectius coneguts $(\pi/4 + \phi/2)$ i $(\pi/4 - \phi/2)$, segons es detalla a la figura 1.17.

El diferencial existent entre els coeficients d'empenta activa i d'empenta passiva és força notable. Així, per a un sòl amb un angle ϕ de fregament intern de 30°, relativament comú, es té, respectivament:

$$K_{ea} = 0{,}333$$
$$K_{ep} = 3{,}000$$

el sòl: aire, aigua i partícules sòlides

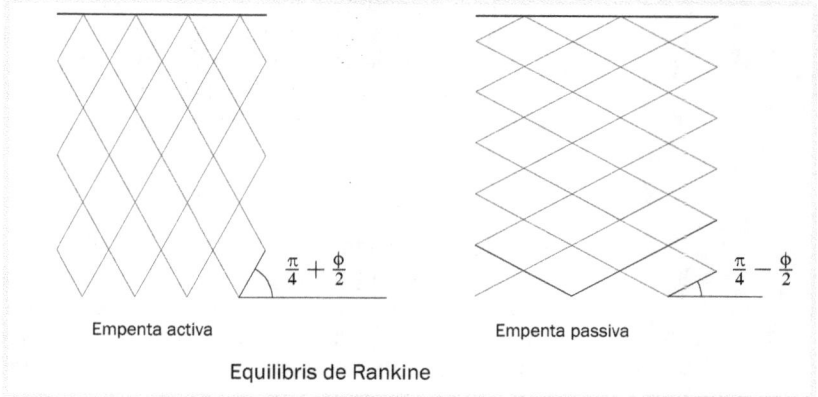

|1.17|
Representació gràfica dels plans de fractura definits pels equilibris de Rankine

Empenta activa   Empenta passiva

Equilibris de Rankine

La relació entre ambdós coeficients se situa al voltant de 10. La conclusió és que es necessita un esforç molt més gran per trencar un massís de sòl empenyent-lo cap a l'interior que carregant-lo per la part superior. Aquest fet permet, en determinades situacions, utilitzar, en benefici dels sistemes de contenció, el potencial que ofereix l'empenta passiva dels sòls. Es tracta de l'anomenada *mobilització de passiu*.

En els murs pantalla, es pot determinar una fondària de clava que en garanteixi l'estabilitat emprant l'esforç que pot absorbir el sòl abans de trencar-se per efecte de les forces horitzontals exercides per la pròpia pantalla sota rasant. Evidentment, en els càlculs cal adoptar un valor prudencial per a la mobilització de passiu. El CTE, a la taula 2.1 del llibre 3, "Seguretat estructural. Fonaments" consolida la pràctica habitual, per al càlcul de l'estabilitat dels murs pantalla, de reduir l'empenta passiva multiplicant el seu valor teòric per 0,6. Superar la capacitat de mobilització de passiu del sòl suposaria un trencament agre de la contenció.

Las fondàries de clava necessàries per garantir estabilitat d'un talús vertical per mitjà de la construcció d'un mur pantalla són molt elevades, raó per la qual no resulta rendible projectar murs pantalla autoestables. Malgrat tot, la utilització de la mobilització de passiu per mitjà de les claves dels murs pantalla és un recurs que es pot considerar durant les primeres fases d'excavació dels vasos, fins a situar el primer nivell de contencions provisionals. En tot cas, no es recomana deixar murs pantalla en voladís de més de cinc metres. Aquests aspectes es tracten més àmpliament al capítol capítol 8, "Murs pantalla. Aspectes de disseny constructiu i de dimensionament".

12 Aplicació dels equilibris de Rankine a la determinació d'empentes del sòl

La determinació de les empentes del sòl que s'exposen en aquest apartat constitueix una aproximació, suficientment vàlida, per obtenir l'ordre de magnitud de les sol·licitacions actuants sobre un determinat element de contenció i servir de base al seu disseny constructiu.

A l'apartat precedent s'han analitzat les relacions, establertes per Rankine, entre els esforços verticals i horitzontals (empentes) unitaris (σ_1 i σ_3) que es produeixen a una determinada fondària de sòl.

En un massís de terres de densitat γ, subjecte únicament al pes de les terres que hi ha al damunt, un pla situat a una fondària h' suporta una pressió:

$$\sigma_1 = \gamma \cdot h'$$

Es tracta d'una relació de tipus lineal, el valor de la qual val 0 si h' és 0, tal com s'expressa al gràfic (figura 1.18). A una fondària h', el valor unitari és e_a.

Si a l'expressió (3), corresponent a l'empenta activa, se substitueix σ_3 per l'empenta unitària e_a i σ_1 pel producte de la densitat per l'alçada, s'obté el valor de l'empenta activa unitària a una determinada fondària h', segons l'equació:

$$e_a = \operatorname{tg}^2\left(\frac{\pi}{4} - \frac{\phi}{2}\right) \cdot \gamma \cdot h' - 2 \cdot C \cdot \operatorname{tg}\left(\frac{\pi}{4} - \frac{\phi}{2}\right)$$

Si es vol determinar el valor de l'empenta total a una fondària h, tan sols és necessari determinar l'àrea del triangle resultant. L'empenta activa total Ea estarà aplicada a una altura de $h/3$. El seu valor s'obté de la expressió:

$$E_a = \frac{1}{2} \cdot \gamma \cdot h^2 \cdot \operatorname{tg}^2\left(\frac{\pi}{4} - \frac{\phi}{2}\right) - 2 \cdot C \cdot h \cdot \operatorname{tg}\left(\frac{\pi}{4} - \frac{\phi}{2}\right) \quad (4)$$

En els sòls sense cohesió, com que $C = 0$, el segon terme desapareix. En general, el terme de la cohesió no s'acostuma a considerar, tant pel seu valor, relativament reduït, com pel fet que s'obtenen resultats del costat de la seguretat.

Per tal de verificar la seguretat al bolc l'empenta activa se sol majorar per 1,8. Aquest valor és també el que adopta el CTE, taula 2.1, del llibre 3, "Seguretat estructural. Fonaments".

El desenvolupament de l'aplicació de la teoria d'empentes es troba al capítol 7, especialment als apartats 7 a 9.

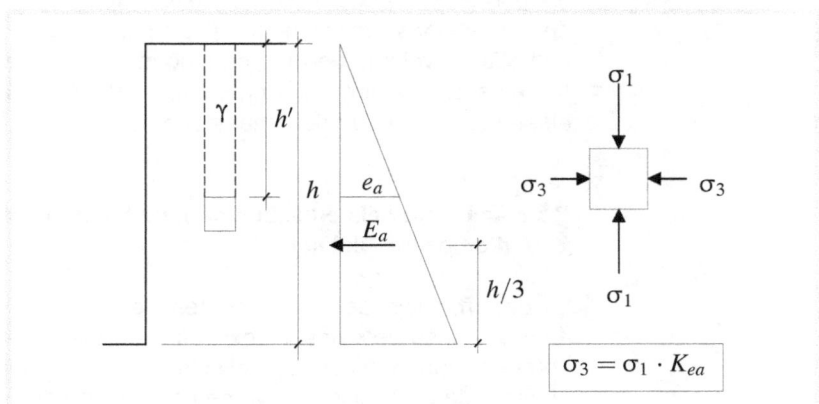

|1.18|
Esquema de la utilització de la teoria de Rankine per determinar les empentes exercides per un massís de terres

13 Determinació de l'alçada crítica teòrica d'un talús vertical sotmès al seu pes propi

L'alçada crítica teòrica d'un talús vertical és aquella en què l'empenta activa resulta equilibrada, de forma límit, per la cohesió del sòl. En sòls granulars, no es pot parlar, lògicament, d'alçades crítiques.

D'acord amb l'equilibri proposat, l'equació (4) es pot escriure.

$$\gamma \cdot h \cdot \text{tg}^2 = \left(\frac{\pi}{4} - \frac{\phi}{2}\right) = 4 \cdot C \cdot \text{tg}\left(\frac{\pi}{4} - \frac{\phi}{2}\right)$$

desplegant l'alçada crítica h_c, s'obté:

$$h_c = \frac{4 \cdot C}{\gamma} \cdot \text{tg}\left(\frac{\pi}{4} + \frac{\phi}{2}\right)$$

L'alçada obtinguda amb aquest plantejament cal considerar-la com a imprudent des del punt de vista pràctic. El CTE per al cas d'equilibris límits de rotació o translació recomana emprar un coeficient de minoració de 0,6 (taula 2.1 del llibre 3, "Seguridad estructural. Cimientos"). Altres autors apliquen una reducció de 2/3, del 0,666, per respondre a l'aparició de fissures a la zona alta del talús. Aquestes es produeixen per dessecació, un cop exposat a l'aire el pla vertical del talús.

En el primer cas s'obté:

$$h_c = \frac{2,4 \cdot C}{\gamma} \cdot \text{tg}\left(\frac{\pi}{4} + \frac{\phi}{2}\right)$$

En el segon:

$$h_c = \frac{2,67 \cdot C}{\gamma} \cdot \text{tg}\left(\frac{\pi}{4} + \frac{\phi}{2}\right)$$

Es pot apreciar el caràcter lleugerament més conservador del CTE, respecte d'autors clàssics com Daniel Graux (*Fundamentos de mecánica del suelo, proyecto de muros y cimentaciones*), que aplica el coeficient de 2,67.

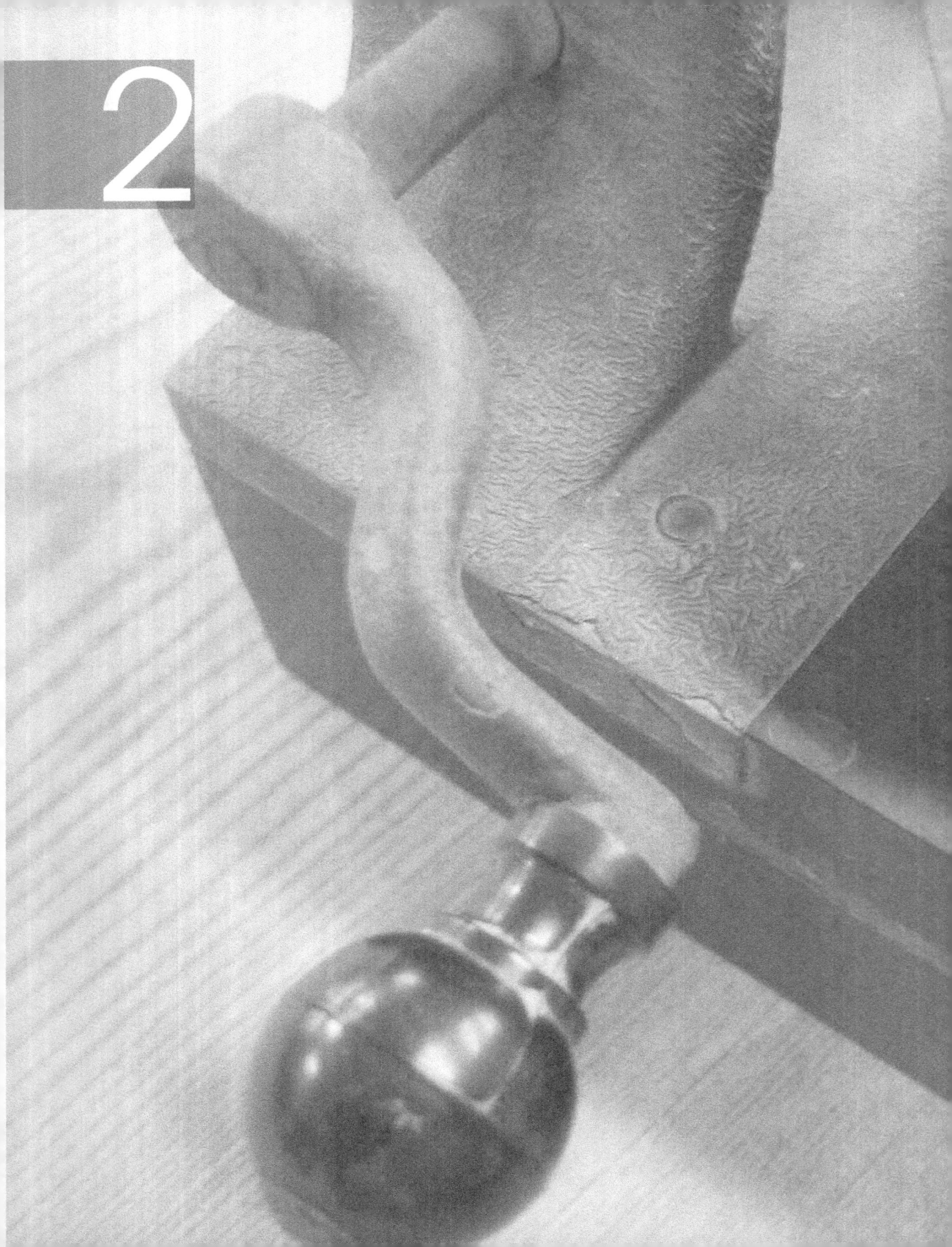

aparells de laboratori per mesurar paràmetres geotècnics

1 Introducció

A continuació, es descriuen els assaigs més usuals per mesurar paràmetres geotècnics al laboratori. Es pretén realitzar, exclusivament, una descripció succinta dels aparells, dels principis físics en els quals es fonamenta la seva acció i dels paràmetres geotècnics que s'obtenen en els diferents assaigs. Es tracta, per tant, d'una exposició per respondre a les necessitats de coneixement que el tècnic de construcció té com a usuari del servei de geotècnia.

No es fa referència a d'altres aparells o assaigs ja mencionats al capítol 1 -densitats, granulometria i límits d'Atterberg. Tampoc no es detallen els assaigs químics per determinar la presència de clorurs o de sulfats.

Els aparells als quals es fa referència en aquest apartat són:

- Caixa de tall directe
- Triaxial
- Compressió simple
- Edòmetre
- Permeàmetre

Habitualment, els assaigs, en els aparells indicats es realitzen amb mostres de sòl de petita mesura, de l'ordre dels centímetres. Aquestes mostres solen estar alterades, ja que corresponen a fraccions representatives del sòl objecte d'estudi separades, normalment per dessecació i garbellament. S'adapten així les mostres a les necessitats dels aparells, atès que, per determinar els paràmetres geotècnics, cal treballar amb la secció fina dels sòls.

En fer referència al capítol primer, apartat 7.2 (Sòls coherents. Caracterització de les argiles i els llims. Límits d'Atterberg. Àbac de Casagrande), a la forma de determinar en el laboratori els límits plàstic i líquid dels sòls coherents, s'ha pogut observar el empirisme dels processos. Prenent en consideració el que s'ha exposat, el procés de determinació dels paràmetres geotècnics no es redueix, per tant, a una lectura directa de les dades obtingudes en els diferents aparells. Cal també interpretar-les per mitjà de la comparació amb resultats obtinguts in situ i amb sòls tipològicament similars i amb comportament conegut avalat per l'experiència.

2 Caixa de tall directe

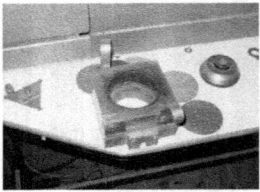

|2.1|
Caixa de tall directe
Detall de les dues semicaixes i dels accessoris de la cèl·lula de tall

La caixa de tall directe també s'anomena caixa de Casagrande. És un aparell que, com el seu nom indica, sotmet les mostres de sòl a esforços de tall rectilini fins al seu trencament, segons un pla determinat.

Consta de dues mitges caixes, que es poden desplaçar una respecte de l'altra, segons es mostra a la figura 2.1. El seu fons està format per pedres poroses estriades. La seva funció és doble: afavorir el drenatge de les mostres i garantir la bona adherència a l'aparell.

A l'interior de les mitges caixes descrites es col·loca la mostra que es vol assajar. Aquesta té unes dimensions de 10 cm de diàmetre per 3 d'alçada.

El procés operatiu és el següent. Sobre la mitja caixa superior s'aplica un esforç de compressió conegut, de valor σ. Mantenint la pressió σ, es va incrementant l'esforç horitzontal τ fins a determinar el valor de trencament de la mostra.

Per a cada parell de valors (σ, τ), s'obté un punt que es pot representar en un sistema d'eixos de coordenades. Les tensions es mostren a l'eix d'abscisses i els tallants a l'eix d'ordenades (figura 2.2). Repetint l'assaig un nombre suficient de vegades, s'obté un núvol de punts. Aquests es troben sensiblement alineats segons la recta de Coulomb, ja que responen a estats de trencament del sòl. Per tant, a partir de la caixa de tall directe, és possible determinar l'angle de fregament intern ϕ i la cohesió C.

Si el resultat de l'experiment dóna una recta de Coulomb que passa per l'origen de coordenades, és a dir, $C = 0 \, \text{kg/cm}^2$, es tracta d'un sòl granular.

Angles de fregament elevats, per damunt dels 30°, són indicatius de sòls amb bona capacitat portant. Generen també empentes reduïdes sobre els sistemes de contenció. Per aquesta raó, el sòls granulars, amb un angle de fregament intern elevat, són ideals per realitzar reblerts en els extradossos dels sistemes de contenció.

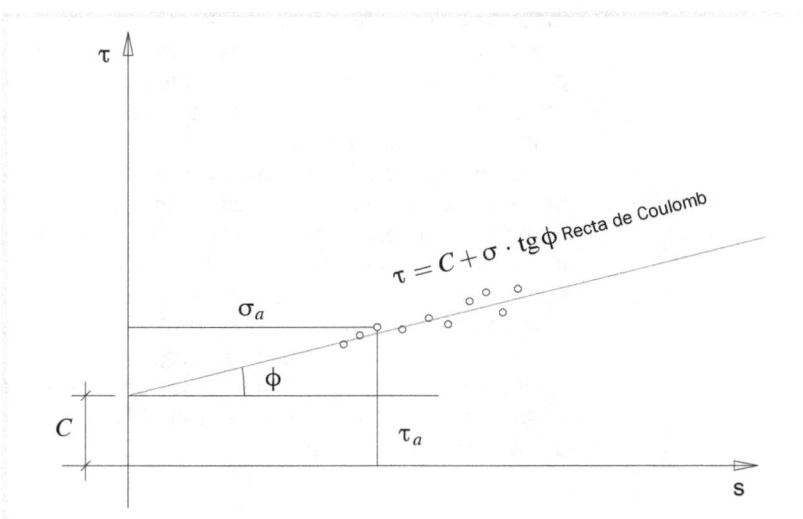

|2.2|
Diagrama obtingut de diversos assaigs de tall directe

Els sòls granulars presenten també l'avantatge de tenir un coeficient k de permeabilitat molt alt que afavoreix el drenatge i evita que les aigües de pluja puguin exercir pressió hidrostàtica.

Per contra, angles de fregament per sota dels 25° solen correspondre a sòls amb baixa capacitat portant. També provoquen empentes més grans sobre les contencions.

3 Triaxial

El triaxial (figura 2.3), és un dels aparells més sofisticats i precisos dels laboratoris de mecànica de sòls. Permet estudiar el comportament del sòl sota tensions principals, de forma que els seus resultats es poden representar per mitjà de cercles de Mohr en un sistema de coordenades, amb tensió-tallant similar al que s'emprat per a l'assaig de tall directe.

Per aconseguir tensions principals, ortogonals entre si, l'aparell consta d'un pistó que actua directament sobre la mostra, a la qual es garanteix el drenatge per mitjà de pedres poroses.
La mostra, en els triaxials de format corrent, fa 3 cm de diàmetre per 6 cm d'alçada (figura 2.3), si bé hi ha aparells notablement més grans.

La mostra està protegida per una membrana, ja que s'aconsegueix que les pressions ortogonals al pistó actuïn sobre la mostra, de forma radial, per mitjà d'una cèl·lula hidràulica (figura 2.4).

Al igual com succeeix amb la caixa de tall directe, cal realitzar diversos experiments per aconseguir dibuixar la recta de Coulomb, com s'indica al gràfic (figura 2.5).

|2.3|
Aparell triaxial. Laboratori de Mecànica de Sòls de la UPC

|2.4|
Detall d'una mostra de sòl preparada per a ser assajada al triaxial

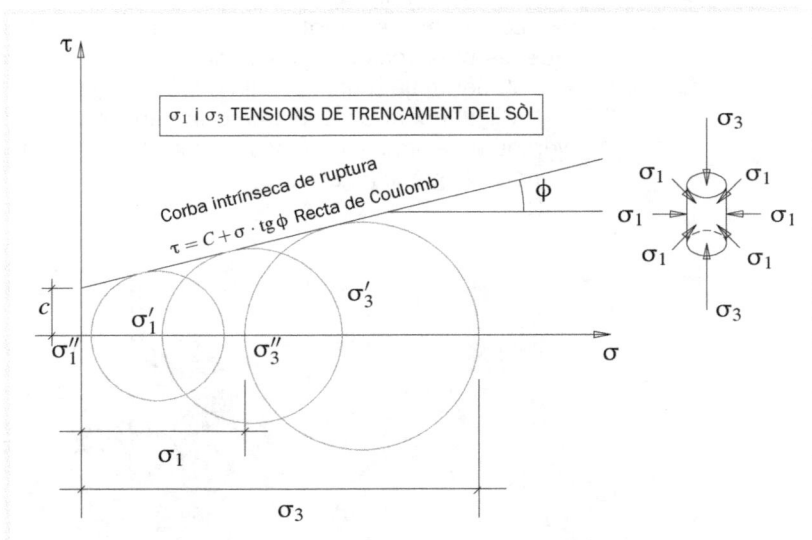

|2.5|
Diagrama obtingut de diversos assaigs amb l'aparell triaxial

4 Assaig de compressió simple

L'assaig de compressió simple permet determinar la tensió admissible d'un sòl, σa, per mitjà de la compressió, en una premsa apropiada, d'una mostra fins a l'inici del seu trencament. Aquest tipus d'assaig només és aplicable a sòls coherents, atès que, per realitzar-lo, es necessita una mostra estable d'unes dimensions aproximades de 3 per 6 cm. La figura 2.6 mostra una premsa per realitzar assaig de compressió simple.

|2.6|
Model de premsa per realitzar assaigs de compressió simple

El valor de la tensió de trencament obtinguda és directament l'admissible (aplicable a càlculs de tensió sabata-sòl). La raó és que la mostra no està constreta, és a dir, no està envoltada de materials que limitin les seves deformacions, com succeeix en les situacions reals.

Quan l'assaig de la capacitat portant d'un sòl es realitza en situació de constrenyiment, com, per exemple, l'assaig de placa (vegeu l'assaig de placa al capítol 3, apartat 9), la tensió de trencament obtinguda es transforma en la l'admissible dividint-la per 3.

El coeficient de seguretat tres és l'acceptat i utilitzat habitualment en les situacions de col·lapse de sòl. El col·lapse d'un sòl es produeix en situacions límit en les quals un increment de càrrega relativament petit provoca assentaments proporcionalment elevats.

El coeficient de Poisson refereix les relacions entre les deformacions que experimenta un material determinat en un pla perpendicular a la tensió aplicada, en relació amb un altre pla perpendicular a ell.

L'article 39.9 de la EHE indica com a coeficient de Poisson per al formigó el valor 0,2. En la majoria de sòls, s'acostuma a adoptar el valor de 0,3 com a coeficient de Poisson, d'acord amb el que s'ha exposat respecte de l'assaig de compressió simple sense constrenyiment.

D'acord amb això, la mesura de desplaçaments horitzontals en un edifici sols ser el reflex de situacions de deformacions verticals que tenen per valor entre dues i tres vegades la mesura horitzontal.

5 Edòmetre

L'edòmetre és un aparell en el qual s'assaja, sota pressions progressives de tipus logarítmic, les deformacions d'una mostra de sòl d'alçada h. El propòsit és obtenir el mòdul edomètric E' (kg/cm^2) per a un determinat graó de càrrega. El mòdul edomètric es defineix com el quocient entre l'increment unitari de la pressió i l'increment unitari de la deformació, segons l'expressió:

$$E' = -\frac{\Delta \sigma}{\frac{\Delta h}{h}}$$

Hi hem fet referència, al capítol 1, en exposar els aspectes relacionats amb la compressibilitat del sòl.

Amb l'edòmetre es poden realitzar, a més, altres assaigs als quals es farà referència: inflament lliure, pressió d'inflament i assaig d'inundació sota càrrega. L'edòmetre reprodueix, a petita escala, els fenòmens derivats de les deformacions dels sòls sota càrregues i els efectes que la presència d'aigua té sobre els processos de deformació. Els seus resultats són molt útils, no tan sols pel que respecta a l'estimació de valors numèrics d'assentaments, sinó també per establir estratègies en el disseny dels sistemes de fonamentació per tal d'evitar efectes derivats de la expansivitat del sòl.

Habitualment, es treballa amb mostres saturades per eliminar la influència de les forces capil·lars. Es garanteix el drenatge de l'aigua de les mostres per mitjà de pedres poroses situades a les bases dels suports de les mostres Es realitzen en paral·lel assaigs de tres mostres per tal de testar-ne millor els resultats.

La mesura habitual de les mostres és de 7 cm de diàmetre, amb un gruix d'entre 1,2 i 2,4 cm. Les deformacions de les mostres es comproven amb comparadors que permeten apreciar centèsimes de mil·límetre.

L'assaig edomètric de les argiles és lent, com a conseqüència de la seva baixa permeabilitat. Requereix més d'una setmana per al seu desenvolupament. Les càrregues se solen duplicar cada 24 hores. Posteriorment, es fa la descàrrega.

La posada en càrrega dels edòmetres es realitza dipositant en el plat de càrrega uns discs d'acer. Aquests disposen d'una ranura que en facilita la col·locació. El procediment, a més de simple, permet visualitzar en tot moment l'estat de càrregues a què està sotmesa la bateria de mostres. La figura 2.7 mostra dos grups d'edòmetres del Laboratori de Mecànica del Sòl de la UPC.

El resultat de l'assaig es pot representar gràficament en uns eixos de coordenades. L'eix de les abscisses conté, a escala logarítmica, la tensió a la qual està sotmesa la mostra. El eix de les ordenades assenyala l'assentament de la mostra d'acord amb la disminució de l'índex de porositat. S'obté una gràfica de dues branques on queda assenyalada la deformació irreversible de la mostra de la qual es pot obtenir, per a cada graó de càrrega el mòdul edomètric E'.

Amb l'edòmetre, es poden realitzar diversos assaigs per determinar si una mostra d'argila és, o no, expansiva i, en cas de ser-ho, determinar-ne el grau d'expansivitat.

|2.7|
Bateries de edòmetres.
Laboratori de Mecànica
de Sòl de UPC

El primer d'aquests grups d'assaigs que es descriu és l'anomenat *assaig d'inflament lliure*. Amb ell es determina l'augment de volum que rep una proveta d'una mostra inalterada del sòl en ser inundada a l'edòmetre i sotmesa a una petita tensió normal. Per mitjà d'un comparador, capaç de mesurar centèsimes de mil·límetre, es determina l'increment d'alçària de la proveta. La prova necessita el temps necessari fins a assolir l'estabilització dimensional de la proveta en condicions de saturació.

La interpretació dels resultats de l'assaig d'inflament lliure és el següent:

- El risc d'expansivitat és baix si el percentatge d'increment de l'altura de la proveta és inferior a l'1%.
- El risc d'expansivitat és mitjà si el percentatge d'increment de l'altura de la proveta se situa entre l'1 i el 5%.
- El risc d'expansivitat és alt quan s'obtenen valors entre el 5 i el 10%.
- El risc d'expansivitat és molt alt per a percentatges d'increment de l'altura de la proveta superiors al 10%.

El segon assaig que es descriu amb l'edòmetre amb relació a l'expansivitat de les argiles és el de *pressió d'inflament*. Consisteix a determinar la pressió que cal aplicar sobre una mostra inalterada per evitar que aquesta incrementi el volum. La pressió d'inflament és aquella sota la qual un sòl expansiu ni s'infla ni es col·lapsa.

El procés operatiu de l'assaig és el següent: es col·loca una mostra inalterada a l'edòmetre i s'inunda per provocar-ne la seva expansivitat. Es controla el comparador per mantenir-lo estable i evitar que la mostra es deformi. Aquesta operació es realitza per mitjà de l'increment adequat de càrregues sobre el plat de l'edòmetre. Quant més alta sigui la pressió d'inflament, més possibilitat d'expansivitat hi ha i més gran és l'efecte del fenomen.

La interpretació dels resultats de l'assaig d'inflament lliure és el següent:

- Valors inferiors a 0,3 kg/cm^2 es poden considerar baixos.
- Valors compresos entre 0,3 i 1,2 kg/cm^2 tenen caràcter d'intermedis.
- Valors situats entre 1,2 i 2,5 kg/m^2 són alts.
- Valors que superin els 2,5 kg/cm^2 es consideren molt alts.

Finalment, amb relació a l'edòmetre i l'expansivitat, s'exposa *l'assaig d'inundació sota càrrega*. Per fer aquest assaig, són necessàries dues mostres inalterades de sòl. Amb una d'elles es realitza un assaig d'inflament lliure. L'altra mostra se sotmet, per mitjà de graons de càrrega, a un assaig edomètric normal fins que la seva deformació resta estabilitzada. En aquesta situació, es mesura la mostra i s'inunda. Es mesura la seva expansió fins que es produeix una nova situació d'estabilització. Del contrast en els valors obtinguts a l'assaig d'inflament lliure i els resultants de l'assaig edomètric s'obté la pressió d'inflament sota càrrega.

6 Permeàmetre

El permeàmetre és un aparell de laboratori que permet mesurar les velocitats de pas d'un fluid a través d'un material determinat. En el cas de la mecànica de sòls, el fluid és l'aigua i el material un tipus determinat de sòl del què es vulgui conèixer el coeficient de permeabilitat k. Es treballa amb mostres de sòl saturades.

El permeàmetre és, essencialment, un tub de longitud i secció coneguda en el qual es col·loca el material que es vol assajar i es mesura el temps necessari perquè l'aigua travessi la mostra. La figura 2.8 mostra un permeàmetre del Laboratori de Mecànica de Sòls de la UPC.

Els materials poc permeables, les argiles i els llims, requereixen la utilització de permeàmetres de càrrega variable. Els materials permeables, com les graves i les sorres, s'assagen amb permeàmetres de càrrega constant.

El coeficient de permeabilitat k té la dimensió d'una velocitat, raó per la qual s'expressa en cm/s. A causa de la forquilla extensa (de desenes de centímetres a dècimes de micró) en la qual estan incloses les mesures, els coeficients de permeabilitat dels sòls es mouen dins d'una àmplia gamma de valors. La taula següent, ordenada per tipus de sòls, resulta prou indicativa.

Graves	$10^{-1} > k < 10^{2}$ cm/s
Sorres	$10^{-3} > k < 10^{-1}$ cm/s
Llims i sorres argiloses	$10^{-7} > k < 10^{-3}$ cm/s
Argiles	$10^{-11} > k < 10^{-7}$ cm/s
Roques aparentment sense fissures	$10^{-10} > k < 10^{-8}$ cm/s

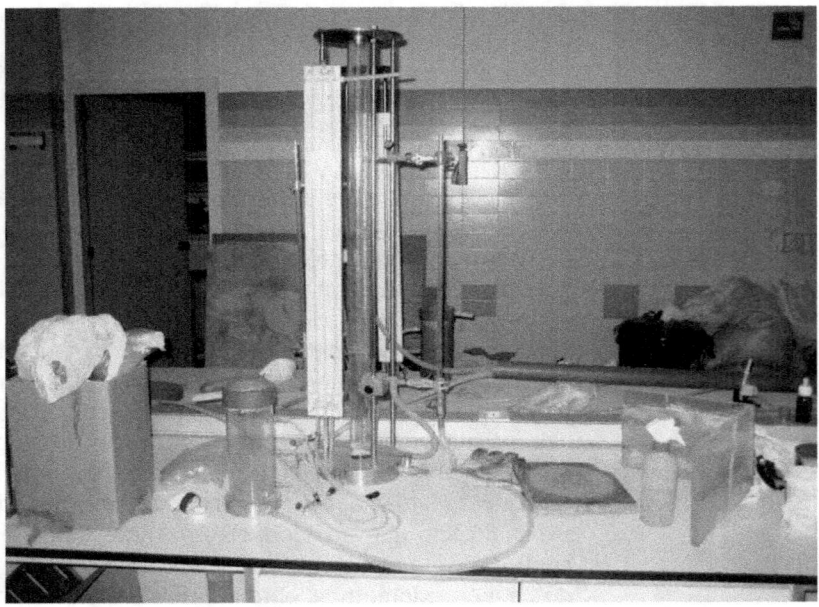

|2.8|
Permeàmetre en fase de preparació de mostres. Laboratori de Mecànica de Sòls de la UPC

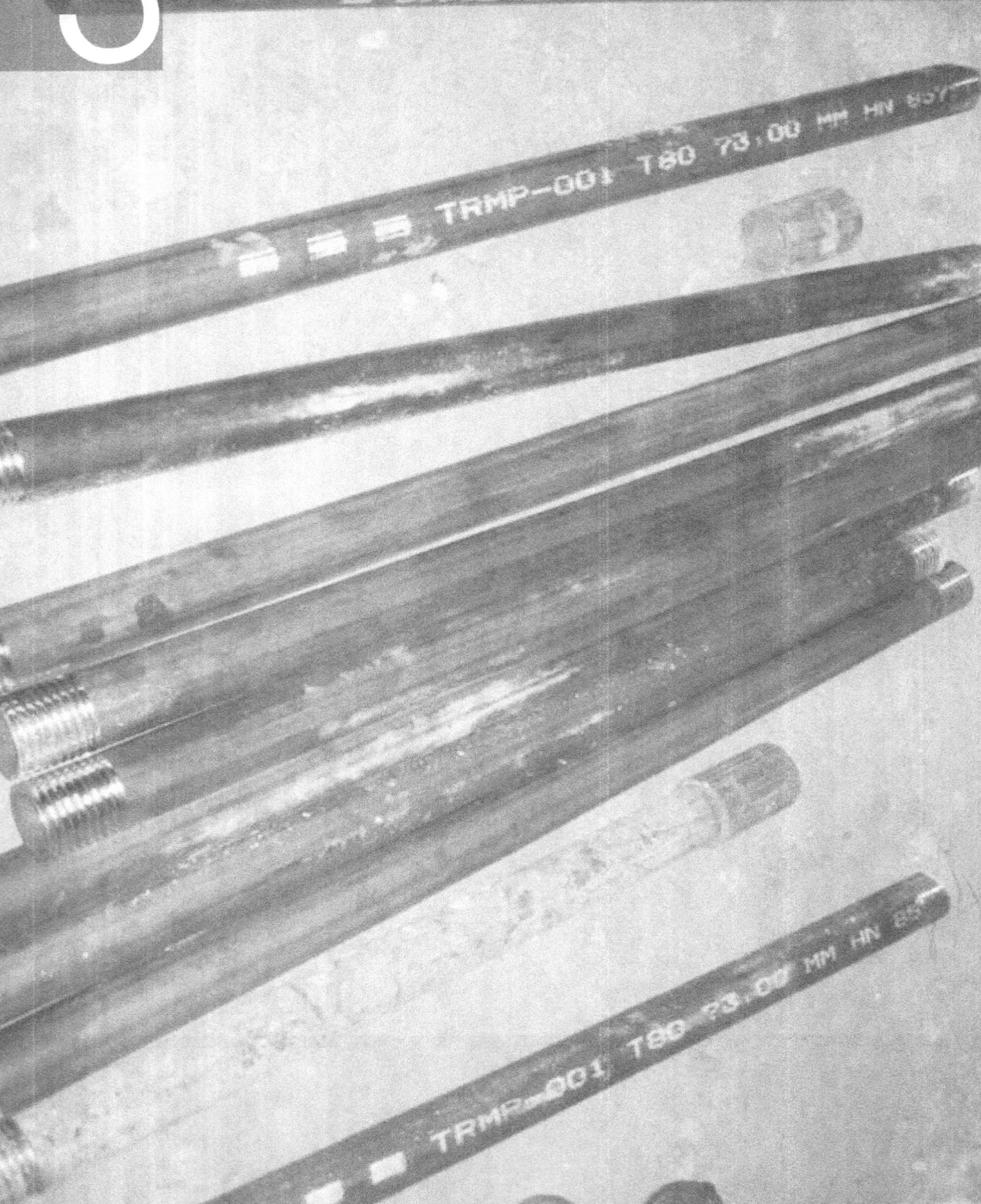

3

aparells i mitjans de camp per mesurar paràmetres geotècnics

1 Introducció

A continuació, es descriuen els aparells i els assaigs més usuals per mesurar, de forma pràcticament directa, paràmetres geotècnics durant les campanyes de prospecció.

Es pretén, igual com s'ha fet amb els aparells de laboratori, fer-ne una descripció, dels principis físics en què es fonamenta la seva acció i dels paràmetres geotècnics que s'obtenen en els diferents assaigs. Es tracta, per tant, d'una exposició per respondre a les necessitats de coneixement que el tècnic de construcció té com a usuari del servei de geotècnia.

Els aparells i els mitjans als quals es fa referència en aquest apartat són:

- Cala o pou
- Sondeig
- Assaig normal de penetració (SPT)
- Penetròmetre estàtic
- Escissòmetre o molinet
- Penetròmetre dinàmic
- Pressiòmetre
- Assaig de placa

2 Cala o pou

Per cala o pou s'entén actualment, en què els mitjans manuals estan descartats, una perforació realitzada, habitualment, amb una retroexcavadora. Les possibilitats d'aquest tipus de màquina limiten la perforació a uns cinc metres de fondària.

Permet constatar, segons les dificultats de la màquina per a realitzar la excavació, la compacitat dels primers estrats del sòl. També és possible fer inspeccions organolèptiques dels materials que van apareixent, observar si les parets de l'excavació són estables, o no, i obtenir mostres per al seu estudi posterior al laboratori.

Després de l'estintolament de les parets, o de la formació de talussos, per garantir les mesures de seguretat adequades, es poden portar a terme diversos assaigs de camp, entre ells el de placa, l'escissòmetre o el penetròmetre de butxaca (petit aparell que, amb la seva aplicació manual sobre el sòl per mitjà d'un resort, assenyala la pressió de trencament del sòl, i permet aproximar valors de la σ_a).

Les cales o pous solen ser un recurs utilitzat per les direccions facultatives, en el curs dels treballs per assegurar-se de la correspondència de les dades contingudes a l'estudi geotècnic respecte de la realitat i adoptar, si escau, les mesures de correcció necessàries.

3 Sondeig

|3.1|
Carro perforador realitzant un sondeig.

Els sondeigs són la forma de prospecció de més rendiment, des del punt de vista tècnic i econòmic. Consisteix a realitzar una perforació de petit diàmetre, d'entre 60 i 150 mm. S'utilitza, a aquest efecte, un equip especial format per un carro perforador encarregat d'accionar, barrines helicoïdals o seccions de tubs connectats a una broca amb punta de vídia (figura 3.1).

La fondària a la qual es pot arribar amb un sondeig —al voltant de 50 metres— és superior a les necessitats habituals d'un estudi geotècnic. No és freqüent, en obres d'arquitectura, superar la construcció de cinc soterranis sota rasant, es a dir, la cota −15,00 m. Si s'hi afegeix la necessitat de coneixement dels estrats situats sota el pla de fonamentació en la majoria de les situacions, basta, prospectar entre les cotes −25,00 i −30,00 m excepte en casos excepcionals.

Un dels avantatges dels sondeigs és la possibilitat d'efectuar a diferents fondàries, amb la retirada prèvia dels tubs de perforació, assaigs amb aparells específics com el SPT, el pressiòmetre o l'escissòmetre. Per aquesta raó, aquests aparells s'anomenen d'*informació discontínua*.

Habitualment, la perforació es realitza preferentment amb tubs, més que amb barrines helicoïdals, ja que aquests permeten recuperar del seu interior una secció estratigràfica del sòl.

Els materials extrets es col·loquen, amb vista a la seva millor identificació i per realitzar assaigs, en fragments de metre, en caixes preparades a l'efecte. Sobre les mostres recuperades dels tubs de perforació, se sol aplicar, en el mateix moment de l'extracció, el penetròmetre de butxaca. Els resultats obtinguts amb aquest aparell tenen caràcter orientatiu i serveixen de referència respecte als que es poden esperar en els assaigs de laboratori.

La qualitat de les mostres (més o menys alterades) depèn tant del procediment d'extracció com de la conservació que es faci de les mostres, especialment perquè no perdin la humitat natural, i de la cura que es tingui durant el transport.

4 Assaig normal de penetració (SPT)

L'assaig normal de penetració (SPT) permet determinar la densitat relativa o la consistència del sòl, segons si es tracta de sorres o d'argiles.

El SPT nom amb què és conegut en l'argot de la geotècnia, correspon a les sigles angleses de *standard penetration test*. Aquest assaig va ser desenvolupat per Terzaghi. És un dels més emprats i dels quals es té experiència. Inicialment, es va aplicar a l'estudi de les sorres. Posteriorment, el seu ús es va estendre, de forma eficaç, a l'estudi de llims i argiles. Els resultats obtinguts solen ser fiables.

L'assaig SPT consisteix a clavar, al llarg de 30 centímetres, una cullera llevamostres normalitzada, formada per un cilindre de 35 mm de diàmetre interior i 51 de diàmetre exterior. La longitud total de la cullera és de 800 mm. L'extrem d'atac del tub està afuat per tal de facilitar la penetració en el sòl. Habitualment disposa de mecanismes de retenció (ressorts anulars) que permeten la recuperació de la mostra.

Les mostres obtingudes per mitjà d'un SPT, especialment les d'argila, no es poden considerar totalment inalterades perquè, com que la cullera té un diàmetre relativament petit, el material retingut rep una compactació enèrgica en penetrar en el seu interior.

L'operativa de l'assaig és la següent:

- Col·locar la cullera roscada a l'extrem de les barres de sondeig en el fons de la perforació i anotar-ne la cota.
- Posar la cullera en posició de treball. Aquesta operació es realitza colpejant el cap de les barres de sondeig fins a ensorrar la cullera 15 cm en el sòl.
- Comptar el nombre de cops N necessaris per fer avançar 30 cm la cullera. Els cops es realitzen amb una massa normalitzada de 63,5 kg que cau des d'una altura de 76,2 cm.
- Recuperar la cullera i la mostra per seguir, continuar aprofundint el sondeig per tal de practicar, si escau, un altre SPT o un assaig de tipus discontinu o, en cas contrari, donar per acabat el sondeig.

La interpretació de resultats es fa en funció del nombre de cops N necessaris per fer avançar la cullera 30 cm en el sòl. La primera taula que s'exposa correspon a les sorres. Les dues primeres columnes es deuen a Terzaghi i Peck i relacionen la densitat relativa de les sorres segons a N, la tercera columna és una aportació de Meyerhoff en la qual es dóna l'angle ϕ de fregament intern. S'hi ha afegit una fila corresponent al rebuig, com a resultat possible en realitzar la prospecció. En aquest cas, es tractaria del contacte directe del mostrejador amb algun bloc de roca barrejada amb el sòl, o de materials propers a les característiques de les roques.

N	Densitat relativa	ϕ
De 0 a 4	Molt tova	$< 30°$
De 4 a 10	Tova	$30 - 35°$
De 10 a 30	Compacta	$35 - 40°$
De 30 a 50	Densa	$40 - 45°$
> 50	Molt densa	$> 45°$
Si no es pot clavar	Rebuig	—

Si les sorres contenen una petita porció d'argiles, cal reduir el valor inferior dels angles de fregament intern en un mínim de 5°. Per contra, si es tracta de barreges de sorres i graves, el límit superior es pot incrementar en 5°.

En el cas de les argiles, Terzaghi i Peck varen confeccionar una altra taula en la qual es relaciona el nombre de cops N amb la consistència, i aquesta amb la resistència a la compressió simple, assimilable a la tensió màxima admissible σ_a, sabata sòl. Com en el cas anterior, s'hi ha afegit la columna corresponent al rebuig.

La taula resultant és la següent:

N	Consistència	σ_a, kg/cm²
2	Molt tova	0,25
De 2 a 4	Tova	0,25–0,50
De 4 a 8	Mitjana	0,50–1,00
De 8 a 15	Rígida	1,00–2,00
De 15 a 30	Molt rígida	2,00–4,00
> 30	Dura	4,00–8,00
Si no es pot clavar	Rebuig	–

De manera aproximada, en sòls entremedis amb presència de sorres i argiles, es pot fer una aproximació a la tensió màxima admissible dividint per 10 el nombre de cops N i donant al resultat unitats de pressió, kg/cm². Aquests resultats es defineixen amb més precisió a l'apartat 10 d'aquest capítol, "Algunes relacions empíriques entre resultats obtinguts amb diversos aparells de camp per determinar paràmetres geotècnics".

En alguns estudis geotècnics, els resultats del SPT es donen per mitjà de la suma de tres números. Cadascun d'ells indica el nombre de cops necessari per fer avançar la cullera 10 cm. Aquesta forma d'expressar els resultats ajuda a indicar l'homogeneïtat del sòl a la zona d'assaig. També serveix per descartar resultats dispersos fruit de la presència, per exemple, d'algun còdol dispers. Així, per exemple, $6+7+5 = 18$ cops, en el cas de sorres, indicaria un sòl compacte i força homogeni al llarg dels 30 cm assajats, amb un angle de fregament intern al voltant dels 37°.

5 Penetròmetre estàtic

El penetròmetre estàtic és també conegut amb el nom de penetròmetre holandès, perquè és en aquest país, amb profusió de sòls sorrencs, on es va desenvolupar aquest aparell.

Els penetròmetres estàtics són aparells que permeten introduir en el sòl, per mitjà de la reacció del propi terreny o del vehicle de transport, un barnillatge a velocitat lenta i constant, d'entre 10 i 60 cm/min. Dit barnillatge disposa d'una punta de penetració normalitzada (figura 3.2).

La punta de penetració és cònica, amb un angle al vèrtex de 60° i un diàmetre a la base del con de 36 mm. La superfície de contacte és, per tant, de 10 cm², valor que simplifica els càlculs.

|3.2|
Penetròmetre estàtic.
La reacció, en clavar la punta al sòl, es produeix contra el mateix equip de transport

Atesa a la dificultat de travessar elements de discontinuïtat en el sòl, per exemple, en el cas de grans dispersos de graves, els penetròmetres estàtics solen estar dotats d'un sistema de rotació.

La fondària de prospecció és limitada a l'entorn dels 20 metres per les possibilitats del treball a compressió del barnillatge. Aquest pot estar protegit per una camisa metàl·lica, si les condicions del sòl ho fan necessari. Seria el cas de sòls inestables o amb presència d'aigua freàtica.

El valor representatiu de l'assaig amb un penetròmetre estàtic és la resistència en punta R_p, expressada en kg/cm^2. Aquest valor és determinat de forma pràcticament contínua, com a mínim cada 25 cm, a mesura que es produeix l'avanç de la punta en el sòl.

El penetròmetre estàtic és, per tant, un aparell d'informació contínua sobre la resistència del sòl que ha de ser penetrat. No ofereix, en canvi, informació sobre el tipus de sòl que travessa; per salvar aquest inconvenient, es pot substituir la punta, en determinades fondàries, per un petit mostrejador.

Resulta més recomanable que recórrer al mostrejador, combinar en les campanyes de prospecció, els assaigs de penetració amb sondeigs per tal d'obtenir una informació completa del comportament estimat del sòl.

Els resultats de la prospecció són determinats en una gràfica contínua, formada per uns eixos de coordenades; les ordenades assenyalen la fondària de la prospecció i les abscisses indiquen la R_p (kg/cm^2) que ha produït la penetració de l'aparell (figura 3.3).

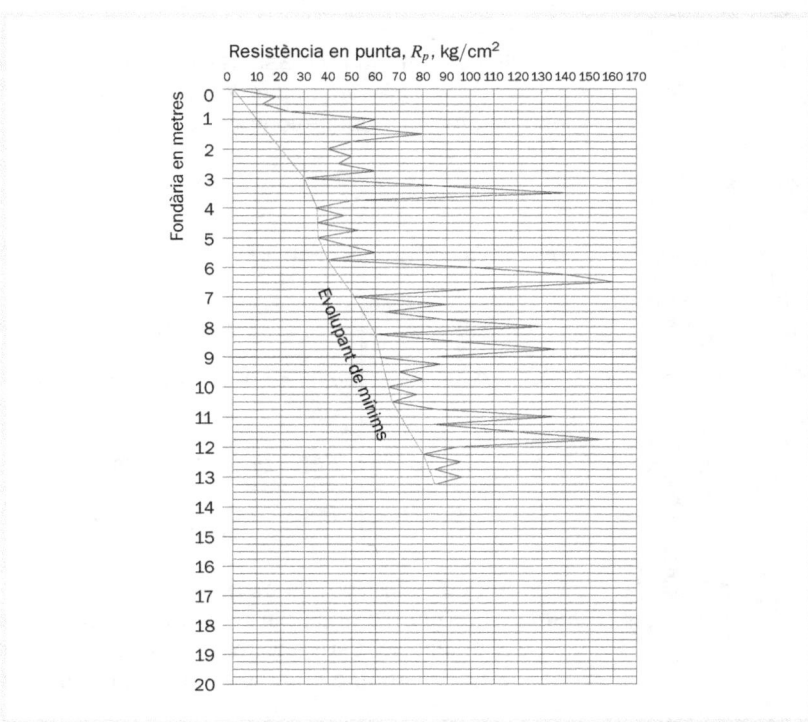

|3.3|
Diagrama d'un penetròmetre estàtic

És freqüent observar intervals significatius de la R_p en cotes de fondària molt properes. Això és degut a la presència de discontinuïtats no representatives del comportament global del sòl. Aquestes ofereixen una resistència molt superior a la del sòl fins que són rebutjades per l'avanç de la punta. La lectura de la R_p s'ha de fer, per tal d'estimar resultats representatius, a partir d'una evolupant de mínims.

El penetròmetre estàtic, gràcies a unes taules confeccionades per Meyerhoff, permet, en sòls granulars, obtenir directament el angle de fregament intern ϕ i la densitat γ. A tall indicatiu, se'n reprodueixen els valors més significatius, tant per a sorres seques com per a sorres negades.

SORRES SEQUES			SORRES SATURADES		
R_p kg/cm²	$\phi°$	γ Tn/m³	R_p kg/cm²	$\phi°$	γ Tn/m³
16	29°00'	1,35	16	27°00'	1,85
26	31°30'	1,42	26	29°30'	1,90
38	34°30'	1,50	38	32°30'	1,94
88	38°00'	1,59	88	36°00'	2,00
160	42°30'	1,70	160	40°30'	2,06
248	48°00'	1,80	248	46°00'	2,14

S'ha indicat que un paràmetre representatiu del penetròmetre estàtic és la resistència en punta R_p (kg/cm²). A partir de les experiències recollides en multitud d'assaigs amb aquest tipus d'aparell, s'ha pogut relacionar, de manera empírica, la resistència en punta del penetròmetre estàtic amb el mòdul edomètric segons la relació:

$$E' = \alpha \cdot R_p$$

on els valors de α cal aplicar-los amb els criteris següents:

$\alpha = 1,5$	Per a sorres amb $R_p > 45$ kg/cm²
$2 > \alpha < 5$	Per a sorres argiloses i argiles compactes amb $15 > R_p < 30$ kg/cm²
$5 > \alpha < 10$	Per a argila tova amb $R_p < 10$ kg/cm²
$1,5 > \alpha < 10$	Per a turba i argila molt tova amb $R_p < 5$ kg/cm²

Com es pot apreciar, els marges d'oscil·lació del coeficient α són molt amplis, raó per la qual, per a la seva aplicació, es requereix expertesa.

La utilització del penetròmetre estàtic pot orientar sobre el valor del mòdul edomètric d'un sòl determinat, sense necessitat de realitzar assaigs lents en el laboratori per mitjà d'edòmetres.

6 Escissòmetre o molinet

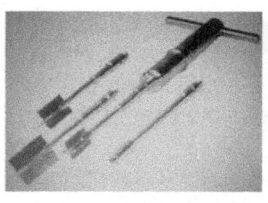

|3.4|
Diversos models de scissòmetres

L'escissòmetre, també conegut com a molinet, és un aparell que permet mesurar la cohesió aparent, C_u, d'argiles i llims. També és conegut amb el nom de *Vane-test*. Està format per unes aletes, ortogonals entre si, que poden mesurar 5, 7, 5 o 10 cm d'amplada total. Les pales tenen el doble d'altura que els diàmetres respectius. La mesura de l'estri es tria en proporció inversa a la resistència del sòl que es vol assajar (figura 3.4).

L'aparell es col·loca al fons del pou o del sondeig. La part superior de les pales ha de quedar enfonsada uns 45 cm respecte de la superfície. És important seguir un protocol estricte durant el desenvolupament de l'assaig, ja que es poden donar resultats molt diferents segons la velocitat a la qual es realitzi i la fondària respecte de la superfície.

La velocitat que generalment s'adopta és de 0,1°/seg. Equival a un gir complet en una hora. L'aparell mesura el moment de torsió necessari per trencar el sòl. Es consideren les hipòtesis següents:

– El sòl es trenca segons un cilindre del diàmetre de les pales.
– Els esforços es distribueixen uniformement sobre la totalitat de la superfície de les pales.

A partir d'aquestes, l'expressió de la cohesió aparent C_u és:

$$C_u = \frac{3 \cdot T}{28 \cdot \pi \cdot r^3}$$

on:

T = moment de torsió expressat en cm/kg (obtingut per lectura directa de l'aparell).

r = radi del molinet en cm.

C_u = cohesió aparent del sòl en kg/cm^2 (sense drenatge)

Les característiques físiques i mecàniques de l'assaig en limiten l'aplicació a argiles i llims relativament toves i sense inclusions de fraccions gruixudes. Aquestes no tan sols poden alterar el resultat de l'assaig, sinó que el poden fer senzillament inviable.

Observeu que l'escissòmetre ofereix el valor de la cohesió aparent C_u, en comptes del de la cohesió C, ja que la velocitat a la qual es realitza l'assaig impedeix el drenatge de l'aigua intersticial. L'expressió geomètrica dels dos valors es pot apreciar a la figura. El valor de la cohesió C és tangent a la corba intrínseca de ruptura, mentre que la cohesió aparent, C_u, és el valor obtingut de l'assaig amb l'escissòmetre, amb el qual es dibuixa el corresponent cercle de Mohr.

En tractar dels assaigs amb el penetròmetre estàtic en sòls granulars, és a dir sense cohesió, en funció del valor R_p, corresponent a la resistència en punta, s'han pogut donar paràmetres geotècnics relatius a l'angle de fregament intern ϕ i a la densitat γ.

En el cas dels sòls coherents, no és possible destriar els valors de l'angle de fregament intern i de la cohesió a partir de la resistència en punta R_p. Combinant un assaig de penetròmetre estàtic amb un de scissòmetre, segons es detalla a la figura 3.5, és possible construir dos cercles de Mohr.

El primer cercle de Mohr es determina, per mitjà de l'escissòmetre, amb un valor de trencament provocat per un esforç de tall pur. El segon correspon al valor de ruptura per compressió obtingut de la resistència en punta R_p, de l'assaig efectuat amb el penetròmetre estàtic. Traçant la tangent comuna als dos cercles de Mohr, és possible determinar l'angle de fregament intern φ i el valor de la cohesió C.

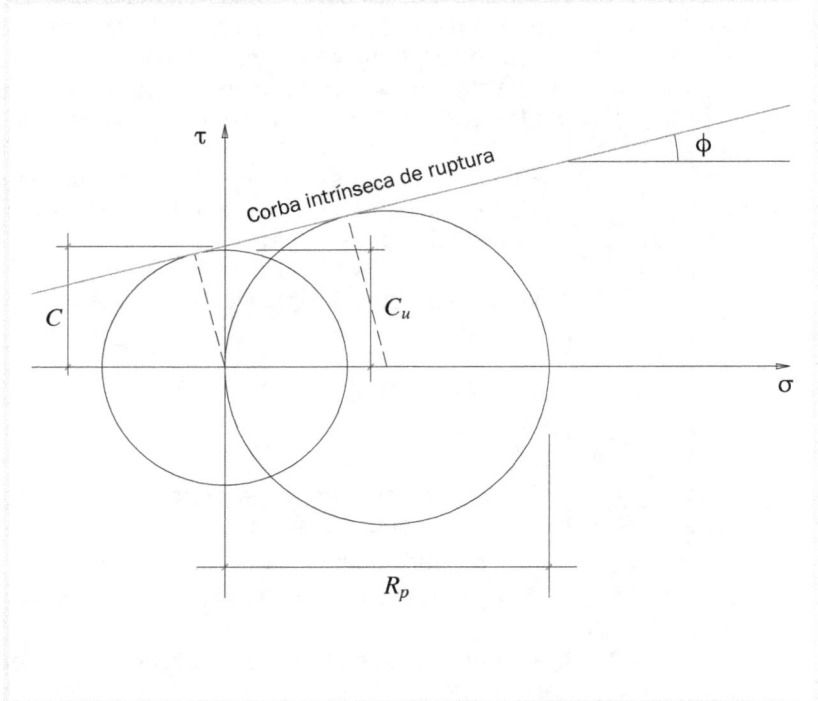

|3.5|
Obtenció de la recta de Coulomb o corba intrínseca de ruptura per mitjà dels resultats d'un escissòmetre i d'un assaig de penetració

7 Penetròmetre dinàmic

El penetròmetre dinàmic té un principi de funcionament similar al SPT Es tracta de mesurar el nombre de cops necessaris per aconseguir una penetració determinada, de 20, 25 o 30 cm segons el tipus d'aparell, en el sòl, amb una massa que colpeja en caiguda lliure des d'una altura determinada.

Són aparells molt simples i robustos, que no estan normalitzats, raó per la qual cada aparell disposa d'unes taules per a la interpretació dels resultats. Les puntes de penetració poden tenir secció quadrada (40 × 40 mm) o circular (40 mm⌀), amb un angle d'atac de 90°.

La seva simplicitat comporta també desavantatges, ja que per efecte dels impactes el sòl pot donar una resposta mecànica diferent a la que presentaria davant una sol·licitació estàtica.

El penetròmetre estàtic tampoc no ofereix la possibilitat d'obtenir cap mena de mostra del sòl travessat. Aquest fet obliga a combinar, en les campanyes de prospecció, la utilització del penetròmetre dinàmic amb sondeigs.

La seva acció també queda limitada al voltant dels 15 metres per les possibilitats del treball a compressió del barnillatge. Aquest, a més, influeix amb el seu pes en els resultats de l'assaig.

El penetròmetre dinàmic ofereix informació contínua del sòl travessat. Els resultats s'expressen en uns eixos de coordenades on les ordenades contenen la fondària i les abscisses, el nombre de cops necessari per travessar cada segment de sòl, segons es detalla a la figura 3.6.

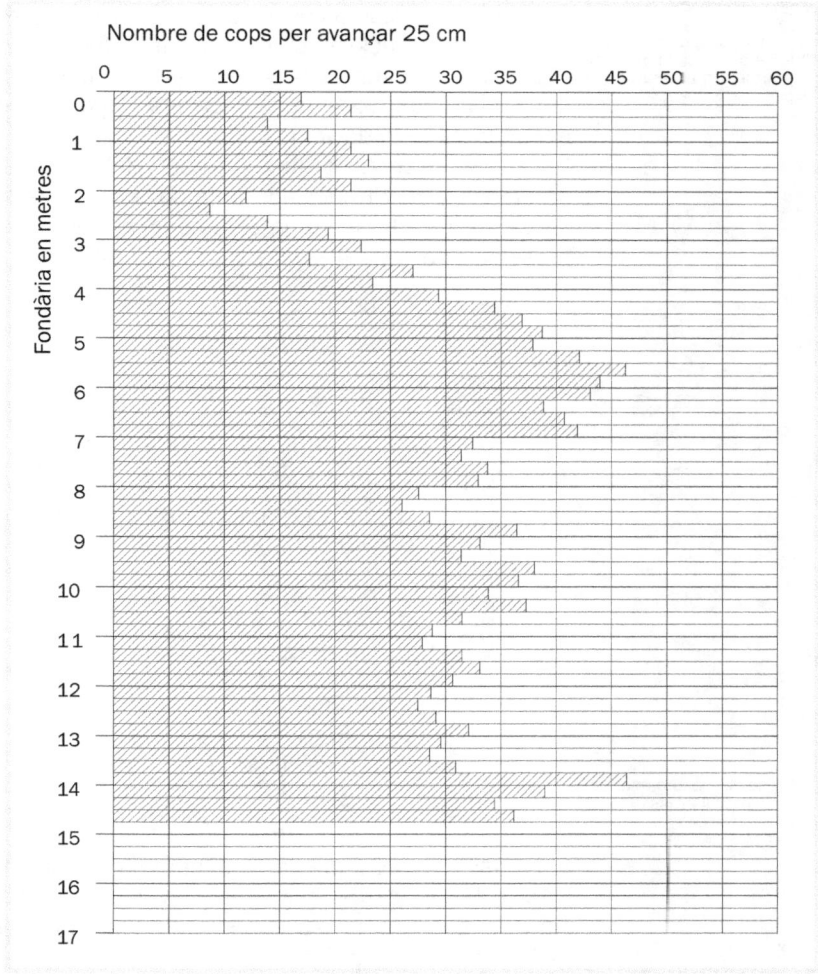

|3.6|
Diagrama de un penetròmetre dinàmic

Igual com succeeix amb el penetròmetre estàtic, els resultats també es veuen alterats per la presència d'elements de discontinuïtat del sòl, raó per la qual la seva interpretació, requereix també una evolupant de mínims.

8 Pressiòmetre

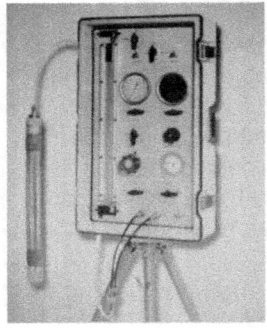

|3.7|
Pressiòmetre Ménard.
Quadre de control i cèl·lules de protecció i mesurament

El pressiòmetre és un aparell que, introduït en la perforació d'un sondeig, permet posar en càrrega les parets de la perforació fins a aconseguir-ne el col·lapse.

Es tracta d'una sonda de 60 mm de diàmetre, dilatable radialment per mitjà de la injecció d'aigua a pressió (figura 3.7). La càrrega s'aplica per etapes, amb una durada, cadascuna d'elles, d'entre 6 i 14 segons, d'acord amb una progressió aritmètica. En primer lloc es provoca la posada en càrrega de les parets del sondeig en contacte amb ella i, posteriorment, s'incrementa la pressió fins a produir el trencament del sòl. La figura adjunta correspon a un pressiòmetre Ménard.

Les deformacions s'amiden per mitjà d'un mesurador de volum hidràulic. Els resultats s'expressen en forma gràfica per mitjà d'un sistema de coordenades. Les abscisses contenen les pressions i les ordenades la variació de volum.

El mòdul pressiomètric E_p, assimilable al mòdul edomètric E', es determina a partir del valor mitjà de la fase pseudoelàstica del sòl. La figura 3.8 recull una corba característica de la posada en càrrega d'un pressiòmetre.

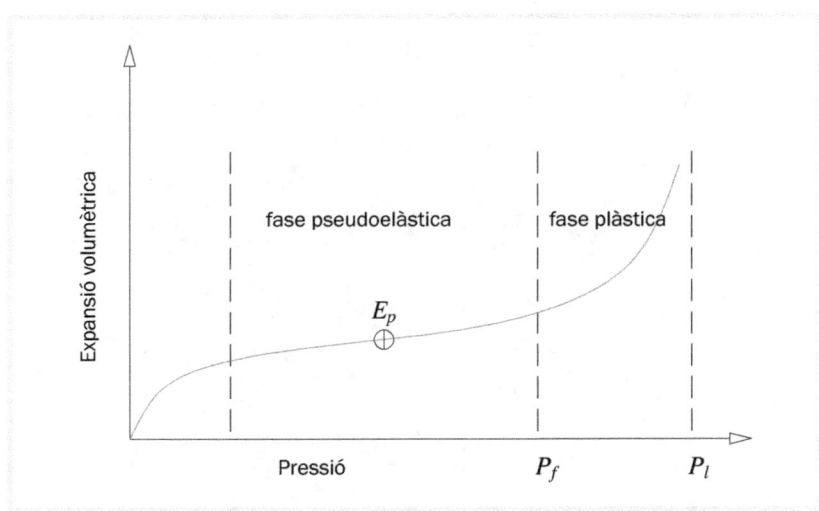

|3.8|
Gràfic de mesurament del mòdul pressiomètric

El pressiòmetre és un aparell d'informació discontínua. L'assaig es realitza, a les fondàries que s'estimen necessàries, utilitzant la perforació d'un sondeig. L'instrument que posa en càrrega el sòl està format per dues cèl·lules concèntriques.

La cèl·lula exterior és l'anomenada *de guarda*, o *de protecció*. Té per objecte evitar danys durant les operacions d'ascens i descens a la cèl·lula de mesurament.

9 Assaig de placa

L'assaig de placa té per objecte mesurar les càrregues que provoquen el col·lapse del sòl i les deformacions que en resulten fins a establir una nova situació d'equilibri.

|3.9|
Assaig de placa realitzat aprofitant la reacció contra un vehícle

|3.10|
Aparell "portàtil" per realitzar assaigs de placa. L'acció sobre el sòl s'efectua per mitjà de l'impacte d'una massa

L'assaig de placa es realitza, habitualment, per mitjà de plaques rígides circulars de 30, 60 o 70 cm de diàmetre, o quadrades, la mesura més usual de les quals és de 45 cm. La placa se sotmet a càrrega, fins al col·lapse del sòl, per mitjà d'un gat hidràulic que reacciona contra un camió o una màquina pesant (figura 3.9). Per a la mateixa funció també es disposa d'equips més senzills i lleugers que funcionen per impacte (figura 3.10).

El mesurament dels assentaments es realitza col·locant tres comparadors, disposats radialment a 120° un de l'altre. La seva precisió és d'una centèsima de mil·límetre. El control de les pressions es du a terme per mitjà de manòmetres o per mitjà d'anells dinamomètrics.

El procediment operatiu és molt simple: es posa en contacte la placa sobre el sòl i s'hi exerceix una lleu pressió. Posteriorment, s'augmenta la càrrega progressivament, controlant els assentaments fins que es produeix el col·lapse del sòl. Com a tal s'entén la situació tensional que provoca deformacions desproporcionades davant d'increments relativament petits de les tensions.

El valor representatiu de l'assaig de placa és el mòdul de balast que resulta de dividir tensió per assentament ($kg/cm^2/cm = kg/cm^3$, $Tn/m^2/m = Ton/m^3$).

L'assaig de placa és útil per determinar resistències superficials dels sòls. Els seus resultats no es poden extrapolar a les sabates de fonamentació, ja que aquestes afecten, per les seves dimensions, fondàries de sòl molt superiors a les afectades per les plaques.

Les limitacions que la seva execució imposa i la superficialitat dels seus resultats fan que sigui un assaig més adequat per a la construcció de soleres i carreteres que per a fonaments d'edificació. S'ha inclòs entre els aparells de camp per determinar paràmetres geotècnics, ja que permet obtenir a partir del mòdul de deformació E, el mòdul edomètric E', amb les relacions:

$$E = \frac{55 \cdot \sigma}{\delta}$$

on: σ = pressió de contacte sòl-placa

δ = assentament produït per la pressió de contacte sòl-placa

El mòdul edomètric $E' = 3/2E$.

Els assaigs de placa permeten obtenir in situ les informacions i els paràmetres geotècnics següents:

- Saber la capacitat de càrrega d'un sòl per a un assentament determinat.
- Establir el coeficient de balast K (kg/cm^3). Aquest com s'ha indicat és el quocient entre la tensió de contacte σ entre placa i sòl (kg/cm^2) i l'assentament δ (cm). A tall d'exemple, si es té una tensió de contacte de 2,00 kg/cm^2 que produeix un assentament de 2,50 cm, $K = 2,00/2,50 = 0,8$ kg/cm^3, equivalent a 800 Ton/m^3.
- Determinar el mòdul de deformació del sòl E (kg/cm^2).

El mòdul de balast no depèn exclusivament de les característiques del sòl. També està relacionat amb les característiques geomètriques de la fonamentació i, fins i tot, de la capacitat de deformació de l'estructura suportada. Per tant, es necessari extrapolar els valors obtinguts en els assaigs de placa a les dimensions reals dels elements de fonamentació, d'amplada b i longitud l. Per aquest motiu, els valors de K s'acompanyen d'un subíndex, corresponent a la dimensió de la placa o el fonament amb què es corresponen.

Així, es té K_{30}, K_{60}, K_b, ó $K_{b,l}$. Els dos darrers valors de K corresponen, respectivament, a una sabata quadrada de costat b, o a una sabata rectangular d'ample i llarg respectius b i l, expressats en cm.

L'any 1955, Karl Terzaghi, va donar els valors de conversió de K per a una sabata quadrada:

$$\text{Per a sòls cohesius,} \quad K_b = K_{30}\left(\frac{30}{b}\right)$$

$$\text{En cas de sòls granulars,} \quad K_b = K_{30}\left(\frac{b+30}{2b}\right)^2$$

Un cop obtingut el valor de K_b, per el sòl corresponent, si la sabata es rectangular, de longitud l, el seu mòdul de balast $K_{b,l}$, s'obté de l'expressió:

$$K_{b,l} = \frac{2}{3} K_b \left(1 + \frac{b}{2 \cdot l}\right)$$

Si es treballa en Tn/m³ o kN/m³, en lloc de kg/cm³, cal canviar, en les expressions precedents, el valor 30 per 0,30.

En el cas de lloses de fonamentació, es recomana emprar, com a valor de b la distància mitjana entre eixos de pilars. Adoptar com a valors de b i l les mesures reals de la llosa comportaria obtenir mòduls de balast excessivament baixos.

10 Algunes relacions empíriques entre resultats obtinguts amb diversos aparells de camp per determinar paràmetres geotècnics

Aquest apartat és un recull de relacions empíriques. S'han obtingut com a resultat de les moltes experiències realitzades al llarg dels anys, i la comparació de les dades obtingudes amb els diferents aparells de mesurament i auscultació del sòl, emprats en les campanyes geotècniques.

No es pretén, amb aquestes relacions, substituir possibles mancances dels estudis geotècnics. Es tracta, senzillament, d'oferir al projectista unes referències sobre els valors que es poden esperar d'alguns paràmetres geotècnics bàsics, derivats directament dels resultats representatius dels aparells.

Es parteix de les dades següents:

R_p = resistència en punta obtinguda en un penetròmetre estàtic en kg/cm².

N = nombre de cops d'un assaig SPT

n = factor de conversió segons el tipus de sòl

σ_a = tensió admissible del sòl en kg/cm²

C = cohesió del sòl en kg/cm²

Empíricament, entre la resistència en punta, R_p, i N s'estableix la relació:

$$R_p = N \cdot n$$

$n = 6$ per a sorres argiloses
$n = 5$ per a llims sorrencs
$n = 4$ per argiles sorrenques
$n = 3$ per argiles llimoses

Segons l'ample "B" de la sabata, indicat en metres, i les relacions precedents, es tenen les expressions següents. Relacionen la tensió admissible, σ_a, amb R_p i N.

Si $B < 1{,}30$ metres (sabates corregudes a efectes pràctics)

$$\sigma_a = \frac{R_p}{30} \text{ kg/cm}^2$$

$$\sigma_a = \frac{N}{10} \text{ kg/cm}^2 \quad \text{Sòls coherents (argiles i llims)}$$

$$\sigma_a = \frac{N}{8} \text{ kg/cm}^2 \quad \text{Sòls granulars (sorres i graves)}$$

Si $B > 1{,}30$ metres (Sabates aïllades a efectes pràctics)

$$\sigma_a = \frac{R_p}{40} \text{ kg/cm}^2$$

$$\sigma_a = \frac{N}{12} \text{ kg/cm}^2 \quad \text{Sòls coherents (argiles i llims)}$$

$$\sigma_a = \frac{N}{10} \text{ kg/cm}^2 \quad \text{Sòls granulars (sorres i graves)}$$

En funció de la resistència en punta R_p, obtinguda amb un penetròmetre estàtic, es pot determinar, aproximadament, la cohesió C del sòl d'acord amb la relació empírica:

$$C = \frac{R_p}{60} \text{ kg/cm}^2$$

Igualment, emprant les relacions empíriques exposades, es pot estimar, de forma conservadora, la tensió admissible, σ_a, a partir de la cohesió C, d'acord amb l'expressió:

$$\sigma_a = 1{,}6 \cdot C$$

Recapitulant, es té:

$$\sigma_a = \frac{R_p}{30 \text{ a } 40} \text{ kg/cm}^2 \quad \text{i} \quad c = \frac{R_p}{60} \text{ kg/cm}^2$$

Els valors de quocient compresos entre 30 i 40 donen lloc a una forquilla de resultats compresos entre:

$$60/40 = 1{,}50 \qquad 60/30 = 2$$

El valor mitjà seria 1,75, però, per seguretat, es redueix al factor 1,6 indicat a la relació empírica.

Si bé és possible obtenir en les sorres relacions entre la R_p i la seva densitat, no succeeix el mateix en el cas de les argiles. A tall orientatiu, sempre que no incloguin matèries orgàniques, la densitat de les argiles es manté força constant en franges properes a les 2 Tn/m^3.

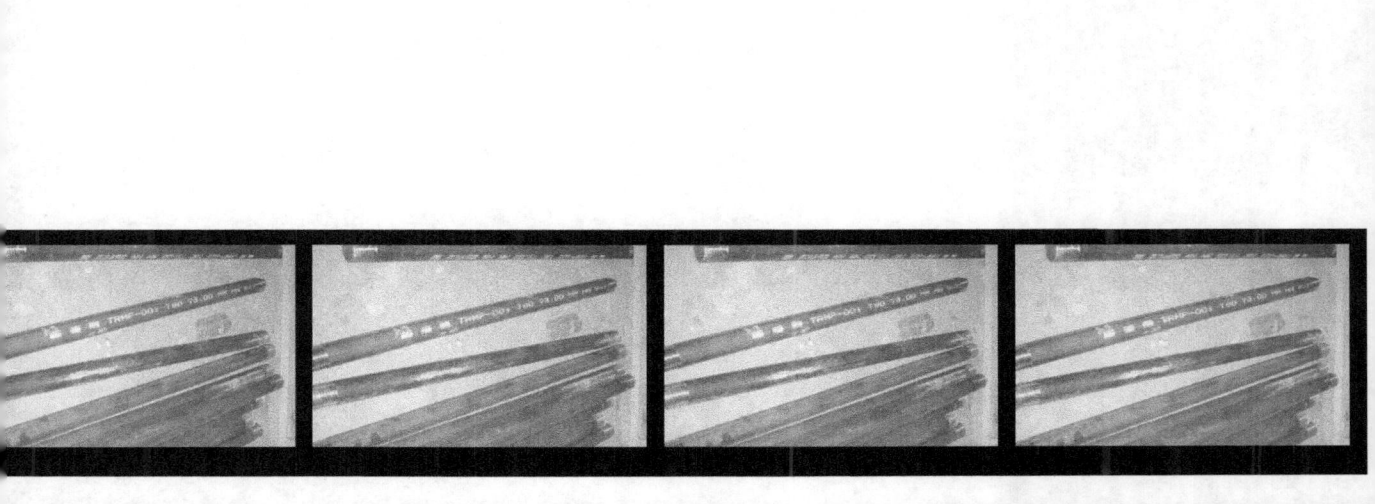

aigua i sòl. conceptes bàsics

1 Introducció

Al capítol 1 s'ha fet referència, preferentment, a l'aigua incorporada en el sòl, en forma de molècules, que ocupen els espais residuals entre els grans. A continuació, s'exposen, un conjunt de conceptes de la relació de l'aigua en forma líquida i el sòl, és a dir, en condicions de saturació.

El propòsit d'aquest capítol es establir les bases de la seva interacció en unes condicions que, si bé no són habituals, sí que es donen amb certa freqüència en la realitat.

Es pretén facilitar la compressió i la parametrització pràctica de fenòmens aigua-sòl que afecten els sistemes de fonamentació i contenció, com ara assentaments, sifonaments o les filtracions d'aigua durant els processos d'excavació. El seu coneixement resulta fonamental per desenvolupar les tècniques constructives per tal d'afrontar, amb eficàcia, les situacions esmentades.

Els conceptes que es desenvolupen corresponen a aspectes de teoria de mecànica de fluids adaptats al cas concret de la interacció entre sòls i aigua. La bondat científica dels mètodes d'anàlisi xoca amb la dificultat de parametritzar el sòl degut a la seva heterogeneïtat.

2 Nivell freàtic. Definició

El nivell freàtic és el lloc geomètric dels nivells als quals arriba, en una zona determinada, la superfície de l'aigua en pous d'observació en comunicació lliure i directa amb l'aire.

El concepte anterior equival a expressar que el nivell freàtic resta definit quan la pressió de la superfície de l'aigua s'iguala amb la pressió atmosfèrica.

En teoria, el sòl situat per damunt del nivell freàtic hauria de romandre sec. La realitat és que l'aigua remunta, per capil·laritat aquesta cota, si be no s'aprecia en forma líquida, sinó incorporada en els espais resultants entre els grans que conformen el sòl.

El nivell freàtic, en la majoria de casos, presenta oscil·lacions estacionals del seu nivell. Aquestes poden arribar a ser molt acusades. A la zona litoral del Maresme, la presència de temporals de llevant, sumada a una situació de pluges torrencials, poden fer variar el nivell freàtic de l'ordre de dos metres en qüestió d'hores.

Resulta determinant, en circumstàncies com la descrita, fer un seguiment de les oscil·lacions del nivell freàtic. Aquestes serviran tant per establir la temporada més propícia per realitzar l'excavació com per establir les precaucions necessàries per a respondre, si és el cas, a les oscil·lacions de nivell de l'aigua freàtica.

El seguiment de les oscil·lacions del nivell freàtic es realitza col·locant, en les perforacions corresponents als sondeigs, tubs perforats anomenats *tubs piezomètrics*. Aquests mantenen estables les parets de la perforació i permeten que l'aigua flueixi al seu interior fins a equilibrar-se amb la pressió atmosfèrica. El mesurament periòdic del nivell de l'aigua, al seu interior, permet determinar les oscil·lacions estacionals.

3 Permeabilitat

El concepte físic de permeabilitat estableix la capacitat que té un material determinat per deixar passar al seu través un líquid. Tractant-se de sòls, el líquid que es considera és l'aigua.

La permeabilitat dels sòls i la presència d'aigua freàtica és una gran incidència en les obres sota rasant. Es presenten dificultats afegides en el moment d'excavar i s'incrementen els requeriments mecànics sobre les contencions i els fonaments. Cal també establir solucions constructives específiques en fonaments i contencions per evitar la seva irrupció a l'interior de les edificacions.

Perquè l'aigua circuli, cal que hi hagi espais vuits continus, és a dir, que el sòl disposi de porus connectats entre si. Quant més gran sigui la dimensió dels grans que constitueixen un sòl major serà la seva porositat (expressada en percentatge de forats per unitat de volum) i la seva permeabilitat.

Al capítol 3, apartat 6, s'ha fet referència al permeàmetre com l'aparell de laboratori per mesurar la permeabilitat.

4 Filtració

La filtració és el resultat del moviment de l'aigua dins d'un sòl com a conseqüència d'una diferència de pressió. Si l'aigua té el mateix nivell en dos punts pròxims, no es produeix filtració. Senzillament el sòl està saturat i l'aigua es manté estàtica.

En el moment en què, per efecte de la construcció, per exemple, d'un mur pantalla d'un vas d'edificació, es pretén establir un diferencial h de pressió entre les seves cares interior i exterior, es produiran necessàriament filtracions cap a l'interior del vas, que caldrà controlar (figura 4.1).

Per analitzar els fenòmens de filtració, cal crear models per determinar la longitud l dels "camins" o línies de filtració, recorreguts per l'aigua. Les línies de filtració es mantenen invariables al llarg del temps. En el cas de la figura 4.1, la longitud de circulació del aigua l més curta possible (i, en conseqüència, més crítica) en una pantalla, sense considerar-ne el gruix, seria:

$$l = h + 2z$$

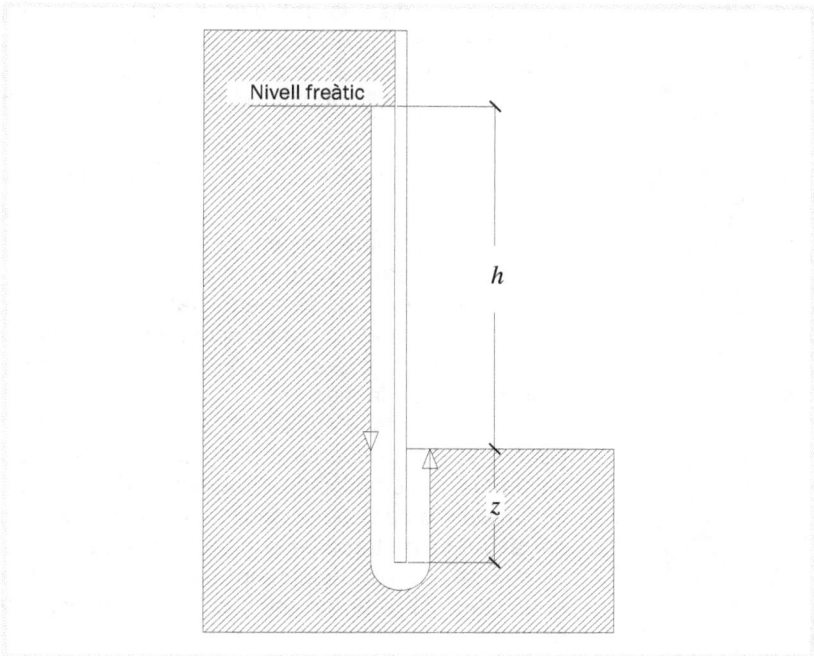

|4.1|
Esquema de la circulació
de l'aigua freàtica
sota un mur pantalla

5 Gradient hidràulic

El gradient hidràulic i es defineix com la pèrdua de càrrega que es produeix per unitat de longitud del camí recorregut per l'aigua durant el procés de filtració. Coneguts els valors h i l definits al paràgraf anterior el gradient hidràulic té l'expressió:

$$i = \frac{h}{l} = \frac{h}{h+2z}$$

Com es pot apreciar, el seu valor és adimensional, atès que es tracta d'un quocient entre dues longituds.

6 Coeficient de permeabilitat

El coeficient de permeabilitat és un valor numèric k que expressa la velocitat mitjana a la qual circula l'aigua per un determinat tipus de sòl. Habitualment, s'expressa en cm/s (vegeu capítol 3, apartat 6).

7 Velocitat de descàrrega

La velocitat de descàrrega v, o cabal, indica el volum d'aigua per unitat de temps que travessa una superfície unitària perpendicular a les línies de filtració. Darcy va estudiar la circulació de l'aigua sota pressió en una canalització vertical plena de sorra. Va arribar a la conclusió que el cabal per unitat de superfície és proporcional a la pèrdua de càrrega i inversament proporcional a la longitud de la conducció (llei de Darcy):

$$v = k \cdot \frac{h}{l} = k \cdot i$$

on k és el coeficient de permeabilitat del sòl i i és el gradient hidràulic.

En un sòl real, la validesa d'aquesta llei depèn de l'apreciació correcta del coeficient k de permeabilitat mitjana del sòl. El gran diferencial, respecte de la realitat, que s'acostuma a produir emprant valors de laboratori, pel que fa a l'estimació del coeficient de permeabilitat, aconsella realitzar proves in situ.

En els vasos d'edificació, situats sota el nivell freàtic, interessa poder estimar la quantitat d'aigua que filtrarà al seu interior per unitat de temps, en condicions d'excavació i de treball. Aquest coneixement constitueix la base per establir els procediments i els equips necessaris per extreure-la i treballar sobre una superfície seca.

A continuació, s'indiquen dues formes d'obtenir el valor de la permeabilitat sobre el terreny i, en conseqüència, l'estimació del cabal a bombar.

La primera és tan sols aproximada. S'anomena *assaig de permeabilitat amb càrrega hidràulica variable*. Consisteix en mesurar la velocitat amb la qual es produeix el descens del nivell de l'aigua en un tub de diàmetre determinat.

La segona, més precisa, s'anomena *assaig de bombeig*. Aquests assaigs permeten obtenir dades més aproximades per mitjà d'un conjunt d'un mínim de set pous. A partir de l'eix del pou central, d'un diàmetre r no inferior a 30 cm, se situen, tres i tres, un mínim de sis pous d'observació situats sobre dos eixos perpendiculars entre si.

El valor de k s'obté de fórmules que relacionen el cabal extret Q amb el diferencial de les cotes d'aigua dels pous d'observació H_1, situats a una distància R respecte de la del pou en què es realitza l'extracció de valor H. En el cas d'un aqüífer lliure, es té:

$$k = \frac{Q \cdot \ln(R/r)}{\pi \cdot (H_1^2 - H^2)}$$

on $\ln(R/r)$ és el logaritme neperià de la relació de la distància R existent entre el centre del pou on es pren la mesura i el centre del pou on es bomba i el radi r del pou de bombeig.

8 Tensió efectiva i tensió neutra

La tensió efectiva, T_e, i la tensió neutra, T_n, són resultat del diferent comportament del sòl segons que una mateixa pressió nominal estigui induïda per una matèria sòlida o per l'aigua.

aigua i sòl. conceptes bàsics

En el primer cas, es fa el supòsit de carregar una determinada mostra de sòl amb qualsevol material pesant recolzat sobre la seva superfície. Com a conseqüència de la compressió, el sòl assentarà a base de reduir el percentatge de buits. Es tracta d'una tensió efectiva T_e.

En el segon, es genera sobre la mostra, per mitjà d'una columna d'aigua, una tensió numèricament igual a l'anterior. En aquesta situació, el primer que fa l'aigua és saturar el sòl (densitats saturada, γ_s, i submergida del sòl, γ'), raó per la qual l'increment de pressió degut al pes de la columna d'aigua no té influència apreciable sobre el percentatge de buits o sobre qualsevol altra propietat mecànica del sòl.

Les raons exposades condueixen a designar com a tensió neutra T_n la pressió produïda per la càrrega de l'aigua. Es diu que la tensió neutra és 0 quan iguala la pressió atmosfèrica. Coincideix amb la cota del nivell freàtic.

La figura 4.2 mostra un recipient en què es disposa un pla de referència en un sòl saturat a una fondària z. Aquest té una densitat saturada γ_s i sobre ell hi ha una capa d'aigua d'altura h.

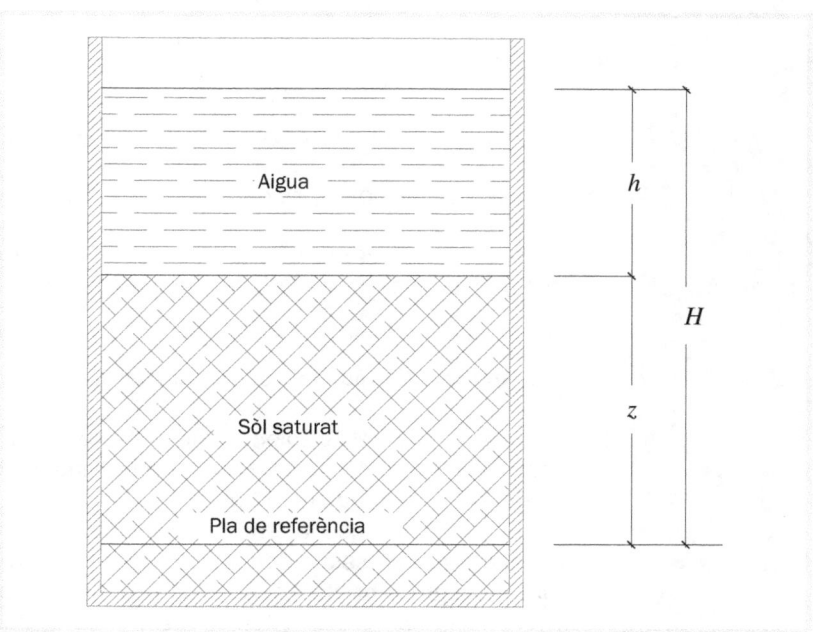

|4.2|
Diagrama d'un recipient per determinar les tensions efectiva i total a les que està sotmès un sòl en un determinat pla de referència

La càrrega piezomètrica o tensió neutra T_n és igual a l'altura piezomètrica, $H = h + z$, multiplicada per la densitat de l'aigua γ_w:

$$T_n = H \cdot \gamma_w = z \cdot \gamma_w + h \cdot \gamma_w$$

La tensió efectiva, T_e, és deguda a la fase sòlida, considerant la densitat saturada del sòl γ_s aplicada a la seva altura, és a dir:

$$T_e = z \cdot \gamma_s$$

La pressió total T que suporta un punt situat a una fondària H, en un sòl saturat, és igual a la tensió efectiva més la tensió neutra.

$$T = T_e + T_n = z \cdot \gamma_s + h \cdot \gamma_w$$

La tensió efectiva, T_e, a la fondària z resulta igual a la pressió total T menys la tensió neutra T_n.

$$T_e = T - T_n = z \cdot \gamma_s + h \cdot \gamma_w - z \cdot \gamma_w - h \cdot \gamma_w = z(\gamma_s - \gamma_w) = z \cdot \gamma' \quad \textbf{(1)}$$

on, γ' és la densitat submergida. El seu valor s'obté en funció de la porositat n del sòl en tant per cent, de la densitat del sòl sec γ, d'acord amb l'expressió:

$$\gamma' = \gamma - \left(1 - \frac{n}{100}\right) \cdot \gamma_w$$

A tall d'exemple, si un sòl té una densitat seca γ d'1,80 T/m^3 i una porositat d'un 30%, com que la densitat de l'aigua és a 1,00 T/m^3, la seva densitat submergida serà igual a:

$$\gamma' = 1{,}80 - \left(1 - \frac{30}{100}\right) \cdot 1{,}00 = 1{,}10 \text{ Tn/m}^3$$

El càlcul de la tensió efectiva T_e es pot realitzar determinant les tensions total T i neutra T_n i buscant-ne la diferència, o sumant els productes de les altures dels possibles estrats per les seves corresponents densitats submergides.

A la fórmula de la tensió efectiva T_e, es pot apreciar la seva independència respecte de la cota h de l'aigua sobre el sòl.

9 Gradient hidràulic crític. Aplicació pràctica

A la figura 4.2 del recipient, l'aigua és estàtica; no hi ha filtració. En canvi, a la figura 4.1, corresponent a la pantalla, es produeix filtració ja que existeix un gradient hidràulic.

En la mesura que la tensió neutra augmenta (increment de columna d'aigua h per pressió hidrostàtica), disminueix la tensió efectiva T_e, en funció del gradient hidràulic i. D'acord amb el que s'ha exposat, l'equació (1) corresponent a la tensió efectiva T_e disposaria d'un nou terme:

$$T_e = z \cdot \gamma' + i \cdot z\gamma_w$$

Com es pot apreciar, aquest nou terme té signe contrari a la tensió efectiva i és el resultat del producte del gradient hidràulic per la tensió que exerceix l'aigua a la fondària z.

Si en la figura 4.1 s'augmentés la cota h corresponent al nivell freàtic, o es reduís la fondària z de la clava, en lloc d'una filtració es podria produir un sifonament, és a dir, una entrada incontrolada d'aigua amb arrossegament de sòl a causa de la pressió hidrostàtica.

Aquest estat es produeix quan la tensió efectiva del sòl T_e arriba a ser nul·la en equilibrar-se amb la tensió neutra T_n o la tensió hidrostàtica. En altres paraules, en el moment en què la pressió mitjana de filtració es fa igual al pes del sòl submergit, es produeix el gradient hidràulic crític ic. És a dir:

$$0 = z \cdot \gamma' - i \cdot z \cdot \gamma_w$$

Per tant, $i_c = \dfrac{\gamma'}{\gamma_w}$.

És a dir, el gradient hidràulic crític i_c és igual al quocient entre la densitat del sòl submergit i la densitat de l'aigua.

A la figura 4.1 de l'apartat 4, que esquematitza un mur pantalla, coneguda la cota h corresponent al nivell freàtic i la densitat submergida del sòl γ' (determinada anteriorment), el problema pràctic que es planteja és establir la fondària z crítica de la clava per garantir la condició límit d'equilibri i, a partir d'ella, aplicar un coeficient de seguretat avalat per la experiència. Habitualment s'utilitza, en aquests casos, un coeficient de seguretat 3,00.

Com a exemple pràctic, es considera $h = 5,00$ metres

El gradient hidràulic serà:

$$i = \frac{h}{h+2z} = \frac{5,00}{5,00+2z} \qquad (2)$$

El gradient hidràulic crític aplicant-ni un coeficient de seguretat de 3,00 val:

$$i_c = \frac{1,10}{1,00 \cdot 3,00} = 0,37$$

Substituint aquest valor a (2), es té com a valor de z corresponent a la fondària de la clava 4,25 metres.

10 El control del nivell freàtic

Construir sota rasant en presència d'aigua en forma líquida és un gran entrebanc per al moviment de personal i maquinària, i també per dur a terme els treballs de construcció pròpiament dits.

En conseqüència, cal establir mecanismes per mantenir el nivell freàtic per sota del pla o els plans previstos per a l'excavació. L'objectiu és treballar sense presència d'aigua en forma líquida.

Si es tracta de rebaixar i controlar el nivell freàtic, el primer problema que s'ha de resoldre és determinar la quantitat d'aigua que es filtra, l'interior de l'excavació realitzada per a la construcció d'un vas d'edificació, per unitat de temps.

La solució a aquest problema no sempre és senzilla, ja que el sòl dista molt de ser homogeni. Extrapolar les condicions de laboratori a la realitat pot donar lloc, en aquestes situacions, a importants discrepàncies. En la majoria d'ocasions, si no es té experiència prèvia és recomanable realitzar proves directes de bombeig al solar.

Un cop establerta la quantitat d'aigua que es filtrarà dins l'excavació, es poden determinar els equips més apropiats, el nombre, la potència i la seva disposició per tal de rebaixar el nivell freàtic i, posteriorment mantenir les superfícies de treball seques i estables.

11 Avaluació de la entrada d'aigua dins d'un vas d'edificació

Es parteix del supòsit que es disposa d'una pantalla de contenció perimetral, es coneix la cota del nivell freàtic i la cota del fons de l'excavació.

La primera precaució que s'ha d'adoptar és determinar la fondària de la clava de la contenció, tal com s'ha indicat a l'apartat relatiu al gradient hidràulic crític. S'evita així la formació de eventuals sifonaments causats pel diferencial de pressions hidrostàtiques a un costat i altre de la pantalla.

En el cas dels vasos d'edificació, la clava dels murs pantalla constitueix una barrera, especialment si aquesta esta encastada en sòls de baixa permeabilitat que dificulten l'entrada d'aigua al fons de la excavació.

Les dades inicials per fer el rebaix del nivell freàtic són les següents:

– Característiques geotècniques i naturalesa del sòl. Habitualment, es tracta de sòls sorrencs o llimosos amb coeficients de permeabilitat alts, superiors de 10^{-1} cm/s, o mitjans entre 10^{-1} i 10^{-3} cm/s. Aquest tipus de sòls són fàcils de drenar. Molt rarament, però, es troben sòls d'alta permeabilitat. Quan apareixen, se solen alternar amb estrats menys permeables.

Per contra, els sòls impermeables, amb coeficients de permeabilitat per sota de 10^{-7} cm/s, com ara les argiles, són molt comuns. Com que la circulació d'aigua al seu través és molt lenta també, resulta complex rebaixar el seu nivell freàtic. Afortunadament, el drenatge d'aquest tipus de sòl no acostuma a ser necessari, ja que la seva cohesió és prou elevada per mantenir l'estabilitat del fons de l'excavació. La fondària a la que es pot construir una excavació en aquest tipus de sòl sense perill que s'aixequi el fons es pot augmentar incrementant la fondària de la clava, com s'ha indicat a l'apartat 9.

– Característiques hidrològiques de la capa o les capes freàtiques afectades, el nivell freàtic i els seus coeficients de permeabilitat respectius.
– Superfície i cota del vas que necessita ser assecat.
– Mètodes d'excavació de les aigües i sistema o sistemes de contenció previstos.
– Nivell de seguretat estructural dels edificis del voltant. El rebaix del nivell freàtic realitzat sense control pot provocar lesions per l'efecte d'assentaments diferencials en els edificis veïns.

A partir del seu coneixement, es podran efectuar les hipòtesis per:

- Escollir el tipus i el sistema més idoni per efectuar el rebaix del nivell freàtic.
- Establir la posició, el nombre i les característiques dels elements d'evacuació previstos.
- Decidir si es procedeix a l'evacuació directa de l'aigua extreta o es planteja la seva reinserció a l'entorn, per evitar danys a edificis propers.
- Organitzar els aspectes logístics: disponibilitat d'energia elèctrica, aplicació de generadors o d'equips autònoms
- Programar el control del rebaix del nivell freàtic i provar la capacitat de l'equip.

L'especificitat dels aspectes precedents fan aconsellable consultar els especialistes.

12 Tècniques i sistemes per rebaixar el nivell freàtic en els vasos d'edificació

Fins a finals del segle XIX, el drenatge de les excavacions a cel obert es realitzava conduint l'aigua de filtració vers rases poc profundes i, d'aquestes a pous des dels quals era bombada. Realitzar els pous resultava una tasca perillosa a causa de la inestabilitat de les terres provocada per l'aigua.

El primer pas evolutiu va consistir a substituir els pous estabilitzats amb estampidors de fusta per pous encamisats, de diàmetres compresos entre 0,90 i 1,20 m, amb parets filtrants.

A finals de segle XIX, es va observar que es podia augmentar l'eficiència del bombeig reduint la distància entre pous filtrants. El pas següent va ser efectuar els drenatges per mitjà d'una bateria de pous filtrants. L'experiència va demostrar que emprar bateries de pous filtrants no era operatiu si el sòl no és, almenys, de permeabilitat mitjana.

L'evolució dels mètodes de drenatge de les excavacions va seguir camins diferents a Europa i als Estats Units, com es descriurà a continuació.

Actualment, per efectuar el rebaix del nivell freàtic en els vasos d'edificació, es disposa dels sistemes següents:

- Siemens
- Well-point
- Well-point d'injecció
- Pous profunds amb bombes submergides

12.1 Sistema Siemens

El desenvolupament de maquinària de perforació del sòl per mitjà de barrines va permetre disminuir el diàmetre dels pous sense perdre eficiència drenant. El procediment per rebaixar el nivell freàtic, emprat habitualment a Europa, fou concebut per la companyia alemanya Siemens. Consisteix a efectuar pous encamisats d'uns 20 cm de diàmetre, dins dels quals es disposa una canonada de succió de 15 cm de diàmetre.

Les camises estan perforades entre els 4,50 i els 9,00 m, comptats des de l'extrem inferior. Les perforacions resten protegides per un mallat D60 (mesura de malla per la qual passa el 60% del sòl).

Les bombes emprades, per a l'extracció d'aigua són de succió. Aquest procediment limita l'elevació de l'aigua, a efectes pràctics, a uns sis metres. Cal considerar que, a partir del nivell freàtic original, aquest es pot disminuir en uns 5,5 metres. Si el drenatge ha d'afectar cotes superiors, cal recórrer a realitzar succions escalonades o canviar les bombes de succió per bombes submergides.

Segons la permeabilitat del sòl, s'estableix la distància entre pous. En sòls molt permeables els pous es poden distanciar fins a 12,00 metres. Si els sòls presenten un coeficient de permeabilitat més baix, la distància entre pous es redueix a 6,00 metres.

Els extrems superiors dels pous s'enllacen a un col·lector horitzontal, situat a una cota propera al nivell freàtic, al final del qual se situa el equip de bombament.

El mètode disposa de suport teòric per establir la fondària a la qual s'han de construir els pous, com també per ponderar la quantitat d'aigua que caldrà bombar d'un determinat vas partint de coeficients mitjans de permeabilitat.

12.2 Well-point

|4.3|
Equip de bombament integrat per connectar a un conjunt de Well-point. Està format per una bomba de buit i una bomba centrífuga autoaspirant

El sistema Well-point va ser desenvolupat als Estats Units a partir de 1920. Igual com el mètode Siemens, es basa en el principi de succió, raó per la qual presenta les mateixes limitacions quant a les possibilitats de rebaix de la cota original del nivell freàtic. És d'instal·lació més simple i econòmica que els pous filtrants.

Es tracta d'un procediment de drenatge multipunt. L'element de base és una llança metàl·lica, formada per un tub d'uns 5,00 cm de diàmetre. Aquestes llances estan equipades amb un filtre a la part inferior, per evitar l'arrossegament de fins. Es claven en el sòl a distàncies compreses entre 1,00 i 3,00 metres, injectant aigua a alta pressió des de les mateixes llances per mitjà d'equips especials. La pressió de l'aigua desplaça la fracció més fina del sòl i permet ubicar la llança a la fondària prevista, envoltada d'un filtre natural format pels grans més pesats.

Si la pressió de l'aigua no és suficient els forats s'obren mecànicament i, per constituir el filtre, s'aboca sorra al fons abans de clavar la llança.

Les llances estan connectades, per l'extrem superior, per mitjà d'un tub flexible a un col·lector al final del qual hi ha una bomba de buit. En un dipòsit, es produeix la separació aire-aigua. L'aigua resultant és evacuada per mitja de bombament (figura 4.4).

La figura 4.3 mostra un equip de bombament integrat. Disposa d'una bomba de buit, muntada en paral·lel a una centrífuga autoaspirant. Permet la separació de l'aire i del aigua a l'entrada de la bomba principal. Es tracta de bombes d'aspiració en sec. No és necessari omplir d'aigua el cos de la bomba. Aquests equips permeten treballar amb aigües amb suspensió de partícules sòlides, fet freqüent en els drenatges. Poden ser accionades per motors elèctrics o dièsel i extreure fins a $300,00 \, m^3/h$.

|4.4|
Conjunt de Well-points
connectats a un col·lector comú

Un equip de 15 a 20 llances pot ser accionat per un motor elèctric de 15 kw i drenar uns $150,00 \text{ m}^3/h$. Per determinar els equips necessaris, si no es té experiència prèvia de la zona, és recomanable efectuar assaigs de bombament.

12.3 Well-point d'injecció

El *well-point* d'injecció és una evolució del sistema clàssic. L'alçada de succió no està limitada, per la qual s'evita la col·locació de *well-point* escalonats. El cabal d'aigua s'arrossega per efecte Venturi, en cada llança, gràcies a la velocitat de la pròpia aigua. Aquesta es fa circular a gran velocitat pel col·lector per mitja de bombament.

12.4 Pous profunds amb bombes submergides

El principi és similar al del sistema Siemens. Es tracta de pous encamisats, amb camises drenants de diàmetres compresos entre 20 i 40 cm. La diferència és que estan equipats amb bombes submergides de darrera generació. Aquest tipus de bomba està format per bombes centrífugues múltiples, muntades en sèrie sobre eixos verticals, de forma que el cabal d'una bomba és recollit per la següent. Per aquest motiu, disposen d'una gran capacitat d'extracció i d'elevació.

L'eficàcia d'un drenatge amb pous profunds equipat amb bombes submergides depèn, principalment, de l'eficiència de les mesures adoptades per impedir que els filtres s'arribin a obstruir amb les partícules fines del sòl. A la figura 4.5, corresponent a un vas en construcció, es poden apreciar fins a cinc pous equipats amb bombes submergides.

|4.5|
Vas d'edificació drenat per mitjà de pous profunds, equipats amb bombes centrífugues múltiples muntades en sèrie

Al pou situat al costat inferior dret es pot apreciar el cable elèctric d'alimentació de la bomba.

En tots els casos descrits, els equips per rebaixar el nivell freàtic han d'estar en funcionament de forma constant fins a aconseguir la formació d'un vas completament estanc i que no suri.

13 Procés de construcció d'un vas d'edificació controlant el nivell freàtic

El procés habitual per a la formació d'un vas d'edificació controlant el nivell freàtic respon al programa següent:

– Execució prèvia de murs pantalla, segons es recull al capítol 8.
– Excavació fins al límit del nivell freàtic.
– Col·locació, a partir d'estimacions teòriques i/o proves dels equips de bombament.
– Rebaix previ del nivell freàtic a l'interior del vas. Aquest procés pot comportar bombar al llarg d'uns quants dies fins a estabilitzar l'aigua al nivell desitjat.
– Realització de les contencions provisionals. Aquestes es resolen, habitualment, amb una o amb diverses files d'ancoratges injectats al terreny, si bé poden ser d'aplicació les tècniques descrites al capítol 10. És necessari establir una coordinació amb el procés d'excavació per evitar temps morts.
– Excavació del vas fins a la cota o les cotes previstes en el projecte.
– Realització, si cal, de micropilons per fixar al sòl la llosa d'estanquitat i evitar la flotabilitat (vegeu capítol 13). Els micropilons també es po-

den emprar, en fases posteriors de la construcció, per fonamentar concentracions de càrregues elevades sobre superfícies reduïdes. L'absorció de dites càrregues poden no ser assumibles amb els cantells habituals de les lloses de fonamentació-estanquitat, raó per la qual els micropilons o els pilons convencionals poden constituir un recurs eficient.

- Construcció de la llosa d'estanquitat dimensionada per suportar els esforços ocasionats per la sobrepressió. Cal prestar atenció especialment a la unió perimetral llosa-pantalla sanejant convenientment, amb un pistolet pneumàtic, la zona d'encontre i col·locar-hi connectors. Aquests acostumen a estar realitzats amb barres corrugades de 16 a 20 mm de diàmetre, ancorades al mur pantalla pel mitjà de perforacions de 20-25 cm de fondària en les quals s'injecta un grout especial per a ancoratges.
- Iniciar la construcció de l'estructura realitzant els pilars i, posteriorment, els sostres que han de servir de contenció definitiva a les parets del vas.
- Un cop l'estructura arriba a cota 0 en condicions de servei es retiren les darreres contencions provisionals i s'atura el procés de drenatge. Cal recordar la necessitat d'obturar, amb productes apropiats, les perforacions produïdes en els murs pantalla pels ancoratges.
- Abans de desmuntar el sistema de drenatge, s'ha de mantenir el vas en observació per tal de corregir, si és necessari, eventuals defectes d'estanquitat.

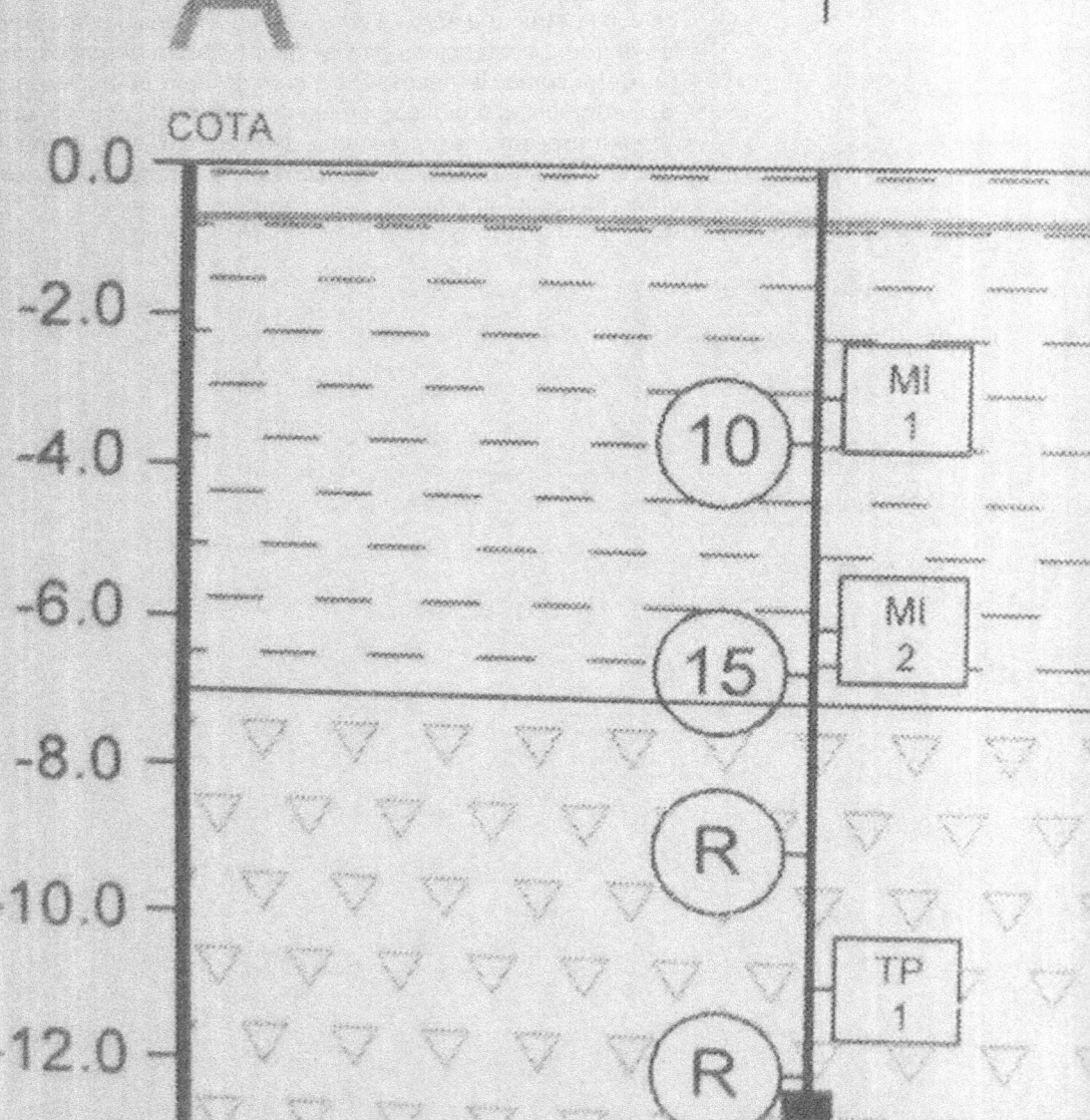

estudis geotècnics

1 Introducció

Els apartats següents tenen per objecte exposar el contingut i l'estructura d'un estudi geotècnic genèric. Es tracta d'establir una guia que serveixi al professional per analitzar-lo, per encarregar-lo d'acord amb les necessitats específiques del seu projecte i per interpretar-ne correctament els resultats i les recomanacions que contingui. Es plantegen, a aquest efecte, una sèrie de qüestions i les seves respostes.

2 L'estudi geotècnic. Què és i per a què serveix

Els estudis geotècnics són documents que faciliten informació sobre les característiques, físiques, químiques, hidrològiques i mecàniques de la zona en què s'ha de realitzar una determinada obra de construcció.

El seu objectiu principal és ajudar a resoldre, apriorísticament, de forma eficient i segura, les diferents interaccions que es produeixen entre el sòl i l'edificació, tant durant el procés de construcció com en la fase de servei, és a dir, durant la vida útil de l'edifici. Les interaccions fonamentals sòl-edifici són: les empentes generades pel sòl i eventuals sobrecàrregues, els efectes causats per la presència d'aigua i els assentaments i el seu control, a més dels sismes.

Un estudi geotècnic coherent cal plantejar-lo sobre la base de tres aspectes, el sòl, l'edifici que s'hi pretén construir i les condicions d'entorn. Segons l'exposició precedent, és senzill concloure que es tracta d'un document "fet a mida".

Si bé la LOE s'articula sobre el principi de coresponsabilitat, el projectista i, especialment, el director d'obra (DO) és el responsable final de les solucions constructives adoptades basant-se, o no, en les dades de l'estudi geotècnic.

El CTE estableix la necessitat d'actuar d'acord amb la realitat del sòl. Si es presenten discrepàncies significatives entre aquesta i les previsions de l'estudi geotècnic, és responsabilitat del DO adoptar les mesures pertinents. Aquestes poden requerir des de la realització de noves prospeccions fins a la introducció de canvis significatius en el disseny de fonaments i contencions. S'insisteix en el fet que el responsable últim de la validesa tècnica i del dimensionament de les solucions constructives finals adoptades és sempre el DO.

Un estudi geotècnic pot ser tant una eina per al disseny i l'execució d'una obra, com una eina de diagnosi. En el primer cas, l'estudi geotècnic, d'acord amb el CTE, constitueix un document més del projecte. En el segon, pot ajudar a establir les causes de determinades patologies, com assentaments i/o filtracions, i orientar, en conseqüència, les operacions per a la seva correcció i ajudar a esbrinar eventuals responsabilitats dels agents participants en la construcció.

3 Estudi geotècnic. Composició

Un estudi geotècnic és l'informe recopilat i comentat que resulta d'una campanya de prospecció de sòl en el solar on es pretén construir un edifici, i de les proves de laboratori complementàries.

Un estudi geotècnic ha d'oferir també orientacions sobre el sistema o els sistemes de fonamentació més apropiats per a aquest edifici, com també els paràmetres geotècnics que en permetin desenvolupar el disseny i el càlcul.

Les característiques estructurals bàsiques de l'edifici per construir (nombre de plantes sota i sobre rasant, llums, ordre de magnitud de les càrregues que ha de suportar) han de ser coneguts abans de realitzar l'estudi geotècnic. El propòsit és realitzar, de comú acord entre el projectista i el responsable de l'estudi geotècnic, un programa de treballs que garanteixin, a un cost raonable, l'assoliment dels objectius previstos.

Cal que els projectistes tinguin coneixement dels sistemes i els aparells de prospecció tant in situ com de laboratori, de les seves possibilitats i també de les seves limitacions. Paral·lelament, en la mesura que els professionals encarregats de dirigir i redactar els informes geotècnics coneguin les tècniques de construcció sota rasant, hi haurà una millor sintonia entre aquests agents en benefici de l'eficiència, la seguretat i l'economia del procés constructiu.

El Codi Tècnic de l'Edificació (CTE) dedica l'apartat 3 del llibre 3, "Seguretat estructural. Fonaments", a exposar, de forma detallada, els continguts mínims de l'estudi geotècnic. D'aquesta forma l'estudi geotècnic passa a convertir-se en un document més del projecte.

El CTE assenyala que, a la memòria del projecte d'execució, cal indicar si existeixen projectes tècnics parcials que desenvolupin o complementin el projecte del edifici. Si és així, caldrà especificar-ho indicant-ne el contingut i el nom del tècnic responsable. El projectista integrarà els projectes parcials en el projecte general per tal d'obtenir-ne un projecte complet i únic.

Malgrat la responsabilitat o la coresponsabilitat del signant de l'estudi geotècnic, s'insisteix en el fet que el director d'obra (DO) és el responsable últim de la validesa i la suficiència de les dades aportades per l'estudi geotècnic. El DO té, per tant, la responsabilitat i l'obligació de confirmar o alterar, a la vista del sòl excavat, les solucions constructives establertes a partir de les dades derivades de l'estudi geotècnic.

Amb relació a l'estudi geotècnic, el CTE facilita una àmplia guia de continguts, que es recomana que es coneguin. Per aquest motiu, no s'incideix sobre aquells aspectes suficientment detallats en aquest document.

Els apartats que segueixen són una guia per al projectista. El propòsit és facilitar l'estructura del document i les dades necessàries per a la confecció de l'estudi geotècnic i, a partir d'aquests, obtenir una millor informació per al disseny del sistema de fonamentació.

4 La elaboració de l'estudi geotècnic

Un estudi geotècnic és el resultat d'un procés que comprèn:

– **Conèixer les característiques geomètriques, mecàniques (secció, llums, càrregues) i la ubicació prevista de l'edifici o la construcció.** Observeu que s'esmenta, en primer lloc, el coneixement de les característiques de l'edifici. D'aquesta forma, es pot dissenyar prèviament, de forma coherent i precisa, la campanya de prospecció sobre el terreny. A aquest efecte, cal facilitar a l'empresa que realitzarà l'estudi un plànol topogràfic de la ubicació.

En moltes ocasions, l'encàrrec d'un estudi geotècnic el realitza directament el promotor amb una informació precària de l'edifici i establint, per a aquest uns requeriments mínims. És una pràctica que s'hauria d'eradicar. El cost d'un bon estudi geotècnic és molt inferior al d'una fonamentació innecessàriament sobredimensionada per manca de dades fiables.

– **Una campanya de prospecció sobre el terreny.** Aquesta ha de respondre a un programa establert, prèviament, per al conjunt de l'estudi geotècnic en funció dels seus objectius. Serveix, també, de suport per a l'elaboració del pressupost de l'estudi.

A partir d'aquests objectius, es poden considerar tres tipus de campanya de prospecció geotècnica:

- *D'avantprojecte.* Per orientar la campanya definitiva. Es resol amb pous o cales, o amb penetròmetres.
- *De projecte o de peritatge.* Es pretén aconseguir el màxim d'informació possible per resoldre les necessitats de l'edificació plantejada: moviment de terres, formació de talussos, fonaments i contencions.
- *De control.* Permeten comprovar, assegurar i completar la informació de la campanya principal. Es basa en la inspecció visual, penetròmetres i assaigs de càrrega amb placa.

En el programa de la campanya, haurien de figurar els aspectes següents:
- Nombre i posició dels punts del terreny que s'ha de reconèixer.
- Fondària prevista per a les prospeccions.
- Tècniques de prospecció que s'han d'emprar.
- Tipus i nombre d'assaigs de camp.

– **La realització d'assaigs de laboratori.** Sobre la base del programa general que s'especifica en el apartat precedent, s'establiran el tipus i el nombre assaigs de laboratori previstos. Els assaigs de laboratori complementen i ratifiquen els resultats obtinguts pels assaigs de camp.

La interpretació conjunta dels resultats per a l'edifici, la campanya de prospecció i els assaigs de laboratori es materialitza en forma de recomanacions d'actuació i paràmetres geotècnics que cal utilitzar. Resulta convenient, especialment quan les característiques del sòl resulten complexes, que el projectista pugui mantenir relació directa amb el professional responsable de la redacció de l'estudi geotècnic. Es poden matisar, així, aspectes de detall per orientar amb més eficiència les solucions constructives.

5 Estructura genèrica d'un estudi geotècnic

Es detallen i comenten, a continuació, de forma genèrica, els continguts i objectius dels apartats que conformen habitualment un estudi geotècnic.

5.1 Dades generals

Comprenen la direcció de l'emplaçament i les dades de qui encarrega l'estudi geotècnic.

5.2 Objecte

En aquest apartat, s'exposa la finalitat amb la qual es redacta el estudi geotècnic. Bàsicament, els objectius són tres:

- Orientar la construcció de fonaments i contencions d'un edifici de nova planta.
- Ampliar informació d'un estudi previ.
- Fer un peritatge sobre una determinada situació patològica i orientar sobre la seva reparació.

5.3 Informació prèvia

De l'edifici o la construcció que es pretén implantar, del solar i del seu entorn. Quant més amplia sigui aquesta, millor es podrà ajustar l'estudi geotècnic per donar resposta a les qüestions plantejades.
Les dades més significatives a aquest efecte són:

- **Ordre de magnitud de les càrregues,** dels suports i ús de l'edifici. Resulten determinants per escollir la tipologia de fonament i, en conseqüència, estimar les fondàries que les prospeccions han d'assolir.
- **Nombre de plantes sota rasant i sobre rasant.** A més d'incidir sobre l'ordre de magnitud de les càrregues, el nombre de plantes sota rasant predisposa la tipologia de les contencions. Tractar de resoldre més de dos soterranis per sistemes convencionals no és aconsellable. Aquest fet obliga a efectuar prospeccions més profundes per tal d'assolir el coneixement del sòl existent sota la base dels murs pantalla.
- **Tipologia constructiva i llums que s'han d'emprar.** Hi ha tipologies constructives que toleren millor que d'altres possibles moviments del sòl. A tall d'exemple; les estructures molt rígides, com ara les estructures d'edificació de formigó armat, són menys tolerants que les estructures metàl·liques de gran llum.

- **Deformacions i assentaments màxims admissibles.** Les deformacions i els assentaments màxims admissibles de l'estructura han d'estar definits en el projecte. El seu acompliment, en la part que li pertoca, correspon a l'estudi geotècnic. En aquest s'estableixen unes hipòtesis de partida per garantir, respecte del disseny de fonaments i contencions, la compatibilitat entre elements portants i portats.
- **Presència de contencions.** La presència de contencions és consubstancial en la construcció sota rasant. La fondària d'aquestes, i la cota estimada del pla de fonamentació ajuden a dissenyar la campanya de prospecció. Cal prestar atenció especialment als edificis construïts a mig vessant per tal de garantir la contenció de les empentes no compensades.
- **Sistemes de contenció provisional previstos.** Si es preveu utilitzar ancoratges, l'estudi geotècnic ha d'incloure la prospecció de la zona o de les zones afectades per aquests.
- **Del solar o de la zona d'implantació.** A aquest efecte, cal disposar d'un plànol topogràfic acotat en planimetria i altimetria. Es podran establir, així, les cotes de les boques de les prospeccions. Es pot completar amb un reportatge fotogràfic.
- **Usos anteriors del sòl i xarxes existents.** A més dels perills i dels entrebancs que poden plantejar, durant l'excavació, les xarxes i els dipòsits preexistents, pot ser convenient determinar si existeix, o no, contaminació del sòl per efecte d'hidrocarburs, metalls pesants o altres productes contaminants. El marc normatiu vigent a Catalunya en matèria de sòls contaminats és el següent:
    - L'article 15 de la Llei 6/1993, de 15 de juliol, reguladora de residus, defineix el concepte d'espai degradat i estableix un règim de responsabilitats per regenerar-lo.
    - Els articles 27 i 28 de la Llei bàsica 10/1998, de 21 d'abril, de residus.
    - El Reial decret 9/2005, de 14 de gener, que estableix la relació d'activitats potencialment contaminants del sòl, els criteris i els estàndards per a la declaració de sòls contaminats.

Cal considerar que el cost per descontaminar un sòl pot ser elevat. La declaració de presència de sòls contaminats ha de figurar en els contractes de compravenda.

- **Edificis pròxims.** S'entenen com a tals els situats a menys de 50 metres. Segons la seva antiguitat, la tipologia estructural i l'estat de conservació, els edificis propers poden ser afectats per les obres de fonamentació i contenció, en especial si es treballa entre parets mitgeres. A més de la necessitat d'adequar les tècniques constructives a les característiques dels edificis veïns, és recomanable aixecar acta notarial per mitjà d'un reportatge fotogràfic de les patologies existents abans de començar les obres. S'eviten així reclamacions ulteriors sobre danys no causats per les obres.
- **Entorn.** Respecte de l'entorn, s'ha de prestar atenció a la seva configuració orogràfica general i a aspectes de detall, com la presència

de desnivells significatius, obres que afectin el moviment de terres, la proximitat a infraestructures i, en general, a qualsevol aspecte que pugui incidir en el desenvolupament normal dels treballs d'exploració i/o de construcció sota rasant.

5.4 Comentari geològic

Té per objecte situar el sòl estudiat en el context general de l'entorn, per tal de disposar d'opinions més documentades respecte al comportament que es pot esperar del sòl d'acord amb el seu context general. A tall d'exemple, establir si es tracta d'un sòl deltaic, d'un peu de muntanya o d'un terciari superficial. Amb aquest coneixement, es pretén evitar errors com els que es detallen a continuació:

- Confondre durícies locals amb roques.
- Acabar la prospecció en un estrat dur però de poca potència.
- No detectar flonjalls o altres irregularitats per aplicar criteris de prospecció poc rigorosos respecte de les necessitats de la zona.
- No detectar la presència de còdols de gran format que puguin dificultar, posteriorment, l'excavació.
- Si el substrat de suport és roca, cal ampliar el comentari geològic amb una descripció del seu estat.

6 Descripció de la campanya de reconeixement

La campanya de reconeixement té per objectiu fonamental obtenir l'estratigrafia del sol. En aquesta s'estableix el nombre de punts a reconèixer. Els criteris per establir el nombre de punts són:

- En el nucli urbà, un cada 200 m^2.
- En dipòsits homogenis, un cada 1.000 m^2.
- En quaternaris moderns, un cada 500 m^2.

En tot cas, el mínim de punts per reconèixer són tres i no alineats. S'aconsegueix així la possibilitat d'efectuar fins a tres seccions estratigràfiques.

La fondària a la qual han d'arribar els reconeixements, respecte del pla de contacte entre el sòl i el fonament, s'estableix d'acord amb els criteris següents:

- Sabates i lloses 1,5 vegades la dimensió màxima. En el cas de lloses, la dimensió màxima s'entén la major distància entre eixos dels pilars.
- Sabates corregudes i bigues tres vegades la seva amplada.
- Pilons en sòls cohesius quatre diàmetres més que la fondària prevista de perforació.
- Pilons en sòls granulars sis diàmetres més que la fondària prevista de perforació.

7 Informació que s'ha de facilitar a l'empresa que ha de realitzar la prospecció

Per realitzar un estudi geotècnic, a més de coneixements sobre la matèria, es requereixen mitjans humans i tècnics organitzats de forma empresarial. La forma com es realitza habitualment l'encàrrec de l'estudi geotècnic, la informació facilitada en realitzar-lo i la competència entre empreses no sempre proporcionen el marc més idoni per oferir la millor relació qualitat-preu.

Habitualment l'encàrrec el fa directament el promotor, que és qui paga. Tractar de canviar aquest esquema de contractació seria equivalent a canviar el sistema. El projectista l'ha d'acceptar com a inevitable. Amb tot, el projectista pot actuar per tal d'obtenir el màxim rendiment de l'estudi geotècnic, en dos ordres de qüestions:

Facilitar a l'empresa de geotècnia col·laboració i les dades de partida de forma estructurada i detallada, segons l'esquema següent:

- La disponibilitat recíproca entre el projectista i el tècnic responsable de l'execució i la redacció de l'estudi geotècnic.
- Plànol d'emplaçament a escala suficient, amb cotes d'altimetria i amb la situació prevista de l'edifici.
- Informació de les característiques de l'edifici que s'ha de construir, que poden incidir en el disseny de la campanya de prospecció, en els assaigs de laboratori i en les conclusions del estudi geotècnic.
- Informacions derivades del coneixement de la situació del solar i del seu entorn.

Conèixer a fons el solar pel que fa als aspectes de relació entre l'estudi geotècnic i el sistema de fonaments:

- Situació actual del solar, condicions de seguretat i d'accés.
- Estat de conservació i característiques de les edificacions veïnes.
- Possibilitat, o no, d'utilitzar ancoratges per tal de resoldre les contencions provisionals, d'acord amb les condicions d'entorn.

A continuació, es desenvolupen els aspectes que s'han indicat en els dos grups d'apartats precedents.

7.1 Disponibilitat recíproca

La bona relació entre persones, la informació i la comunicació són la base d'èxit de qualsevol empresa. Ningú millor que el projectista coneix el projecte. Ningú millor que l'especialista el podrà orientar i donar una resposta apropiada als seus requeriments basant-se en el coneixement del sòl.

El projectista, amb independència d'altres contactes, prepararà i facilitarà al responsable de realitzar l'estudi geotècnic un expedient amb tota la informació disponible d'interès per a la realització d'aquest, tant del solar i el seu entorn com de l'edifici que es vol implantar. Un apartat de l'expedient es dedicarà a especificar, en funció de les característiques de l'edifici, els paràmetres geotècnics que el projectista estima precisos per al disseny del sistema de fonamentació.

Si no es pot disposar d'un "geòleg de capçalera", ha de quedar oberta, en tot moment, la possibilitat per part del projectista de fer consultes sobre qüestions de detall o aclariments complementaris respecte als sondeigs o als assaigs efectuats. Igualment, si director d'obra ho estima necessari a la vista del sòl excavat, el responsable de l'estudi geotècnic ha d'estar disposat a redactar unes conclusions complementàries.

7.2 Plànol d'emplaçament

Una de les informacions rellevants dels estudis geotècnics són les seccions estratigràfiques que s'obtenen a partir dels sondeigs de la campanya de prospecció. Un plànol topogràfic de l'emplaçament, amb indicació de la superfície del solar, a una escala suficientment precisa (no inferior a 1:200), amb corbes de nivell o cotes d'altimetria, si els desnivells no són considerables, resulta bàsic no tant sols per indicar la posició dels sondeigs i d'assaigs de penetració, sinó també per establir la cota de les boques respectives.

Cal assenyalar la posició de l'edifici dins del solar per tal que el sòl assajat es correspongui amb la situació d'aquest. Fins i tot, si és possible, s'ha d'intentar definir el posicionament dels punts de prospecció coincidint amb l'ubicació de determinats suports, preferiblement els més carregats. Es tracta de garantir la major aproximació possible de les prospeccions a la resposta real del sòl.

Val a dir que no sempre és factible prospectar el sòl on anirà l'edifici. En ocasions hi ha encara edificacions que dificulten o fins i tot impedeixen els treballs. En aquests casos, es prospecten punts accessibles més propers a la posició o s'utilitzen aparells de petit format que poden actuar a l'interior d'espais reduïts. Es fa una campanya d'informació prèvia per realitzar estimacions fonamentades. Posteriorment, si és necessari, es podrà complementar.

El plànol d'emplaçament ha de contenir tota la informació disponible respecte d'obres anteriors i la situació i disposició de les xarxes subterrànies. Es tracta d'evitar, per qüestions de seguretat, la perforació de claveguerams, obres subterrànies o altres conductes. En determinats casos (implantacions prèvies de factories), caldrà efectuar rebaixos previs per tal d'eliminar infraestructures no volgudes o perilloses i sòls contaminats.

7.3 Característiques de l'edifici

Com que una imatge val més que mil paraules, facilitar, a escala, una secció esquemàtica i una planta de soterrani amb la disposició de pilars facilita, a un tècnic, una gran informació sobre l'edifici que es pretén construir. Si, a més, s'hi inclou, d'acord amb el llibre 2 del CTE, "Seguridad estructural. Bases de cálculo y acciones en la edificación", l'ordre de magnitud de les càrregues dels pilars i una descripció del tipus d'estructura, es disposa pràcticament de la informació necessària sobre l'edifici, amb relació a l'estudi geotècnic.

Amb les dades relacionades, el tècnic encarregat de redactar l'estudi geotècnic disposa de:

- Tipologia de l'edifici: aïllat, entre mitgeres o tester.
- Nombre de plantes sobre rasant.
- Nombre de plantes sota rasant.
- Llums lliures entre suports.
- Sistema de contenció perimetral previst. En principi, a manca de més informació que faci aconsellable una altra alternativa, murs de contenció o murs pantalla.
- L'ordre de magnitud de les càrregues. Aquesta dada, junt amb les llums lliures entre suports, en funció de les característiques del sòl del fons del vas, permet considerar o descartar determinats sistemes de fonamentació. Té també incidència sobre les fondàries que es poden assolir durant la campanya de prospecció. Es tracta de garantir, tant el coneixement del comportament mecànic del sòl travessat pel vas, com l'afectat per les accions dels fonaments.

7.4 Altres informacions

A l'expedient d'informació per a la realització de l'estudi geotècnic, el projectista pot incloure totes aquelles informacions que estimi que poden ser útils per assolir millor els fins proposats. Entre elles:

- Plànol d'accés.
- Situació actual del solar: encara edificat, enderrocat parcialment, enderrocat totalment o amb tanques provisionals d'obra.
- Forma d'accedir al seu interior. Si es necessiten claus, com obtenir-les. Persona de contacte.
- Existència, o no, d'escomeses d'aigua i electricitat, i situació d'aquestes.

8 Situació actual del solar, condicions de seguretat i d'accés

Aquest apartat recull un seguit d'aspectes que el projectista, ha de considerar, per tal de disposar d'un màxim d'informació per orientar les decisions de disseny constructiu.

8.1 Estat de conservació i característiques de les edificacions veïnes

L'estat de conservació i les característiques de les edificacions veïnes, si bé no tenen una incidència directa en la realització física de la campanya de prospecció, els ha de conèixer profundament el projectista.

La situació edificatòria de l'entorn immediat pot acabar incidint en l'elecció de les tècniques constructives i els sistemes que s'han d'emprar durant la construcció del nou edifici. La prospecció, els assaigs de laboratori i les conclusions de l'estudi geotècnic han de poder donar resposta a les eventualitats indicades. A aquest efecte, s'ha d'ampliar, si cal, l'abast inicialment previst de l'estudi geotècnic.

Respecte a l'estat de conservació i les característiques de les edificacions veïnes, el projectista ha de procedir, fonamentalment, en tres ordres de qüestions:

- Coneixement, a partir de la inspecció visual i l'estudi analític, del comportament mecànic previsible dels edificis veïns que puguin resultar afectats per la nova construcció.
- Estat de conservació, patologies, i el seu abast.
- Constància fefaent de les patologies que afecten les edificacions veïnes.

A continuació, es desenvolupen les qüestions indicades.

8.1.1 Inspecció visual i estudi analític

La inspecció visual del projectista s'ha d'adreçar als aspectes següents:

- Edat de l'edifici o edificis. Permet situar el context de l'entorn.
- Sistema de fonamentació i, si és el cas, de contenció emprat. No sempre serà possible determinar-los amb precisió. En ocasions, és convenient realitzar cales, en el propi solar, per determinar-ne l'abast i la qualitat dels materials que els componen.
- Tècniques constructives emprades en la seva estructura; parets de càrrega i sostres unidireccionals, pòrtics de formigó armat i sostres unidireccionals, estructura metàl·lica, pilars de formigó i sostres reticulars, etc. El seu coneixement dóna informació sobre la capacitat per suportar, millor o pitjor, les vibracions i els assentaments ocasionats per la nova construcció.

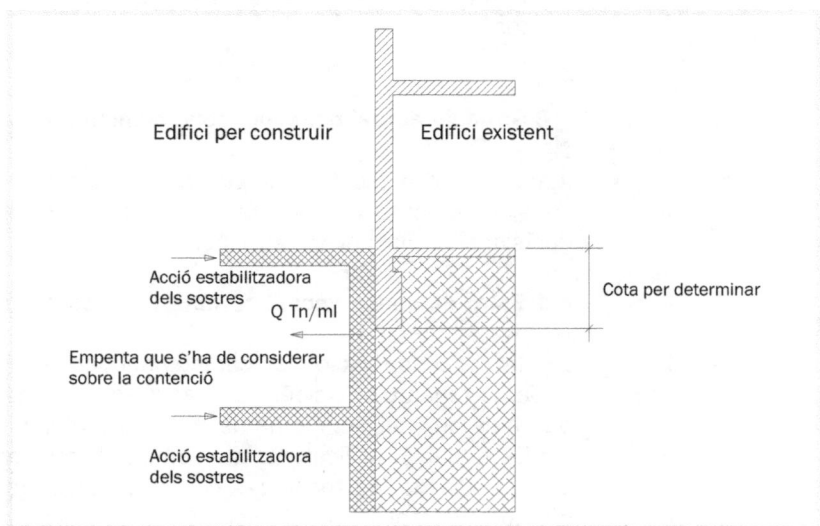

|5.1|
És necessari conèixer la cota i les càrregues dels fonaments veïns per dissenyar les contencions, tant les provisionals com les definitives

- Nombre de plantes sota rasant. A més del nombre de plantes, se n'han de determinar les cotes sota rasant.

  Els sostres són elements d'estabilització dels vasos. Com a tals, absorbeixen les empentes del sòl sobre les contencions. L'equilibri dels vasos, en estat de servei, es fonamenta en l'existència d'un massís de sòl. Si aquest és alterat per la construcció d'un nou edifici, cal preveure els sistemes de contenció durant les fases d'execució i de servei, segons es detalla a les figures 5.1 i 5.2.

- Nombre de plantes sobre rasant i llums lliures. El nombre total de plantes, sota i sobre rasant, junt amb les llums lliures i les tècniques constructives emprades, permet realitzar un estudi analític per estimar les accions que els edificis veïns poden exercir sobre els sistemes de fonamentació. En situacions com les indicades en els esquemes, les empentes horitzontals, amb independència del tipus de sòl, que hi té molt poca influència, tenen un ordre de magnitud entre el 60 i el 100% de les càrregues verticals. A aquest efecte, vegeu el capítol 7, apartat 9.

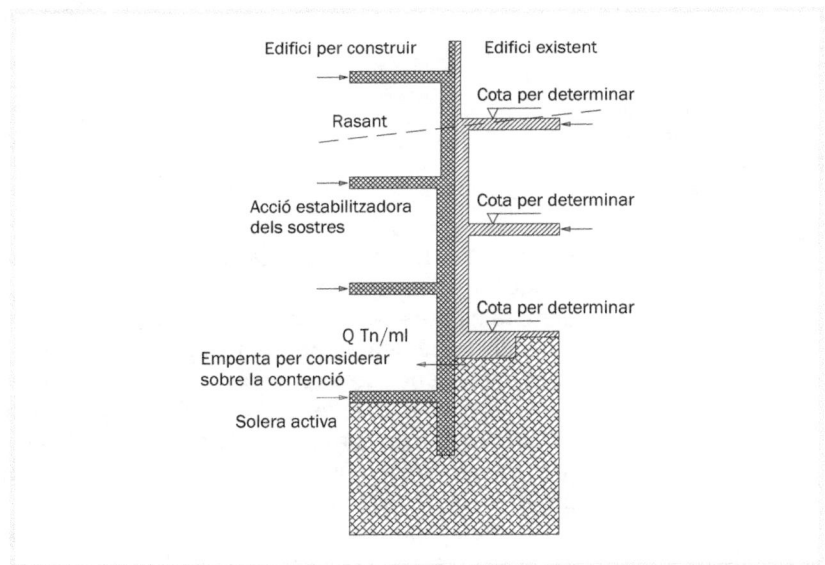

|5.2|
Esquema per establir les dades altimètriques necessàries per dissenyar el sistema de contencions d'un nou edifici. S'hi mostra la incidència de la rasant

8.1.2 Estat de conservació, patologies i el seu abast

Els aspectes relatius a l'estat de conservació i a les patologies dels edificis afectats per la nova construcció, en especial durant la fase sota rasant, son una part de la inspecció visual. Només per qüestió d'ordre expositiu, es tracta de forma independent.

No es pretén, per raons òbvies d'objectius i de contingut, abordar com realitzar un estudi patològic de les edificacions veïnes. El projectista ha d'incidir, fonamentalment, en aquells aspectes patològics i/o, de conservació que tenen o que poden tenir relació amb la resposta dels edificis propers en relació amb les tècniques emprades per construir sota rasant.

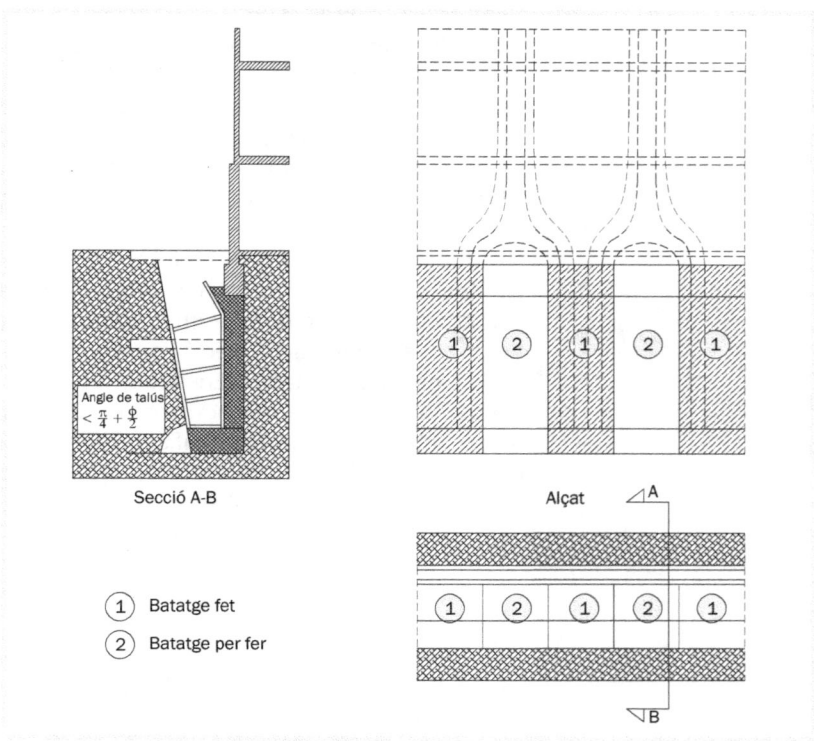

|5.3|
Esquema mecànic del comportament dels batatges d'un recalç convencional i les fases de la seva construcció

Els propietaris tenen l'obligació de conservar i mantenir en condicions adequades de seguretat i higiene els seus edificis. Aquesta obligació no sempre és atesa adequadament pels propietaris ni reclamada amb prou insistència per les autoritats municipals.

És freqüent que el projectista, en visitar els edificis propers al que es pretén construir, es trobi amb quadres patològics greus. Aquests es presenten en forma de pèrdues de verticalitat, esquerdes, obres realitzades sense criteri estructural, sostres en mal estat i tot un llarg etcètera, impossible d'enumerar.

El projectista es troba així davant d'una situació força desagradable. Coneix el risc potencial que acumulen els edificis propers però no pot actuar de forma directa en la seva reparació. Tampoc no pot forçar, en el temps programant per a l'execució del projecte i l'inici de l'obra les reparacions necessàries, en els edificis afectats, per garantir una bona resposta estructural enfront dels efectes en el sòl ocasionats pels treballs, sota rasant, necessaris per construir el nou edifici.

Les qüestions legals i econòmiques, derivades de la propietat, passen per davant dels aspectes tècnics. Com que difícilment es desistirà de la construcció en el temps programat, la resposta del professional passa per cercar solucions alternatives a les habituals més conservadores i també més oneroses.

En determinades situacions, és convenient disposar, a més d'estintolaments preventius, sistemes d'auscultació per controlar possibles desplaçaments de punts particularment conflictius. Es recomana emprar, més que els clàssics testimonis de guix, el seguiment per mitjà de lectures taquimètriques precises de referències situades sobre els murs. Tenen el gran avantatge d'oferir resultats més discrets i precisos que els testimonis de guix.

Construir, i més sota rasant, suposa un risc. Construir amb coneixement de la situació i de les possibilitats i limitacions de les tècniques constructives permet establir els mitjans perquè l'actuació sigui raonablement segura, si bé mai no està exempta totalment de risc.

Els mitjans habituals a l'abast -murs a flexió subjectats en cap o murs pantalla- per a la formació de vasos per a contenir plantes de soterranis permeten construir, si es dissenyen i executen correctament, sense afectar la situació d'equilibri dels edificis propers. Cal, però, que estiguin correctament conservats, no presentin quadres patològics greus i que el sòl de suport disposi d'uns paràmetres geotècnics acceptables.

En cas contrari, i a la vista de la situació tecnicojurídica exposada, cal adaptar les solucions tècniques al quadre patològic o a la situació de l'edifici veí. Aquestes depenen, en bona mesura, per al seu disseny i càlcul, de les dades aportades per l'estudi geotècnic. El nivell de precisió dels paràmetres geotècnics ha d'estar d'acord amb les circumstàncies. El diàleg, el coneixement i la confiança mútua entre els agents són determinants per aconseguir resultats òptims.

Excavar en situacions molt properes o tangents a fonaments en fronts amplis comporta el risc de provocar la descompressió de sòl a la zona excavada.

La cohesió del sòl i la formació d'arcs espontanis de descàrrega permeten l'execució de recalços alternats, sempre que els materials dels fonaments estiguin ben cohesionats i els fronts de treball se situïn entre 1,50 i 2,00 metres d'amplada (figura 5.3).

Si es tracta de murs pantalla, construïts tangents als fonaments veïns, els batatges es poden efectuar, de forma operativa, entre 2,00

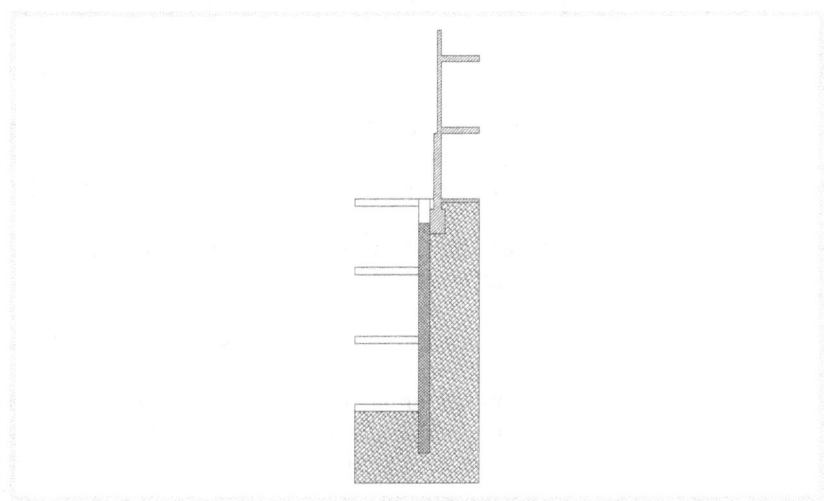

|5.4|
Els murs pantalla, a diferència dels sistemes de recalç convencional, es construeixen tangents a la fonamentació existent

i 3,00 metres d'amplada. La mesura més corrent per als batatges se situa al voltant de 2,50 metres (figura 5.4).

La utilització de llots bentonítics, durant la perforació i els formigonats dels batatges, contribueix a estabilitzar, gràcies a la pressió hidrostàtica, les parets de les perforacions. Si aquest recurs no ofereix suficients garanties per evitar les descompressions del sòl, les alternatives cal cercar-les en la formació de barreres de pilons o de micropilons, d'acord amb les característiques del sòl.

La seva secció reduïda i el sistema de perforació per rotació, permeten aconseguir descompressions insignificants i absència quasi absoluta de vibracions, raó per la qual una intervenció d'aquestes característiques és compatible amb la majoria dels quadres patològics.

Cal tenir present que efectuar la contenció és tan sols un pas del procés de formació del vas. Cal analitzar com i en quines fases es realitzarà el buidatge, quin sistema o quins sistemes de contenció provisional s'adoptaran, la formació de la contenció definitiva, que habitualment es farà per mitjà de la construcció dels sostres, i la transferència entre la contenció provisional i la definitiva.

Les seccions estratigràfiques, els valors, la fiabilitat i la precisió dels paràmetres geotècnics obtinguts al llarg de la campanya de prospecció i de les anàlisis de laboratori, expressats en l'estudi geotècnic realitzat en funció de les necessitats reals del edifici, són determinants en el disseny, el càlcul i l'execució de tot el procés,

8.1.3 Deixar constància de les patologies

És recomanable que el projectista, actuant de comú acord amb el promotor, deixi constància detallada de l'estat dels edificis veïns en una data determinada. Amb aquesta finalitat, es prepara un expedient fotogràfic per a cada edifici afectat, en el qual es detalla la situació de cada fotografia, per facilitar-ne la localització.

Per garantir la validesa legal de la documentació fotogràfica i de les descripcions annexes, cal la presència física d'un notari en els edificis afectats. Aquest, actuant com a fedatari públic, contrasta la documentació fotogràfica amb la realitat i inclou el document, en el seu protocol, als efectes oportuns.

El propòsit d'aquesta actuació és evitar que els propietaris dels edificis veïns presentin eventuals demandes de danys a causa de les obres, basades en patologies existents abans de l'inici dels treballs.

8.2 Possibilitat, o no, d'utilitzar ancoratges segons les condicions d'entorn

Quan es tracta de realitzar més de dos soterranis els ancoratges injectats al terreny constitueixen la solució més eficaç per realitzar i garantir les contencions provisionals fins a l'establiment del sistema definitiu.

El projectista, basant-se en els seus coneixements de les condicions físiques i jurídiques de l'entorn, comunicarà aquesta possibilitat a l'encarregat de realitzar l'estudi geotècnic. En aquestes situacions, cal estendre la campanya de prospecció a les zones afectades pels bulbs dels ancoratges, per tal de determinar els valors de τ (kg/cm^2) corresponents a la fricció, l'esforç de tall, bulb-sòl.

També és necessari que l'estudi geotècnic determini la dificultat que poden oferir a la perforació els sòls que hagin de ser travessats per confegir l'ancoratge, tant pel que fa a la seva longitud lliure com a la corresponent al bulb.

Les dades geotècniques precedents, derivades d'un plantejament acurat de la campanya, tenen, en cas d'emprar ancoratges, incidència en el disseny i en l'estimació de temps i costos del sistema provisional de contenció. Els costos que en resulten es veuen abastament compensats per la seguretat tècnica i d'execució que garanteixen als treballs sota rasant, correctament executats, seguint les seves determinacions.

Si no es poden emprar ancoratges, el nombre de plantes sota rasant, les condicions d'accés, la morfologia del solar i les seves dimensions ajuden a establir el procediment o la combinació de procediments més idonis.

Els estintolaments ofereixen una bona resposta per a les plantes de vas amb reclaus i amb fronts oposats que no superin els 20,00 metres de longitud. Sobrepassar aquesta longitud suposa excedir el límit d'eficiència dels estampidors, tant per la dificultat de manipulació com per efecte del guerxament. Les alternatives se centren, en aquests casos, en la formació de bermes de terres. Aquestes permeten treballar els murs pantalla com a autoestables, mentre es procedeix a la construcció dels sostres. Un cop els sostres estan en condicions d'acomplir la seva funció estabilitzadora, es retiren de les bermes.

9 Contingut de l'estudi geotècnic en base al CTE. Els sòls T-3

Als apartats 5 a 8 i 10 i 11 d'aquest capítol, s'indiquen, de forma genèrica, aspectes de l'estudi geotècnic com l'estructura del document, la campanya de prospecció, la informació de partida, el coneixement del solar, els aparells emprats, els resultats obtinguts i la seva interpretació. La seva anàlisi i desenvolupament constitueix un cos teoricopràctic sobre el qual es basa, en bona mesura, la construcció sota rasant.

L'apartat 3.3 del llibre 3, "Seguretat estructural. Fonaments", del CTE especifica de forma molt detallada el contingut formal de l'estudi geotècnic, raó per la qual en aquest apartat s'incideix, fonamentalment, en el comentari dels aspectes menys desenvolupats en el document citat, en especial l'ampli repertori de sòls classificats com a T-3 als quals no és d'aplicació directa el text normatiu.

L'estudi dels sòls T-3 permet exposar una sèrie de mesures constructives de caràcter teoricopràctic que enriqueixen el coneixement de la construcció sota rasant. L'objectiu d'aquest apartat és ajudar, en les seves decisions, el projectista en la seva qualitat de receptor i aplicador de la informació dels estudis geotècnics.

Es pretén, també, facilitar el triatge i l'adequada utilització de la informació rebuda, com també recollir aquelles informacions en ocasions no suficientment especificades a l'estudi geotècnic i necessàries per al disseny i el càlcul del sistema de fonamentació.

En l'aspecte formal, els estudis geotècnics haurien de contenir, a l'apartat previ, a més del nom i la direcció de l'empresa l'homologació o les homologacions de què disposa, amb el número de registre, que empara la qualitat, la solvència tècnica i la coresponsabilitat efectiva de les seves activitats.

Seria convenient que el sector de les empreses de geotècnia tractés, de forma conjunta, basant-se en el CTE, uns esquemes de presentació més uniformes depurant el contingut d'aspectes de caràcter generalista amb poca o nul·la informació significativa per a un professional competent.

Els esquemes de presentació haurien de fer també referència a l'adequació de l'estudi geotècnic a les prescripcions del CTE, començant per la programació de la campanya. A aquest efecte, s'hi hauria d'establir el tipus de construcció, entre les cinc previstes a la taula 3.1, i el grup de sòl entre els tres indicats a la taula 3.2 (apartat 3.2 del llibre 3, "Seguretat estructural. Fonaments"). La presència d'un índex amb el contingut del document esdevé peça clau per facilitar la seva consulta i la comprensió de la seva estructura.

Els estudis geotècnics s'han convertit, sortosament, en documents d'ús quotidià. Els projectistes i els directors d'obra són coneixedors de la significació dels paràmetres geotècnics. És necessari que les empreses de geotècnia s'adaptin a aquesta realitat oferint estudis més estructurats, precisos i directes.

Els estudis geotècnics, sobre la base del contingut i les directrius del CTE, s'han d'adreçar, fonamentalment a la presentació clara i exacta de la campanya de prospecció, de les proves de laboratori, i a la interpretació i aplicació dels resultats obtinguts. El projectista i el director d'obra podran dedicar-se així amb confiança i eficàcia, al disseny, al càlcul i a la construcció del sistema de contencions i de fonaments.

9.1 Els sòls T-3

Sota la denominació T-3, el CTE relaciona tot un seguit de sòls als quals no és d'aplicació directa el text normatiu. L'observació de les taules 3.3 i 3.4 del llibre 3 (Seguretat estructural. Fonaments) del CTE, relatives a criteris objectius per al disseny de les campanyes, permet apreciar que els sòls de caràcter més conflictiu per fonamentar, els que s'han assenyalat amb el tipus T-3, no hi figuren. El document no justifica la raó de l'exclusió ni ofereix cap mena de referència per orientar distàncies entre punts i fondària a prospectar segons el tipus d'edifici i de sòl.

Resta, per tant, un ampli paquet de "sòls conflictius" que es deixen a la discrecionalitat dels professionals quant als criteris que s'han d'aplicar per realitzar el seu estudi geotècnic.

Les pàgines següents es destinen a exposar les particularitats de cadascun dels tipus de sòl T-3. El propòsit és orientar al projectista sobre els aspectes en els que cal incidir en la campanya i sobre el tipus de sistema de fonamentació més apropiat als requeriments de cada tipus de sòl.

Els onze tipus de sòl qualificats com T-3 es podrien subdividir en sòls d'alt risc, als quals el planejament hauria de preservar de processos edificadors, i sòls amb possibilitat de ser edificats que precisen estudis específics per construir-hi amb garanties.

9.1.1 Sòls d'alt risc

La qualificació d'un sòl com "d'alt risc" respon a un esquema de treball orientat a graduar el nivell d'exigència de les campanyes. No suposa que no es pugui fonamentar sobre aquest tipus de sòls, excepte en situacions molt concretes.

Fonamentar sobre un sòl "d'alt risc" pot comportar, però, la necessitat de realitzar inversions extraordinàries en el sistema de fonamentació i assumir riscos més alts del que és habitual, respecte al seu resultat final.

9.1.1.1 Sòls càrstics de guixos o càlcics

Poden formar cavitats per dissolució causada per les aigües pluvials i assentar de forma agra per col·lapse, en cas que s'emprin fonaments superficials.

Els sòls amb alt contingut de guix comporten, a més, la presència de sulfats. Aquests ataquen químicament el ciment pòrtland, raó per la qual cal considerar aquesta circumstància en l'estudi geotècnic i emprar, si és el cas, ciments d'escòries d'alt forn per a la confecció de formigons que hagin d'estar en contacte directe amb el sòl.

Malgrat que la localització de sòls càrstics és coneguda, el planejament no sempre acaba preservant aquestes àrees de la construcció.

Si resulta inevitable plantejar una construcció sobre aquest tipus de sòl, és necessari poder garantir, per mitjà d'una campanya exhaustiva de sondeig, la localització i l'abast de possibles cavitats superficials i la inexistència de cavitats sota la zona d'afectació de l'edifici. Es recomanable una fonamentació profunda.

9.1.1.2 Sòls en zones proclius de patir lliscaments

Hi ha vessants de muntanya afectades per fractures profundes, falles. Aquestes són perfectament conegudes pels geòlegs i, a vegades, ignorades pels responsables del planejament i/o els polítics.

Es tracta, habitualment, de sòls amb fort pendent que "suren" sobre una capa de roca compacta també amb pendent. La filtració de les aigües pluvials fins a la capa impermeable produeix un efecte lubricant i el lliscament, si se supera l'efecte estabilitzador de la compressió, dels estrats superiors. També és possible iniciar un desplaçament d'aquestes característiques realitzant un enderroc o una petita excavació, ja que es produeix una descompressió local entre l'estrat "flotant" i la base.

Cal tenir present que un talús natural "no té coeficient de seguretat", pot trobar-se (i, de fet, molts s'hi troben) en un estat d'equilibri proper al límit. Qualsevol acció, per petita que sigui aparentment, pot trencar la situació d'estabilitat.

L'estabilització dels desplaçaments de la base d'un talús es realitza, habitualment, situant-hi pes. A tal, fi es dipositen camions de graves o escullera al seu peu. També es pot optar per descarregar pes de la part superior. En tot cas, cal analitzar l'efectivitat de les accions esmentades.

Es programarà el seguiment periòdic dels desplaçaments de punts significats, preferiblement amb mitjans taquimètrics. S'establirà, d'acord amb les dades obtingudes, una gràfica de temps de desplaçaments. Es controlaran tant els desplaçaments verticals com els horitzontals.

Un estudi geotècnic de caràcter superficial pot oferir, en zones proclius a lliscaments, un sòl amb capacitat portant suficient per edificar. El resultat d'aquesta acció pot concloure amb la ruïna total de l'edificació en un termini indeterminat de temps però relativament curt.

Els esforços que es mobilitzen en el desplaçament del estrats superficials són enormes. Si la fractura és profunda, els esforços generats no són absorbibles amb els mitjans a l'abast en obres d'edificació.

Situacions com les descrites responen a la realitat. Resumint, es pot establir el quadre de la situació següent:

- Es coneixen, des del punt de vista geològic, les zones amb risc de lliscament, especialment les properes o les incloses dins de nuclis habitats.
- No totes les zones amb risc de lliscament estan preservades de l'edificació.
- Es compren solars, en aquestes zones, sense coneixement de l'estat de risc afegit que comporta el seu subsòl.
- La resposta d'aquest tipus de sòls pot ser molt aleatòria, ja que petites accions desequilibrants poden causar greus inconvenients.
- En construir, a vegades es tallen els passos naturals de l'aigua, de forma que encara es fa més complex predir el possible comportament del sòl.
- L'estat dels d'edificis propers és una indicació o una referència respecte a les zones de la vessant més o menys afectades per lliscaments; de cap manera suposa una garantia d'estabilitat per a la nova construcció.
- Difícilment es poden controlar els lliscaments de tipus geològic amb els mitjans propis de les construccions arquitectòniques.
- Les conclusions de l'estudi geotècnic, en aquestes situacions, poden adquirir una dimensió superior a l'orientació tècnica del sistema de fonamentació.
- Els projectistes i, especialment, els directors d'obra han d'adoptar, a partir del seu coneixement i les dades i de conclusions del estudi geotècnic l'opció que estimin més oportuna, tant per salvaguardar la seva integritat professional com per garantir, si és el cas, la qualitat tècnica i d'execució de les solucions adoptades.

9.1.1.3 Roques volcàniques en colades primes o amb cavitats

L'enunciat resulta prou aclaridor, respecte de la impossibilitat d'assentar edificacions en sòls d'aquestes característiques, raó per la qual es descarta qualsevol comentari.

9.2 Sòls que requereixen estudis geotècnics específics

Els sòls que requereixen estudis geotècnics específics no constitueixen un grup reduït respecte les probabilitats de trobar-los en les zones urbanes; ben al contrari, són sòls relativament comuns.

Sobre ells es pot edificar sense problemes si se'n té un coneixement exhaustiu, des del punt de vista mecànic i químic. El disseny de les campanyes ha de ser suficientment complet i acurat, tant pel que fa als treballs de camp com de laboratori, per tal d'oferir a l'apartat de conclusions les orientacions que permetin al projectista decidir, dissenyar i calcular el sistema de fonamentació més adequat als requeriments del sòl i de l'edifici.

9.2.1 Sòls expansius

S'hi ha fet referència al capítol 1, apartat 7 ("Classificació dels sòls per la mesura dels seus grans. Albert Mauritz Atterberg, 1846-1916) i també al capítol 2 (Aparells de laboratori per mesurar paràmetres geotècnics) on, a l'apartat 5, s'indiquen els assaigs més comuns amb l'edòmetre per tal de determinar el grau d'expansivitat de les argiles.

L'estudi geotècnic ha de deixar, si és el seu cas, constància de l'existència de sòls expansius, del seu grau d'expansivitat, de la fondària d'afectació del fenomen i del tipus de fonament més apropiat a l'edificació projectada.

Els sòls expansius només poden suposar un problema afegit en el disseny dels sistemes de fonamentació d'edificis lleugers. Un edifici amb un o més soterranis i més de dues plantes d'altura no es veu afectat, de forma patològica, pels esforços derivats de l'expansivitat del sòl.

9.2.2 Sols col·lapsables

Són aquells que presenten flonjalls en el seu si. Els flonjalls són porcions de sòl relativament petites, incloses, a fondàries diverses, dins d'un paquet geològic dominant. Tenen característiques portants substantivament inferiors al sòl que les envolta.

En cas de recolzar, per manca d'informació geotècnica, un element de fonamentació sobre un d'aquests paquets o sobre una cota propera, es pot produir un assentament diferencial.

L'estudi geotècnic, per mitjà d'un nombre suficient de sondeigs, ha de detectar l'abast en situació, les cotes, la potència, i les característiques mecàniques dels flonjalls.

Els resultats dels sondeigs es dibuixaran en les seccions estratigràfiques del sòl. En funció de l'abast i de les característiques dels flonjalls l'estudi geotècnic determinarà el sistema o els sistemes de fonamentació compatibles amb els requeriments del sòl i de l'edifici. Aquests es poden resoldre, habitualment, o bé amb una llosa de fonamentació o bé per mitjà de pilons assentats sobre estrats amb capacitat portant contrastada.

9.2.3 Sòls tous o solts

Els sòls solts o tous acostumen a ser de formació recent i a contenir matèria orgànica. La situació descrita comporta que les capes més superficials (al voltant dels tres primers metres) encara no estiguin normalment consolidades.

D'acord amb les característiques descrites, la deformabilitat i la baixa capacitat portant són els trets més rellevants d'aquest tipus de sòl. Cal cercar solucions en sistemes de fonamentació profunda o procurar la millora dels sòls existents per mitjà de vibrocompactació, l'aplicació de sobrecàrregues o la utilització de la tècnica de *jet grouting*.

L'opció més habitual consisteix a plantejar una fonamentació profunda. L'estudi geotècnic s'orientarà a determinar la potència dels estrats tous o solts, les seves densitats respectives i l'existència, o no, a una fondària assequible, d'un estrat consolidat de graves o de roca.

En el primer cas, es pot considerar un sistema de fonamentació basat en la realització de pilons que treballin per punta. Si no es disposa d'un estrat de recolzament, caldrà analitzar la fricció entre el sòl i el fust, per proposar una solució basada en pilons flotants. En la darrera opció, cal que l'estudi geotècnic determini, o descarti, la fondària en la qual es poden generar efectes de fregament negatiu sobre els fusts dels pilons.

9.2.4 Sòls variables quant a composició i estat

Els sòls variables en quant a composició i estat abasten un ampli espectre. Estan formats per materials heterogenis constituïts per barreges de bases mineralògiques i/o de granulometries disperses.

Sobre aquest tipus de sòl pot resultar complex treballar amb mostres representatives del seu comportament -que és la base de la mecànica de sòls-, raó per la qual l'obtenció de paràmetres geotècnics fiables s'ha de reduir als valors pèssims o s'ha de ponderar, específicament, d'acord amb requeriments molt específics.

La presència de grans gruixuts o molt gruixuts no comporta dificultats especials per a la seva excavació a cel obert, però pot complicar l'obertura i l'estabilitat de les parets de les rases, la penetració de les barrines per elaborar pilons o l'acció de les culleres bivalves per realitzar murs pantalla. Per aquestes raons, la primera opció que s'ha de valorar, en aquest tipus de sòl, seria la formació del vas a cel obert amb talussos perimetrals.

L'estudi geotècnic, si s'ha de construir sota rasant amb construcció de contencions prèvies, s'ha d'orientar a analitzar les possibilitats de treball eficient d'una cullera bivalva, i la qualitat de superfície resultant en els murs pantalla. Els punts preferibles per realitzar sondeigs seran, en aquest cas, els perimetrals.

En sòls irregulars, el consum de formigó, per realitzar els murs pantalla, es pot incrementar fins al 30% respecte al previst per geometria. A més, s'hi ha d'afegir els costos de regularització de la pantalla. Si la situació descrita es produeix en una obra, és un element indicatiu d'una elecció incorrecta del sistema de contenció.

Les alternatives que s'han de valorar, en funció de les característiques físiques del sòl, són les barreres o les pantalles de pilons (en el primer cas, hi ha una separació entre pilons d'un fust; en el segon cas, els pilons es construeixen lleugerament secants per donar continuïtat al parament) i les barreres de micropilons.

Les barreres de micropilons, pel seu elevat cost amb relació als pilons (al voltant del doble), han de ser considerades només en casos molt excepcionals.

També es poden considerar, d'acord amb les dimensions de l'obra i les característiques variables dels sòls, segons els sectors, solucions mixtes.

Els apartats precedents són una bona mostra que quant més complex és el sòl, més significatiu resulta conèixer-lo per adoptar solucions tècniques eficients. En tot cas, el cost de l'ampliació d'una campanya de sondeig es justifica amb escreix si permet una encertada elecció i execució del sistema de contencions.

9.2.5 Sòls antròpics amb gruixos superiors als tres metres

Els sòls antròpics amb gruixos importants són el resultat, en la majoria de les ocasions, d'antics abocaments incontrolats aprofitant depressions del terreny, com és el cas d'antigues rieres. Com que les depressions emprades per aquests menesters són relativament petites, a la inestabilitat i compressibilitat dels reblerts antròpics s'afegeix l'efecte falca respecte del perfil original del terreny.

L'estudi geotècnic ha de facilitar dades tant dels materials de reblert com, especialment, del perfil i dels materials constitutius del sòl original i dels seus estrats subjacents amb capacitat portant.

El sistema de fonamentació caldrà orientar-lo vers solucions profundes per evitar la baixa capacitat portant dels reblerts antròpics. És convenient considerar, en aquests casos, en funció dels perfils establerts per a l'estudi geotècnic, la viabilitat econòmica resultant de construir

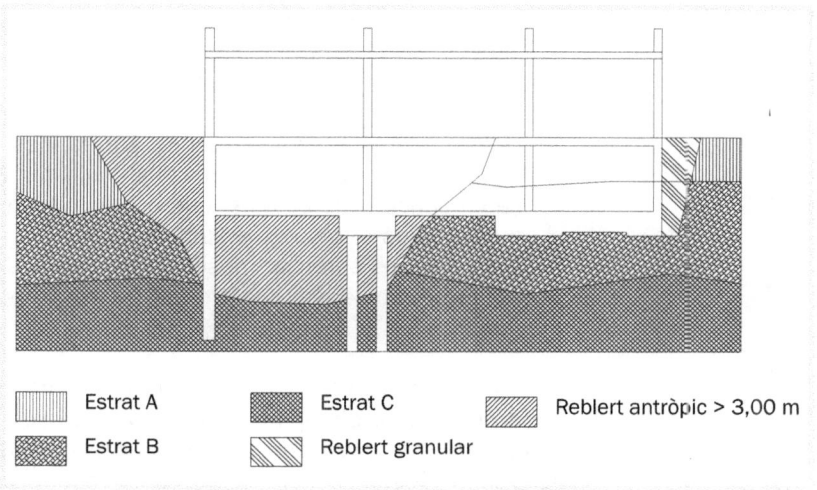

|5.5|
Esquema estratigràfic i les solucions de fonamentació adoptades

Estrat A Estrat C Reblert antròpic > 3,00 m
Estrat B Reblert granular

un o més soterranis dels previstos per tal d'evitar la construcció d'una fonamentació profunda.

Hi ha la possibilitat que una part de l'edificació se situï sobre sòl natural i una altra, sobre un gruix important de reblerts antròpics. En aquestes situacions, es poden adoptar solucions per al sistema de fonamentació en què conflueixin fonaments superficials i fonaments profunds, tal com s'indica a la figura 5.5.

És necessari, per garantir el bon funcionament conjunt del sistema de fonamentació descrit, que es faci un estudi acurat de la compatibilitat d'assentaments. Cal analitzar la necessitat de junts entre paquets d'edifici, aprofitant, si és el cas, els de dilatació o bé creant-los específicament.

9.2.6 Sòls amb desnivells superiors a 15°

El pla d'un sòl natural, no un talús, que presenti un pendent superior a 15° dóna referència que els materials que el conformen són compactes. En cas contrari, els agents atmosfèrics i, l'erosió que se'n deriva, n'haurien alterat la superfície fent-los desaparèixer i deixant al descobert la roca base.

Habitualment, es caracteritzen amb el nom de "materials de peu de muntanya". Es tracta, en principi, de sòls amb bona capacitat portant. Poden contenir alguna inclusió rocosa que en dificulti l'excavació.

Atès que han estat tractats els sòls en zones proclius a patir lliscaments, no es considera, en aquest tipus de sòls, aquesta eventualitat

El risc més significatiu dels sòls amb pendents destacables, per damunt dels 15°, es presenta en la tipologia de construcció sota rasant anomenada a *mig vessant*.

Normalment, la construcció sota rasant es realitza tal com es detalla en el gràfic superior de la figura 5.6. Les empentes, a un costat i l'altre del vas són absorbides per les pantalles de contenció, per mitjà d'esforços de flexió. Els sostres actuen a la manera dels estampidors d'una rasa estintolada. Recolzen les "bigues-pantalla de contenció" assumint-ne les compressions generades en els recolzaments per les empentes.

El sistema exposat presenta grans avantatges, respecte a la construcció a mitja vessant, pel que fa al treball a flexió de les pantalles de contenció, per les raons següents:

- Les empentes generades per les terres i les eventuals sobrecàrregues a un costat i l'altre del vas s'equilibren entre si.
- La presència dels sostres, que actuen a l'interior del vas a manera d'estampidors, redueix la llum de flexió.
- Les pantalles estan sotmeses a flexió per les seves dues cares. Es produeix compensació entre els moments positius i els moments negatius.

En les construccions a mig vessant, gràfic inferior de la figura 5.6, no hi ha possibilitat d'emprar el sistema mecànic autoequilibrant descrit anteriorment, ja que la contenció només és necessària a un dels costats del vas. Aquesta situació fa necessari que la contenció en contacte

estudis geotècnics

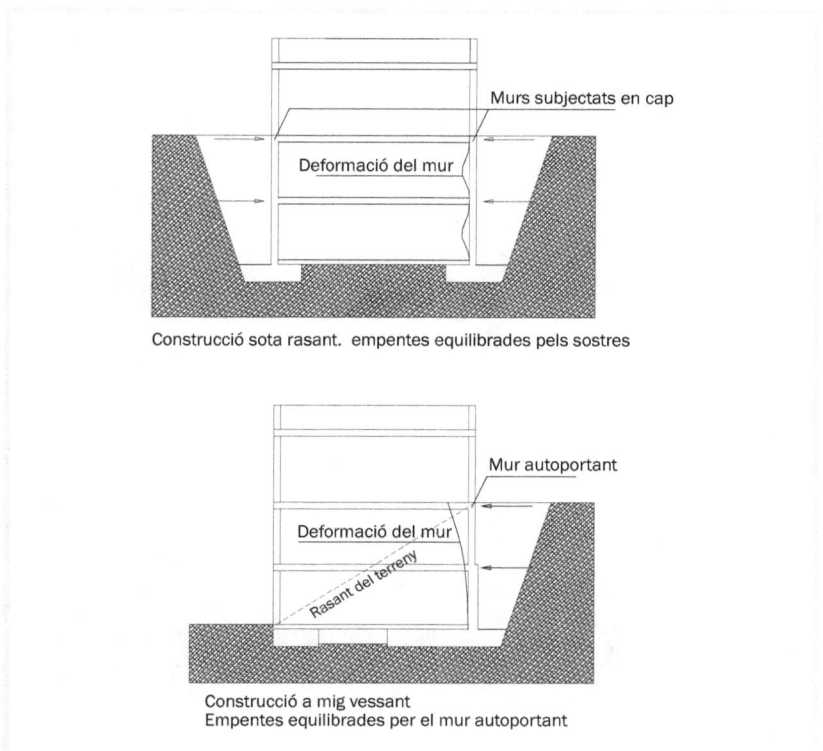

|5.6|
Els vasos soterranis utilitzen el sòl com a element de reacció i equilibri. Els vasos a mig vessant requereixen contencions autoestables. Una estructura convencional no està preparada per absorbir les empentes del sòl

amb el sòl hagi de ser completament autoestable, és a dir, totalment independent pel que fa a l'absorció d'empentes, de l'estructura interior de l'edifici.

El projectista ha de conèixer, fins i tot en la fase d'avantprojecte, l'ordre de magnitud de les empentes generades pel sòl. La construcció de dos soterranis a mig vessant pot suposar, sense considerar ni sobrecàrregues ni eventuals empentes d'aigua, al voltant de 15,00 Tn/ml i la necessitat d'absorbir, per part del sistema de contenció, un moment flector de servei de l'ordre de 30,00 mTn/ml.

La construcció de dos soterranis a mig vessant (desnivell al voltant de 6,00 metres) és el màxim recomanable per a un model d'edifici basat en la tipologia dels murs de gravetat a flexió.

Construir tres soterranis o més a mig vessant (desnivell d'uns 9,00 metres) suposa considerar que les empentes, provinents exclusivament del sòl, es poden fixar sobre 30,00 Tn/ml. El moment flector de servei resultant se situaria, per tant, sobre els 90,00 mTn/ml. Com es pot apreciar, per absorbir moments d'aquesta magnitud, s'ultrapassen abastament els valors de cantell raonables per a una pantalla de contenció.

La solució al problema de construir tres soterranis o més sota rasant passa per canviar la tipologia de la construcció: murs de gravetat a flexió per murs pantalla ancorats, con es detalla en la figura 5.7 en la

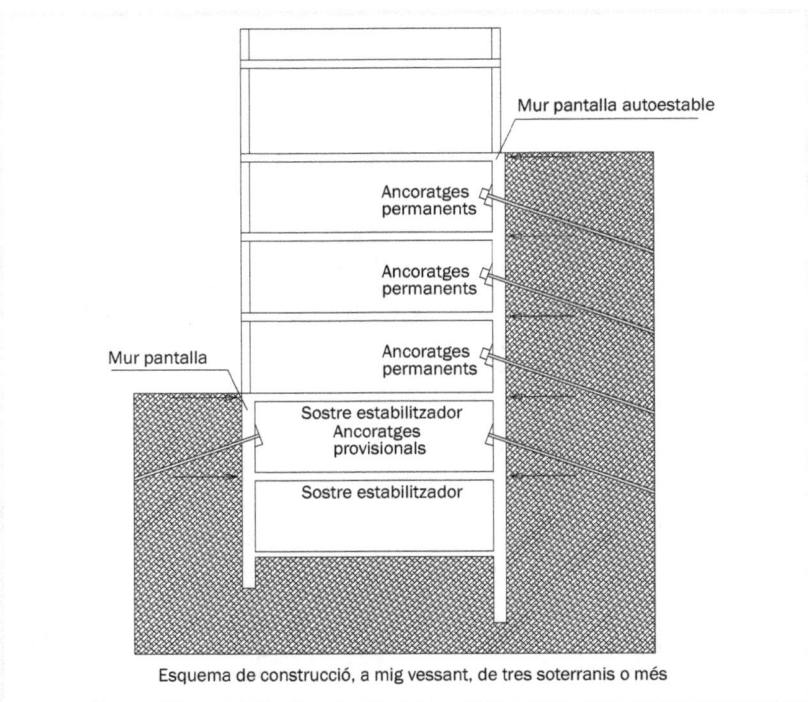

|5.7|
Formació amb ancoratges permanents d'una contenció autoestable en un vas a mig vessant

Esquema de construcció, a mig vessant, de tres soterranis o més

qual es pot apreciar una solució mixta amb una part de la construcció a mig vessant i l'altra completament sota rasant.

L'estabilitat de les plantes a mig vessant resta garantida per la presència d'ancoratges permanents injectats al terreny. Observeu la similitud, quant a treball mecànic a flexió dels murs pantalla ancorats, amb el model constructiu de vas de dos soterranis.

En les plantes sota rasant, els ancoratges són emprats només de forma provisional per facilitar el buidat del vas. Seran suprimits quan s'hagin construït els sostres i aquests estiguin en condicions mecàniques d'assumir les empentes del sòl trameses pels murs pantalla.

Els ancoratges permanents requereixen un programa de control al llarg de la seva vida útil. És necessari crear servituds a l'edifici, en forma de passadís darrere la pantalla que permeti accedir als terminals dels tendons, per atendre aquest menester.

L'alternativa, no gens pràctica des del punt de vista de la funcionalitat de les plantes, consistiria a realitzar contraforts col·locats a distàncies regulars, per absorbir els moments flectors derivats de les empentes de terres sobre les pantalles.

Els ordres de magnitud generats per aquest procediment són encara més gruixuts que en el cas dels ancoratges. Els esforços es concentren en els contraforts. Són absorbits d'acord amb el moment d'inèrcia de la seva geometria.

Si es considera la col·locació de contraforts cada 5,00 metres i el valor orientatiu d'empenta de 30,00 Tn/ml que s'indica per a la construcció de tres soterranis, cada contrafort hauria de suportar, en fase de servei, una empenta de 150 Tn i un moment flector de 450 m/Tn.

Les dates numèriques precedents es faciliten per aclarir la necessitat ineludible de dissenyar sistemes de contenció autoestables, sigui quin sigui el model adoptat, en les construccions a mig vessant.

Respecte de l'estudi geotècnic, els aspectes que requereix més atenció en sòls amb pendent superior a 15° són:

- L'estratigrafia, en especial la seva composició i l'orientació amb relació a la contenció.
- Els paràmetres geotècnics amb vinculació directa amb es empentes; la densitat, la cohesió i l'angle de fregament intern, en funció de l'estratigrafia.
- En cas de requerir-se ancoratges, la determinació del valor τ de fregament sòl-bulb, en base a la seva inclusió en el programa de sondeigs de la campanya.

9.2.7 Sòls residuals

Dins dels sòl residuals, es consideren els reblerts realitzats amb els materials de rebuig d'una activitat minera o industrial. També es podrien incloure dins d'aquest grup els reblerts de restauració d'antigues pedreres i els abocadors controlats, un cop cobert el seu cicle d'activitat.

Es tracta de situacions molt específiques i alhora, d'acord amb les característiques d'origen indicades, molt divergents. El planejament hauria de preservar aquestes zones de l'edificació. No es poden excloure, però, la possibilitat i la conveniència de construir, amb garanties, sobre aquests sòls per necessitats de tipus social i/o cultural.

Sigui quin sigui l'origen d'aquests sòls, és convenient conèixer-ne la potència i les característiques del sòl natural de recolzament. En el cas d'abocadors, cal tant per qüestions de seguretat i salubritat (emissió i crema de gas metà causada per la descomposició de la matèria orgànica), com pels assentaments que comporta el procés, esperar a construir fins a la seva estabilització.

9.2.8 Sòls de maresmes

Els sòls de maresmes, a més de ser de formació recent, raó per la qual participen de moltes de les característiques indicades per al grup de sòls solts o tous, presenten la particularitat de disposar de nivell freàtic alt.

La situació descrita comporta dificultats afegides en el moment de plantejar la construcció sota rasant. En sòls d'aquestes característiques, l'opció de construir, o no, sota rasant és determinant en el desenvolupament de l'estudi geotècnic.

En el primer cas, aquest es pot circumscriure a determinar el nivell freàtic en el moment de realitzar la campanya i a establir, de forma orientativa, les seves possibles oscil·lacions en funció de l'estacionalitat o les circumstàncies climàtiques.

Habitualment, si es planteja una fonamentació superficial, es pot realitzar l'excavació sense necessitat d'afectar el nivell freàtic. Sempre que sigui possible, és recomanable fonamentar amb llosa per cobrir eventualitats excepcionals quant a l'oscil·lació del nivell freàtic.

Si la fonamentació es resol per mitjà de sabates aïllades, és recomanable realitzar una solera vinculada a elles per mitjà d'esperes. Prèviament, es disposarà una làmina impermeable. La solera es dissenyarà amb un gruix de 20-25 cm amb armadura a les dues cares per suportar eventuals subpressions per pujada del nivell freàtic.

En el segon cas, és necessari aprofundir més l'estudi geotècnic. La permeabilitat del sòl esdevé una dada fonamental en la previsió dels equips de bombament per tal de garantir la realització de les obres sota rasant en sec.

Cal definir la fondària de clava dels murs pantalla per evitar sifonaments. És necessari que el pes de les terres sigui, en tot moment, superior a les subpressions.

El disseny d'una llosa d'estanquitat esdevé un element imprescindible del sistema de fonamentació. En funció del nivell freàtic i de la fondària del vas, pot resultar necessari ancorar el sistema al sòl per evitar-ne la flotabilitat durant la fase de construcció. Els valors del paràmetre geotècnic τ de fregament sòl-bulb esdevenen fonamentals en el contingut de l'informe geotècnic i en les seves conclusions.

Les maresmes poden correspondre a zones amb presència d'aigua dolça, aigua salada (de mar) o salobre (barreja d'aigua dolça i salada). En aquest darrer cas, els ions de clor suposen un atac químic no tolerat per ciment pòrtland normal i cal emprar ciments putzolànics per confeccionar el formigó.

10 Aparells normalitzats de camp i de laboratori

En la realització de les campanyes, s'han d'utilitzar, preferentment, aparells acceptats en base a l'experiència i a la fiabilitat de les seves prestacions. Aquests tipus d'aparells no han de ser justificats ni s'han d'aportar taules d'equivalències de resultats en la documentació escrita. Resulta suficient indicar amb quins aparells s'ha realitzat la campanya de prospecció. Els aparells de camp normalitzats són:

– Penetròmetre dinàmic Borro's.
– Penetròmetre estàtic holandès.
– Test estàndard de penetració (SPT)
– Pressiòmetre.
– Escissòmetre o molinet.
– Assaig de càrrega amb placa.

Els assaigs de laboratori tenen per objecte tant obtenir paràmetres geotècnics com corroborar o corregir valors obtinguts durant la campanya de prospecció. A continuació, es detallen els assaigs de laboratori més habituals resultants d'una campanya de prospecció.

- Granulometria.
- Límits d'Atterberg.
- Densitats.
- Humitat.
- Porositat.
- Compressió simple.
- Tall directe.
- Edòmetre.
- Triaxial.
- Inflament.
- Anàlisi química per determinar la presència de clorurs o de sulfats a l'aigua i al subsòl.
- La quantitat de matèria orgànica.
- El percentatge de carbonats.
- La presència de contaminants.

10.1 Resultats obtinguts

Cada aparell o assaig té una forma que li és pròpia de mostrar els seus resultats. Els aparells i les seves prestacions han estat descrits en als capítols 2 i 3. En aquest apartat, s'exposen en forma resumida, els resultats que es poden obtenir de cada aparell:

- El sondeig es destaca per una columna acotada que conté indicacions sobre els tipus i les característiques dels estrats de sòl travessats.
- Els penetròmetres per gràfics. La lectura es realitza per evolupants de mínims.
- El SPT pel valor N, corresponent al nombre de cops necessaris per fer avançar l'aparell 30 cm en el sòl.
- El pressiòmetre indica la pressió límit i el mòdul de deformació pressiomètric.
- La prova de càrrega amb placa per mitjà d'una corba de tensions deformacions, permet obtenir el mòdul de balast.
- El molinet o escissòmetre, a partir del moment de torsió necessari per trencar un sòl coherent, permet obtenir el valor de la cohesió sense drenatge.
- El penetròmetre de butxaca facilita orientacions sobre la tensió admissible dels diferents estrats a efectes d'implantar sobre ells fonaments.
- Granulometria. Els resultats s'expressen en forma de corba a partir dels percentatges de sòl retinguts per una bateria de garbells normatizada.
- Límits d'Atterberg, porositat i humitats. Els resultats s'indiquen en valors percentuals.
- Compressió simple, corba amb indicació de la resistència assolida per la mostra. Assimilable a la tensió de contacte sabata-sòl.
- Tall directe: recta de Coulomb amb indicació de la cohesió i l'angle de fricció intern.
- Edòmetre. Corba edomètrica. Obtenció del mòdul edomètric.
- Triaxial. Permet obtenir la corba de resistència intrínseca de ruptura.

En base a ella, es determinen la cohesió i l'angle de fricció intern.
– Permeabilitat, valor numèric amb unitats de velocitat. Corresponent al pas de l'aigua pel sòl estudiat.
– Inflament i anàlisi química. Les dades es faciliten en forma de valors numèrics.

10.2 Seccions estratigràfiques

Les seccions estratigràfiques són el resultat de superposar, a escala i, a les cotes de boca corresponents, els resultats de les columnes d'informació dels sondeigs. Dins d'aquests resultats, caldrà incloure, si és el cas, el nivell freàtic.

Resulten un complement indispensable per disposar, de forma unificada, del conjunt d'informació recollida durant la campanya de prospecció.

Per disposar d'una informació acceptable, cal comptar, com a mínim, amb dues seccions estratigràfiques ortogonals entre si, o properes a l'ortogonal, preferentment coincidents amb els eixos principals del edifici.

Resulta evident que, com més gran és el nombre de punts prospectats, més precisió s'obté respecte a la inclinació dels estrats, la presència d'eventuals flonjalls, durícies o còdols de gran format.

10.3 Interpretació dels resultats

La campanya de prospecció i els assaigs de laboratori suposen un cúmul d'informacions disperses. És necessari encreuar i ponderar dades per arribar a conclusions.

El propòsit d'aquestes conclusions és oferir paràmetres geotècnics aplicables pel projectista. A partir d'ells, s'estimaran les sol·licitacions del sòl i es dissenyaran i programaran els elements constructius necessaris per a fer-hi front.

La interpretació de resultats és la tasca específica i la responsabilitat del professional signant del estudi geotècnic. Resulta imprescindible que les dades estiguin ordenades i siguin fàcilment interpretables. A aquest respecte per facilitar la interpretació de resultats, l'apartat ha de contenir la informació necessària presentada en forma de:

– Fórmules.
– Taules.
– Correlacions.
– Valors orientatius.
– Gràfics.

10.4 Conclusions i recomanacions

Un bon estudi geotècnic ha d'exposar, de forma clara i precisa, les solucions constructives més adients per efectuar els fonaments i les contencions de l'edifici que es projecta construir.

Un estudi geotècnic, perquè sigui complet, estructurat i útil, ha de tenir un apartat de conclusions. La necessitat d'aquest mateix respon a un principi d'ordre de tot document tècnic i a una exigència normativa del CTE (llibre 3, apartat 3.3.6).

El redactor de l'estudi geotècnic, com a resultat dels treballs de camp i de laboratori i el coneixement del edifici que es pretén edificar sobre el sòl de referència, ha d'especificar de forma clara:

- Els paràmetres geotècnics de cada estrat necessaris per al disseny específic dels fonaments i/o les contencions. Cal considerar, si és el cas, l'estudi i els paràmetres del sòl afectat per ancoratges.
- La ripabilitat dels diferents estrats.
- La possibilitat de realitzar talussos verticals i la seva altura. En cas que no es puguin realitzar talussos verticals indicar la relació amplada altura.
- La previsió dels assentaments.
- L'existència d'alguna o algunes incidències destacables; la presència de pous o galeries, la inestabilitat del estrats, la presència de còdols o de flonjalls.
- La possibilitat que hi hagi sòls expansius.
- L'existència, o no, de nivell freàtic i, si s'escau les possibilitats d'oscil·lació estacional. En cas que hi hagi nivell freàtic, haurà de fer referència a l'ordre de magnitud dels cabals que s'han d'extreure en m^3/hora i al sistema de extracció més idoni a les característiques del vas que es vol construir.
- La presència, o no, de clorurs o sulfats.
- La presència o no de sòls contaminats i, si és el cas, el tipus de contaminació; hidrocarburs, metalls pesants, etc.
- Recomanacions respecte les solucions constructives que s'estimen més adequades per realitzar el sistema de fonamentació, amb indicació de les tensions admissibles.

Cal considerar també la dificultat que, en determinades ocasions, té la feina dels encarregats de redactar els estudis geotècnics. És equivalent a tractar de descriure l'interior d'una habitació mirant només pel forat del pany.

Observeu que el CTE només es veu capaç de definir normativament les campanyes dels sòls T-1, favorables, que permeten fonaments directes i els sòls de tipus T-2, de tipus intermedi, en els quals no sempre en la zona es recorre al mateix sistema per fonamentar.

Els onze tipus de sòl classificats com a T-3 (llibre 3 del CTE) no tenen definits, de forma normativa, criteris de disseny per a les seves campanyes de prospecció ni assaigs de laboratori.

Aquesta situació ha propiciat la redacció dels apartats precedents. El projectista ha de ser coneixedor de la informació geotècnica primordial per a cada un dels tipus de sòl classificats com a T-3, com també de les solucions constructives del sistema o els sistemes de fonamentació més adients per a cada cas.

D'acord amb el que s'ha exposat i en relació amb la informació de l'apartat de conclusions d'un estudi geotècnic, el projectista ha de tenir presents tres qüestions. Es podrien qualificar com el marc en el que es desenvolupen les decisions:

- Quasi mai no disposarà d'un estudi geotècnic que respongui totalment a les seves necessitats d'informació.
- En el supòsit que arribi a disposar d'un estudi geotècnic ideal, ha de tenir present, en tot moment, que el sòl real pot no ser-ho. Els algoritmes en què es basa la geotècnia per explicar les reaccions i les capacitats mecàniques del sòl responen a principis matemàtics exactes. El sòl, en el seu comportament real, no sempre els compleix amb la mateixa precisió. La diversitat de la seva pròpia naturalesa i la formació aleatòria de la naturalesa són factors determinants pels quals el sòl és un material de construcció poc precís.

  El sòl admet en qüestió de previsions, respecte del seu comportament mecànic, la comparació amb materials fabricats com l'acer o el formigó, amb els quals entra en contacte directe com a receptor últim de la cadena de transmissió d'esforços generats pels edificis.
- El sentit comú, la prudència, l'observació i l'experiència han d'intervenir, arribat el cas, durant la fase de construcció. El CTE (apartat 3.4 del llibre 3) es manifesta en aquesta mateixa línia en referir-se a la necessitat de confirmar, per part del director d'obra, els resultats de l'estudi geotècnic a la vista del sòl excavat.

11 Signatura

La LOE i, en conseqüència, el CTE, estableixen el principi de coresponsabilitat entre tots els agents que intervenen en el procés d'edificació. El responsable últim de la solució constructiva adoptada és el director d'obra (DO), així com el director d'execució d'obra (DEO) és responsable que l'execució física es desenvolupi d'acord amb les previsions del projecte.

El marc jurídic indicat no exclou que, en cas produir-se alguna errada greu d'apreciació en l'estudi geotècnic, un cop depurades judicialment les responsabilitats dels agents directament implicats, aquests puguin emprendre accions legals contra l'autor de l'estudi geotècnic causant del problema.

Per aquest motiu, a l'apartat 9 s'ha fet referència a la necessitat que en l'estudi geotècnic figuri l'homologació o les homologacions de que disposa l'empresa que realitza l'estudi geotècnic, amb el número de registre, que empara la qualitat, la solvència tècnica i la coresponsabilitat efectiva de les seves activitats. A més, resulta de llei i cal exigir que els documents estiguin signats amb el nom i els cognoms de l'autor i que s'indiqui la seva titulació professional.

En el contracte de prestació de serveis corresponent a l'estudi geotècnic, cal que figurin igualment el nom i els dos cognoms del signant i el seu NIF, com a garantia d'equilibri en la cadena de drets i deures que regula l'activitat dels professionals.

12 Referències al llibre 3 del Codi Tècnic de l'Edificació: "Seguretat estructural. Fonaments"

Atès el caràcter genèric d'aplicació dels estudis geotècnics a fonaments i contencions, s'inclouen les indicacions de tipus general més significatives que, per aquests elements constructius, estan contingudes en el DB SE-C del CTE.

Aquestes indicacions constitueixen un marc que ajuda a completar el cos teoricopràctic de la construcció sota rasant. D'acord amb aquestes, els fonaments i les contencions, considerats sota la denominació genèrica de fonaments, han de respondre als requeriments següents:

– Seguretat estructural.
– Capacitat portant.
– Aptitud al servei.

Seguretat estructural. La seguretat estructural té per objecte, a partir de les sol·licitacions, estimades d'acord amb els criteris i els valors continguts al llibre 2 del CTE ("Seguridad estructural. Bases de càlculo y acciones en la edificación"), establir els materials i els dimensionaments idonis per donar resposta als aspectes resistents i d'estabilitat dels diferents elements que componen la fonamentació.

Capacitat portant. Els fonaments, com a elements de transmissió de sol·licitacions al terreny, s'han de dimensionar de forma que hi siguin compatibles les deformacions del sòl i de l'estructura.

La capacitat portant, σ_a, d'un sòl s'ha d'entendre com aquell valor de tensió que, aplicat sobre el sòl a través d'un fonament, permet obtenir assentaments compatibles amb la capacitat de deformació diferencial de l'estructura que descansa sobre ell.

La capacitat portant d'un sòl, σ_a, ve expressada en unitats de pressió. Varia segons la geometria de la fonamentació, ja que aquesta incideix en la quantitat de sòl involucrat per repartir la tensió. Una sabata correguda sempre té per aquesta raó, una σ_a inferior a una sabata aïllada.

En les sabates corregudes, el repartiment de càrregues, excepte en els extrems, queda constret entre plans paral·lels, mentre que en les sabates aïllades el repartiment de càrregues es realitza tant en el sentit de l'amplada com en el de la llargada. Per a més ampliació vegeu el capítol 1, apartat 6.1.3, "Propietats o característiques geotècniques", el capítol 11, "Fonaments superficials i semiprofunds", amb relació als aspectes relatius als bulbs de pressió.

Un sòl normalment consolidat a una fondària determinada és aquel que es troba estabilitzat en funció del pes de la columna de materials que graviten sobre ell. Quan, per qualsevol circumstància aquest pes es modifica, per exemple per l'addició d'un fonament, el sòl tendeix a adquirir una nova posició d'equilibri.

Es produeix un cert descens de la cota original, que es coneix amb el nom d'assentament. En la majoria de les circumstàncies, s'accepten assentaments homogenis d'uns 2,5 cm.

El sòl, per la seva heterogeneïtat, pot provocar que els assentaments no es produeixin en la mateixa mesura en les diferents zones de l'edificació. El fenomen és conegut amb el nom d'assentament diferencial. S'expressa en forma de distorsió angular entre dos punts, separats entre si una distància L, entre els quals es produeix una diferència de nivell.

En funció del grau de rigidesa de l'estructura, els assentaments diferencials seran més ben o més mal tolerats. En els edificis resolts amb estructures de formigó armat i tancaments rígids, aquest límit de tolerància δ es fixa en $\delta \leq L/500$. Una distorsió $\delta \sim L/300$ es manifesta en forma d'esquerdes importants reparables. Si l'assentament diferencial δ se situa al voltant de $L/150$, els danys seran de tal entitat que el enderroc serà la millor opció. Vegeu les taules 2.2 i 2.3 del DB-SE-C.

Aptitud al servei. Els fonaments s'han de dimensionar i construir de manera que es pugui garantir la seva resposta correcta al llarg de la vida útil de l'edifici. A aquest efecte, el CTE indica que s'han de considerar:

- Les accions físiques. S'entenen com a tals les provocades pel propi sòl, en forma d'empentes, per fenòmens d'expansivitat, per les accions erosives de l'aigua i/o pels fenòmens de fatiga del sòl produïts per l'acció de càrregues variables repetides o vibracions.
- Les accions químiques que puguin conduir a processos de deteriorament, si no es prenen les mesures apropiades. És el cas de sòls amb presència de ions de clor (clorurs) o de sofre (sulfats). En aquests casos, resulta determinant el tipus de ciment emprat en la confecció dels fonaments i les contencions. Vegeu la taula 8.2.2. de l'EHE.

12.1 Les situacions de dimensionament

Com a conseqüència del que s'ha exposat a l'apartat anterior, el CTE estableix per a fonaments i contencions unes situacions de dimensionat en les quals es tenen presents tant les situacions normals com les eventuals:

- Situacions persistents, referides a condicions normals d'utilització.
- Situacions transitòries. Són aquelles que es poden produir durant un període de temps limitat, però de forma repetida al llarg de la vida de l'edifici. A tal d'exemple, una inundació o l'aplicació d'una sobrecàrrega de curta durada.
- Situacions extraordinàries. Tenen caràcter excepcional. Si bé existeix la possibilitat que es produeixin, estadísticament és molt baixa. És el cas d'un incendi, un sisme o una explosió.

Cadascuna d'aquestes situacions disposa, normativament, dels seus coeficients de ponderació. Vegeu la taula 2.1 del DB SE-C del CTE.

12.2 Bases de dimensionament

Actualment, quasi totes les fonamentacions, sigui quina sigui la seva tipologia, es realitzen amb formigó. És d'aplicació, per tant, la vigent EHE, "Instrucción de Hormigón Estructural".

L'EHE treballa amb els conceptes:

– **Estats límits últims.** Suposen considerar, pel que fa als fonaments, el col·lapse total o parcial del sòl o la fallida estructural de la fonamentació. Entre ells:
  - Pèrdua de la capacitat portant del sòl per col·lapse, lliscament o bolcada.
  - Pèrdua de l'estabilitat global del sòl en l'entorn pròxim a la fonamentació. Cas d'arrossegament de fins per corrents d'aigua subterrània.
  - Fallida estructural dels fonaments.
  - Fallida per efectes dependents del temps. Aquests afecten la durabilitat dels materials constitutius dels fonaments i també poden estar produïts per la fatiga del sòl sotmès a variacions repetides de càrregues.

– **Estats límits de servei.** Són els que estableixen, per al conjunt sòl fonament, la frontera admissible per compatibilitzar les deformacions del sòl i de l'estructura. A aquest efecte, cal prendre en consideració els aspectes següents:
  - Moviments de la fonamentació que puguin induir esforços i deformacions anormals en la resta de l'estructura, manca de confort o funcionaments anòmals en instal·lacions i equips.
  - Vibracions que, en ser trameses a l'estructura, poden produir manca de confort a les persones o pèrdua d'eficàcia funcional.
  - Danys o deterioraments que puguin afectar negativament l'aparença, la durabilitat o la funcionalitat de l'obra.

En definitiva, per mitjà de l'estudi dels estats límits de servei es vol controlar possibles alteracions substantives dels plans i els estats tensionals dels materials que conformen els edificis. A aquest efecte, es prendran en consideració, amb vista a la prescripció i al dimensionament dels sistemes de fonamentació, els aspectes següents:

– **Les sol·licitacions de l'edifici sobre la fonamentació.** Per determinar-les, cal seguir les prescripcions del DB-SE: "Bases de cálculo y acciones en la edificación".
  - **Les càrregues i les empentes que es puguin transmetre o generar a través del sòl sobre el fonament.** És el cas de l'existència de massissos, la presència d'aigua, edificis veïns, infraestructures i, en general, qualsevol element amb capacitat per generar empentes, com la circulació viària o ferroviària.
  - **Els paràmetres del comportament mecànic del sòl.** Entre ells, la densitat, la cohesió, l'angle de fregament intern, la tensió ad-

missible, el coeficient de balast, el coeficient de permeabilitat, el mòdul edomètric...).
- **Els paràmetres de comportament mecànic dels materials emprats en la construcció de la fonamentació.** Bàsicament, formigó i acer, regulats per l'EHE.
- **Les dades geomètriques del sòl i la fonamentació.** Per tal de determinar i corregir, si és el cas, estats de sobrecàrrega sobre el sòl per qüestions de proximitat entre elements de fonamentació. En aquest sentit, també resulta determinant el pendent natural del terreny per tal d'establir plans de fonamentació amb criteris racionals.

El dimensionament es realitza habitualment per mitjà de càlculs emprant els coeficients de la taula 2.1 del DB SE-C del CTE.

També s'admeten, en funció de les circumstàncies i les necessitats, dimensionaments de fonaments basats en:

- **Mesures prescriptives.** Aplicables, preferentment, per resoldre situacions d'emergència.
- **Experimentació en model.** Mètode per a casos singulars i per obtenir models matemàtics de comportament.
- **Proves de càrrega.** Es fan habitualment, en clau estadística, per verificar la idoneïtat dels resultats obtinguts per càlcul. Se solen aplicar sobre pilons i als ancoratges injectats al terreny.
- **Mètode observacional.** Consisteix a extreure conclusions respecte dels sistemes de fonamentació emprats en altres edificis i el resultat que han donat, per tal d'aplicar-les a edificis de característiques semblants ubicats a la mateixa zona.

12.3 Comprovacions que s'han de fer per al dimensionament dels sistemes de fonamentació

Per al dimensionament dels sistemes de fonamentació, cal efectuar (vegeu el CTE, apartat 2.4.2) les verificacions següents, a partir dels valors de càlcul de les accions obtingudes del DB-SE-AE:

- **Estabilitat davant del bolcament.** Per als elements de contenció de terres.
- **Estabilitat davant de la subpressió.** Per als vasos situats sota el nivell freàtic.
- **Resistència del sòl.** Cal considerar, a aquest efecte, el sòl com un material subjecte a paràmetres numèrics de comportament. En determinades situacions, com falles o talussos inestables, cal analitzar el comportament global del sòl respecte de plans de fractura profunds. Es poden produir respostes correctes del sòl a escala local però, en canvi, la construcció es pot veure afectada per moviments ocasionats per plans de fractura profunds. És el cas del vessant situat davant del port de l'Estartit.
- **Capacitat estructural de la fonamentació.** Es tracta de garantir que, en els punts crítics, les seccions de fonamentació dissenyades no

superin els valors de càlcul establerts per a cadascun dels materials que les conformen.

En tots els casos, cal comparar el valor de càlcul de les accions respecte de les reaccions.

6

tipologies i tècniques de construcció dels sistemes de contenció de terres

1 Introducció

En tractar sobre temes de mecànica de sòls, s'ha fet referència genèrica als "sistemes de fonamentació", incloent sota aquest concepte fonaments i contencions. Aquest capítol, per tal de facilitar i acotar l'exposició, s'ocupa exclusivament dels sistemes més habituals emprats, en la construcció arquitectònica, per a la contenció de terres.

La contenció de terres, en la construcció arquitectònica, és un recurs tècnic per formar i mantenir, en condicions de seguretat, una diferència de nivells en el sòl amb un pendent vertical, o proper a la vertical; en tot cas, amb un pendent superior al que permetrien les condicions mecàniques naturals del sòl.

Les contencions de terres han donat al llarg de la història i, segueixen donant resposta a moltes necessitats: la construcció de terrasses per a cultius i sistemes de regadiu, la realització de vies de comunicació i infraestructures, i els requeriments de la construcció arquitectònica. Les seves exigències han conformat i depurat els models actualment en ús.

Els sistemes de contenció són tan antics com la construcció. El seu desenvolupament és degut a l'empirisme, per mitjà del procediment de prova i errada, i a l'enginy. Aquest ha permès la creació de nous models constructius, fins i tot emprant materials no del tot apropiats per donar resposta a les necessitats mecàniques que, per la seva pròpia naturalesa, imposa una contenció de terres.

A finals del segle XVIII, la contenció de terres adopta, per primera vegada en la història, criteris científics amb els treballs de Coulomb. Des d'aleshores, amb l'aparició en paral·lel de les teories de resistència de materials, els algoritmes matemàtics i els plantejaments de base científica han substituït l'empirisme en els procediments de disseny i càlcul dels sistemes de contenció.

L'esquema general d'anàlisi s'ha mantingut invariable: determinar les empentes del sòl i, d'acord amb el seu ordre de magnitud, dissenyar un sistema constructiu amb capacitat per suportar-les amb seguretat. Apareix, en conseqüència, el coeficient de seguretat, possiblement el primer paràmetre numèric per valorar el comportament de l'estabilitat d'un determinat model constructiu i també el primer factor objectiu de qualitat.

El desenvolupament del formigó armat a principis del segle XX obrirà pas, i donarà resposta, als reptes plantejats per una societat cada cop més complexa i necessitada de tipologies edificatòries noves i més exigents.

A principis dels anys trenta del segle XX es realitzen les primeres experiències d'ancoratges injectats al terreny. Un nou recurs tècnic s'afegeix per tractar contencions de terres amb un abast impensable abans de la seva aparició.

A partir dels anys cinquanta, del mateix segle, els murs pantalla ofereixen una alternativa interessant a les barreres de pilons i als sistemes tradicionals per construir sota rasant al costat d'altres edificis. S'incrementa, alhora, el nombre de soterranis construïbles, amb les possibilitats del sistema, fins a cinc.

Els micropilons constituiran, per la seva versatilitat, la capacitat de penetració i la poca afectació del sòl, a partir dels anys seixanta del segle XX, la resposta tècnica apropiada a moltes situacions complexes o inadequades per construir contencions i/o calçats amb procediments tradicionals.

Les hidrofreses, aparegudes els anys vuitanta, són la darrera incorporació al ventall de maquinària per realitzar contencions de terres. Permeten abordar contencions sota rasant, emprant el sòl com a encofrat fins a fondàries de 150,00 metres. Tenen l'inconvenient del seu volum i una posada en obra complexa, raó per la qual la seva utilització es redueix, de moment, a casos molt específics i, en especial, a les obres públiques.

La disponibilitat de maquinària i d'energia per bellugar-les permet plantejar contencions amb potencialitats, fins i tot, superiors a les necessitats reals. En aquesta situació, cal reflexionar sobre les conseqüències del seu ús indiscriminat, especialment en la construcció de grans obres públiques. Tampoc no es pot descurar l'impacte de la multitud d'obres de més petit abast pròpies de la construcció arquitectònica.

Els criteris de sostenibilitat i la necessitat de reduir l'impacte ambiental de la construcció han obert noves vies de reinterpretació de les antigues solucions de contenció de terres per gravetat; és el cas de la terra armada, dels gabions o de les esculleres, per citar-ne els models més significatius, que són analitzats en aquest capítol.

Els sistemes de contenció de terres han experimentat, com tota la construcció, un procés de depuració al llarg de la història. Resulta significatiu constatar que cada vegada que es produeix un avanç o una millora de la tècnica constructiva és per validar el pensament de Mies van der Rohe: "menys és més" o, el que és equivalent, en simplificar s'avança.

2 Tipologia dels sistemes de contenció de terres

A continuació, es detallen un seguit de tipus habituals de sistemes de contenció de terres sense cap pretensió d'exhaustivitat, per tal de donar una visió global de diferents solucions genèriques i, posteriorment, centrar l'estudi en els de més aplicació pràctica en les construccions arquitectòniques sota rasant.

tipologies i tècniques de construcció...

Contencions per gravetat
- **Sense flexió.** Murs de fàbrica, esculleres, gabions, terra armada
- **Flectades.** Murs en L, recalços, en L invertida, en T, amb contraforts, amb safates, solucions prefabricades.

Contencions subjectades
- Murs encofrats subjectats en cap.
- Recalços.
- Corones de batatges en fase descendent
- Murs pantalla autoestables.
- Murs pantalla ancorats isostàtics.
- Murs pantalla amb ancoratges hiperestàtics.
- Barreres i pantalles de pilons i micropilons.

2.1 Contencions per gravetat

Els sistemes de contenció per gravetat es basen en el seu pes i en la seva massivitat, lligada a la cohesió de les fàbriques que els conformen, per tal de garantir l'estabilitat enfront de les empentes generades per les terres i altres sobrecàrregues.

En el cas de les contencions per gravetat resoltes amb materials no resistents a la flexió, cal garantir només esforços de compressió, en totes les seves seccions horitzontals. Aquesta exigència comporta que els murs de gravetat siguin, molt gruixuts, comparats amb les solucions flectades.

La resultant generada pel pes del mur i l'empenta ha de restar inclosa en el terç central de la base, segons es mostra a la figura 6.1. Per aquest motiu, són freqüents seccions de tipus trapezoïdal.

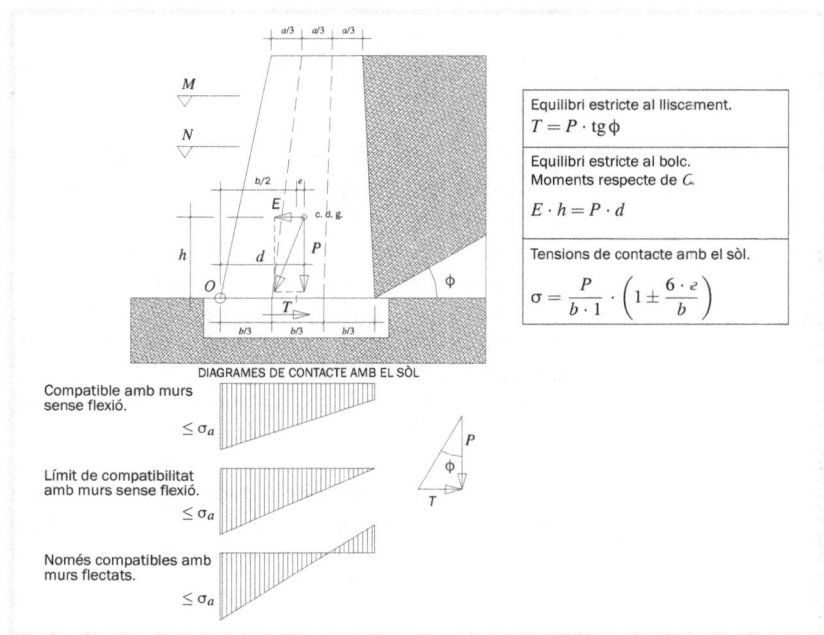

|6.1|
Esquema de les comprovacions dels murs de contenció: al lliscament, al bolc i de les tensions de contacte sabata-sòl

2.1.1 Exemples de contencions per gravetat sense flexió

A continuació, es mostren i es comenten diversos exemples de contencions per gravetat resoltes amb materials sense capacitat de flexió.

Murs de fàbrica. La figura 6.2 mostra un exemple interessant de contenció de terres per gravetat amb obra de fàbrica. Es combinen fàbriques de totxo i de maçoneria. La geometria de la contenció es resol per mitjà de contraforts sobre els quals descansen uns arcs apuntats que suporten una terrassa. Mitjans mecànicament pobres que, amb enginy i qualitat arquitectònica, ofereixen una adequada resposta estètica i tècnica.

|6.2|
Mur mixt, resolt amb contraforts de fàbrica de totxo i plafons de maçoneria

Esculleres. La figura 6.3 presenta l'exemple d'una contenció de terres resolta per mitjà d'una escullera. Es tracta d'una construcció en sec amb un baix impacte ambiental. Deriva dels clàssics marges agrícoles, amb la diferència que aquests eren construïts per la mà de l'home, mentre que les esculleres, per la mesura dels blocs, es realitzen amb retroexcavadora. El seu gran nombre de junts facilita l'adaptació de la contenció sobre sòls mediocres o amb baixa capacitat portant. També resta garantit el drenatge de l'extradós, especialment si se seleccionen els materials de reblert. Habitualment, es construeixen, per facilitar la construcció, amb un lleuger talús, al voltant de 1/10.

L'absorció de les empentes es realitza, nivell a nivell, pel fregament dels blocs ocasionat pel propi pes i el dels altres blocs que graviten sobre ells. Amb aquest procediment, es poden resoldre contencions de fins a cinc metres de desnivell.

|6.3|
Escullera realitzada amb retroexcavadora. Sistema de contenció amb baix impacte ambiental

Gabions. A la figura 6.4 es pot apreciar l'aprofitament dels valors estètics d'una contenció realitzada amb gabions. Els gabions són uns contenidors paral·lelepipèdics (1,00 × 1,00 × 2,00 m és una de les mesures més corrents, si bé el mercat disposa d'altres formats). Estan realitzats amb tela de galliner de malla gran galvanitzada en calent. La durabilitat del galvanitzat en calent a la intempèrie és d'uns 35 anys, raó per la qual una contenció de gabions té una vida útil superior als 50 anys.

|6.4|
Els gabions, a més del seu baix impacte ambiental, ofereixen un agradable aspecte estètic

Les contencions resoltes amb gabions ofereixen un baix impacte ambiental i una gran facilitat d'execució. En ocasions, la contenció es disposa amb els gabions escalonats, per tal d'evitar la utilització de bastides durant la seva construcció.

Els gabions es transporten plegats, es munten a peu pla i se situen buits en la seva posició definitiva. Posteriorment, es procedeix al seu reblert amb graves. Si se'n vol millorar l'aspecte estètic, es col·loca manualment la cara exterior.

Igual que en les esculleres, en els murs de gabions l'absorció d'empentes es realitza, nivell a nivell, per fregament. Faciliten el drenatge i tenen una bona adaptabilitat a les deformacions del sòl. No convé sobrepassar els cinc metres d'altura, ja que es poden produir trencaments dels mallats i la ruïna del sistema per fuita de les graves.

Terra armada i afins. Les dues fotografies de la figura 6.5 mostren la construcció d'un mur de terra armada. Aquest enginyós sistema de contenció de baix impacte ambiental s'utilitza, fonamentalment, en obra pública. Esta format per unes escates de formigó armat de 150 × 150 cm, aproximadament, i gruixos variables, entre 18 i 26 cm. Es poden realitzar, amb aquest procediment, contencions que superen els deu metres d'altura.

|6.5|
Dos aspectes de la construcció d'un mur de terra armada. Observeu la cara interior de les plaques amb les platines estabilitzadores del conjunt

L'estabilitat de la contenció s'aconsegueix per mitjà de la fricció del propi pes del sòl sobre unes platines d'acer galvanitzat. L'extradós es va construint per tongades successives de material de reblert de bona qualitat i platines. El sistema està garantit per 75 anys, temps més que suficient per amortitzar la inversió i ser competitiu enfront d'altres procediments.

Amb els mateixos principis mecànics de la terra armada, s'han desenvolupat altres mètodes de contenció de terres. En ells, la funció de les platines l'assumeixen mallats de teixit geotèxtil i, la de les escates, sacs terrers amb llavors de plantes especialment seleccionades. Les plantes en desenvolupar-se ajuden, amb les seves arrels, a l'estabilitat del conjunt i ofereixen un aspecte estètic agradable. La contenció resta integrada en el paisatge.

2.1.2 Exemples tipològics de contencions per gravetat amb elements flectats

Els murs a flexió per gravetat equilibren les empentes del sòl per pes i per la capacitat d'absorbir flexions que tenen els seus elements constitutius. Estan realitzats, excepte en el cas de les palplanxes metàl·liques, amb formigó armat.

Murs en mènsula. Els esquemes de la figura 6.6 responen als models arquetípics de murs de contenció en mènsula. Tenen limitada l'aplicació pràctica a 6,00 metres d'altura. Sobrepassar aquesta cota, tota vegada que l'alçada intervé al quadrat, suposa la necessitat de realitzar sabates de dimensions molt elevades i pantalles d'amplada en la base superiors als 60 cm.

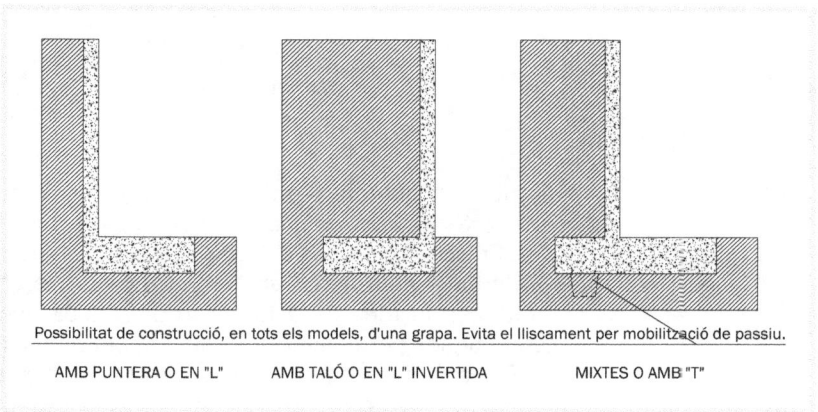

|6.6|
Tipologies de murs de contenció de gravetat amb capacitat de treball a flexió

Possibilitat de construcció, en tots els models, d'una grapa. Evita el lliscament per mobilització de passiu.

AMB PUNTERA O EN "L"   AMB TALÓ O EN "L" INVERTIDA   MIXTES O AMB "T"

El consum de materials, el temps, i el cost necessari per a l'execució, d'aquest tipus de mur en altures superiors, aconsella la realització d'alternatives descrites en aquest capítol, tècnicament més complexes, però globalment més eficients i competitives, tant des del punt de vista econòmic com d'impacte ambiental.

En treballar en mènsula, els moments flectors de les diferents seccions de pantalla responen a una funció exponencial quadràtica respecte a la longitud lliure. A mesura que creix l'altura, es produeix una ràpida disminució dels moments flectors a què està sotmesa la pantalla, fins a ser 0 en el seu coronament. És freqüent adaptar la construcció a aquesta circumstància per racionalitzar el disseny i estalviar materials. La cara exterior es pot construir, a aquest efecte, lleugerament inclinada, reduint la secció de la pantalla a mesura que augmenta la seva altura, o bé mantenir la verticalitat del pany i realitzar una o més banquetes.

Aquests murs, en fase de disseny, cal considerar si han de ser o no estancs al pas de l'aigua. Si es planteja un mur estanc, és precís garantir un drenatge correcte de la zona de l'extradós del mur com es detalla a la figura 6.7 o, si no, considerar en el càlcul les empentes derivades d'una eventual acumulació d'aigua a la cara del mur en contacte amb el sòl.

Si el mur no ha de ser estanc, una bona mesura es plantejar unes "naietes" d'entre 5,00 i 10,00 cm de diàmetre, racionalment distribuïdes, en diferents nivells al llarg de la superfície del mur, per facilitar la circulació de les aigües d'escolament al seu través.

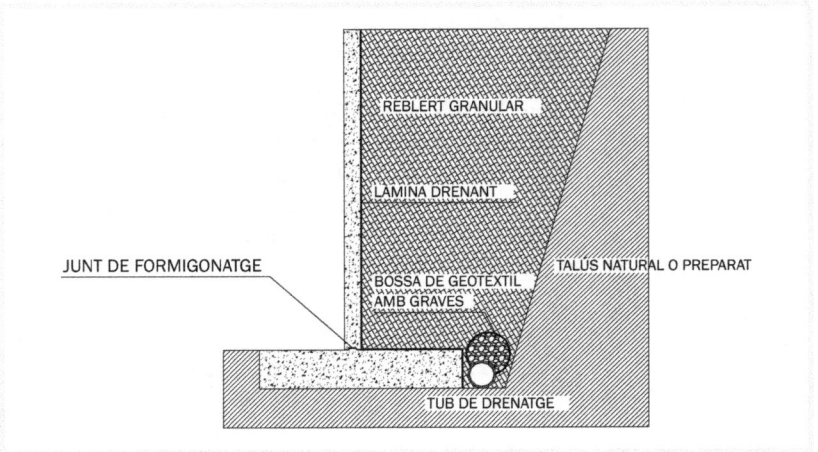

|6.7|
Esquema de l'extradós d'un mur de contenció de gravetat a flexió, encofrat a dues cares

Els murs en puntera o en "L" es poden resoldre, si la cohesió del sòl permet realitzar provisionalment un talús vertical, amb encofrats a una cara. En cas contrari caldrà encofrar a dues cares.

Els murs amb taló o en "L" invertida requereixen, necessàriament, la retirada de terres i la formació d'un talús adequat a les seves característiques per tal de construir la sabata i, posteriorment, la pantalla encofrada a dues cares. El pes del prisma de terres, situat sobre la sabata, intervé favorablement en l'equilibri d'empentes.

Tots els murs en mènsula es formigonen en un mínim de dues fases: sabata i pantalla. Durant el procés descrit, es produeix un junt dels anomenats "freds" si no es té cura en la neteja de la zona d'unió. També es formen junts "freds" si els formigons són d'edats molt diferents i no se'n fa un pont d'unió amb resines epoxídiques.

Executar correctament els junts de formigonatge, verticals i horitzontals de les pantalles i sabates, evitant que resultin "freds", és fonamental per garantir-ne un comportament mecànic correcte i evitar eventuals filtracions d'aigua.

S'ha de ser especialment curós en aquelles situacions en què no és possible impermeabilitzar la cara en contacte amb el sòl. Per garantir bones unions de continuïtat, cal respectar escrupolosament les quanties mínimes i les longituds d'ancoratge. Els junts de dilatació de les pantalles s'han de resoldre amb perfils específics de neoprè i elastòmers per garantir-ne l'estanquitat. Les sabates habitualment es fan contínues, perquè, en restar enterrades, estan sotmeses a poques oscil·lacions de temperatura.

Els murs mixtos o amb "T" invertida disposen de taló i puntera. Si el taló té una longitud igual o superior a un metre es pot considerar, com a element equilibrant de les empentes, el pes del prisma de terres que gravita sobre ell. Si el taló és més curt, no es prendrà en consideració aquesta circumstància, ja que, no es té garantia de la seva efectivitat. En cas de col·lapse, es podria produir un arrencament local de les terres, en la zona del taló, sense involucrar tot el prisma de terres, situat al seu damunt, considerat en el càlcul.

Una de les condicions de verificació dels murs en mènsula més difícils de complir és evitar-ne el lliscament, ja que són substantivament menys pesants que els models sense capacitat de treball a flexió. Aquest aspecte es tracta al capítol 7 (Murs de contenció per gravetat a flexió. Aspectes de disseny constructiu i de dimensionament), apartat, 12 ("Estabilitat al lliscament").

En les verificacions d'equilibri al lliscament, no es considera la mobilització de passiu que pot aportar el front de la sabata en contacte amb el sòl. Aquest pot haver estat remogut durant l'excavació i no oferir les garanties adequades, si més no durant les primeres etapes de la vida útil del mur.

Si un cop verificat l'incompliment de l'estabilitat al lliscament si no es vol incrementar el pes del mur, es pot recórrer a realitzar una grapa a la base de la sabata, com la indicada sota el mur en "T". Una altra alternativa consisteix a inclinar un angle α la base de la sabata, segons es detalla a l'apartat 12 del capítol 7.

Murs de contraforts i murs de safates. Els models de mur que es detallen a la figura 6.8, resolts amb contraforts i amb safates, actualment han quedat superats per les contencions subjectades a causa de la gran quantitat de material i de mà d'obra necessaris per a la seva construcció.

Es mostren únicament com a exemples de solucions enginyoses i imaginatives per a fer front a contencions de fins a 10,00 metres d'altura, amb mitjans de baixes prestacions.

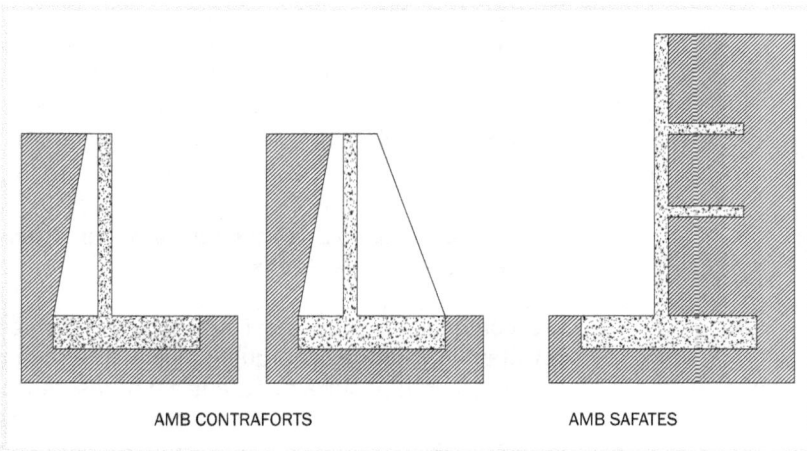

|6.8|
Tipologies de murs de contenció de gravetat a flexió per a altures superiors a 6,00 metres. Aquest tipus de murs, per la seva complexitat, han estat substituïts, en gran mesura, per murs ancorats al terreny

AMB CONTRAFORTS   AMB SAFATES

Solucions prefabricades. Les solucions prefabricades o semiprefabricades, com la que es mostra a la figura 6.9, constitueixen una alternativa per resoldre contencions amb elements flectats. S'empren preferentment a les obres públiques. En moltes ocasions, en aquest tipus d'obra es prioritzen la celeritat o les possibilitats d'execució dels treballs en unes condicions determinades sobre el preu.

La varietat de models és molt àmplia, des de mòduls complets en L invertida que requereixen únicament l'anivellament de la base de suport i el reblert del talús, fins a solucions mixtes amb sabates convencionals i mòduls de pantalla prefabricats encastats en elles. Amb aquestes últimes, es poden realitzar contencions de fins a 9,00 m d'altura.

|6.9|
Mur de contenció resolt amb panells prefabricats de formigó

Els mòduls de mur tenen 2,40 metres d'amplada (límit per a un transport convencional per carretera: 2,50 × 12,00 m), disposen de contraforts interiors i tenen un gruix de paret variable segons els models d'entre 10,00 i 13,00 cm. El seu pes màxim és d'unes 18,00 tones. De nou la logística del transport imposa les seves lleis; en aquest cas, per qüestió de pes.

2.3 Exemples tipològics i tècniques de construcció de contencions flectades i subjectades

Les contencions flectades i subjectades són les que s'utilitzen més sovint en la construcció arquitectònica sota rasant.

Se'n valora positivament, entre d'altres aspectes, l'adaptabilitat dimensional i formal. Com a aspecte negatiu, destaca el seu caràcter artesanal, si bé l'aparició d'encofrats eina ha capgirat, de forma substantiva, els rendiments i la qualitat de la seva execució.

Habitualment, es tracta d'elements que actuen, simultàniament, com a contenció i com a fonament. Sobre ells poden recolzar murs, pilars i sostres. No disposen, per si mateixos, de capacitat per resistir les sol·licitacions del sòl, raó per la qual cal confiar en procediments auxiliars per garantir-ne l'estabilitat.

Els recursos per garantir l'estabilitat d'una contenció subjectada, durant la construcció, poden ser molt diversos: bermes de terres, estampidors i ancoratges en són els més habituals. En fase de servei, els sostres, i rarament els ancoratges definitius o contraforts, s'encarreguen d'estabilitzar el conjunt.

2.3.1 Murs subjectats en cap

Els murs encofrats subjectats en cap permeten, si les condicions del sòl i/o de l'entorn són favorables, la construcció de fins a dos soterranis. Es poden resoldre encofrats a una cara (caldria limitar aquesta solució a la realització d'un soterrani, pel risc d'esfondraments que presenta un talús vertical al voltant de 6,00 m d'altura) o encofrats a dues cares.

Si es comparen les dimensions de les sabates dels murs en mènsula amb les dels murs subjectats, es pot apreciar que aquestes són substantivament menors. Les raons són les següents:

- Els murs subjectats en cap no poden bolcar, per raó de la disposició dels sostres.
- Els murs subjectats en cap no poden lliscar. Formen part d'un vas en el qual s'equilibren les empentes del sòl per mitjà dels sostres i dels fonaments.

En la transmissió d'empentes a l'interior dels vasos, es pot considerar la contribució de la solera del darrer soterrani, convenientment armada. Les soleres poden constituir, en determinades ocasions, una alternativa constructiva a les riostes en zones amb risc de sismicitat.

En la majoria dels casos, sobre els murs subjectats en cap descarreguen elements estructurals, murs i/o pilars. Cal considerar l'excentricitat que comporten aquestes càrregues respecte de l'eix de la sabata. En aquestes situacions se solen generar moments força elevats. Ca compensar-los amb el disseny de bigues centradores.

Aquestes s'expliquen amb detall al capítol 11 (Fonaments superficials i semiprofunds), apartat 7 (procés de disseny constructiu de bigues centradores).

En les operacions de verificació estructural, el valor de les càrregues puntuals que actuen sobre el cap de la contenció es considera que es tramet de forma uniforme sobre les sabates del mur. A aquest efecte, es considera, la dispersió d'esforços que es produeix des del pla de contacte fins a la base de la sabata.

Per exemplificar el comentari anterior, es considera que sobre una contenció actuen pilars situats, aproximadament, cada cinc metres. Tenen unes càrregues de servei de l'ordre de 100 Tn cada un. Sobre la sabata s'adoptarà una sobrecàrrega de 20 Tn/ml, a més, lògicament, dels esforços derivats de les empentes que puguin actuar sobre el sistema i els pesos respectius dels elements constructius.

El projectistes haurien d'incidir en el disseny dimensional dels elements estructurals que descarreguen sobre els murs subjectats en cap i, en general, sobre les contencions. Si el seu gruix es dissenya de forma coincident o lleugerament inferior al de la contenció, es disposa de superfícies contínues d'encofrat en tot el perímetre del vas cosa que en facilita l'execució. Per contra disposar suports que superin el gruix de la contenció suposa complicar notablement execució.

La figura 6.10 mostra la construcció d'un mur subjectat en cap, encofrat a una cara, amb els pilars de perímetre que sobresurten del pla de la contenció. Es pot apreciar la complicació que suposa incorporar l'encofrat del pilar. La contenció del panell es realitza amb tornapuntes prefabricats.

|6.10|
Mur subjectat en cap, encofrat a una cara. La presència de pilars que sobresurten del pla del mur compliquen l'execució. Cal evitar aquest plantejament sempre que sigui possible

En les figures 6.11 i 6.12, s'exposen exemples de murs subjectats en cap, en fase de construcció, encofrats a una i a dues cares, per facilitar la comparació tècnica de les dues possibilitats.

Com que els murs es construeixen per sectors verticals, s'ha de garantir la continuïtat de les armadures per mitjà de "tapes" laterals dels encofrats. La figura 6.11 mostra les esperes de continuïtat a ambdós costats d'un panell formigonat a una cara. La contenció dels panells d'encofrat està resolta de forma "clàssica", amb puntals que reaccionen sobre un tauló blocat per barres d'armadura clavades en el sòl.

Encofrar a una cara és l'operació que s'ha de fer si no hi ha cap altra possibilitat, per proximitat a un carrer o a una construcció (en aquest darrer cas, caldrà adoptar la precaució d'actuar per batatges). Les raons per evitar, sempre que sigui possible, encofrar a una cara són les següents:

|6.11|
A esquerra i a dreta de l'encofrat d'aquest batatge es poden apreciar les armadures de continuïtat

|6.12|
Ferrallat i encofrat d'un mur a dues cares amb grans panells

- Cal fer estintolaments per resistir la pressió del formigó durant el procés d'abocament. Aquests estintolaments no sempre es poden fer sobre sòls ferms.
- Hi ha la possibilitat de contaminar el formigó durant el formigonatge. El formigó, en la seva caiguda, encara que es vagi amb cura, exerceix una acció erosiva sobre el parament del talús, que pot arrossegar terres en el si del mur i debilitar-lo.
- És necessari de garantir recobriments importants a la cara interior del mur amb la reducció conseqüent del braç mecànic de la secció.

- És difícil per controlar el consum de formigó. Rarament la paret del talús és perfectament vertical. Si ha transcorregut un temps llarg entre l'excavació i el formigonatge, és possible que s'hagin produït despreniments a l'extradós que incrementin el consum de formigó.
- És impossible realitzar impermeabilitzacions i drenatges.

La figura 6.12 mostra el ferrallat i l'encofrat, a dues cares, d'un mur subjectat en cap. Es pot apreciar la manca de tornapuntes o sistemes estabilitzadors. Les empentes del formigó, en fase d'abocament, són absorbides pels tirants "diwidacs", que enllacen els panells corresponents a les cares oposades.

La figura 6.13 mostra el mur acabat, amb les esperes per rebre el sostre estabilitzador. També es pot apreciar, a la part inferior, una reserva en previsió d'una escomesa i la construcció de pilars que sobresurten del pla del mur i en dificulten l'execució.

|6.13|
Mur subjectat en cap, encofrat a dues cares. No s'omplirà l'extradós fins a disposar del sostre com a element de transmissió de les empentes

Les característiques dels murs encofrats a dues cares són les següents:

- La qualitat del parament i del formigonatge. S'eviten, en gran mesura, les possibilitats de filtracions.
- El respecte escrupolós dels recobriments. Es garanteix la durabilitat de les armadures.
- El consum ajustat del formigó a les previsions de projecte. No hi ha sorpreses econòmiques.
- La possibilitat d'impermeabilitzar i drenar l'extradós. Més qualitat en l'execució i menys possibilitats de reclamacions sobre l'obra acabada.

L'extradós del mur es pot omplir, per qüestions de seguretat, a partir del moment en què, per càlcul a partir de les determinacions del projecte o perquè ho indiqui el director d'obra, resulti estable.

En algunes ocasions, caldrà esperar a la construcció del sostre; en altres, es podrà omplir sense aquesta necessitat. Una tercera opció és indicar un nivell de seguretat per al reblert fins a la construcció del sostre. Es redueixen així el desnivell i el risc de patir accidents. Aquests aspectes no eximeixen d'una adequada senyalització i protecció de la zona perillosa.

2.3.2 Recalçats

Els recalçats son una variant dels murs subjectats, ja que suporten empentes, disposen de sabata, pantalla armada i d'un sostre estabilitzador. Es fa referència específica a ells per les particularitats de la seva construcció. (Vegeu també l'apartat "Inspecció visual i estudi analític", corresponent a l'estudi geotècnic).
La construcció de recalçats és un tipus de treball artesà, malgrat la participació de maquinària en la seva execució. S'hauria d'evitar sempre que fos possible, pel risc que comporta. El seu comentari s'ha inclòs dins de les contencions subjectades, perquè es tracta de la seva forma de treball en fase de servei.

Cal tenir present que, durant un curt període de temps, els recalçats han de fer front en solitari a les empentes del sòl i a les càrregues que provenen de l'edifici recalçat.

|6.14|
Batatge realitzat per mitjà del rebaix de la berma de terres

|6.15|
Paret mitgera molt precària. Es planteja l'execució manual de batatges de menys d'un metre d'amplada

Durant la construcció dels batatges, per fases alternes, i el buidatge definitiu del vas no es pot comptar amb la col·laboració del sostre. Per aquesta raó, la sabata s'ha de dissenyar per resistir el bolc. Les càrregues permanents de l'edifici ajuden a equilibrar les empentes de les terres.

Les sabates dels recalçats no es poden construir amb taló, com caldria per uniformar les tensions de contacte sobre el sòl. El resultat final de l'entrada en servei d'un recalçat, es manifesta en forma de càrregues excèntriques sobre la sabata. Es generen, provisionalment, tensions de contacte sabata-sòl superiors a les admissibles. Aquestes s'acumulen sobre el sector situat sota el mur. Cal corregir immediatament aquesta situació amb la construcció de bigues centradores.

La figura 6.14 mostra la construcció, sense problemes especials, d'un batatge, d'uns dos metres d'amplada, excavat mecànicament a cel obert amb la fonamentació original protegida per bermes de terra. La figura 6.15 presenta una situació de treball manual força compromesa a causa de la precarietat estructural de l'edificació que es pretén recalçar. L'amplada dels batatges es redueix a menys d'un metre. S'hi pot apreciar la mala qualitat del sòl, amb presència absoluta de reblerts antròpics.

2.3.3 Corones descendents

La construcció de corones descendents de batatges ancorats al sòl per protegir l'estabilitat dels vasos era, junt amb les barreres de pilons, un dels procediments emprats, a partir dels anys quaranta per realitzar soterranis en zones urbanes. La figura 6.16 mostra, de forma esquemàtica, el procés d'execució programant de forma contínua cada nivell d'excavació del vas, seguint les operacions següents:

- Rebaix del vas fins al nivell inferior de la primera corona de batatges deixant, si cal, bermes de terra.
- Retirada de les bermes en la longitud del front de seguretat establert.
- Ferrallat, encofrat, formigonatge i curat dels batatges.
- Perforació, col·locació de tendons i injecció dels ancoratges. Habitualment, se'n col·loquen un mínim de dos per batatge.
- Col·locació de plaques base i tesat d'ancoratges.
- Repetició de les operacions a la corona inferior, prenent la precaució de confeccionar els batatges a trencajunts del precedent.

Com es pot apreciar, es tracta d'un procés laboriós de recalçats successius. S'ha de realitzar en sòls amb un cert grau de cohesió. L'estabilitat dels batatges, en fase d'execució, resta confiada a la compressió exercida sobre els batatges pels ancoratges.

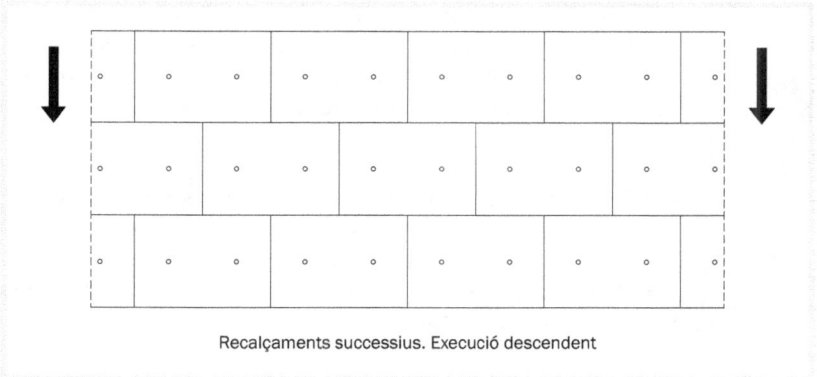

|6.16|
Esquema de la formació d'anells descendents ancorats al sòl

Recalçaments successius. Execució descendent

No és estrany que es tracti d'un mètode pràcticament en desús. Amb tot, és un recurs que s'ha d'aplicar en casos, com el de la fotografia adjunta, en els quals cal prolongar un mur pantalla en un estrat rocós, sobre la base de les informacions recollides de l'apartat estratigràfic del estudi geotècnic.

El procés de treball és el següent:

- La pantalladora arriba fins a la cota límit de les seves possibilitats d'extracció.
- Abans de col·locar les gàbies d'armadura, al fons de la excavació es dipositen entre 30 i 40 cm de sorra. Les armadures penetren en la sorra.
- Es realitza el formigonat. Els extrems de les armadures del mur pantalla queden sense formigonar. Serviran d'esperes verticals a les armadures de batatge realitzat en fase descendent.

– Un cop realitzat el buidatge de les terres, es procedeix a ancorar o a bulonar els batatges, si hi ha roca sana propera a la cara interior del mur pantalla, per evitar una ensulsiada durant el buidatge del batatge.
– Emprant una excavadora, equipada amb martell trencador, s'obre el front del batatge amb marge suficient per a les esperes horitzontals. El seu centre s'ha de disposar coincidint amb el junt entre dos panells del mur pantalla. S'aconsegueix així que, durant l'excavació, una part dels panells de pantalla afectats per l'operació es mantingui recolzada sobre roca.
– A continuació, es col·loquen, amb la neteja prèvia de la zona d'unió del mur pantalla, les armadures i l'encofrat. Aquest es fa habitualment amb panells de gran format.
– El formigonat es pot realitzar per mitjà d'una tremuja, com a la fotografia. L'abocament es realitza a un nivell superior al de la unió. La pressió hidrostàtica i el vibrat del formigó possibilita un bon contacte entre els panells del mur pantalla i el batatge (figura 6.17). De l'operació cal eliminar, per mitjà de picat amb pistolet, el sobrant de formigó ocasionat per la tremuja. En altres ocasions, per tal de fer front a la retracció del formigó, el formigonatge del batatge es realitza en dues tongades. En la primera, es deixa el formigó entre 5 i 10 cm per sota del nivell de contacte. L'endemà, quan el formigó ha efectuat la retracció, s'acaba reomplint manualment el junt amb morter sense retracció.
– Finalment, quan el formigó ha assolit un mínim del 70% de la resistència característica (entre tres i quatre dies) es procedeix a bulonar el batatge per tal d'assegurar-ne l'estabilitat.

|6.17|
Prolongació i recalçat d'un mur pantalla per mitjà d'un batatge en fase descendent. S'observa la presència d'armats de continuïtat en els extrems del batatge

Les corones de batatges en fase descendent s'executen, com totes les operacions amb un cert compromís estructural, per mitjà de fronts d'excavació alterns, per tal de minimitzar el risc d'una possible descompressió del front rocós. Cal programar els fronts de treball perquè es puguin realitzar amb eficiència, en funció del volum d'obra, la continuïtat i la seguretat.

2.3.4 Encofrats per a murs

En la construcció de murs sota rasant, ha tingut una gran incidència el desenvolupament dels encofrats.

En l'encofrat dels murs, com en la resta d'encofrats, cal qüestionar si es volen cares vistes o no, per tal de triar les superfícies d'encofrat més rendibles i adequades a cada circumstància. També cal considerar els elements de seguretat i protecció individuals i de col·lectius com a part integrant i indissoluble dels diferents sistemes.

El formigonatge de murs sol comportar volums significatius de formigó. Els murs s'han d'omplir sempre per tongades horitzontals entre 50 i 70 cm d'altura, fins al seu coronament, per tal de garantir un vibrat correcte de tota la massa.

La llargada de l'encofrat i la discontinuïtat de la armadura horitzontal, fins a 7,50 metres o més de 7,50 metres, és determinant en la quantia necessària en les armadures de retracció (vegeu l'article 42.3.5.

de l'EHE que indica que si es disposen junts verticals de contracció a distàncies no superiors a 7,50 metres, amb l'armadura horitzontal interrompuda, les quanties geomètriques horitzontals mínimes es poden reduir a la meitat de les especificades a la taula 42.3.5).

La tendència habitual és de donar continuïtat als armats. Per aquesta raó, les tapes laterals dels encofrats es disposen amb perforacions per tal de garantir, per solapament entre barres (article 66.6.2 de l'EHE), la continuïtat de les armadures.

Actualment, per realitzar murs d'una certa entitat, s'utilitzen, de forma pràcticament exclusiva, grans panells que requereixen grua per a la seva manipulació i posada en obra. Malgrat tot, el sistema manual es continua emprant en murs de petit format, ja que s'evita la utilització de mitjans auxiliars, raó per la qual es descriu a continuació.

|6.18| Encofrat a dues cares resolt amb taulers d'encofrat. La unió entre els taulers es realitza per mitjà de "corbates" i platines d'acer

Sistema manual. Es tracta d'un procediment per encofrar murs a dues cares amb elements manipulables per una sola persona. Les superfícies de l'encofrat son taulers d'encofrat dels que s'empren habitualment en la construcció de sostres de 197-200 × 50 × 2,5-2,7 cm (figura 6.18). Altres elements són uns tirants de platina d'acer i unes peces encarregades d'enllaçar-los, anomenades "corbates" (figura 6.19).

Les platines tenen l'amplada del mur, més el gruix del tauler i l'encaix de la corbata. Les zones extremes, en les quals es produeix la unió amb les corbates, estan girades 90° respecte de la zona central. Aquesta situació permet que el tauler un cop blocat per la cara exterior per les corbates no bolqui cap a l'interior i es mantingui estable.

|6.19| Detall de la unió de la platina d'acer amb la "corbata". La platina se situa en el junt entre dos taulers. El seu gruix escàs no afecta l'estanquitat entre els taulers

El procés de realització de l'encofrat és el següent:

– Sobre les esperes de la fonamentació, es fixaran els armats de les dues cares dels murs dotant-los dels separadors corresponents. Si és necessari, s'estintolaran per garantir la verticalitat durant les operacions de muntatge de l'encofrat.
– Com a base de partida per a l'encofrat pròpiament dit, cal disposar uns taulons verticals clavats sobre el sòl, distanciats dos metres i ben aplomats. Aquests serviran de directriu per a la col·locació dels taulers.
– L'operació següent consisteix a disposar dos dorments sobre el sòl prèviament aplanat. Aquesta opció pot no ser necessària si la base de la sabata ha quedat ben anivellada. Sobre aquests, a distàncies regulars d'uns 30 cm, en els espais que deixen lliures les armadures, es disposen els flejes i, sobre ells, els taulers. Amb les corbates i els fleixos de la cara superior, els taulers resten estabilitzats.
– Es col·locaran tants taulers com siguin necessaris per cobrir l'altura del mur. Cada tauler cobreix una altura de 50 cm. A mesura que es van revestint els armats cal disposar separadors (habitualment, dels anomenats de roda) per garantir-ne un recobriment correcte, un cop abocat i vibrat el formigó.

El procediment presenta com a inconvenient el fet que, un cop desmuntats els taulers, afloren sobre la superfície del mur els caps de les platines passadores. Cal que s'eliminin ràpidament per evitar accidents.

Si els taulers estan ben conservats i l'armat, l'abocat i el vibrat del formigó s'han realitzat correctament, la qualitat de superfície obtinguda amb aquest sistema d'encofrat és força correcta. El resultat estètic es pot veure compromès en cas d'emprar taulers en mal estat i/o realitzar de forma incorrecta les operacions de formigonat.

Sistemes de grans panells. Suposen un canvi de concepte respecte als encofrats tradicionals "consumibles". Els grans panells són eines de construcció fabricades curosament al taller. Arriben a l'obra preparades per acomplir la seva funció per mitjà d'operacions senzilles de muntatge.

Les operacions de muntatge es poden fer enllaçant elements d'unió incorporats als panells o afegits, en funció de les necessitats, per mitjà de grapes de fàcil accionament, com es mostra a la figura 6.20.

|6.20|
Encofrat format per grans panells modulars, enllaçats amb grapes per formar una peça de dimensions superiors. A la dreta, es poden apreciar panells modulars sense compondre

Si bé es poden utilitzar, dotats del corresponent sistema estabilitzador, per tal de contenir el formigó en la fase d'abocat, per encofrar murs sota rasant a una cara, com millor es desenvolupen les seves prestacions és en la realització de murs encofrats a dues cares.

Amb lleugeres variants, segons els fabricants, els sistemes de grans panells d'encofrat es caracteritzen pels aspectes següents:

– **Modulació.** Panells constituïts per bastiments de tub d'acer i folres de taulers fenòlics o de xapa d'acer, segons la qualitat de superfície que es vulgui aconseguir.
 Els mòduls base solen tenir tres metres d'altura. Les amplades responen a la sèrie 20, 25 30, 35, 40, 50, 80 i 100 cm. Els mòduls suplementaris tenen un metre d'altura amb la mateixa sèrie d'amplades. Aquestes dimensions poden variar lleugerament segons el fabricant.

|6.21|
Brides de subjecció d'una cantonada de panells d'encofrat

|6.22|
Detall de la subjecció dels panells d'encofrat. Observeu-ne la simplicitat: un rodó corrugat actua com a espàrrec roscat. Les femelles són accionades a cops de martell

|6.23|
Un altre model de fixació roscada. Es manté la utilització d'un rodó corrugat com a espàrrec roscat

|6.24|
Grapes per enllaçar grans panells d'accionament manual. La pressió s'obté per mitjà d'una palanca incorporada a la pròpia grapa

- **Necessitat de grua.** La grua és un element indispensable per a la manipulació i la posada en obra, en funció del pes i les dimensions dels panells. Cal comptar amb un pes aproximat de 50-60 kg per metre quadrat. En el disseny d'aquells, es disposen els corresponents enganxalls per facilitar-ne la mobilitat i la posada en obra.
- **Flexibilitat.** Adaptables a encontres i cantonades. Alguns models permeten, fins i tot, la execució de tubs verticals de secció quadrada, rectangular o circular (figura 6.21).
- **Facilitat d'enllaç entre panells,** per mitjà de grapes d'accionament manual, falques i altres procediments, que no requereixen eines especials (habitualment, es poden accionar a cops de martell). Els dissenyadors tenen en compte les dures condicions que els materials han de suportar a l'obra, on sistemes mecànics més sofisticats tindrien una vida útil molt curta (figures 6.22, 6.23 i 6.24).
- **Ergonomia.** Les peces d'enllaç entre panells es dissenyen de pes reduït i de forma que siguin de fàcil manipulació. La majoria de sistemes d'encofrat de grans panells estan preparat per ser emprats com a encofrats trepants, utilitzant com a elements de fixació les naietes ocasionades a l'element recent formigonat pels passadors dels propis panells d'encofrat.
- **Incorporació d'elements de seguretat.** Per dur a terme, en les degudes condicions de seguretat, les operacions de ferrallat, muntatge i formigonatge.
- **Realització de corbes.** La realització de corbes contínues és possible en diversos sistemes de grans panells, a base d'utilitzar costelles (habitualment bigues de fusta) enllaçades per les corretges que donen suport als panells. Dites corretges s'uneixen entre si de forma articulada i generen la directriu de la corba prevista.

Sobre la superfície de la corba generada per les corretges articulades es fixa un tauler fenòlic de contraplacat. El seu gruix i el grau de flexibilitat s'han d'adaptar a la curvatura prevista. El radi mínim recomanable per aquest tipus d'encofrat se situa al voltant dels 3,00 metres, si bé hi ha sistemes basats en els equips de grans panells que permeten realitzar radis de fins a 1,00 metre. Radis menors requereixen de motlles específics.

Cal considerar, en la fase d'elaboració del projecte executius, l'increment de cost dels encofrats i de les operacions de ferrallat derivades de la realització de les corbes. Es pot arribar a duplicar el cost unitari d'aquestes operacions respecte al de les superfícies planes.

2.3.5 Productes desencofrants

Els productes desencofrants tenen com a funció bàsica evitar o disminuir l'adherència del formigó sobre la superfície encofrant. D'aquesta manera, les operacions de desencofrar es realitzen amb més facilitat i menys esforç. Es perllonga, també, la vida útil dels encofrats.

Tradicionalment, s'havien utilitzat com a productes desencofrants olis minerals derivats del petroli, entre ells el gasoil. Aquests productes presenten una sèrie d'inconvenients:

- Irritabilitat si entren en contacte amb la pell.
- Despreniment de vapors tòxics.
- Inflamabilitat.
- Contaminació del medi ambient. No són fàcilment biodegradables.
- Taques sobre la superfície del formigó.

Aquesta situació s'ha resolt emprant desencofrants de base vegetal (en anglès, vegetable-oil based release agents, VERA). Els VERA es produeixen a partir d'olis vegetals, obtinguts de la colza, de la soja o del gira-sol. Varen aparèixer al mercat al voltant de l'any 2000.

Aquests olis es poden aplicar, modificats o purs, sense barrejar amb aigua o bé barrejats amb aigua. En aquest darrer cas, els VERA es modifiquen químicament per transformar-los en esters per tal de facilitar-ne l'aplicació.

Els esters es presenten en estat líquid. Per seu caràcter tensioactiu no iònic, són emulsionables. Faciliten, per tant, la interacció complexa amb altres fases líquides (agua o altres olis) a nivell molecular. Es forma un tercer estat estable, l'emulsió, d'aspecte lletós, en la qual es produeix la dispersió homogènia d'un producte en l'altre. Aquest procés produeix un augment de la viscositat.

|6.25|
Per obtenir una bona qualitat de superfície en formigonar, són determinants el material de contacte de l'encofrat, la neteja i el desencofrant

A la figura 6.25, es mostra un panell de gran format, tractat amb desencofrant tipus VERA a punt per ser col·locat en obra.

Els productes desencofrants realitzats amb VERA acompleixen una sèrie interessant de requisits:

- No resulten corrosius ni agressius, ni per als bastidors ni per a les superfícies de l'encofrat.

- No deixen taques sobre el formigó.
- Resisteixen l'efecte d'una pluja moderada.
- No desprenen vapors tòxics ni resulten agressius per als operaris en cas de contacte directe amb la pell.
- No són inflamables.
- Són estables i de fàcil aplicació. Es poden aplicar amb rodet o amb pistola.

2.3.6 Murs pantalla. Introducció i tipus de murs pantalla

Els murs pantalla constitueixen la tècnica més emprada per construir contencions sota rasant quan s'han construir dos soterranis o més. Consisteixen a realitzar rases profundes, anomenades *batatges*, per mitjà d'una maquinària especial, equipada amb culleres bivalves. Amb la col·locació prèvia de les armadures a la rasa s'aboca el formigó per mitjà de tubs formigoners (*tremies*). El sòl hi actua com a encofrat.

Les amplades dels batatges oscil·len entre 2,00 i 3,00 metres, en funció de les condicions d'estabilitat del sòl i la capacitat d'elevació de la maquinària d'excavació. Els gruixos habituals en construccions arquitectòniques són 45, 60 i, rarament, 80 cm. En obra pública, s'utilitzen gruixos de fins a 150 cm.

L'execució de murs pantalla ofereix, respecte als mètodes tradicionals, més versatilitat, economia, reducció de temps i seguretat durant l'execució dels treballs sota rasant.

Els murs pantalla es poden realitzar adossats a parets mitgeres i en la proximitat d'estructures soterrànies. També es poden excavar per sota del nivell freàtic, emprant en la perforació llots bentonítics.

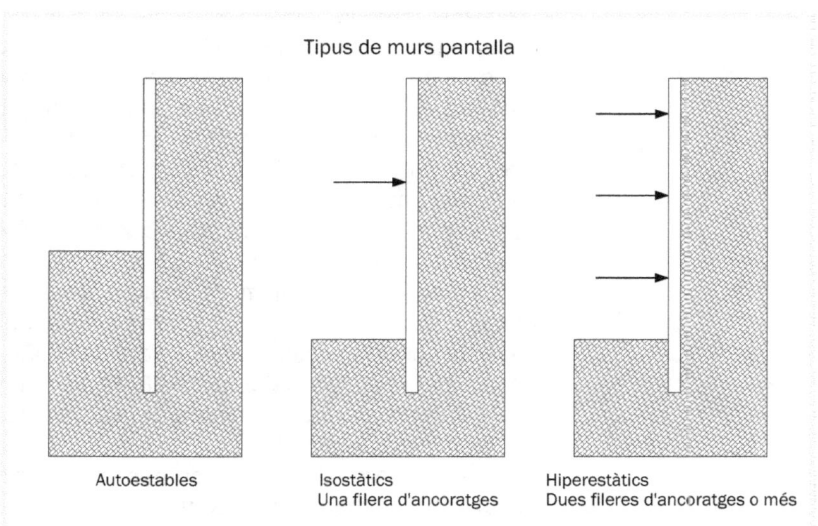

|6.26|
Esquema de tipologies dels murs pantalla

La figura 6.26 permet apreciar els tipus habituals de murs pantalla segons els recalçaments-ancoratges que requereixen durant l'excavació del vas:

- **Autoestables.** Les empentes són equilibrades per la mobilització de l'empenta passiva de la clava.
- **Isostàtics.** Amb una fila d'ancoratges o de recalçaments.
- **Hiperestàtics.** En fase de servei, compten amb dos punts o més de subjecció a més de la clava, per equilibrar les empentes del sòl.

A continuació, es detallen les característiques més destacables dels murs pantalla, com també les seves limitacions com a sistema constructiu i les alternatives que s'han d'emprar, si és el seu cas. Són les següents:

- Resisteixen per si mateixos, o amb l'auxili d'ancoratges, les empentes del sòl durant el període crític de la excavació del vas. Un cop realitzada l'estructura interior, actuen com a contenció definitiva durant la vida útil de l'edifici.
- Eviten o limiten la entrada d'aigua a l'excavació. La tècnica constructiva dels murs pantalla no pot garantir l'estanquitat absoluta del perímetre d'excavació. Especialment en els junts entre batatges, es poden generar discontinuïtats i contaminacions del formigó que no es poden controlar durant les operacions de formigonatge.

    Si hi ha presència d'aigua al sòl en contacte amb el mur pantalla, es poden produir filtracions. No són admissibles les entrades directes d'aigua. El projectista ha de preveure, en aquestes situacions, els espais necessaris (entre 15 i 25 cm) per a la formació d'una cambra ventilada dotada de col·lectors per conduir les aigües infiltrades fins a un pou de bombament.
- Recullen, directament o per mitjà de la biga de coronació, les càrregues trameses pels elements estructurals, pilars i sostres, que graviten sobre la contenció.
- Possibiliten l'excavació de vasos de gran fondària, d'uns 18,00 metres útils, sense recórrer a procediments especials. L'excavació es realitza amb poca vibració, sempre que no sigui necessari emprar el trepant. El trepant és un estri tallant de l'amplada de la rasa. Pesa entre 4,00 i 5,00 Tn. S'utilitza quan les culleres bivalves no resulten operatives per trencar estrats durs de poca potència. Actua per impacte directe. Els detritus que en resulten són retirats per les culleres bivalves.
- No es poden realitzar murs pantalla en sòls sense cohesió, com és el cas de les sorres i les graves soltes. En aquestes situacions, resulta operatiu realitzar una barrera de pilons perforats amb barrina helicoïdal contínua, del tipus CPI-8. El diàmetre mínim recomanat és de 400 mm, per tal de garantir una certa resistència a la flexió de la pantalla resultant.

    En una barrera per a la contenció de terres, els pilons es col·loquen habitualment amb els fusts separats a distàncies inferiors al diàmetre. A mesura que es retira la barrina, s'hi injecta formigó, de forma que no es produeixen descompressions del sòl.

    Les barreres de pilons, per raó de la seva geometria i discontinuïtat, requereixen la disposició de sistemes provisionals de con-

tenció a cotes més properes entre si que els murs pantalla. Aquests aspectes es troben detallats al capítol 9 ("Pantalles de pilons").
- Tampoc no és compatible l'execució de murs pantalla en sòls de roques toves o disgregades, com les llicorelles. La tècnica constructiva que s'hi ha d'aplicar és la realització d'una barrera de pilons perforats. La cohesió de la roca garanteix la estabilitat de les parets. Les barreres es poden fer amb pilons del tipus CPI-7 o CPI-8. En el cas dels pilons CPI-8, cal considerar les limitacions imposades per la col·locació de les armadures, un cop s'ha realitzat el formigonatge. Les armadures dels CPI-8 no solen penetrar més enllà dels 12,00 metres de fondària.

L'acabat del parament resultant de la barrera de pilons es pot resoldre amb un mur encofrat a una cara, per mitjà d'un gunitat o amb la construcció d'una paret de fàbrica. Aquest darrer procediment permet recollir i controlar eventuals filtracions d'aigua que es puguin produir en el sòl retingut entre els pilons.
- Per travessar estrats potents de roques dures i cosir plans de fractura per tal d'assegurar la seguretat i l'estabilitat de l'excavació s'han de realitzar micropilons, atesa la seva capacitat més gran de perforació i adaptació a plans no verticals. En general, les roques dures constitueixen un camp vetat als murs pantalla.

2.3.7 Prestacions exigibles als murs pantalla

A continuació, es detallen les prestacions que es poden exigir a la tècnica de construcció de murs pantalla, sobre la base de:

- Tenir un coneixement estratigràfic del sòl que es vol travessar i els seus paràmetres geotècnics.
- Seguir els protocols de bona construcció.

En essència, un mur pantalla ha d'oferir les prestacions següents:

- Estabilitat i resistència estructural.
- Estanquitat.
- Bona qualitat de superfície.
- Verticalitat i alineació.

Estabilitat i resistència estructural. Els murs pantalla han de respondre, en les degudes condicions de seguretat, com a fonament i com a contenció, tant durant la fase de formació del vas com en situació de servei.

A partir de les estimacions de les empentes de les terres, l'eventual presència d'aigua, les sobrecàrregues de perímetre i les càrregues provinents de sostres i pilars, es verificaran les tensions de contacte entre la base de la pantalla i el sòl. Si és necessari, es dissenyaran els corresponents recalçaments a la base dels murs pantalla.

S'han de determinar també les sol·licitacions a flexocompressió dels murs pantalla en els punts de recolzament disposats, a l'interior del vas per equilibrar les empentes. Aquesta operació afecta tant els recolzaments provisionals com els definitius, i els centres dels vans resultants.

Les seccions s'han d'estudiar d'acord amb les prescripcions de la instrucció EHE. En el dimensionat de les seccions estructurals dels murs pantalla s'adoptaran els valors pèssims corresponents a l'evolupant dels valors més desfavorables de les fases de construcció i de servei.

Estanquitat. A l'apartat precedent s'han indicat les característiques més destacables dels murs pantalla. Entre elles, s'ha fet referència a l'estanquitat i a la impossibilitat de garantir-la, especialment en els junts entre batatges.

En aquest apartat, es considera, a més, la presència de nivell freàtic per damunt de la cota de formació de fonaments en el fons del vas. Aquesta situació és particularment conflictiva. Cal que el projectista n'analitzi curosament els pros i els contres, a partir de les dades de l'estudi geotècnic, abans d'adoptar una solució definitiva. Els punts fonamentals d'anàlisi (vegeu el capítol 4, "Aigua i sòl. Conceptes bàsics"), són els següents:

- Les dificultats derivades d'excavar i formigonar amb llots bentonítics.
- La necessitat d'allargar la fondària de la clava per evitar un possible sifonament al fons de la excavació.
- La gestió de l'aigua en la seva doble vessant, econòmica per els costos del bombament i de risc, pel perill de causar assentaments no volguts en les edificacions veïnes.

|6.27|
Mur pantalla dotat de tres files d'ancoratges. L'excavació del vas es realitza en sec gràcies al bombament constant. L'accessibilitat segura al fons de l'excavació resta garantida per l'escala auxiliar

– La construcció d'una llosa d'estanquitat i dels ancoratges necessaris en aquesta per evitar la flotabilitat del vas.

La figura 6.27 mostra, en primer terme, les camises de dos dels pous equipats amb bombes submergibles, dotades de filtres, per mantenir sec el fons del vas mentre es realitzen els treballs de fonamentació. Observeu-hi també l'escala auxiliar, muntada per accedir amb seguretat al fons del vas.

La figura 6.28, corresponent al col·lector general del drenatge del vas precedent, permet apreciar que, gràcies al sistema de filtres, l'aigua surt neta, és a dir, s'evita l'arrossegament de fins. Malgrat tot, es poden arribar a produir assentaments no volguts en les construccions properes, raó per la qual cal controlar la cota del nivell freàtic per no forçar en excés l'extracció d'aigua.

En ocasions, especialment si hi ha edificacions veïnes que en puguin resultar afectades, s'opta per restituir al sòl circumdant l'aigua extreta.

A la figura 6.29, s'observen els ancoratges situats al fons de la excavació per vincular-los a la llosa d'estanquitat i evitar la flotabilitat del vas.

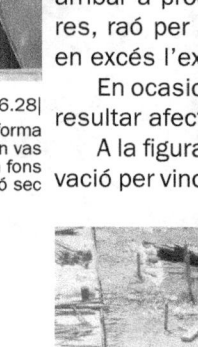

|6.28|
Flux d'aigua extreta, de forma continuada, d'un vas d'edificació per garantir un fons d'excavació sec

|6.29|
Ancoratges situats al fons de l'excavació. Es vincularan a la llosa d'estanquitat per evitar la flotabilitat del vas i limitar les deformacions de la llosa

La figura 6.30 permet apreciar, a més del carro perforador situat en primer pla, que el peu del mur pantalla ha estat sanejat amb pistoleta per tal d'aconseguir d'una bona unió amb la llosa d'estanquitat.

En aquesta zona, per tal d'absorbir els esforços de tall entre la llosa i el mur pantalla s'acostumen a disposar dues files d'ancoratges properes a les cares de la llosa. Aquests ancoratges se solen materialitzar per mitjà de rodons d'entre 16 i 25 mm diàmetre, de 50 a 70 cm de llargària, dotats de ganxos d'ancoratge i separats entre si de 20 a 30 cm.

|6.30|
En primer pla, un carro perforador que realitza ancoratges. En el mur pantalla del fons, s'aprecia una fila d'ancoratges provisionals. La part inferior del mur pantalla ha estat sanejada per realitzar l'enllaç amb la llosa d'estanquitat

Les barres s'uneixen al mur pantalla per mitjà de perforacions efectuades amb broca de vídia. Les perforacions oscil·len, en funció de les prestacions, de 15 a 25 cm de fondària.

En les perforacions, després de netejar els detritus amb aire a pressió, es colen morters especials d'alta resistència i baixa retracció (*grouts*). Sobre ells, en estat líquid, s'introdueixen les barres, que resten perfectament fixades un cop endurit el *grout*.

|6.31|
Part inferior de mur pantalla sanejada i amb els ancoratges col·locats. És a punt per a la realització del ferrallat i el formigonatge posterior de la llosa d'estanquitat

La figura 6.31 permet apreciar-ne una fase més avançada. S'hi poden apreciar els ancoratges col·locats, el formigó de neteja i part del ferrallat de la llosa i d'un nucli vertical.

El desenvolupament tant de la indústria química aplicada a la construcció com de les tècniques de perforació i tall del formigó ha facilitat la realització de solucions constructives impensables fa uns anys.

Bona qualitat de la superfície. La bona qualitat de la superfíce d'un mur pantalla depèn, en primer lloc, del tipus de sòl. Un sòl cohesiu i homogeni és més favorable a l'obtenció d'una bona qualitat de superfície que aquells que puguin presentar blocs o granulometries discontínues.

També incideix en l'obtenció d'una bona qualitat de superfície el guiatge correcte de la cullera. La utilització de llots de perforació és una alternativa per millorar la qualitat de la superfície dels murs pantalla.

|6.32|
Màquina dotada de braç articulat equipat amb fresa que treballa sobre el parament d'un mur pantalla per tal de netejar-lo i regularitzar-lo

L'aparició de màquines fresadores equipades amb puntes de vídia, com les de les figures 6.32 i 6.33, per netejar i regularitzar els paraments dels murs pantalla deixa en segon pla l'alternativa dels llots, atès que la seva utilització comporta dificultats afegides i un increment dels costos durant l'excavació i, especialment, durant el formigonatge.

Amb l'existència de fresadores, emprar llots bentonítics en la construcció de murs pantalla exclusivament per millorar la qualitat de la superfície no està justificat.

|6.33|
Detall de la fresa muntada a la màquina de la fotografia anterior. Està equipada amb puntes de vídia

Verticalitat. La verticalitat dels panells dels murs pantalla és un condició indispensable per garantir una transmissió correcta dels esforços. Un mur pantalla no hauria de tenir pèrdues totals de verticalitat, en tota la seva altura, superiors a $h/300$.

La verticalitat depèn, fonamentalment, del sistema de guiatge de les culleres, especialment si aquestes només són accionades per cables. L'amplada de les culleres coincideix amb la del mur pantalla, per tal de facilitar les tasques de guiatge dins la rasa. Durant els primers metres de l'excavació, els murets guia constitueixen una ajuda important en el guiatge correcte de les culleres.

La qualitat del sòl és també un factor determinant. La presència de blocs i/o d'estrats durs amb forts pendents, encara que siguin poc potents, és un factor que pot desplaçar el pla d'excavació.

Si l'excavació es realitza en sec, es poden controlar la verticalitat i la qualitat general de la rasa. Amb la presència de llots es verifica, fonamentalment, la fondària de la rasa.

La figura 6.34 correspon a una pantalladora convencional equipada amb erugues. La cullera disposa de patins de guiatge de forma semicircular per facilitar l'encaix entre batatges. Habitualment, en aquest tipus de màquina, la amplada de la cullera està dissenyada per fer-la coincidir amb les dimensions dels batatges.

A la figura 6.35 s'observa una excavadora sobre rodes, dotada amb un prolongador (batilon) i una cullera bivalva. Es tracta d'una màquinana més lleugera que les pantalladores convencionals. Ofereix bones prestacions en sòls de bona qualitat. Els batatges, en aquestes condicions del sòl, es poden fer de major longitud, si bé les gàbies tenen limitades

|6.34|
Cullera bivalva per realitzar murs pantalla. Observeu-ne els patins laterals, dissenyats per garantir-ne el guiatge

les seves dimensions per raons de pes i de manipulació. Si el sòl ho permet es poden formigonar, de forma conjunta, dos batatges o més. El guiatge de la cullera es realitza per gravetat i pel patí situat a l'extrem superior.

Alineació. La realització dels batatges que conformen els murs pantalla, tant si estan realitzats de forma contínua com amb panells alterns, ha d'acabar produint un parament tan continu com sigui possible.

La continuïtat en planta dels murs pantalla s'aconsegueix per mitjà dels murets guia. Aquests consisteixen en dos murs paral·lels de formigó lleugerament armat. La seva altura pot oscil·lar, en funció de les característiques del sòl i el pes de la cullera, entre 50 i 150 cm, amb un gruix al voltant de 30 a 40 cm. Han de ser suficientment sòlids perquè resisteixin, sense desplaçar-se, els impactes de la cullera al llarg de tota l'excavació dels murs pantalla. És una bona pràctica disposar d'estampidors per garantir la resposta solidària dels dos murets, tal com es mostra a la foto inferior esquerra.

|6.35|
Excavadora rotatòria sobre rodes, equipada amb *batilon* i cullera bivalva. Permet excavar batatges per a murs pantalla en sòls fluixos i mitjans

Els murets guia estan separats entre si l'amplada de la cullera, més una franquícia. Les franquícies oscil·len, segons l'amplada i el tipus de cullera, entre 2 cm en el cas d'equips dotats amb *batilon* i 5 cm per a les culleres guiades amb cable. (Vegeu figures 6.36 i 6.37).

En l'alineació correcta dels batatges, és determinant, tal com es mostra en les figures 6.38, 6.39 i 6.40, una curosa realització dels junts, la col·locació de les gàbies d'armadures dotades de separadors per garantir els recobriments i un formigonatge realitzat amb tub formigoner, també anomenat tremy (figura 6.41).

|6.36|
Aspecte d'uns murets guia en la fase prèvia a la perforació. És convenient mantenir-los units pel cap per limitar l'efecte d'eventuals impactes de la cullera

|6.37|
Cullera bivalva lleugera en procés d'excavació. La distància entre els fronts dels dos murets és tan sols 2 cm més gran que la mida de la cullera

tipologies i tècniques de construcció...

Si els junts no es realitzen correctament entre batatges consecutius apropant al màxim les gàbies, es produeixen zones verticals del mur pantalla sense armadura. Aquestes constitueixen punts febles, proclius a esquerdar-se i a permetre el pas de l'aigua.

|6.38|
Detall d'un element de junt, entre batatges, a punt de ser extret, un cop el formigó s'ha endurit prou per mantenir la verticalitat

|6.39|
Extret l'element de junt, s'ha col·locat la gàbia ben encaixada a la "boca de llop" formada per aquest

|6.40|
Si les condicions de sòl ho permeten es poden formigonar, dos o més batatges alhora. És necessari disposar els tubs formigoners (tremis) necessaris per garantir un formigonatge correcte

|6.41|
Per garantir un formigonatge sense contaminacions, cal que l'abocada es faci amb el tub formigoner submergit com a mínim 3 metres en el formigó

2.3.8 Aplicacions constructives dels tipus de murs pantalla

Als apartats següents s'exposen les possibilitats i els límits d'aplicació dels diferents tipus de murs pantalla, tant durant les fases de buidatge del vas com de servei, amb el propòsit d'orientar tant el projectista com el director d'obra.

Murs pantalla autoestables. Els murs pantalla autoestables basen la seva funció estabilitzadora en la mobilització de passiu. Sense necessitat de fer estimacions numèriques, es pot afirmar que, excepte en situacions molt excepcionals de sòl, no és rendible efectuar murs pantalla autoestables en la fase de servei, malgrat la facilitat que ofereixen per realitzar el buidat del vas i la resta de treballs sota rasant. Per ampliar aquest punt, vegeu l'apartat 3 del capítol 8, relatiu a aspectes de disseny constructiu i de dimensionament de murs pantalla autoestables.

La raó d'aquest fet és que la fondària de clava necessària per garantir l'estabilitat en sòls de baixa cohesió i angles de fregament intern d'entre 25° i 30° és superior a la zona de pantalla en voladís.

En general, i a tall merament orientatiu, calen més de sis metres de pantalla sota el fons de l'excavació per garantir-ne cinc en voladís —aquest és el límit pràctic recomanable per al treball en mènsula d'un mur pantalla de 45 cm de gruix.

El coneixement i l'anàlisi numèrica de la situació exposada permet considerar els murs pantalla com a autoestables durant les primeres fases d'excavació. Constitueix també un punt de referència per establir la cota, a partir de la qual s'ha de disposar el primer nivell dels sistemes provisionals de contenció.

En altres casos, quan les dimensions del vas són prou àmplies, es pot mantenir el concepte de mur autoestable per mitjà de bermes de terres perimetrals. La part central de l'excavació es buida fins a la cota de fonamentació. La construcció dels pilars centrals facilita la disposició de sostres estabilitzadors i/o la construcció d'altres estructures, amb el mateix fi, de caràcter provisional o definitiu. Un cop assegurada l'estabilitat dels murs pantalla, s'excaven les bermes.

És condició indispensable per iniciar el buidatge del vas disposar de la biga de coronació en condicions de servei. La biga de coronació enllaça els batatges i n'unifica el comportament mecànic. Serveix també, en fase de servei, per rebre i distribuir de forma homogènia al mur pantalla les càrregues procedents dels pilars que es recolzen sobre ella. En el seu ferrallat, a aquest efecte, s'incorporen les esperes per als pilars.

La figura 6.42 correspon a un vas de tres soterranis, realitzat en un sòl argilós compacte. Les seves bones característiques mecàniques, contrastades durant el procés d'excavació, varen permetre realitzar la contenció provisional amb una sola fila d'ancoratges de 30 Tn cadaun. Es varen situar al centre dels batatges, a una fondària, respecte de la cota zero, de 4,50 metres, separats cada 2,30 m, distància que coincidia amb l'amplada del batatge.

S'hi pot apreciar una part de l'excavació a la cota dels ancoratges. Observeu la posició i el talús de rampa d'accés i compareu la situa-

tipologies i tècniques de construcció...

|6.42|
En les primeres fases d'excavació, és factible l'accés dels camions. Les rampes han de presentar condicions de seguretat, quant a l'amplada i als talussos

|6.43|
El mateix vas en una fase d'excavació més avançada. Observeu la continuïtat del procés de construcció per evitar

ció amb la de la figura 6.43, en què una part del vas ja es troba a cota definitiva i, fins i tot, amb part del ferrallat de la llosa de fonamentació. El pendent de la rampa està al límit; el camió no pot baixar fins a la cota d'excavació i es necessita una excavadora universal per acostar les terres a la rotatòria, encarregada de carregar el camió, situada al final del que resta de la rampa.

Les fases finals del buidatge d'aquest vas es varen realitzar amb una cullera bivalva auxiliada per l'excavadora universal, que va ser retirada amb una grua automòbil.

Murs pantalla ancorats isostàticament. Els murs pantalla ancorats isostàticament són aquells que, durant la fase de formació del vas, disposen per equilibrar-se, a més de la mobilització de passiu de la clava, d'un sol nivell d'ancoratge. La longitud de les claves se situa sobre el 20% de l'altura de la contenció.

El concepte d'ancoratge té, en aquest cas, caràcter genèric. S'entén com a tal qualsevol element capaç d'oferir la reacció necessària a les empentes del sòl per garantir l'estabilitat, en les degudes condicions de seguretat, del mur pantalla. Es pot tractar d'un estampidor prefabricat o realitzat amb perfils estructurals, d'una part d'estructura o d'un ancoratge injectat al terreny.

La posició d'un ancoratge provisional no pot coincidir amb la cota dels sostres que han d'actuar en la fase de servei. No es pot retirar, lògicament, l'element provisional fins que el definitiu no es troba en condicions de servei. El projectista ha de decidir, segons la geometria de la secció, les sol·licitacions i la capacitat mecànica dels batatges, la posició idònia de l'ancoratge.

Les armadures dels batatges estaran sotmeses a tracció per flexió a la cara en contacte amb el sòl a la zona de peu i a nivell d'ancoratges. A la cara interior del vas, les traccions afectaran especialment la zona central, compresa entre l'ancoratge i la base del vas.

Si les característiques geotècniques del sòl són favorables, els murs pantalla ancorats isostàticament permeten, com en el cas de la figura 6.44, la construcció de fins a tres soterranis amb pantalles de 45 cm de gruix.

|6.44|
Mentre encara s'extreuen terres, s'està realitzant el ferrallat i el formigonatge de la llosa de fonamentació. Cal programar les operacions de forma esglaonada

Murs pantalla amb ancoratges hiperestàtics. Els murs pantalla amb ancoratges hiperestàtics son aquells que, per garantir l'estabilitat en la fase de construcció, requereixen dues files o més de contencions provisionals. Aquestes s'anomenen genèricament, *ancoratges*.

La construcció d'un mur pantalla amb ancoratges hiperestàtics es planteja en la construcció de vasos a partir de tres soterranis.

Entre els aspectes que condueixen a realitzar murs pantalla amb ancoratges hiperestàtics, a més de la fondària intrínseca del vas, ca considerar els següents:

- Sòls amb angle de fregament intern baix, per sota dels 25°, ja que això comporta un increment de les empentes.
- Sobrecàrregues existents que generen empentes afegides sobre la contenció.
- Presència habitual (nivell freàtic) o eventual (efectes de pluges) d'aigua a la cara de la contenció en contacte amb el sòl.

Tal com s'ha exposat en el cas dels murs pantalla ancorats isostàticament, cal dissenyar els nivells d'ancoratge no coincidents amb els dels sostres.

Els ancoratges, sigui quin sigui el sistema emprat, acostumen a ser elements de recolzament puntual. La figura 6.45 mostra aquesta situació. La disposició dels ancoratges segueix, en aquest cas, una proporció 2:1 respecte de la vertical, raó per la qual els moments flectors en el pla vertical dels batatges són quatre vegades superiors als que es generen en el pla horitzontal.

|6.45|
En aquesta pantalla hiperestàtica, les tres fileres d'ancoratges estan disposades formant una trama de proporció 2:1

La presència dels ancoratges comporta per als batatges, a més de flexions, l'existència local d'un esforç de tall. Cal considerar-lo en l'armat de les gàbies (els ancoratges més habituals en construcció oscil·len entre 15,00 i 80,00 Tn).

Freqüentment, els ancoratges es disposen repartits uniformement de manera horitzontal i vertical. En aquesta situació les gàbies d'armadura tenen tendència a uniformar els seus armats en les dues cares i en les dues direccions.

2.3.9 Barreres de pilons

Les barreres o pantalles de pilons són una alternativa interessant a la impossibilitat d'executar murs pantalla en sòls sense cohesió i en roques toves o disgregades. Si bé el seu cost és un 50% més elevat que el d'un mur pantalla, resulta substantivament avantatjós des del punt de vista tècnic i econòmic, respecte a la realització d'una barrera o pantalla de micropilons.

Es construeixen situant els centres dels pilons a distàncies inferiors a dos diàmetres. La seva execució i el comportament mecànic, amb les limitacions pròpies que imposa la secció circular, són similars als dels murs pantalla.

També es poden realitzar pantalles de pilons a base de perforar, en l'espai entre dos pilons lleugerament inferior al diàmetre d'aquests, un tercer piló secant. La perforació del nou piló i el seu formigonatge posterior ofereixen unes prestacions, quant a estanquitat, molt similars a les d'un mur pantalla. Per facilitar la perforació dels pilons intermedis, cal aprofitar el període d'enduriment del formigó.

|6.46|
Per mitjà del formigonatge de peces de poliestirè, resulta senzill disposar sobre el terreny el replantejament dels pilons

|6.47|
Biga de coronació sobre un conjunt de pilons

|6.48|
Per tal de facilitar la transmissió dels esforços dels ancoratges a les pantalles de pilons, una possible solució és realitzar congrenys perimetrals que coincideixin amb la seva cota

Les barreres de pilons requereixen l'execució d'un muret guia per garantir-ne l'alineació. A la figura 6.46 es pot apreciar un motlle de poliestirè expandit, amb la posició prevista per als pilons. Serveix d'encofrat als murets guia i facilita les operacions de perforació.

Igualment, és necessària la construcció d'una biga de coronació, per enllaçar tots els pilons, com a pas previ per iniciar l'excavació del vas (figura 6.47).

La geometria i la manca de continuïtat de les barreres de pilons ofereix menys resistència que els murs pantalla als esforços de flexió ocasionats per les empentes. Per tant, cal preveure'n les contencions provisionals, més properes que en el cas dels murs pantalla. També és necessari preparar corretges per repartir els esforços, com es mostra a la figura 6.48, o repartir l'esforç dels ancoratges sobre dorments metàl·lics que enllacin dos pilons o més.

Les operacions descrites, més la necessitat de regularitzar la superfície resultant, ja sigui amb un gunitat, encofrant i formigonant el front, o realitzant un mur de fàbrica, són costos que s'han d'afegir en els quadres comparatius per analitzar temps i costos.

3 Proteccions dels murs de contenció i les soleres enfront de la humitat. Les prescripcions del CTE

Les prescripcions per a la protecció dels murs de contenció i les soleres enfront de la humitat han de respondre al contingut del llibre 9 del CTE ("Salubridad", DB HS "Protección frente a la humedad"). Es tracta d'un document molt prescriptiu i d'ampli abast, ja que comprèn murs, soleres i sostres sanitaris, façanes i cobertes.

Com és habitual en el CTE, aquest document bàsic permet aplicar solucions diferents a les establertes, sempre que se segueixi el procediment pertinent d'homologació i es documenti el seu acompliment en el projecte.

En aquest apartat, es fan unes consideracions respecte del contingut del document, relatives exclusivament als elements sota rasant, és a dir, murs de contenció i soleres.

3.1 Impermeabilització de murs

Pel que fa als murs de contenció, el CTE estableix de forma clara i objectiva les mesures de precaució que s'han d'adoptar per garantir-ne l'estanquitat, total o parcial. A aquest efecte, s'estableixen criteris en funció del coeficient de permeabilitat del sòl i del tipus de sistema de contenció adoptat.

D'acord amb el que s'ha exposat s'arriba a la conclusió que un estudi geotècnic, per tal de complir amb el CTE, requereix que es determini el coeficient de permeabilitat dels estrats de sòl afectats pel mur (K_s cm/s) i que es detalli, en funció d'aquests, el grau d'impermeabilitat mínim exigit als murs, a les soleres i, si és el cas, als sostres sanitaris.

A aquest efecte, s'estableixen fins a cinc categories d'impermeabilització per als murs de contenció. Estan graduades segons el coeficient de permeabilitat del sòl i enumerades de l'1 (grau baix d'impermeabilitat) al 5 (grau molt elevat d'impermeabilitat). A partir d'aquestes categories, es prescriuen les solucions constructives d'impermeabilització, de drenatge, de tractament de perímetre i de ventilació.

El valor que pren el CTE per separar la permeabilitat dels sols és de $K_s = 10^{-5}$ cm/s. Sòls amb un K_s superior al valor indicat cal considerar-los permeables i els que n'estan per sota, impermeables.

Es parteix de la consideració de la presència d'aigua en el sòl i s'estableixen els criteris de baixa presència, mitjana i alta, segons es detalla a continuació:

- **Baixa** presència d'aigua, quan la cara inferior de la solera en contacte amb el sòl es troba per damunt del nivell freàtic.
- **Mitjana**, si la cara inferior de la solera en contacte amb el sòl es troba a la mateixa fondària que el nivell freàtic o a menys de dos metres per sota d'aquest nivell.
- **Alta**, en cas que la cara inferior de la solera en contacte amb el sòl es trobi a dos metres o més per sota del nivell freàtic.

El CTE considera tres tipus possibles de murs de contenció: de gravetat, resistents a la flexió i murs pantalla. Sobre aquests, planteja condicions i codis respecte de:

- **Els materials que conformen el mur**
    - **C1** Si cal emprar en la construcció del mur *in situ* formigó hidròfug.
    - **C2** Si cal emprar formigó de consistència fluida.
    - **C3** Si cal emprar blocs o totxos hidrofugats i morter hidròfug.

- **El tipus d'impermeabilització**
    Es proposa la possibilitat de realitzar impermeabilitzacions, tant per la cara exterior com per la cara interior. La impermeabilització per la cara interior dels murs cal plantejar-la només quan, durant la construcció, la cara exterior del mur no resulta accessible, o en tasques de reparació. El seu cost i la seva eficàcia són inferiors en treballar a contrapressió.
    - **I1** Impermeabilització per làmina física (tela asfàltica, butil...) o química (polímers acrílics, cautxú acrílic, resines sintètiques...). La impermeabilització es pot fer per la cara interior o per la cara exterior. En el primer cas, la impermeabilització ha d'estar adherida. En el segon cas, si la impermeabilització està adherida, ha de portar una làmina antipunxonament. Habitualment, aquest tipus de làmina és, a més, drenant.

        Quan la impermeabilització no està adherida, s'ha de disposar una làmina antipunxonament a ambdós costats. Si es disposa una làmina drenant (tipus ouera), es pot prescindir de la protecció antipunxonament exterior, ja que aquesta acompleix la doble funció.

Si la impermeabilització és de tipus químic, s'ha de col·locar una làmina drenant (tipus ouera) o una capa protectora, formada per un geotèxtil o un morter reforçat amb un mallat.
- **I2** Impermeabilització realitzada per mitjà de l'aplicació de pintura preparada per aquesta finalitat.
- **I3** Si es tracta d'un mur de fàbrica, se n'ha de recobrir la cara interior amb un revestiment hidròfug, com morter hidròfug sense revestir, un full de cartró guix sense guix higroscòpic o qualsevol altre material no higroscòpic.

– **Drenatge i evacuació**
- **D1** S'ha de disposar una capa drenant i una capa filtrant entre el mur, sigui quin sigui el seu acabat, i el sòl. La capa drenant pot estar constituïda per una làmina tipus ouera, grava, una paret porosa o qualsevol altra solució equivalent. La capa filtrant té per objecte evitar el pas de fins per tal de retardar l'obturació del sistema de drenatge.
- **D2** Si no es pot fer connexió d'evacuació directa per gravetat, en les zones properes al mur i a distàncies inferiors a 50 metres, s'han de dissenyar pous de drenatge dotats equip de bombament doblat per evacuar les aigües de l'extradós del mur. Els pous han de disposar de filtres per limitar l'arrossegament de fins.
- **D3** A la base del mur, s'ha de disposar un tub de drenatge connectat directament al sistema d'evacuació, sigui per gravetat o per mitjà de pous de drenatge.
- **D4** Si es dissenya una cambra ventilada per davant del mur cal establir una canal de recollida connectada al sistema d'evacuació directament, o per mitjà de pous de drenatge.
- **D5** Com a precaució, s'ha d'evitar, per mitjà de la seva recollida i evacuació, la presència i acumulació d'aigua procedent de la coberta o dels pendents del terreny.

– **Ventilació de les cambres.**
- **V1** Cal garantir la ventilació encreuada de les cambres per tal de facilitar l'evaporació i mantenir secs els paraments exteriors. Amb aquesta finalitat, les obertures es distribuiran homogèniament intercalades i repartides en tota la seva superfície, disposant el 50% a la part baixa i l'altre 50% a la zona propera al sostre. La superfície de ventilació s'ha de situar entre el 0,1 i el 0,3% de la del parament.

Recomanació. Excepte en aquells murs en què, per les seves característiques especials, sigui admissible o tolerable una certa permeabilitat a l'aigua, és aconsellable, tractant-se de construccions arquitectòniques, prescindir del grau de permeabilitat exigible als murs d'acord amb el CTE. Els paraments d'un soterrani d'aparcament han de mantenir-se, si més no de forma aparent, completament estancs i secs.

Per tant, és prudent procedir amb un nivell d'exigència màxim quant al sistema d'impermeabilització. S'entén per sistema d'impermeabilització el conjunt integral de la solució adoptada finalment a tot el perímetre del mur. A tall d'exemple, per a un mur flectat formigonat a dues cares, un sistema genèric i habitual d'impermeabilització podria estar format per una làmina adherida, una làmina drenant, un reblert granulat per actuar de filtre i elements de drenatge i evacuació d'aigües per gravetat o per bombament.

Els diferencials de cost d'una solució completa i ben executada, en què es presti atenció als punts conflictius; angles, encontres, canvis de nivell, etc., es veuen sobradament compensats pels eventuals perjudicis que s'eviten.

3.2 Impermeabilització de soleres i sostres sanitaris

Per a les soleres i els sostres sanitaris, el CTE manté els mateixos criteris establerts per als murs de contenció pel que fa a la seva impermeabilitat: cinc categories en funció del coeficient de permeabilitat del sòl, enumerades de l'1 (grau baix d'impermeabilitat) al 5 (grau molt elevat d'impermeabilitat). Sobre la base d'aquestes, es prescriuen les solucions constructives d'impermeabilització, de drenatge, de tractament de perímetre i de ventilació.

El CTE planteja tres possibles solucions per a l'acabat de les zones d'edificació horitzontals en contacte amb el sòl:

- **Sostre sanitari.** Aquesta solució és aplicable a edificis sense soterranis utilitzables.
- **Solera.** Gruix de formigó entre 10 i 25 cm, armat a la cara superior per evitar retraccions.
- **Placa.** Gruix de formigó superior als 30 cm, dotat d'armadura a les cares superior i inferior i, per tant, apte per el treball a flexió, sigui quina sigui l'orientació de l'esforç.

Aquestes solucions es plantegen amb les variants de murs convencionals (gravetat i a flexió) i murs pantalla, i recolzades sobre:
Subbases, sòls millorats per injecció o sòls naturals.

Els materials. Pel que fa al material base, es reserva, en exclusiva, el formigó, per al qual s'estableixen tres categories, de menor a majors prestacions enfront de la creació d'una barrera al pas de l'aigua:

- **C1** Correspon a formigó hidròfug de compacitat elevada. La compacitat es pot obtenir per vibrat o per autocompactat amb incorporació d'additius.
- **C2** Si es necessita un formigó de retracció moderada.
- **C3** Quan es necessita una hidrofugació complementària de la superfície aplicant un producte amb capacitat per obturar, de manera permanent, els porus del formigó.

Impermeabilització
- **I1** Es mantenen, lògicament, els criteris constructius establerts per als murs pel que respecta a la protecció de les làmines impermeables amb capes antipunxonament. El conjunt es pot disposar directament sobre la capa base de regulació del sòl.
  Com a novetat, es destaca que, si al damunt hi ha una placa la làmina ha de ser doble.
- **I2** En aquest cas, s'estableix que la impermeabilització s'ha de col·locar sobre una capa de formigó de neteja.

Drenatge i evacuació. En funció de la quantitat potencial d'aigua previsible en un sòl en contacte amb una solera o una placa, el CTE estableix quatre possibles actuacions en ordre creixent pel que fa als sistemes de drenatge i evacuació.

- **D1** Aquesta solució tan sols té per objecte evitar la pujada d'aigua per capil·laritat sota les soleres o les plaques. Dóna resposta a sòl amb presència d'aigua baixa. Comporta la necessitat de disposar una capa filtrant i una drenant, en contacte directe amb el sòl, prèvies a la formació de la solera o de la placa. La capa filtrant (habitualment un geotèxtil) té per objecte permetre el pas de l'aigua però no de les partícules fines de sòl. Es garanteix, amb la seva presència, l'eficiència drenant dels emmacats. Com a capa drenant és freqüent emparar emmacats. En aquest cas, caldrà disposar-hi al damunt una làmina de polietilè.
- **D2** Consisteix a afegir a la solució D1 uns tubs drenants, repartits a la superfície de la solera. Aquests poden evacuar per gravetat o necessitar la formació de pous de recollida i bombament. Es tracta d'una solució per a sòls d'alta permeabilitat, amb presència baixa d'aigua o per a sòls de permeabilitat mitjana amb presència moderada d'aigua.
- **D3** És una solució que s'ha d'adoptar en sòls amb presència d'aigua entre mitjana i alta. Els tubs de drenatge s'han de concentrar en les bases dels murs que conformen el vas. En el cas dels murs pantalla, els tubs drenats s'han de col·locar un metre per sota del nivell del paviment i repartits, de manera uniforme, al seu voltant. L'evacuació, com en el cas anterior, es pot realitzar per gravetat o per bombament, en cas que la connexió d'evacuació es trobi a una cota superior a la del drenatge.
- **D4** Quan la presència d'aigua és elevada, cal disposar un pou drenant cada 800 m^2 en el sòl situat sota la placa o solera. El pou ha de disposar d'una evolupant filtrant (geotèxtil, gravetes o blocs porosos) per tal d'evitar l'arrossegament de fins.

En tots els casos, s'ha de disposar equips de bombament dobles. És recomanable i obligatori en D4 disposar de sistemes automàtics per garantir un bombament permanent.

Observacions. La intervenció conjunta de les variables esmentades, tant per als murs com per a les zones horitzontals en contacte amb el sòl, es tradueix, en el CTE, en uns quadres de tipus matricial molt extensos. Són de consulta obligada en el moment en què es modifiquen algun o alguns dels paràmetres habituals d'entrada.

En el cas dels murs de contenció, cal fer atenció especialment als punts singulars, com els encontres amb altres murs, junts, cantonades i passos de conductes. Es tracta, en tots els casos, de zones de discontinuïtat propenses a patologies d'estanquitat, si no es té una cura especial en la seva execució.

En les zones horitzontals en contacte amb el sòl, els punts sensibles són tots aquells junts que es produeixen tant com a conseqüència de les necessitats d'execució com en els encontres entre mur i placa o solera. S'ha de realitzar, si és el cas, el segellament de les làmines dels murs i les que estiguin en contacte amb el sòl. La disposició de materials com el PVC, el cautxú expansiu o la bentonita de sodi contribueixen a resoldre amb eficiència aquests encontres.

Igual com s'ha exposat en tractar de la impermeabilització dels murs, cal ser prudents tant en la consideració de la solució constructiva integral de les zones horitzontals en contacte amb el sòl com en la seva aplicació. Corregir filtracions d'aigua amb l'edifici en servei és més costós que prevenir-les durant les fases de disseny i d'execució.

Pel que fa a les ventilacions de les cambres que es formen en els sostres sanitaris, el criteri per establir la disposició i la superfície de les obertures de ventilació és el mateix que per als murs. Aquestes es distribueixen homogèniament intercalades i repartides en tota la seva superfície, disposant el 50% a la part baixa i l'altre 50% a la zona propera al sostre. La superfície de ventilació s'ha de situar entre el 0,1 i el 0,3% de la del parament.

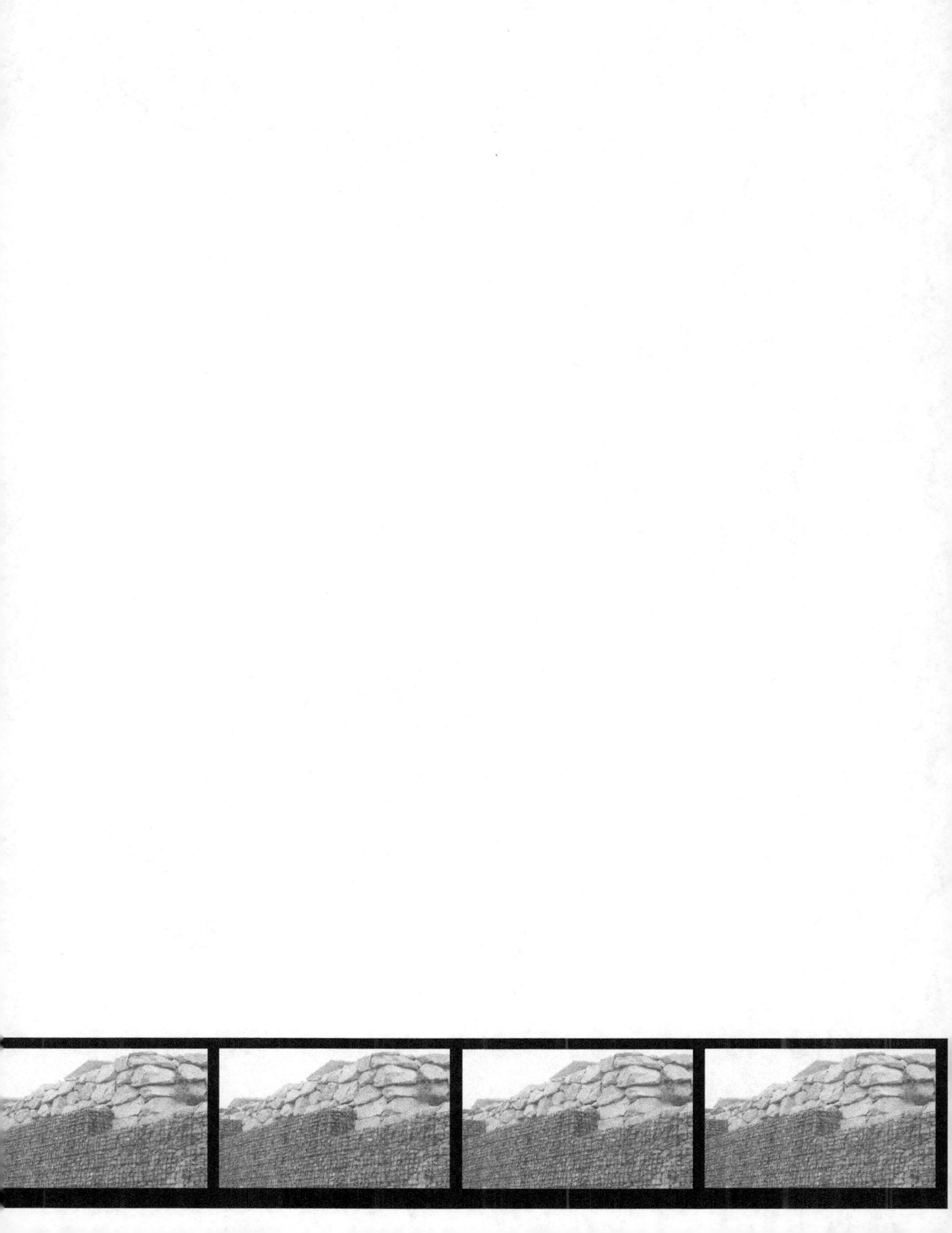

murs de contenció per gravetat a flexió. aspectes de disseny constructiu i de dimensionament

1 Consideracions generals

Al capítol 6 ("Tipologies i tècniques de construcció dels sistemes de contenció de terres") s'han analitzat, entre d'altres, els tipus i les potencialitats dels murs per gravetat a flexió. Aquest capítol tracta el marc tècnic necessari per fixar les bases del seu plantejament, disseny constructiu i dimensionament, dins del marc normatiu del CTE.

Els murs de gravetat a flexió constitueixen, actualment, una de les solucions constructives més emprades per a la contenció de terres, raó per la qual son objecte d'estudi detallat en aquest capítol. La construcció racional d'un mur de contenció de terres per gravetat a flexió requereix disposar d'un estudi geotècnic elaborat d'acord amb les especificacions del CTE.

És necessari establir curosament els requeriments generals i específics que ha de complir.

Entre els generals, cal considerar:

– Documentació escrita i gràfica d'acord amb l'àmbit tecnològic de la "Instrucción de hormigón estructural EHE".
  - Quadre de característiques dels materials.
  - Definició del nivell de control previst durant la execució.
  - Indicació dels coeficients de seguretat emprats.
  - Claredat en els gràfics d'especificació dels armats.

– Respectar, en el disseny constructiu, les quanties geomètriques mínimes en l'armat.
– Compliment de les regles relatives a ancoratges i separacions mínimes i màximes entre barres.
– Qualitat dimensional, recobriments i toleràncies.
– Exigència d'utilització d'armadures sense òxid, correctament lligades i dotades de separadors.
– Tipus d'encofrat apropiat als requeriments formals de les superfícies vistes.
– Seguiment escrupolós dels protocols relatius a les tècniques de seguretat i higiene en el treball, d'abocat, de vibrat, de curat i de control de qualitat del procés i, en especial, del formigó.

Entre els específics, es troben:

– Necessitat d'estanquitat, o no, a l'aigua.
  - Mur estanc.
    - Estudi i previsió de la ubicació dels junts en especial els de dilatació.
    - Detall de la solució constructiva dels junts de dilatació.
    - Impermeabilització, si és possible, per la cara en contacte amb les terres. A aquest efecte, s'ha de detallar la solució d'impermeabilització en els plànols i vetllar que es produeixi la coherència formal necessària entre els restants documents de projecte.
    - Protecció o impermeabilització per la cara interior del mur si no es pot actuar a la cara en contacte amb les terres.
    - Previsió de drenatges a la cara en contacte amb el terreny. A aquest efecte, es disposaran reblerts granulars i tubs de drenatge protegits amb filtres.
    - Consideració de l'efecte de l'aigua en el procés de càlcul pel que fa a l'estimació de les empentes.
  - Mur no estanc.
    - Establir naietes de diàmetre igual o superiors als 5 cm.
    - Distribuir-les homogèniament en la superfície del mur per garantir un drenatge correcte.
    - Establir, si és necessari, una canal de recollida d'aigües a peu del mur.
  - Fases d'execució.
  - Cara vista o revestida.

2 Quanties geomètriques mínimes

Les quanties geomètriques mínimes, per a les armadures estan definides, de forma general, a la taula 42.3.5 de la vigent EHE. Aquesta taula es transcriu, taula 7.1, pel que fa específicament als murs.

|Taula 7.1|
Taula general de quanties geomètriques mínimes per a murs

Murs	Tipus d'acer	
	B400-S	B500-S
Armadura horitzontal	4 ‰	3,2 ‰
Armadura vertical	1,2 ‰	0,9 ‰

A efectes pràctics, les quanties de les armadures es determinen per a seccions genèriques d'un metre d'amplada de la secció del mur. En l'elecció dels diàmetres, s'ha de tenir en consideració que la separació entre dues barres consecutives, tant verticals com horitzontals, no ha de ser inferior a 10 cm ni superior a 30 cm.

A les notes adjuntes a la taula 42.3.5 s'indica que la quantia mínima vertical és la corresponent a la cara de tracció. Es recomana disposar, a la cara oposada, una armadura mínima igual al 30% de la consignada.

L'armadura mínima horitzontal s'ha de repartir a les dues cares. Per a murs vistos per ambdues cares, el repartiment s'ha de fer al 50% per a cada cara. No és el cas dels murs de contenció flectats.

En els murs vistos per una sola cara, es pot col·locar fins als 2/3 de l'armadura horitzontal a la cara vista. El propòsit d'aquesta acció de disseny és evitar l'aparició de fissures de retracció a la cara vista.

En les notes de la taula de referència, també es detalla que, si es disposen junts verticals, a distàncies inferiors a 7,50 metres amb l'armadura horitzontal ininterrompuda, les quanties geomètriques es podran reduir a la meitat.

A partir de les notes que s'acompanyen a taula 42.3.5, s'ha realitzat la taula 7.2, en la qual es detallen, en funció del tipus d'acer, les quanties mínimes dels armats per a les dues cares dels murs flectats, tant verticals com horitzontals.

Quadre de resultats		Tipus d'acer			
		Longitud formigonada		Longitud formigonada	
		< 7,5 m	> 7,5 m	< 7,5 m	> 7,5 m
		B400-S		B500-S	
Arm. horitzontal	Cara exterior Vista. Comprimida.	1,34 ‰	2,68 ‰	1,06 ‰	2,12 ‰
	Cara interior Oculta. Terres.	0,66 ‰	1,32 ‰	0,54 ‰	1,08 ‰
Arm. vertical	Cara exterior Vista. Comprimida.	0,4 ‰		0,3 ‰	
	Cara interior Oculta. Terres. Trac.	1,2 ‰		0,9 ‰	

|Taula 7.2|
Taula detallada de quanties geomètriques mínimes per a murs

Quan els requeriments mecànics, que el càlcul imposi superin les quanties mínimes, com a armadura de repartiment es col·locarà 1/3 de la secció de l'armadura principal.

3 Aspectes constructius

Com a desenvolupament de les consideracions que s'han fet en els apartats precedents es detallen els aspectes constructius següents:

- En els murs encofrats a una cara, l'armadura en contacte amb el sòl ha de disposar d'un recobriment igual o superior a 7 cm (article 37.2.4.e, de l'EHE). Cal considerar aquest aspecte per la reducció que suposa del braç mecànic a efectes d'absorció de moments flectors. Si es considera una pantalla de 30 cm de gruix total, el cantell útil amb un encofrat a dues cares se situa sobre els 26 cm. Aquest mateix cantell útil, si s'encofra a una cara, es redueix a 22 cm, la qual cosa suposa una disminució de la capacitat mecànica a flexió superior al 15%.

- Les cares interiors disposaran d'un recobriment mínim de 2,5 cm, igual que les que es trobin en contacte amb el sòl, si el mur ha estat encofrat a dues cares. Per a més informació, vegeu l'article 37.2.4 de l'EHE en el qual figura una taula amb els recobriments mínims en funció de la classe d'exposició a la qual estarà sotmès el formigó.

Per garantir la posició correcta de les armadures, abans i després de l'operació de formigonatge es:

- Lligaran correctament entre si les barres que conformen els armats.
- Es disposaran separadors de roda en quantitat suficient, repartits de forma homogènia a tota la superficie.
- Els panells que constitueixen els armats de les cares es fixaran per mitjà de forquilles. Aquestes tenen per missió mantenir paral·lels, entre si, a una distància correcta, els panells.
- L'objectiu conjunt de les mesures precedents és garantir que les armadures conservin la mateixa posició abans i després del formigonatge.

Cal recordar que el formigonatge és una acció dinàmica. Es poden produir alteracions en les armadures que no es disposin correctament. No complir els protocols indicats té incidència sobre la durabilitat i/o la qualitat de superfície. Aquests incidents poden arribar a produir la no-acceptació del treball executat.

- El diàmetre mínim recomanat per les armadures principals és de 12 mm.
- El diàmetre mínim recomanat per les armadures de repartiment és de 8 mm.
- El diàmetre màxim recomanat per l'armat de murs és de 25 mm, ateses les dificultats que comporta aferrallar diàmetres superiors.

4 Toleràncies

Les toleràncies, pel que fa als murs de contenció, determinen criteris geomètrics objectius per a l'acceptació o el rebuig d'una determinada partida d'obra. Els criteris d'acceptació o de rebuig, poden diferir lleugerament segons si es tracta de murs a cara vista, o no, o si s'utilitza formigó blanc.

Els criteris d'acceptació o de rebuig i les toleràncies han de restar clarament especificats en els plecs de condicions. S'insisteix en el fet que s'adoptin les mesures pertinents per garantir la coherència necessària entre la documentació gràfica i escrita dels projectes.

Es pretén que els plecs de condicions resultin instruments útils per realitzar una correcta execució i, en cas contrari, permetre argumentar, de forma fefaent, raonada i sense fissures, la no-acceptació d'una determinda partida d'obra.

De forma general, les toleràncies s'expressen en mm. Es troben recollides a l'annex 10 de l'EHE. Les corresponents a murs de contenció i de soterrani es troben en el apartat 5.6 del document esmentat.

A tall de referència, a continuació es recullen algunes de les toleràncies més significades per a una execució correcta de murs de contenció de formigó armat:

- Desviació de la vertical $H \leq 6$ m
    - Extradós ±30 mm
    - Intradós ±20 mm
- Gruix del mur "e"
    - Si $e \leq 50$ cm + 16 mm a −10 mm
    - Si $e > 50$ cm + 20 mm a −16 mm
    - En murs formigonats contra el terreny, la desviació màxima en més serà de 40 mm
- Planitud ±6 mm en 3 m

5 Junts

En la construcció de murs de contenció per gravetat de formigó armat que treballa a flexió s'han de considerar dos tipus de junts: de continuïtat i de dilatació.

Els junts de continuïtat tenen la missió d'absorbir les retraccions horitzontals i verticals que es produeixen com a conseqüència de l'adormiment del formigó. Aquest tipus de junts es produeixen com a conseqüència de la impossibilitat de formigonar d'un cop tot el mur. Es tracta, per tant, de junts de construcció; no és obligatori que figurin en els plànols. Resulta, però, imprescindible garantir la continuïtat de les armadures horitzontals, aspecte que es resol realitzant "tapes" laterals a l'encofrat que permeten el pas de les barres al seu través. Retirades les "tapes", la continuïtat de les armadures horitzontals es produeix per solapament.

Observeu, en el quadre de quanties mínimes de l'apartat 2, la incidència que suposa, en els armats horitzontals, formigonar panells de fins a 7,50 metres o superiors. En aquest cas, cal doblar-ne la quantia per evitar l'aparició de fissures.

El formigonatge de la fase següent del mur és recomanable que es realitzi immediatament per evitar el contacte entre formigons de diferents edats. Si es necessita enllaçar el formigonatge a un formigó d'una certa edat, a més de les precaucions de neteja és convenient disposar un pont d'unió amb resines epoxídiques.

|7.1| Model de junt de neoprè emprat en els junts de dilatació dels murs de contenció per garantir-ne l'estanquitat

Els junts de dilatació cal que figurin en els plànols. En la construcció sota rasant, habitualment cal que els junts dels murs de contenció siguin estancs. A aquest efecte, s'ha de disposar de bandes especials de neoprè del tipus que figura en el gràfic.

Els junts de dilatació no han d'afectar les sabates, que seran contínues, però sí les pantalles del mur. S'han de disposar a distàncies inferiors a 30,00 metres.

Encara que els junts de dilatació siguin una molèstia per al disseny, és preferible, en situacions límit ("pastilles" de dimensions lleugerament superiors a 30 metres), disposar-los abans que prescindir-ne. Cal recordar que el coeficient de dilatació tèrmica del formigó és, segons es detalla a l'article 39.10 de l'EHE, 10^{-5}.

Si es considera un salt tèrmic de 40°C i un edifici de 30,00 m de longitud, l'increment total que es produeix és de 1,2 cm, la qual cosa suposa un desplaçament teòric per costat de 0,60 cm. Per aquest motiu, els junts de dilatació es confeccionen amb una separació de l'ordre de 2,00 cm, mesura suficient per absorbir amb seguretat els increments de longitud d'ambdós costats.

Prescindir dels junts de dilatació pot produir serioses patologies de manca de compatibilitat higrotèrmica entre materials. En aquests casos, com que resulta pràcticament impossible construir un junt de dilatació en un edifici en servei, no es pot garantir la reparació durable de les patologies.

Moltes de les intervencions de correcció de patologies derivades de manca de compatibilitat higrotèrmica entre materials s'han d'orientar, de forma preferent per la raó exposada, a ocultar el defecte abans que a corregir-lo.

Els junts de dilatació convé disposar-los, preferentment, en zones en les quals es produeixin càrregues diferencials sobre la fonamentació, o canvis del nombre de plantes entre cossos d'edificació. La presència del junt facilita compatibilitzar les deformacions i evita o limita l'aparició de clivelles.

La col·locació de bandes estanques com les de la figura 7.1 per materialitzar els junts de dilatació no exclou la necessitat de disposar sistemes de drenatge i impermeabilització.

6 Paràmetres geotècnics i dades de partida necessaris per realitzar el disseny constructiu d'un mur de contenció de gravetat amb la pantalla flectada

Es detallen a continuació, a manera de recordatori, els paràmetres geotècnics i les seves unitats, que són necessaris per desenvolupar el disseny constructiu d'un mur de contenció equilibrat per gravetat i amb la pantalla flectada:

- γ = densitat del sòl (Tn/m^3).
- c = cohesió (kg/cm^2).
- ϕ = angle de frec intern °sexag.
- σ_a = tensió sabata-sòl (kg/cm^2) o Tn/m^2
- S = cota del nivell freàtic (m) (opcional)
- Q = sobrecàrrega sobre el cap del mur. Tn/m^2 o kg/cm^2
- Porositat, expressada en tant per cent. Aquesta dada resulta imprescindible en cas d'existència de nivell freàtic per tal de determinar la densitat submergida del sòl, segons es detalla a l'apartat 6.1.2 del capítol 1 ("Propietats d'estat").

La resolució del problema plantejat pel disseny constructiu d'un mur de gravetat a flexió presenta tres parts:

- Determinar les empentes produïdes pel sòl, l'aigua i les eventuals sobrecàrregues.
- Verificar les condicions d'equilibri i de seguretat del sistema de contenció. Requereix efectuar un predimensionament del mur.
- Realitzar el disseny constructiu del mur definint-ne la seva geometria, recobriments i armats.

7 Les empentes i la seva representació gràfica

La determinació de les empentes que genera el sòl sobre els sistemes de contenció deriven de les relacions obtingudes a l'assaig triaxial. En aquest s'experimenta que, quan un sòl és sotmès a un determinat esforç vertical σ_1, aquest resta equilibrat per una reacció horitzontal σ_3, del propi sòl o, si és el cas, de la pantalla d'una contenció.

Les relacions σ_3/σ_1 i σ_1/σ_3 constitueixen, respectivament, els coeficients d'empenta activa i d'empenta passiva, segons es detalla a continuació:

$$\frac{\sigma_3}{\sigma_1} = K_{ea}$$

$$\frac{\sigma_1}{\sigma_3} = K_{ep}$$

- Coeficient d'empenta activa

$$K_{ea} = \text{tg}^2\left(\frac{\pi}{4} - \frac{\phi}{2}\right)$$

- Coeficient d'empenta passiva

$$K_{ep} = \text{tg}^2\left(\frac{\pi}{4} + \frac{\phi}{2}\right)$$

Per 30°, $K_{ea} = 0,333$ i $K_{ep} = 3$. Observeu que la relació entre l'empenta activa i l'empenta passiva és, pràcticament, d'1 a 10.

Si s'observa la figura 7.2, en la qual es representa una fracció de sòl situada a una fondària h' sotmesa, en el supòsit més simple, només al pes propi de la columna de terres, de densitat γ situades pel seu damunt, es a dir, el valor de l'empenta unitària activa e_a a la fondària h' val:

$$e_a = \gamma \cdot h' \cdot \text{tg}^2\left(\frac{\pi}{4} - \frac{\phi}{2}\right)$$

Es pot apreciar la linealitat del gràfic, d'empenta activa. El mateix succeeix amb el de l'empenta passiva.

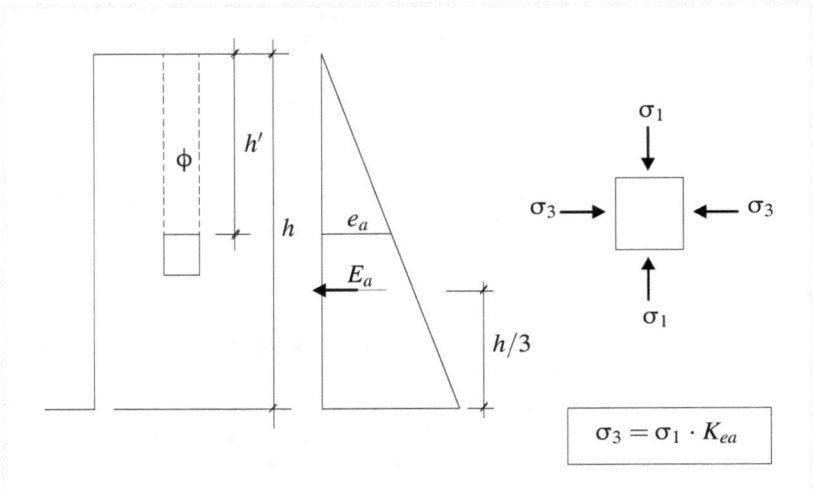

|7.2|
Diagrama d'empentes de terres obtingut en funció dels coeficients d'empenta activa i pasiva

La linealitat provoca, a una fondària h un triangle, l'àrea del qual representa l'empenta total del sòl sobre la pantalla E_a. Aquesta empenta, com que passa pel centre de gravetat del triangle, se situa a una distància de la base de la contenció de $h/3$.

$$\text{Empenta activa} \quad e_a = \frac{1}{2}\gamma \cdot h^2 \cdot \text{tg}^2\left(\frac{\pi}{4} - \frac{\phi}{2}\right)$$

$$\text{Empenta passiva} \quad e_p = \frac{1}{2}\gamma \cdot h^2 \cdot \text{tg}^2\left(\frac{\pi}{4} + \frac{\phi}{2}\right)$$

Si el sòl és cohesiu, la cohesió $c > 0$ kg/cm², cal considerar el terme de cohesió. Si, a més, sobre el sòl gravita una sobrecarrega Q, de valor constant i d'extensió indefinida, es té com a valor total de l'empenta activa l'expressió:

$$e_a = \underbrace{\frac{1}{2}\gamma \cdot h^2 \cdot \text{tg}^2\left(\frac{\pi}{4} - \frac{\phi}{2}\right)}_{\text{Empenta activa}} \underbrace{- 2c \cdot h \cdot \text{tg}\left(\frac{\pi}{4} - \frac{\phi}{2}\right)}_{\text{Cohesió}} \underbrace{+ Q \cdot h \cdot \text{tg}^2\left(\frac{\pi}{4} - \frac{\phi}{2}\right)}_{\text{Sobrecàrrega}}$$

Habitualment, el terme de cohesió no s'acostuma a considerar en determinar les empentes de sòls cohesius, ja que quantitativament és poc rellevant. El fet d'obviar-ho dóna, evidentment, resultats del costat de la seguretat.

Anàlogament, per a l'empenta passiva es té:

$$e_p = \underbrace{\frac{1}{2}\gamma \cdot h^2 \cdot \text{tg}^2\left(\frac{\pi}{4} + \frac{\phi}{2}\right)}_{\text{Empenta passiva}} \underbrace{+ 2c \cdot h \cdot \text{tg}\left(\frac{\pi}{4} + \frac{\phi}{2}\right)}_{\text{Cohesió}} \underbrace{+ Q \cdot h \cdot \text{tg}^2\left(\frac{\pi}{4} + \frac{\phi}{2}\right)}_{\text{Sobrecàrrega}}$$

8 Empentes activa, passiva i en repòs

L'empenta activa és la que es considera, de forma preferent, a l'efecte establir les bases per el disseny constructiu de les contencions.

L'empenta activa es genera quan es produeix la fractura del sòl darrere la zona posterior de la pantalla. En aquestes condicions, es forma una falca de sòl. El fregament d'aquesta falca disminueix l'empenta existent abans de la fractura. La situació descrita produeix un desplaçament del cap del mur d'aproximadament $1/1000\ h$. (Vegeu la figura 7.3).

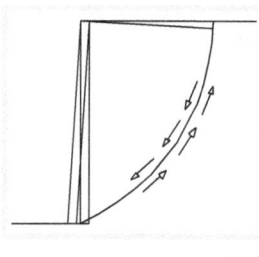

|7.3|
L'empenta activa es genera quan s'ha produït la fractura del massís i entren en acció els esforços de fricció en la superfície de fractura

L'empenta passiva correspon a l'acció que es produeix sobre l'element de contenció abans que tingui lloc la fractura del sòl i es formi la falca que, amb la seva fricció, disminueix substantivament l'empenta. Per aquesta raó, l'empenta passiva és molt superior a l'activa (vegeu l'apartat 7 d'aquest capítol), i no s'utilitza en el disseny de les contencions.

L'empenta en repòs suposa un estadi intermedi entre les empentes activa i passiva. S'utilitza per dimensionar aquelles contencions que s'hagin de realitzar molt properes a edificis que no puguin tolerar els efectes derivats dels desplaçaments horitzontals del cap del mur, propis del dimensionament amb valors d'empenta activa.

Determinar el coeficient d'empenta en repòs, K_o, és complex perquè depèn dels esforços tectònics als quals hagi estat sotmès el sòl en la seva història geològica, del grau de consolidació i de la compacitat assolida pel sòl de forma natural o artificial.

El CTE, al llibre 3 (Seguridad estructural. cimientos), apartat 6.2.4, estableix una fórmula per estimar l'empenta en repòs.

En la majoria de les ocasions, si es vol estimar l'empenta al repòs, es poden emprar els valors de l'empenta activa multiplicats per tres.

9 Els diagrames d'empentes

Conèixer i manipular adequadament els diagrames de les diferents empentes resulta bàsic per discretitzar i comprovar les condicions d'equilibri i de seguretat dels sistemes de contenció.

Es recomana treballar amb diagrames descompostos corresponents a accions simples, considerades una per una: terres, aigua, sobrecàrregues, per citar-ne les més significatives.

En les condicions descrites, els diagrames presenten geometries molt simples. Responen a triangles, rectangles o càrregues puntuals, raó per la qual resulta senzill determinar geomètricament l'ordre de magnitud i la posició de les diferents resultants.

En les figures 7.4 i 7.5, es detallen un parell de situacions. El primer permet apreciar que la cohesió té com a efecte rebaixar l'altura de la contenció.

En el segon es determina, a partir del nivell freàtic, la densitat submergida de l'aigua. D'acord amb el principi d'Arquimedes, disminueix el pes específic del sòl submergit. En conseqüència, és menor l'empenta, com s'aprecia a la figura 7.5 i a l'expressió (1):

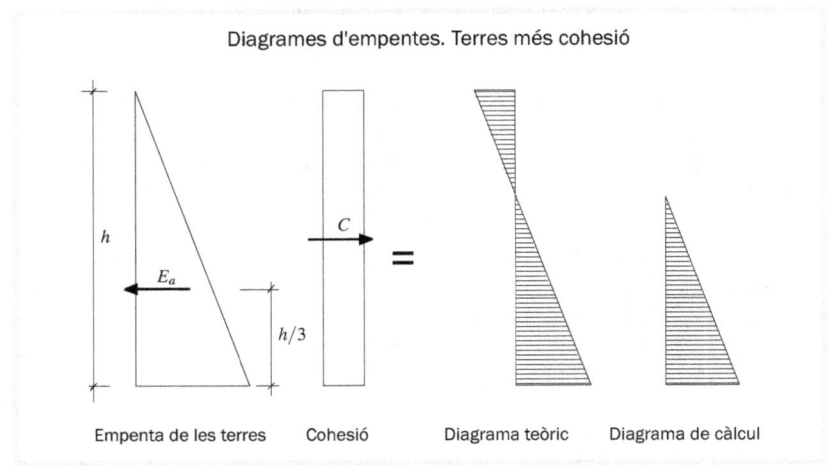

|7.4|
La cohesió genera un efecte equivalent a la reducció efectiva del massís

$$\gamma' = \gamma - \left(1 - \frac{n}{100}\right) \cdot \gamma_w \qquad (1)$$

En aquesta, es té:

- γ = pes específic del sòl sec
- n = índex de porositat
- γ_w = densitat de l'aigua. (1 Tn/m^3)

A la figura 7.5 es considera, a més, l'empenta hidrostàtica de l'aigua.

$$e_w = \frac{1}{2}\gamma_w \cdot h'^2$$

en què h' és la cota del nivell freàtic. Dóna lloc al gràfic final, substantivament més gran que l'empenta produïda per les terres seques. El efecte real de la presència d'aigua a l'extradós del mur pot arribar a duplicar l'empenta de les terres seques.

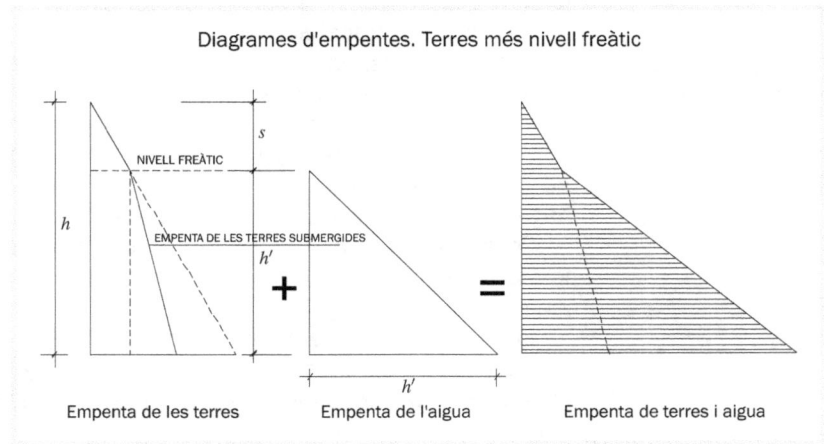

|7.5|
La presència d'aigua freàtica incrementa notablement el valor de les empentes sobre els sistemes de contenció

Les sobrecàrregues d'extensió indefinida situades sobre el pla de coronament del mur s'expressen en tones per metre quadrat (Q Tn/m^2). En són un exemple les produïdes pel pas de vehicles pesants o per l'acumulació de terres o altres materials a una cota determinada per damunt del nivell original del sòl.

A fi de determinar empentes, les sobrecàrregues d'extensió indefinida es consideren com un increment de la pressió de la columna de terres de l'altura h de la contenció. En conseqüència, el diagrama resultant serà rectangular, amb una empenta activa ea' de valor unitari:

$$e'_a = Q \text{ Tn/m}^2 \cdot \text{tg}^2\left(\frac{\pi}{4} - \frac{\phi}{2}\right)$$

El valor de l'empenta activa total deguda a sobrecàrregues d'extensió indefinida serà:

$$e_a = Q \text{ Tn/m}^2 \cdot h \cdot \text{tg}^2\left(\frac{\pi}{4} - \frac{\phi}{2}\right)$$

La resultat, lògicament, estarà aplicada a $h/2$.

Al DB-SE-C del CTE, la figura 6.8 (2), que es reprodueix en la figura 7.6, permet determinar l'empenta i la seva posició, generada per una sobrecàrrega de S tones per metre lineal. La situació teòrica representada es correspon amb l'efecte d'un fonament corregut.

Es considera el fonament situat al coronament del mur. L'efecte en els sòls coherents està representat al gràfic a l'esquerra; els dels sòls granulars, a la dreta. Es pot apreciar l'ordre de magnitud de les empentes resultants. En el primer cas, equival a tota la càrrega. En el segon, al 60% de la mateixa.

En tots dos casos, la incidència sobre el disseny és notòria. Pot arribar a comportar la modificació dels criteris de càlcul i del sistema de contenció per evitar danys en les edificacions veïnes, sobre la base de limitar, pràcticament a zero, el desplaçament horitzontal de la contenció.

|7.6|
La presència de fonaments correguts molt propers o tangents als sistemes de contenció imposa sol·licitacions significatives, fàcilment ponderables amb les indicacions dels gràfics, segons si es tracta de sòls coherents o granulars

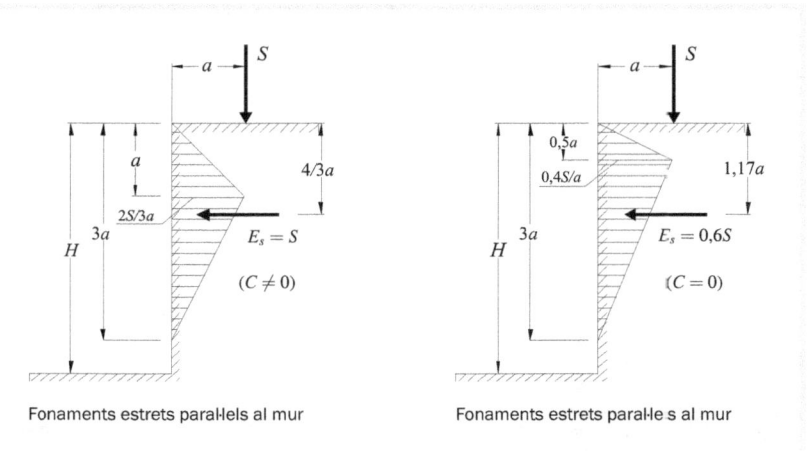

Fonaments estrets paral·lels al mur   Fonaments estrets paral·lels al mur

10 Conceptes bàsics per comprovar el disseny dels murs de contenció

A continuació, es detallen un conjunt d'aspectes que cal considerar en la comprovació del disseny dels murs de contenció. Es justifiquen els procediments de tipus semiempíric que s'utilitzen per tal de facilitar una resolució rigorosa però pràctica del problema.

Cal partir de la base que un mur de contenció, fins i tot dins d'una mateixa tipologia, es pot resoldre correctament dins una forquilla de solucions.

Es tracta d'abordar, de forma senzilla, un problema complex pel seu plantejament multifactorial, en què incideix una àmplia sèrie de factors com:

– El sòl i els seus paràmetres geotècnics.
– La presència o no d'aigua.
– La necessitat o no d'estanquitat.
– Les condicions d'entorn quant a l'estimació de sobrecàrregues.
– Les característiques mecàniques dels materials escollits per realitzar-ho.
– El nivell de control previst durant l'execució.
– Els mitjans tecnològics per dur-ho a terme.
– La tipologia del mur.
– La geometria adoptada.

Els aspectes precedents fan aconsellable, per simplificar el problema, partir d'un predimensionament. El predimensionament permet comprovar, a partir de les hipòtesis de partida, la solució inicialment plantejada a bolc, a lliscament, i la compatibilitat de tensions sabata-sòl.

La figura 7.7 mostra esquemàticament les comprovacions que cal realitzar per garantir que la geometria del mur és adequada. Cal advertir

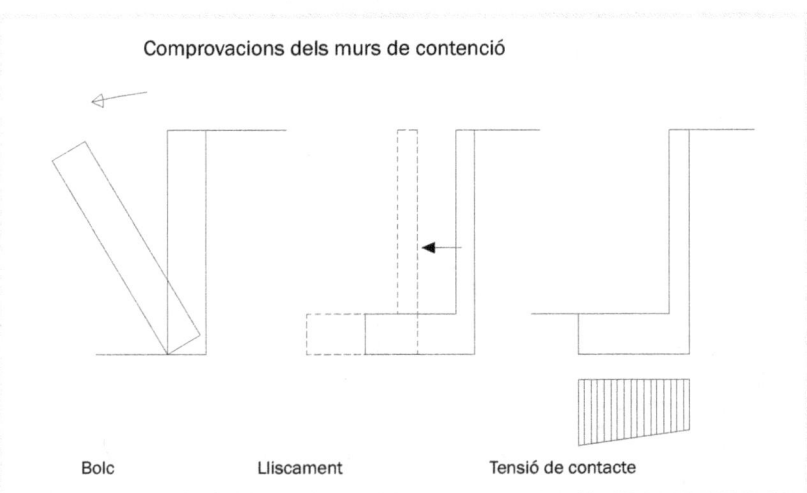

|7.7|
Comprovacions de tipus general que s'han de realitzar sobre els murs de contenció

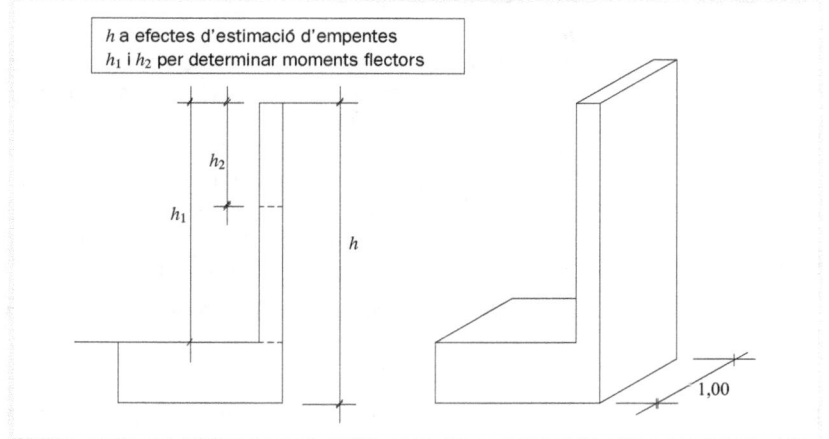

|7.8|
Les verificacions sobre els murs de contenció no es realitzen en el pla. Es considera una porció unitària de mur tal i com es detalla en el gràfic

que el gràfic del bolc és una convenció. Respon al sentit dels girs que teòricament provocarien les empentes. La fallida real d'un mur es produeix per desplaçament del seu peu.

Resulta important destacar que es treballa sempre amb una porció unitària de mur, equivalent a un metre lineal (vegeu la figura 7.8). Les empentes i els valors mecànics que es determinen ho són per metre lineal. D'aquesta forma, és fàcil extrapolar el conjunt de resultats a la totalitat del mur.

Per tal de determinar el valor de les empentes (figura 7.8), es considera com alçada de la contenció el valor "h" que inclou el cantell de la sabata. Per establir els moments flectors en la pantalla, es considera el valor màxim a la fondària h_1, en la qual es produeix la transició sabata-pantalla i, si escau, el d'una secció intermèdia a una fondària h_2.

La primera aproximació, de tipus geomètric, es realitza per mitjà del predimensionament establert (figura 7.9), en funció del tipus de mur.

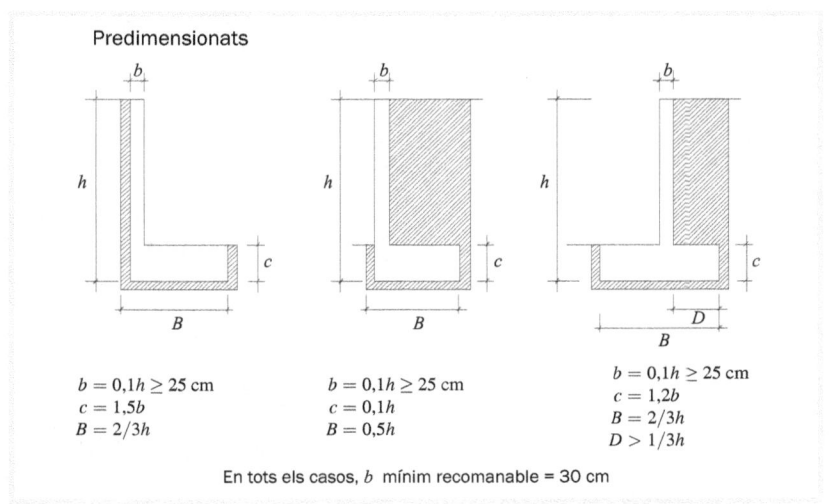

|7.9|
Esquema de predimensionaments de les diferents tipologies de murs de gravetat a flexió

11 Estabilitat al bolc

A la figura 7.10, es representa, de forma esquemàtica, una contenció. Per tal, a efectes de determinar-ne'l la estabilitat al bolc, són necessaris els paràmetres següents.

P = resultant del pes dels elements de la contenció amb capacitat per equilibrar el sistema: sabata, pantalla, eventual prisma de terres, càrregues estables sobre el coronament del mur, etc.

b = braç mecànic del moment de contra bolc "m_{cb}".

$$m_{cb} = P \cdot b$$

E = resultant de les empentes de terres, aigua, sobrecàrregues, etc.

h = braç mecànic del moment de bolc, "m_b".

$$m_{cb} = E$$

L'equilibri estricte es produeix quan:

$$m_b = m_{cb}$$

Habitualment, s'adopta un coeficient de seguretat al bolc d'1,80. Per tant, per garantir l'estabilitat al bloc s'ha de complir:

$$E \cdot h \cdot 1{,}80 \leq P \cdot b$$

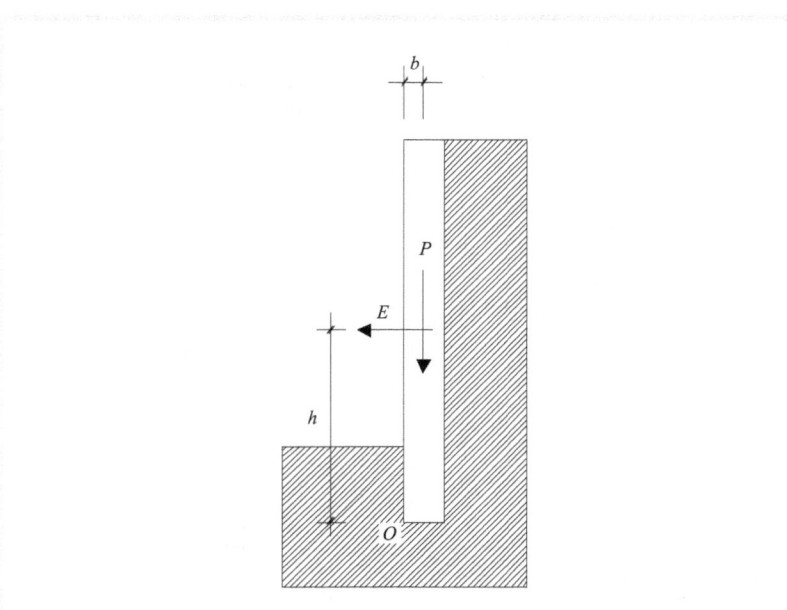

|7.10|
Diagrama d'estabilitat al bolc.
Equilibri estricte

Cal considerar que s'han de complir simultàniament les tres condicions d'estabilitat: bolc, lliscament i tensió admissible, ponderades pels seus coeficients de seguretat respectius. Per tant, si el valor 1,80 se supera lleugerament en un primer tanteig, és preferible passar a la comprovació del lliscament abans que ajustar la geometria del mur respecte del bolc.

Les alternatives, en més o en menys, segons el valor obtingut de coeficient de seguretat al bolc s'indiquen a la figura 7.11.

Modificar la longitud de la sabata és una de les alternatives, ja que varia la posició del punt de presa de moments i el pes de la sabata.

Una altra opció és modificar el pes de la contenció incidint en la geometria del mur. Es manté, en aquest supòsit, la posició del punt de presa de moments. El marge de maniobra és relativament reduït.

Si existeix la possibilitat d'incorporar un prisma de terres a la contenció per mitjà d'un canvi de mode de mur, es pot optimitzar el dimensionament de la sabata. Per poder-hi incorporar un prisma de terres com a element equilibrant, cal que el taló tingui una mesura mínima de prop d'un metre. Talons més reduïts no garanteixen el comportament conjunt del prisma de terres. Es poden produir arrencaments locals que alterarien les condicions d'estabilitat.

Finalment, es poden efectuar combinacions entre les alternatives proposades.

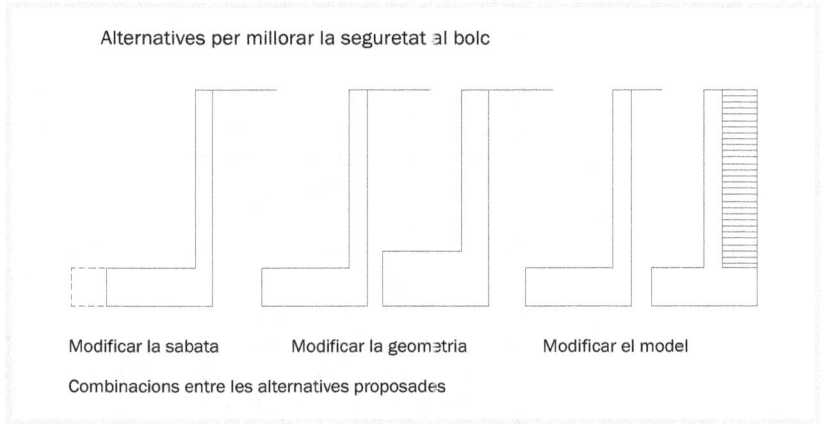

|7.11|
Alternatives de disseny per ajustar el predimensionament respecte de l'estabilitat al bolc

12 Estabilitat al lliscament

A la figura 7.12 es representa, de forma esquemàtica, una contenció. En ella, per tal de determinar l'estabilitat al lliscament, són necessaris els paràmetres següents:

E = resultant de les empentes

P = pes del mur, sobrecàrregues permanents i eventuals prismes de terres

F = fregament sòl-sabata (Tn/ml)

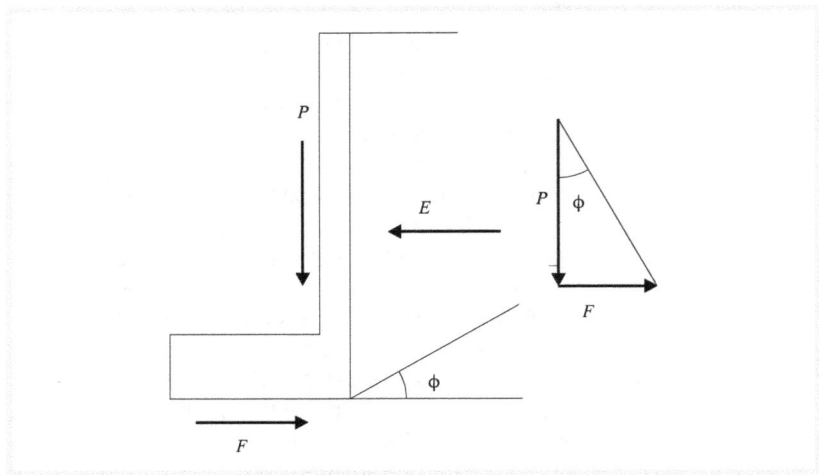

|7.12|
Diagrama d'estabilitat al lliscament. Equilibri estricte

$$F = P \cdot \mathrm{tg}\,\phi$$

L'equilibri estricte es produeix quan $F = E$

Coeficient de seguretat emprat habitualment: 1,25.

Per tant, $F = P \cdot \mathrm{tg}\,\phi \geq E \cdot 1{,}25$.

Observeu que, per tal de verificar el lliscament, no es té en compte la mobilització d'empenta passiva del front de la sabata, malgrat que aquesta habitualment està encastada en el sòl.

Les raons d'aquesta forma d'actuar són diverses:

- En les fases inicials de la vida útil del mur, les terres del front poden estar remogudes i sense compactar, raó per la qual no poden aportar mobilització de passiu.
- Cal garantir al mur un grau d'estabilitat suficient per desenvolupar, si és necessari, treballs al peu de la sabata sense necessitat d'adoptar mesures especials.
- S'utilitza un coeficient de seguretat relativament baix: 1,25, que s'ha d'entendre com un paràmetre mínim garantit per evitar el lliscament. El coeficient de seguretat s'incrementarà a mesura que es consolidi el sòl en el front de la sabata.

Segons el grau d'aproximació obtingut en el predimensionament de la geometria del mur a efectes de lliscament, els mecanismes de correcció a l'abast s'exposen a la figura 7.13.

La primera opció consisteix a donar un angle de talús α a la base de la sabata. S'aconsegueix així incrementar la força equilibrant de lliscament T, el valor T'. Es tracta d'una solució eficaç i simple d'executar. Pràcticament no s'hi han de modificar les armadures i l'escreix de formigó no es significatiu.

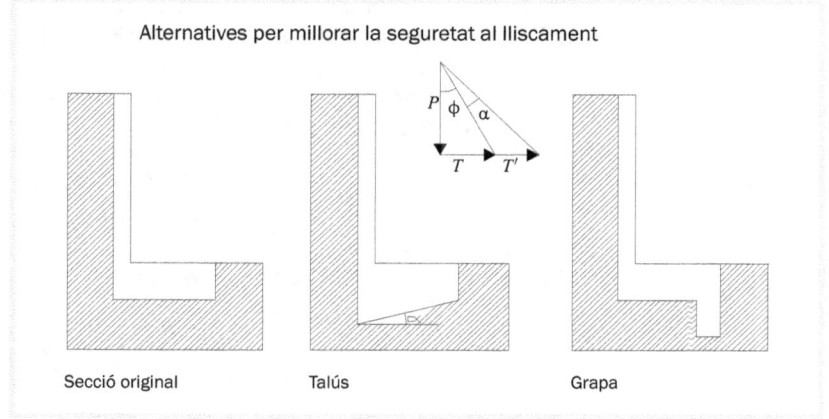

|7.13|
Alternatives de disseny per ajustar el predimensionament respecte de l'estabilitat al lliscament

La segona alternativa consisteix a dissenyar una grapa per tal de poder comptabilitzar, en la zona d'aquesta situada per sota del pla de la sabata, la mobilització de passiu. Requereix una excavació més acurada i resulta més complexa d'aferrallar que la primera.

13 Comprovació de les tensions en la base de la sabata

La comprovació de les tensions a la base de la sabata es fa a partir de determinar l'excentricitat e de la component vertical N de la resultant de les empentes i les forces verticals que contribueixen a l'equilibri del mur respecte el eix de la sabata.

A la figura 7.14 es mostra l'esquema de treball d'un cas genèric en el que es mostra la conveniència de descompondre els elements del mur: sabata, pantalla i eventuals prismes de terres. A cadascun d'ells s'assigna un pes i un braç mecànic, $b_1, b_2, \ldots, b_n$.

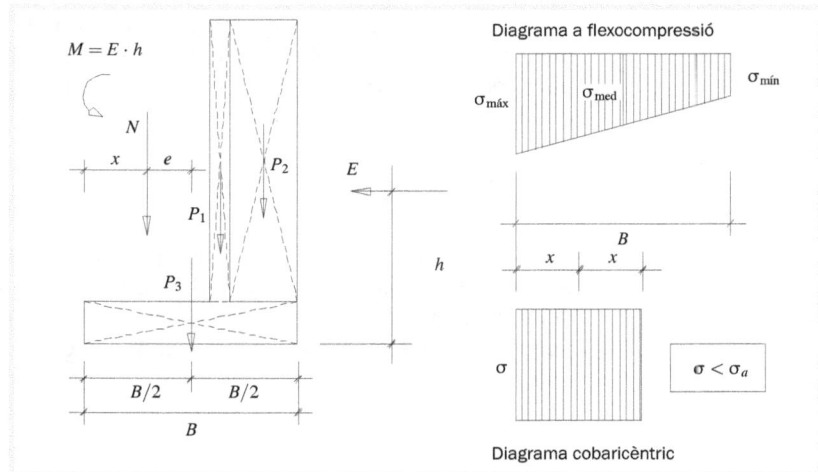

|7.14|
Esquema conceptual d'accions i diagrames de tensions de contacte a la base de la sabata

Per al conjunt d'empentes cal actuar de la mateixa manera. A la figura 7.14 s'ha esquematitzat la resultant E de les empentes amb un braç mecànic h. Aquestes generen un moment $M = E \cdot h$.

De forma general, prenent moments respecte del costat esquerre de la base de la sabata, es té:

$$x = \frac{P_1 \cdot b_1 + P_2 \cdot b_2 + \cdots + P_n \cdot b_n}{\sum (P_1 + P_2 + \cdots + P_n)} - M$$

L'excentricitat e s'obté per la diferència:

$$e = \frac{B}{2} - x$$

L'excentricitat e genera una tensió màxima $\sigma_{màx}$ i una tensió mínima $\sigma_{mín}$ als extrems de la sabata. Aquests valors determinen, d'acord amb l'expressió de la flexocompressió:

$$\sigma = \frac{N}{A} \cdot \left(1 \pm \frac{6e}{B}\right)$$

Si es considera que s'analitza un metre lineal de mur, la secció A de la base de la sabata, en cm^2 serà $A = B \times 100$ cm. Per evitar confusions i errors en els resultats, es recomana emprar com a unitats kg i cm.

S'accepta que la tensió màxima a la base de la sabata pugui arribar a superar fins un 25% la tensió admissible fixada pel sòl, sempre que la tensió mitjana sigui inferior a la tensió màxima admissible, σ_a, de contacte entre sabata i sòl.

Aquesta tolerància percentual és deguda al fet que la tensió admissible tan sols se supera en un sector de la sabata i al fet que la tensió màxima admissible σ_a es determina, a partir de l'equació de Terzagui respecte del col·lapse del sòl, amb un coeficient de seguretat 3. Es disposa, per tant, d'un marge ampli de seguretat que no es veu substantivament afectat per l'escreix indicat.

Una forma ràpida de comprovar la tensió mitjana sota la base de la sabata és la que es dibuixa a la part inferior dreta de la figura 7.14. A partir de l'excentricitat es determina la secció isoperimètrica, de forma que la tensió resultat respon a l'expressió:

$$\sigma = \frac{N}{2x \cdot 100}$$

S'ha de complir que el valor obtingut de σ sigui igual o inferior a la tensió admissible pel sòl, σ_a. Habitualment, la verificació de la tensió admissible no sol comportar la necessitat d'alterar la geometria. La major exigència dimensional acostuma a produir-se per garantir que el mur no llisqui.

14 Murs subjectats en cap

Els murs subjectats en cap són una variant dels murs a flexó. Es donen en la construcció d'edificis amb un únic soterrani. Presenten la particularitat, respecte dels murs en voladís, que la pantalla està sotmesa a moments negatius a la zona de contacte amb la sabata i a moments positius a la zona central de la pantalla.

Si bé habitualment es realitza una unió hiperestàtica entre sostre i mur, a la pràctica, es considera que el sostre actua com una ròtula. Aquesta hipòtesi suposa moment zero en l'encontre sostre-mur. El moment positiu, al centre de la pantalla, resta per aquesta raó del costat de la seguretat.

El valor pràctic del moment de la unió hiperestàtica entre sostre i mur s'estableix dividint per quatre el moment positiu màxim de a pantalla.

Per tal d'establir les sol·licitacions que facilitin el disseny constructiu, se sol simplificar el diagrama habitual en forma de trapezi, que incorpora empentes de terres i de sobrecàrregues, per un de rectangular de superfície equivalent.

A més de facilitar el càlcul, el rectangle desplaça lleugerament la resultant en direcció al recolzament del sostre. Es produeix un lleuger increment del moment positiu a la pantalla. Els resultats obtinguts resten, un cop més, del costat de la seguretat.

A la figura 7.15 es mostra un gràfic comparatiu dels diagrames de moments entre un mur en voladís i un de subjectat en cap.

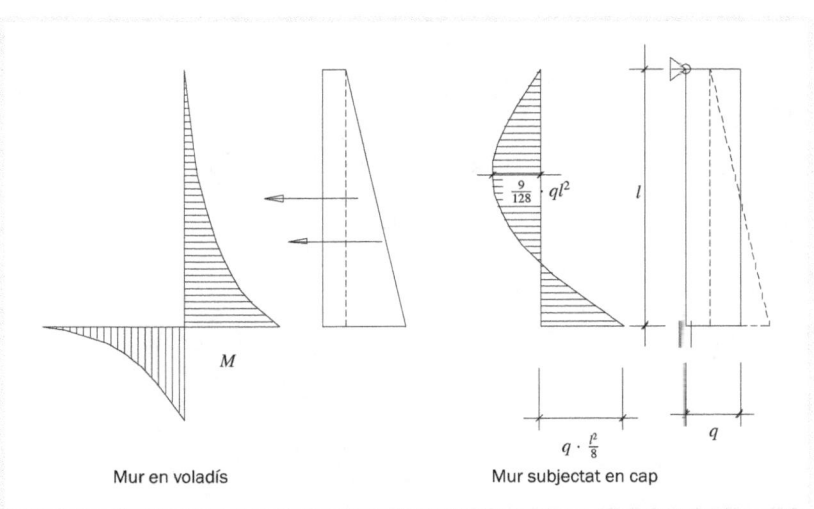

|7.15|
Diagrama de comparació de moments d'un mur en voladís i de l'equivalent subjectat en cap

Mur en voladís   Mur subjectat en cap

En el mur subjectat en cap els moments màxims s'obtenen de les expressions:

$$M_{\text{màx}}(+) = \frac{9}{128} \cdot ql^2$$

$$M_{\text{màx}}(-) = q \cdot \frac{l^2}{8}$$

Observeu al gràfic de l'esquerra la transformació pràctica de l'empenta de les terres (diagrama triangular) en un diagrama rectangular d'àrea equivalent per tal de simplificar els càlculs. Suposa un lleuger increment del moment positiu.

Amb el mateix diagrama el mur en voladís tindria un moment màxim de valor $ql^2/2$. El moment a l'encontre amb la sabata és quatre vegades més gran que al mur subjectat en cap.

15 Disposició de les armadures en els murs flectats en voladís

La figura 7.16 mostra la disposició habitual dels armats en els murs flectats en voladís. Malgrat el cantell més gran que tenen les sabates respecte de les pantalles tant per raons constructives com per respectar les quanties geomètriques mínimes se sol perllongar l'armat de les pantalles en les sabates.

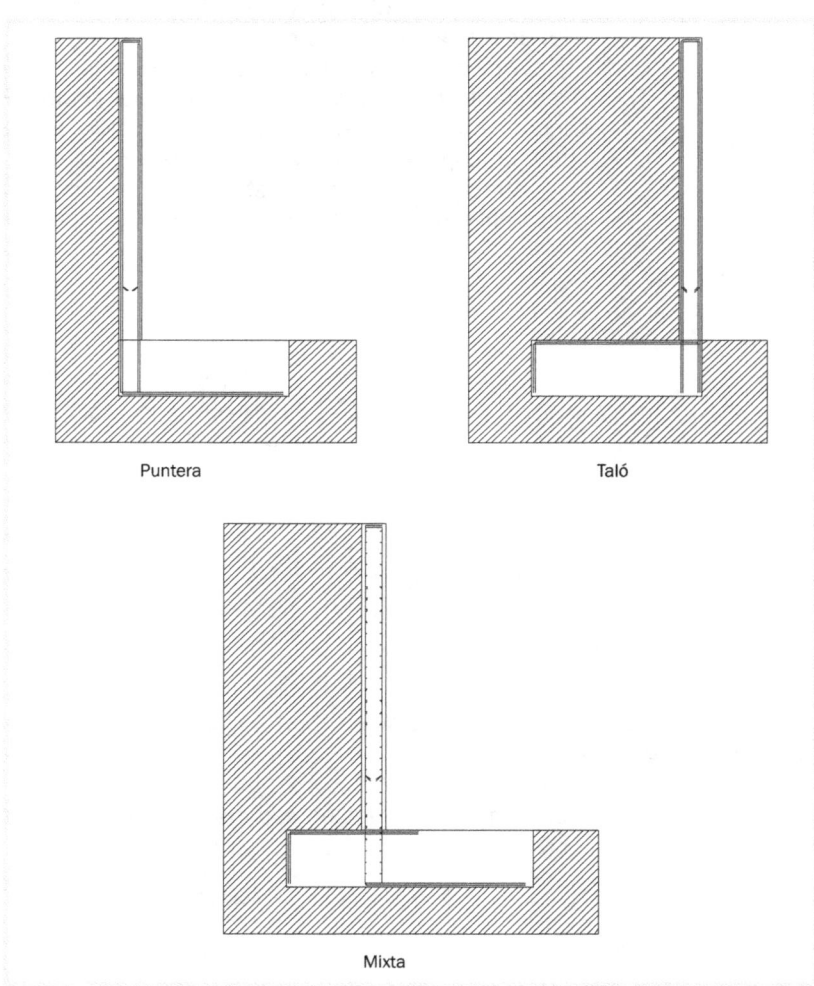

|7.16|
Esquema de disposició d'armadures en els murs de gravetat a flexió

El formigonatge dels murs es fa, com a mínim, en dues fases. La primera fase correspon a la sabata. Observeu, a la figura 7.17, la necessitat de preparar una armadura d'espera per tal de solapar, un cop formigonada la sabata, l'armadura corresponent a la pantalla.

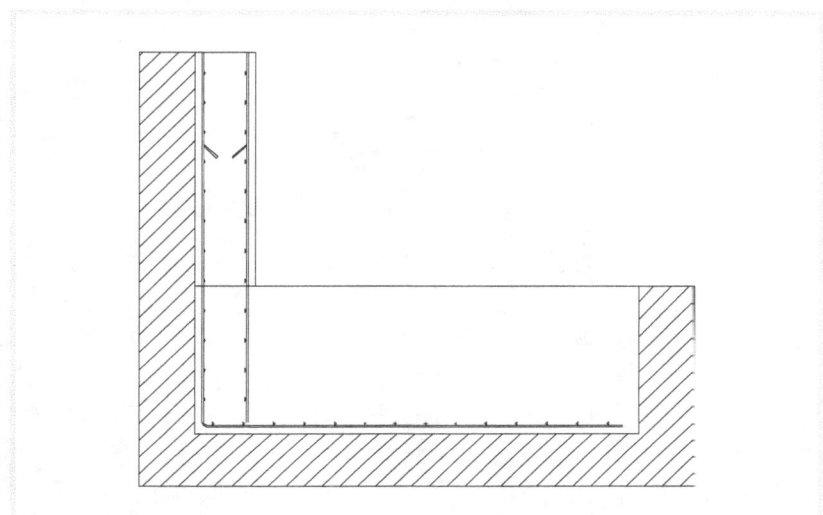

|7.17|
Detall de la disposició de les armadures d'espera a la sabata per tal de connectar-les, per solapament un cop formigonada la sabata, amb les de la pantalla

murs pantalla. aspectes de disseny constructiu i de dimensionament

1 Introducció

Al capítol 5 (Tipologies i tècniques de construcció dels sistemes de contenció de terres), apartat 2.3.6 (Murs pantalla. Introducció i tipus de murs pantalla), s'ha tractat sobre aspectes genèrics d'aquest mètode de contenció de terres i el ventall de possibilitats tipològiques que pot assolir, tant en les fases d'excavació com en la de servei.

A l'apartat 2.3.7 (Prestacions exigibles als murs pantalla), s'ha fet referència a les qualitats tècniques i formals pròpies dels murs pantalla, correctament executats, i la manera d'aconseguir-les.

Finalment, a l'apartat 2.3.8 (Tipus de murs pantalla), s'exposen les possibilitats i els límits d'aplicació dels diferents tipus de murs pantalla, tant durant les fases de buidatge del vas com de servei.

Aquest capítol tracta, de forma detallada, els aspectes relatius a l'execució, al disseny constructiu i als criteris de dimensionament dels diferents tipus de murs pantalla.

2 Protocol d'execució dels murs pantalla i formació del vas

Aquest apartat té per objecte descriure i comentar els processos que cal seguir per a la construcció d'un mur pantalla de forma genèrica. Es donen per descomptats la realització de l'estudi geotècnic i el coneixement, per part del projectista, de les possibilitats d'execució del sistema.

Per tant, es parteix, de la disposició d'un projecte executiu correctament desenvolupat i coherent en la seva documentació, gràfica i escrita; plànols memòria, amidaments i plec de condicions; realitzat d'acord amb les prescripcions del CTE.

El protocol genèric per a l'execució del mur pantalla i la formació del vas comprèn els apartats següents:

1. Implantació de l'obra i condicions de seguretat
2. Preparació de les plataformes de treball. Eliminació d'obstacles aeris
3. Replantejament general. Replantejament i construcció dels murets guia

4. Fase de perforació, armat i formigonatge dels batatges

   4.1. Preparació dels llots bentonítics (opcional segons condicions de sòl)
   4.2. Perforació
   4.3. Col·locació dels elements de junt
   4.4. Introducció de les gàbies d'armadura
   4.5. Formigonatge i recuperació dels llots bentonítics (si procedeix)
   4.6. Extracció de l'element de junt

5. Sanejament de la zona superior del mur pantalla
6. Construcció de la biga de coronació
7. Excavació del recinte i col·locació d'ancoratges provisionals
8. Neteja o fresatge dels panells
9. Execució de la fonamentació del fons del vas i inici de l'estructura
10. Fixació de sostres al mur pantalla
11. Supressió dels ancoratges provisionals i regularització dels paraments

2.1 Implantació de l'obra i condicions de seguretat

La realització del vas forma part, després dels treballs d'implantació, del primer conjunt d'activitats de la planificació de l'obra dins del "paquet" constituït pel; moviment de terres, les contencions i l'estructura.

Dur a terme l'execució del vas requereix, prèviament, implantar sobre el terreny una sèrie d'elements d'estructura logística d'acord amb les previsions de l'estudi de seguretat i salut i les del corresponent pla de seguretat i salut, desenvolupat per l'empresa adjudicatària de la obra.

El propòsit d'aquests documents és possibilitar l'execució física dels treballs, en les condicions tècniques adequades, i garantir els aspectes relatius a la seguretat per al personal, béns de la pròpia obra i de tercers.

La protecció del perímetre de l'obra amb tanques i les senyalitzacions de seguretat als accessos són indispensables per iniciar qualsevol treball.

Els subministraments d'aigua, electricitat, connexió al clavegueram, serveis higiènics, i la presència d'una caseta per al personal i una altra per a l'oficina tècnica, han d'estar garantits abans de l'inici d'obra.

En les fases inicials, es pot recórrer a solucions de caràcter provisional, com grups electrògens, lavabos químics o el subministrament d'aigua per mitjà de camions cisterna, per citar-ne les més habituals.

No sempre es disposarà d'espais per a instal·lar les casetes ni per a aplecs. En aquestes situacions, cal programar el moviment d'aquests elements segons les necessitats d'obra. Cal preveure, dins del capítol d'implantació d'obra, intervencions de grues automòbils per realitzar aquestes tasques. Si és possible, s'ha de coordinar la presència d'aquestes grues amb la realització d'altres activitats per optimitzar el seu servei a l'obra.

2.2 Preparació de les plataformes de treball. Eliminació d'obstacles aeris

La realització de murs pantalla requereix, a més de la preceptiva neteja i esbrossada, una preparació prèvia del solar.

Una pantalladora convencional, per treballar en condicions adequades, requereix una plataforma anivellada de 12,00 metres d'amplada. Si cal treballar en zones més estretes o es pretén combinar el treball conjunt de dues màquines, o més, en solars de dimensions relativament reduïes, es pot optar, si les condicions de l'excavació ho permeten, per emprar excavadores sobre rodes dotades de culleres bivalves i braç prolongador (*batilon*).

En presència de nivells freàtics alts, ja sigui per mitjà d'esgotaments o recreixent el nivell original del sòl, cal que la plataforma de treball de la pantalladora estigui almenys un metre i cinquanta centímetres per sobre de la cota del nivell freàtic. Es disposa així, de pressió hidrostàtica suficient, per part dels llots bentonítics, per compensar la que exerceix l'aigua freàtica. El nivell de la plataforma de treball coincideix, habitualment, amb el pla superior dels murets guia.

Disposar una solera de graves en les zones de treball de les pantalladores acostuma a ser una bona mesura prèvia per evitar problemes de maniobrabilitat en sòls argilosos. Haver-la d'aplicar quan el fang s'ha produït suposa manca de previsió i una despesa més gran. Caldria preveure aquestes necessitats en els estats d'amidaments o, si més no, fer-ne referència oportunament en la memòria constructiva.

2.3 Replantejament general. Replantejament i construcció dels murets guia

La realització correcta d'un vas requereix començar amb un replantejament general. Aquest té per objecte traslladar sobre el terreny, de forma acurada, les prescripcions, quant a disposició d'eixos de replantejament i les dimensions generals del projecte.

Amb la intervenció d'un topògraf, s'ha de fixar els eixos de replantejament amb referències clares per a consultes posteriors. Aquestes, perfectament senyalitzades, s'han de situar en llocs que no restin afectats pels treballs. S'assenyalarà també un punt fix de referència per a les cotes d'altimetria i la posició dels punts significatius amb les seves cotes respectives.

Sobre la base del replantejament general, es construiran els murets guia. Els murets guia tenen, en primer lloc, la doble funció de guiar la cullera bivalva i estabilitzar les parets de la part superior de la rasa. Amb la seva construcció, s'eviten caigudes de terres a l'interior de la rasa durant la introducció de les culleres.

Els murets guia acompleixen també altres missions. Ajuden a posicionar adequadament, quant al nivell, les armadures, en especialment si han de quedar suspeses. Poden servir, finalment com a elements de reacció per facilitar l'extracció d'elements de junt que hagin pogut quedar fortament enganxats al formigó i no es puguin retirar amb la tracció de la pantalladora.

El dimensionament dels murets guia depèn, fonamentalment, de les característiques del sòl a la superfície. També intervenen en el seu disseny l'amplada prevista per als batatges i el pes de la cullera que s'empri. A partir d'aquests paràmetres, els murets guia poden tenir fins a 150 cm d'altura. Les mesures més habituals oscil·len entre els 50 i 80 cm d'altura. Les amplades, entre 30 i 40 cm.

La separació entre vores dels murets guia, en funció del tipus de cullera, té una franquícia d'entre 2 i 5 cm respecte de la mesura nominal del mur pantalla.

Els murets guia es construeixen amb formigons de baixa resistència, emprant entre 200 i 300 kg/m^3 de ciment en la seva confecció. S'armen lleugerament per facilitar-ne l'enderroc un cop acomplertes les seves funcions. Cal preveure, en l'estat d'amidaments, tant les partides de confecció com les d'enderroc i transport a l'abocador.

La fotografia inferior mostra l'encofrat habitual d'un muret guia aprofitant el propi sòl com a cara d'encofrat. Sobre el solar esbrossat i anivellat s'obre una rasa. A la zona central d'aquesta es col·loquen els taulers d'encofrat amb estaques prèviament clavades per la seva cara interior. Aquestes emergeixen uns 15 cm sota l'aresta inferior dels taulers, cosa que permet fixar-los en posició vertical sobre el terreny per mitjà de cops de maceta aplicats sobre les estaques (figura 8.1).

|8.1|
Fases d'execució d'un muret guia: obertura de rasa, col·locació de l'encofrat, ferrallat i formigonatge

El conjunt s'estabilitza enllaçant amb cabirons els dos taulers enfrontats i disposant regularment estampidors per evitar moviments de l'encofrat durant el formigonatge. En els espais residuals entre les parets de la rasa i els taules es col·loquen les armadures.

A la figura 8.2, es pot apreciar l'aspecte dels murets guia a punt per la perforació dels batatges, un cop retirat l'encofrat.

|8.2|
Sector de muret guia en condicions d'iniciar la perforació dels batatges. Observeu el solapament de les tasques per evitar temps morts

2.4 Fase de perforació, armat i formigonatge dels batatges

La fase de perforació, armat i formigonatge dels batatges s'ha d'organitzar i desenvolupar en forma de cicle continu per tal d'optimitzar el rendiment de les operacions i evitar temps morts durant el procés d'execució.

Cal considerar, a més, la necessitat constructiva d'obrir i formigonar ràpidament els batatges per tal d'evitar desmoronaments en les parets de les rases. Els desmoronaments se solen produir per pèrdua de cohesió a causa del dessecament del sòl en contacte amb l'aire.

Per facilitar l'execució de la perforació, l'armat i el formigonatge dels batatges, s'ha de disposar de documentació gràfica en la qual figurin les dimensions previstes per aquests i el seu ordre d'execució. Aquesta documentació ajuda a controlar la quantitat d'obra executada.

El control de producció és bàsic per establir, en el temps, la previsió i la disposició en obra de les gàbies d'armadura i la coordinació del procés de formigonatge. En condicions normals, una pantalladora l'equip de formigonatge corresponent realitzen la perforació i el formigonatge de dos batatges per dia (aproximadament, uns 5,00 metres lineals).

2.4.1 Preparació dels llots bentonítics

Sempre que les condicions de sòl ho permetin, la perforació s'ha de fer sense la presència de llots bentonítics. Emprar-los suposa un cost afegit en temps i diners. La seva utilització s'ha de reservar, únicament, per a aquelles situacions en les quals, per les condicions objectives del sòl, resultin imprescindibles.

La bentonita és un tipus d'argila d'una gran finor en els seus grans. Barrejada amb aigua, dóna lloc a solucions col·loïdals. Les propietats d'aquestes dites solucions són:

Estabilitat de la suspensió. Un cop efectuada la barreja de l'aigua amb l'argila, no es produeixen decantacions, ni tan sols en períodes de temps prolongats, de l'ordre de setmanes.

Forta alcalinitat. El pH dels llots bentonítics és, igual que el del formigó, marcadament àlcali, entre 8,5 i 11. Aquest és un aspecte positiu ja que la immersió de les armadures en els llots contribueix a passivar-les.

Formació del "cake". Sobre les parets de la rasa, es forma, quan la bentonita hi entra en contacte, una pel·lícula poc permeable i prima, anomenada "cake". El "cake" produeix la obturació dels porus del sòl, evita fuites de llots i manté, amb major estabilitat, el nivell del fluid de perforació. La formació del "cake" millora la qualitat de la superfície dels paraments dels batatges.

Tixotropia. La tixotropia és una propietat complexa que tenen els fluids dotats de viscositat i cohesió. En el cas dels llots bentonítics aquesta propietat comporta que, un cop fixats als paraments de la excavació la pel·lícula protectora resultant, el "cake", no es desprèn.

La viscositat dels llots bentonítics es controla en obra per comparació. L'estri utilitzat és el con de Mash. Es tracta d'un embut que, omplert d'aigua destil·lada a 20°C, tarda 26 segons a buidar-se. Un llot bentonític té una viscositat correcta quan triga entre 32 i 35 segons per buidar el con de Mash, si bé el CTE estén el marge fins a 50 segons per al llot fresc i fins a 60 segons per el reutilitzat.

Increment de la funció estabilitzadora. Els llots es preparen en suspensions en aigua entre el 5 i el 6% en pes. Suposa afegir entre 50 i 60 kg de bentonita per metre cúbic d'aigua. La densitat dels llots, un cop preparats, ha de ser inferior a 1,10 kg/dm^3. Els valors més freqüents es situen al voltant d'1,05 kg/dm^3 ó g/cm^3.

Quan s'utilitzen llots bentonítics, es produeix un xoc d'interessos entre les necessitats de contenció i les de formigonatge, quant a la densitat dels llots. Un llot, quant més dens és, més afavoreix l'estabilitat de les parets de la rasa. Un excés de densitat en els llots, en canvi, és contraproduent per formigonar, ja que es veu reduïda la pressió hidrostàtica neta del formigó.

La densitat de la barreja de bentonita i aigua abocada a la rasa es controla amb una balança de llots, instrument de mesurament de pesos preparat per contenir una mostra de llots de volum conegut. L'increment de densitat que proporciona la presència de bentonita a l'aigua fa que els llots exerceixin, a igualtat de columna, una pressió hidrostàtica superior a la del aigua en estat natural.

Dificultat de preparació. La finor extraordinària dels grans de bentonita fa que la barreja amb l'aigua es produeixi quasi a nivell molecular. Es requereix temps i ajuda mecànica per aconseguir-ne una barreja correcta. Cal preveure, a l'obra, l'espai necessari per disposar de la quantitat suficient de producte preparat per atendre les demandes d'una jornada, més una reserva, per si es produeixen fuites inesperades durant la perforació.

Habitualment els llots es preparen amb 24 hores d'antelació al seu ús en uns tancs preparats a l'efecte, com els que es mostren a la figura 8.3. En la preparació dels llots s'han de controlar –com s'ha indicat–, la densitat i la viscositat.

|8.3|
Equip per a la preparació, el bombament, la recuperació i el filtratge de llots bentonítics

La retirada dels llots bentonítics de l'obra és un altre problema afegit. Els llots no són admesos en els abocadors de terres, raó per la qual es minimitza el seu impacte recuperant-los dels batatges, per tornar-los a emprar, a mesura que son desplaçats durant el formigonatge. Des del batatge són bombats a un tanc de decantació i filtrats abans d'utilitzar-se de nou.

Els llots regenerats son sotmesos, a més de les comprovacions de densitat i viscositat, a un control de presència de sorra. Quan el material retingut pel garbell 200 és superior al 3%, cal regenerar el llot.

L'objectiu de les operacions de control de llots, a més de garantir les prestacions dels llots, és evitar la sedimentació de grans de sorra al damunt de les barres horitzontals de les gàbies. La seva presència no es desitjable perquè en resta afectada l'adherència del formigó a les barres.

2.4.2 Perforació

La perforació es realitza sempre per mitjà de culleres bivalves, d'amplada coincident amb la del mur pantalla que es vol construir. Les amplades habituals de les culleres són 45, 60 i 80 cm, si bé en obres públiques s'arriben a utilitzar culleres de fins a 150 cm.

Les culleres pesen entre 1 i 17 tones, en funció de l'amplada de la pantalla i la seva capacitat d'extracció. Les vores d'atac de les culleres poden ser rectes o semicirculars per tal d'adaptar-se al tipus de junt que es preveu realitzar entre batatges.

Les culleres tradicionals estan guiades i accionades per cables des de la màquina pantalladora. En actuar suspeses, la força de la gravetat i l'orientació que ofereixen els murets guia i els patins són determinants per obtenir, en condicions normals, la verticalitat del batatge.

La verticalitat es pot perdre, amb relativa facilitat, si hi ha presència d'algun bloc o un estrat dur. En aquestes situacions, cal recórrer al trepant per travessar-los.

Les culleres més modernes, com les de la figura 8.4, a més d'estar accionades hidràulicament, estan guiades per un eix rígid, la verticalitat del qual es controla amb precisió instrumental des de la pantalladora. El sistema de guia és similar al que s'empra en les màquines de pilotar.

Es pot apreciar que s'està perforant amb llots. La pantalladora té escassa mobilitat i diposita al costat el producte de l'excavació. Aquest serà retirat i carregat per una excavadora auxiliar, habitualment de tipus universal.

|8.4|
Pantalladora de darrera generació, dotada amb un sistema de guiatge de la cullera amb eix rígid i accionament hidràulic

Abans d'introduir les armadures en el batatge es controlarà que el fons de la excavació estigui net de detritus de la pròpia excavació. La perforació dels batatges es realitza, habitualment, a una fondària uns 20 cm superior a la longitud de la gàbia d'armadures. Es fa així davant d'eventuals despreniments que es puguin produir durant la seva col·locació i es garanteix un recobriment adequat de les armadures en el fons de la rasa.

Si es produeixen desmoronaments importants a les parets de la rasa, ja sigui per pèrdua dels llots bentonítics o per discontinuïtats en el sòl, s'ha de reomplir la rasa amb morter pobre. Quan aquest s'hagi endurit prou per mantenir la verticalitat, es tornarà a excavar el batatge.

El morter pobre servirà de revestiment estabilitzador de les parets de la rasa abans de procedir al formigonatge.

2.4.3 Col·locació dels elements de junt

Un mur pantalla es realitza per mitjà de batatges construïts sense possibilitat de tenir un una control visual directe de moltes de les operacions. Cada batatge disposa de dos junts, que constitueixen el contacte amb els seus veïns. Si es vol aconseguir un bon grau d'estanquitat i continuïtat en el parament del mur pantalla, cal disposar, als extrems dels batatges, un element de junt. La seva funció principal és que a superfície d'unió entre formigons quedi neta per tal de garantir-ne un bon contacte.

A la figura 8.5 es mostren quatre models de junt. El primer i el segon són els més habituals. Estan formats en el primer cas, per un tub d'acer de diàmetre coincident amb el del mur pantalla i, en el segon, per un tub amb aletes.

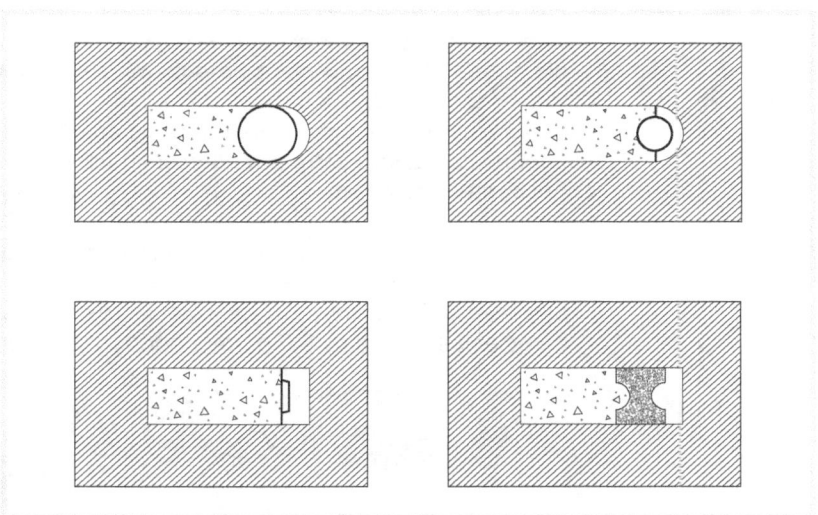

|8.5|
Tipologia de junts entre batatges: tub, tub amb aletes, palplanxa, junt prefabricat perdut

El tercer model està constituït per una palplanxa de l'amplada del mur pantalla. És el junt més senzill d'executar per la seva superfície menor de contacte i, per contra, el que menys garanties ofereix d'aconseguir estanquitat. S'utilitza, preferentment, en pantalles per damunt dels 600 mm d'amplada, per fer compatible, amb les possibilitats de les grues, la força d'elevació necessària per recuperar la palplanxa.

En cas que la força d'elevació de les grues no sigui suficient per retirar un element de junt, cal recórrer a la utilització de gats hidràulics que reaccionen sobre els murets guia.

El quart model correspon a un junt prefabricat de formigó armat. A diferència dels tres primers, no s'ha d'extreure un cop el formigó té prou consistència per aguantar la verticalitat, aproximadament a partir de les vuit hores després del formigonatge.

Per facilitar-ne l'extracció, els elements de junt disposen de perforacions o ganxos a la part superior.

2.4.4 Introducció de les gàbies d'armadura

Les gàbies d'armadura dels batatges han de respondre a una sèrie de requeriments estructurals i funcionals.

Des del punt de vista estructural, la disposició de les armadures és el resultat de l'anàlisi de les sol·licitacions pèssimes, durant les fases de construcció i de servei, d'acord amb les prescripcions de la instrucció EHE i els coeficients de majoració que el CTE indica.

Les gàbies es poden fer en una o en diverses peces per tal de facilitar la seva manipulació, segons les mesures i la fondària dels batatges. Els diàmetres de les armadures i les separacions més freqüents són els següents:

Armadures longitudinals: rodons a partir de 16 mm de diàmetre fins a 32 mm
Armadures transversals: rodons a partir de 8 mm fins a 25 mm de diàmetre. Seria convenient no superar els 20 mm per la dificultat de formar els estreps.
Separació mínima entre armadures: igual a 10 cm
Separació màxima entre armadures: no hauria de superar els 25 cm
Recobriments: 7-8 cm

Funcionalment, és necessari que les gàbies d'armadura, aferrallades en posició horitzontal per qüestió de facilitat de muntatge, puguin ser elevades i dipositades al fons de la rasa sense patir deformacions apreciables. La figura 8.6 permet apreciar una gàbia en les fases finals

|8.6|
Gàbia en fase de muntatge a peu d'obra. La ferralla és subministrada de taller preformada. S'evita així transportar les gàbies muntades

|8.7|
Interior d'una gàbia d'armadura en procés avançat de muntatge. S'hi poden apreciar els enrigidors que permetran aixecar el conjunt sense deformacions significatives. En primer pla, a l'esquerra, un dels ganxos de suspensió

d'aferrallament amb les barres necessàries per al seu muntatge al fons.

Una gàbia d'armadures muntada ocupa una longitud i un volum considerables, fet que en dificulta el transport. Sempre que sigui possible, s'ha de portar a obra la ferralla preparada per ser muntada al propi solar.

Si al solar no és possible disposar d'espai suficient per realitzar el muntatge de les gàbies, cal considerar l'escreix de cost resultant i la logística necessària per garantir en obra, en temps i forma, la seva disposició.

També és necessari assegurar, tant en el disseny com en l'execució, la disposició d'espai a l'interior de les gàbies per al pas dels tubs formigoners.

És freqüent dotar les gàbies de ganxos soldats per tal de facilitar-ne l'elevació i la posada en obra. També se solen fer alguns punts de soldadura per afavorir la rigidesa. La figura 8.7 correspon a l'interior d'una gàbia. S'hi poden observar les armadures de rigiditat i els ganxos de suspensió pendents, encara, de la fixació definitiva amb soldadura.

En el disseny dels aferrallats de les gàbies, cal preveure una longitud lliure per tal de garantir, amb la longitud d'ancoratge fixada per l'EHE, l'enllaç de les barres verticals dins de la biga de coronació.

La figura 8.8 mostra una gàbia d'armadura suspesa del braç articulat d'una excavadora a punt de ser introduïda en el batatge. La figura 8.9 correspon als separadors de roda que cal disposar uniformement al llarg de la gàbia per tal de garantir-ne el centrat i els recobriments de les barres en formigonar.

|8.8|
Elevació de la gàbia d'armadura amb una grua per ser col·locada a l'interior del batatge

|8.9|
Separadors de roda. Es col·loquen al llarg de les cares exteriors del batatge per garantir el centrat de les armadures a l'interior de la rasa

També es poden emprar separadors fets amb cilindres de morter amb una perforació central. Tenen l'avantatge de ser més rígids que els de plàstic i l'inconvenient de requerir un tros de rodó, que els travessa, per fixar-los a la gàbia.

La disponibilitat d'eines de tall i de perforació del formigó, com també els sistemes d'ancoratge eficients, han fet desaparèixer pràcticament de les gàbies d'armadures dels batatges la col·locació d'esperes per fixar sostres o plaques per rebre estampidors provisionals durant la fase d'excavació del vas.

2.4.5 Formigonatge i recuperació de llots bentonítics

El formigó per a murs pantalla, a més de respondre a les especificacions de la instrucció EHE, ha de ser fabricat a la central amb un sistema de control de producció plenament implantat.

A causa de la tècnica habitual d'abocament, amb tub formigoner alimentat directament per la canaleta del camió formigonera, i de la dificultat d'aplicar vibració, els formigons que s'emprin han de tenir una gran plasticitat. Els cons d'Abrams s'han de situar en zona de consistència fluida, entre 160 i 220 mm. Idealment, no s'haurien de superar els 180 mm.

El contingut de ciment és important per garantir-ne la durabilitat d'acord amb les prescripcions de l'EHE. La quantitat mínima de ciment per a formigonats en sec se situa en 325 kg/m^3 i 375 kg/m^3 per a formigonats submergits. La relació aigua-ciment s'ha de situar entre els valors 0,45 i 0,60.

Una dosificació típica per m^3 s'obtindria amb:

Ciment	400 kg
Sorra	900 kg
Grava	900 kg
Aigua	140 l.

Amb aquesta dosificació, s'obtenen resistències de 20 N/mm^2 als 7 dies i de 30 N/mm^2 als 28 dies. Segons la instrucció EHE, d'acord amb les especificacions indicades, la matrícula tipus d'un formigó per a pantalles seria:

HA-30/B/IIa.

Les quantitats habituals de ciment, en els formigons per a murs pantalla, oscil·len entre 350 i 400 kg/m^3. Els diàmetres màxims dels àrids fluctuen entre els 32 i els 16 mm. S'han d'escollir en funció del gruix de les pantalles i del tub formigoner (*tremie*). Aquest ha de tenir un diàmetre interior sis vegades més gran que el de l'àrid i superior a 150 mm. El diàmetre exterior del tub *tremie* no pot superar el 50% de l'amplada de la pantalla ni el 80% de l'amplada interior de la gàbia d'armadures.

El nombre de tubs *tremie* que s'han d'utilitzar en un batatge ha de ser tal que el recorregut horitzontal del formigó es limiti a 2,50 m. Amb un sol tub, es poden formigonar batatges de fins a 5,00 m d'amplada.

La operació de formigonatge, per garantir una bona qualitat estructural, requereix seguir les normes següents:

- En començar a formigonar, s'ha de es col·locar el *tremie*, dotat d'un tap, recolzat en el fons de l'excavació. Amb aquesta precaució, s'evita el rentat del formigó de la primera tongada. Posteriorment, s'ha d'elevar el tub 20-25 cm.
- S'ha de mantenir el tub formigoner submergit en el formigó entre 2,00 i 3,00 metres. En aquestes condicions, el formigó es diposita en el batatge per pressió hidrostàtica. En presència de llots, és convenient incrementar el marge exposat d'immersió en un metre més. La raó d'aquesta forma de procedir és evitar la contaminació del formigó amb els detritus arrossegats per l'operació del formigonatge.
- La figura 8.10 permet apreciar el procés de formigonatge. El formigó té una densitat de 2.400 kg/m^3. Quan ascendeix, frega les parets de la rasa i arrossega detritus de sòl, el qual té una densitat inferior a 2.000 kg/m^3, raó per la qual sura damunt el formigó fresc. Les fraccions més fines del sòl es barregen amb el formigó fresc i el contaminen. Si s'aixequés en excés el tub formigoner, es podria barrejar el formigó amb detritus del sòl, raó per la qual cal mantenir els marges de seguretat indicats.

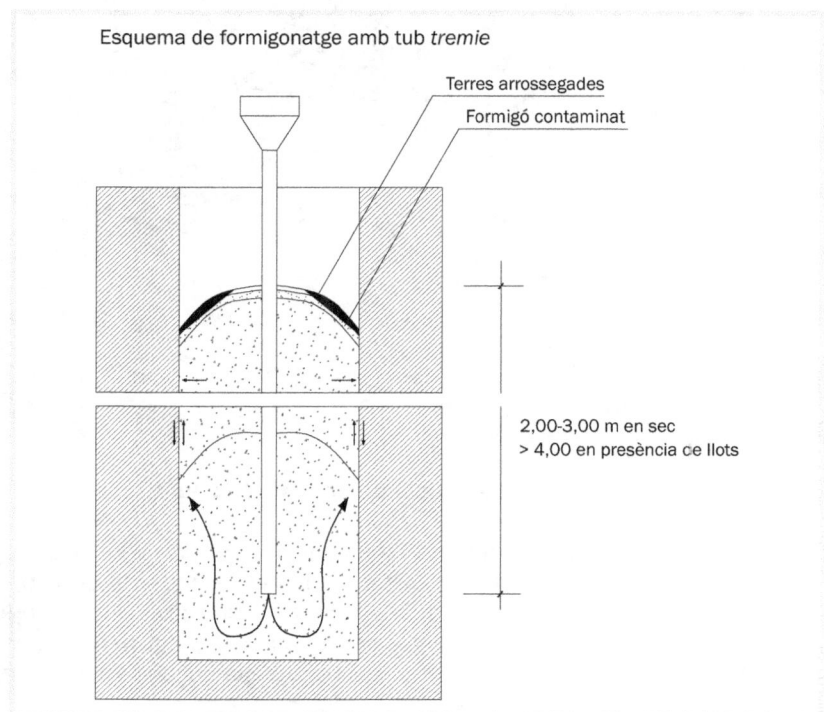

|8.10|
El formigó ha de fluir en sentit ascendent, conservant ensorrat el tub *tremie*. S'evita així la seva contaminació amb les terres procedents de les parets de la rasa. Aquestes són arrossegades per l'erosió ocasionada pel propi formigonatge

- El formigonatge s'ha de realitzar de forma ràpida i homogènia, abocant entre 20 i 25 m^3/hora, és a dir, entre tres i quatre camions per hora.
- La durada d'una operació de formigonatge no ha de ser superior a sis hores, si no s'adopten mesures especials respecte a la docilitat del formigó.
- El nivell del formigó s'ha de controlar sovint, durant el formigonatge, per mitjà d'una plomada. La relació entre el volum teòric i el realment consumit permet preveure la qualitat final dels panells. En sòls amb baixa cohesió, es poden produir consums reals de formigó superiors en un 25% als teòrics a causa dels despreniments. Aquesta eventualitat suposa un escreix de cost tant per l'increment de formigó com perquè es precís regularitzar el parament dels murs pantalla. L'estudi geotècnic hauria d'advertir d'aquesta circumstància i el projectista actuar en conseqüència en el moment de realitzar l'estat dels mesuraments.

En cas d'emprar llots bentonítics, a mesura que s'aboca el formigó, aquests s'han de bombar vers els tancs de decantació amb equips similars als de la fotografia per tal de controlar-ne el nivell.

|8.11|
Equip per al bombament de llots

2.4.6 Extracció de l'element de junt

L'extracció de l'element de junt ha de realitzar-se tan aviat com sigui possible per evitar l'adherència entre el formigó i el ferro. Cal esperar un mínim de 3 a 4 hores i un màxim de 8 hores, després d'acabat el formigonatge, per retirar-lo. Aquest període de temps permet que el formigó adquireixi consistència suficient per conservar la forma, un cop extret l'element de junt.

Normalment l'extracció dels elements de junt la realitza la pròpia grua que acciona la cullera. Si l'adherència entre l'element de junt és molt elevada i la grua no el pot extreure, s'utilitzen, com s'ha indicat, gats hidràulics. Aquests es recolzen sobre els murets guia, que actuen, en aquesta situació, com a elements de reacció.

En obres d'envergadura, en les quals treballen conjuntament diverses pantalladores, se sol reservar una grua per a la col·locació i l'extracció d'elements de junt i per a la manipulació de les gàbies d'armadura.

Els elements de junt estan dotats de passadors i cadenes o ganxos per facilitar la operació d'extracció. Per obtenir un bon junt entre batatges és precís que els elements de junt estiguin nets, sense presència d'òxid i amb una aplicació de desencofrant.

La figura 8.12 mostra un element de junt, preparat per a la seva extracció per mitjà d'un cable.

|8.12|
Element de junt preparat per a la seva extracció per mitjà de tracció efectuada amb la pròpia pantalladora o una màquina auxiliar

|8.13|
Tub *tremie* i elements de junt. Els elements de junt, per evitar que el formigó s'hi enganxi en excés, abans de fer-los servir, han d'estar nets i tractats amb desencofrant

La figura 8.13 mostra tres elements de junt. S'hi poden apreciar els passadors i les cadenes per a la seva elevació. Estan nets i amb una aplicació de desencofrant a la superfície de contacte amb el formigó, a punt per ser emprats. Les fotografies incloses a l'apartat 2.3.7 del capítol 6 (Prestacions exigibles als murs pantalla), en referir-se a l'alineació aporten, més informació sobre el tema.

2.5 Sanejament de la zona superior del mur pantalla

A l'apartat 2.4 d'aquest capítol, relatiu al formigonat dels batatges s'ha exposat que el formigó de la part superior es contamina, sigui per la presència de llots de perforació, per l'efecte erosiu de la pressió hi-

|8.14|
Sanejament del cap de pantalla. Després d'extreure amb la pistola pneumàtica el formigó contaminat, l'operari neteja amb aire a pressió la secció de la pantalla. El propòsit és garantir una bona adherència de la biga de coronació. Les armadures de continuïtat estan protegides per curulls per tal d'evitar accidents

drostàtica del formigó sobre el sòl, o per la combinació d'ambdós factors. Per tant, cal sanejar el formigó contaminat per mitjà d'un martell trencador fins a obtenir una superfície de contacte de formigó de qualitat entre els batatges i la biga de coronació.

Un cop efectuat el sanejat, és recomanable fer una neteja de la zona de contacte amb aire comprimit, com la que es mostra a la figura 8.14. Observeu la col·locació de curulls de plàstic per a la protecció de les barres com a mesura de precaució per evitar accidents.

2.6 Construcció de la biga de coronació

La biga de coronació és un element constructiu multifuncional clau per al bon funcionament conjunt del sistema unitari de fonament i contenció, propi dels murs pantalla. La seva amplada es dissenya de manera que coincideixi amb la del mur pantalla.

Les funcions d'una biga de coronació són:

– **Enllaçar els diferents panells entre si.** La biga de coronació dóna continuïtat al conjunt del mur pantalla. Tant per raons pràctiques (encofrar, aferrallar i formigonar a peu pla), com pel fet de garantir el comportament homogeni del conjunt dels batatges durant la fase d'excavació, no es pot començar l'excavació del vas fins a tenir assegurat, almenys, un sector ampli del perímetre del vas per mitjà de la construcció de la biga de coronació.
– **Rebre els pilars que es recolzen sobre el mur pantalla.** La biga de coronació reparteix, de forma uniforme, les càrregues puntuals sobre els panells que conformen el mur pantalla. El seu sistema de treball es por assimilar al d'una biga flotant. Per complir amb eficiència

aquesta missió, cal garantir que la peça resultant disposi de suficient rigidesa.

La determinació del cantell de les bigues de coronació es pot realitzar per mitjà de la fórmula de Westergard. Es troba desenvolupada a l'apartat 2.2 (Bigues de fonamentació i engraellats) del capítol 11 (Fonaments superficials i semiprofunds).

Cal considerar i garantir, en establir un cantell, les longituds d'ancoratge de les barres de les gàbies d'armadura dels batatges. Els cantells oscil·len entre els 60 i els 150 cm. La franja més freqüent es troba entre els 80 i els 100 cm.

Establerts el cantell i l'ample de la biga de coronació, les lleis de moments i, en conseqüència, els armats dels vans responen a una biga invertida.

La biga de coronació es pot dimensionar, de forma suficientment aproximada, per mitjà de les càrregues uniformement repartides, que resulten de repartir la meitat de la càrrega dels pilars d'un tram, al llarg de la seva longitud.

- **Incorporar un sostre.** La cota superior de la biga de coronació se sol fer coincidir, per raons de disseny constructiu, amb la cota d'un dels sostres, normalment el de planta baixa. Aquest fet comporta la necessitat de formigonar la biga de coronació en dues fases; la primera, fins a la cara inferior del sostre i, la segona, un cop encofrat i ferrallat aquest, fins a la cota superior.

La solució constructiva indicada permet incorporar les armadures del sostre, especialment les de negatius, a les de la biga de coronació. D'aquesta forma s'aconsegueix un nus rígid continu en la unió del sostre amb la biga de coronació sense necessitat d'emprar esperes ancorades al mur pantalla, com succeeix en els sostres inferiors.

2.7 Excavació del recinte i col·locació d'ancoratges provisionals

L'excavació del recinte és una de les operacions més delicades de la construcció d'un mur pantalla. Durant un període de temps relativament curt, de setmanes o mesos, el mur pantalla resta sotmès habitualment als moments pèssims de càlcul. Les raons d'aquesta situació, controladament precària, són bàsicament:

- **La durada reduïda de la situació.** S'utilitzen, d'acord amb això, coeficients de seguretat més ajustats que en la fase de servei.
- **L'economia de mitjans.** Es redueixen al mínim indispensable els punts de suport dels murs pantalla.
- **La necessitat d'excavar per sota de la cota de la solera.** Sigui per realitzar sabates adossades o bé per construir una llosa de fons de vas, cal excavar, totalment o parcialment, al costat dels peus dels murs pantalla per sota de la cota de la solera durant la formació del vas. Aquest fet comporta haver de fer front a unes altures totals de contenció superiors a les de servei, tant pel que fa a les parts lliures dels panells com a les de les claves.

En el disseny dels murs pantalla, cal preveure els sistemes d'ancoratge i/o de contenció provisionals i els definitius vinculats amb les fases de buidatge. L'objectiu principal del procés és garantir en tot moment l'estabilitat del conjunt. Com a norma general, no es retirarà cap contenció provisional fins que la definitiva es trobi en condicions de servei.

La planificació conjunta, de l'execució i la posada en servei dels ancoratges, i/o contencions provisionals i els treballs d'extracció i moviment de terres comporta també, entre d'altres aspectes, l'estudi dels accessos i les circulacions dins de l'obra, la formació de rampes segures i ben senyalitzades i la previsió dels equips d'extracció i moviment de terres més apropiats per a cada fase del buidatge.

Els sistemes d'ancoratges provisionals s'han de dissenyar i establir segons les necessitats, les característiques geomètriques i les possibilitats d'accés i d'entorn pròpies de cada vas. No han d'entorpir els moviments de les màquines d'excavació i d'extracció. Per raons òbvies, de compatibilitat de funcions i d'execució, els sistemes de contenció provisional s'han de situar en cotes no coincidents amb les dels sostres, les rampes i, en general, cap recolzament d'altres elements estructurals existents en el vas.

El concepte de sistema de contenció provisional comprèn tot element o conjunt d'elements capaços de fer front, en les degudes condicions de seguretat i servei, a les empentes generades per un determinat sector d'un mur pantalla. A aquest efecte, vegeu el capítol 10, (Els sistemes de contenció provisional de terres durant la formació de vasos d'edificació resolts amb murs pantalla).

Entre ells, es troben:

- Les bermes de terres.
- Les característiques geomètriques del propi mur pantalla que en faciliten l'estabilitat (reclaus, elements de pantalla construïts a manera de contraforts, cercles o arcs de cercle compensats per altres sectors de pantalla). Estampidors i tornapuntes (per assegurar les cantonades)
- Els ancoratges injectats al terreny i, en cas que hi hagi a prop roca a l'extradós dels murs pantalla, els bulons.

Els ancoratges provisionals injectats al terreny, un cop acomplerta la seva funció, s'han de tallar per tal d'evitar accidents a causa dels esforços acumulats en el seu tesat. L'operació es fa tallant els tendons amb un bufet. Un cop retirades les plaques d'ancoratge, resten en el mur pantalla unes perforacions que cal tapar tant per efectes estètics com per evitar l'entrada d'aigües. Cal preveure, en l'estat d'amidaments, el cost d'aquesta operació.

En una mateixa obra, es poden combinar, si és necessari, diversos sistemes d'ancoratge per raons d'economia, facilitat de construcció o possibilitats físiques d'execució.

Per buidar un vas, cal actuar en retrocés, cap a la rampa o les rampes de sortida, per tal de no tallar el pas. Cal començar pels procediments més simples i econòmics d'excavació a cel obert. Mentre geomètricament i mecànicament sigui possible es realitzaran càrregues directes d'extracció al camió.

El buidatge d'un vas es fa més complex a mesura que la seva fondària augmenta. Els radis de curvatura necessaris per als camions i la maquinària pesant i els talussos de les rampes requereixen un espai moltes vegades inexistent en el vas.

Les solucions a la manca d'espai per a maniobres en la cota d'excavació són molt diverses, entre elles les següents:

- Deixar el camió a mitja rampa i disposar dues excavadores, una dedicada a l'extracció i l'aplec de terres a peu de rampa i l'altra a la càrrega dels camions.
- Carregar el camió a la cota del carrer per mitjà d'una retroexcavadora o d'una cullera bivalva. Dita cullera recull les terres d'un aplec realitzat per una excavadora situada al fons del vas.
- Emprar contenidors. Aquests es baixen i es pugen amb una grua automòbil del fons del vas. Una excavadora, situada a la cota de treball, s'encarrega de carregar-los. El procediment és propi dels vasos de gran fondària amb poca accessibilitat.

En la majoria dels casos, cal preveure a utilització d'una grua per retirar la maquinària d'excavació del fons del vas.

2.8 Neteja o fresatge dels panells

Si les característiques del sòl permeten obtenir una bona qualitat de superfície, és suficient un rentat amb aigua a pressió per deixar els panells en condicions de servei.

En la majoria de les circumstàncies, en què el sòl està lluny d'oferir un bon acabat de superfície, resulta aconsellable realitzar un fresatge mecànic amb puntes de vídia. Dita operació serveix tant per netejar el mur pantalla de la terra adherida com per regularitzar-ne la superfície. També saneja, si més no de forma primària, el formigó, per si és necessari aplicar, en alguna zona amb defectes, morter de reparació.

El fresatge és una operació ràpida, raó per la qual es pot preveure que es realitzi en una o dues etapes quan el vas és encara obert, per tal de facilitar les operacions i els moviments de la fresadora a l'interior de l'excavació.

A l'apartat 2.3.7 del capítol 5 (Prestacions exigibles als murs pantalla), dins el subapartat relatiu a la qualitat de superfície, s'inclouen fotografies d'una fresadora.

2.9 Execució de la fonamentació del fons del vas i inici de l'estructura

La fonamentació del fons del vas pot ser molt diversa segons les característiques del sòl i l'existència, o no, de nivell freàtic.

En sòls amb bona capacitat portant i en edificis entre mitgeres, es plantegen sabates aïllades o travades en una o en dues direccions en funció de la zona sísmica, com es mostra a la figura 8.15.

|8.15|
Construcció de sabates aïllades al fons d'un vas. Observeu el solapament de les tasques. Hi ha sabates formigonades, d'altres en curs d'aferrallar i d'altres en fase d'excavació

Cal disposar, durant l'execució dels fonaments i en les primeres fases de l'estructura, un accés o accessos provisionals, segons les necessitats de l'obra, perquè els operaris puguin accedir de forma segura al fons del vas (vegeu la figura 8.16, en la què s'ha disposat una escala modular). Cal estudiar la posició d'aquests elements per tal que no entorpeixin la marxa de l'obra i no sigui necessari canviar-los de posició.

|8.16|
Garantir, en tot moment, un accés segur al fons del vas ha de ser un dels objectius bàsics de la planificació. L'evolució dels treballs obligarà a introduir canvis en la seva posició. És convenient que aquests es redueixin al mínim indispensable

|8.17|
Després de fresar el parament, s'han fixat les esperes per a la llosa. S'ha deixat marge suficient per no interferir amb els armats superior i inferior de la llosa

|8.18|
Armadures preformades en forma de "peus d'ànec". La seva funció és suportar la graella superior de les lloses de fonamentació i permetre la circulació dels operaris, especialment, durant la fase de formigonatge

|8.19|
Llosa de fonamentació en les darreres fases d'aferrallat. Els peus d'ànec acompleixen la seva funció separadora i estabilitzadora

Amb sòls de capacitat portant intermèdia per fonamentar edificis aïllats, és freqüent emprar lloses de fonamentació. Aquestes tenen cantells, en funció del nombre de plantes i les llums màximes entre pilars, que se situen, com a valors habituals, entre els 50 i els 120 cm.

Les lloses es connecten a la pantalla per mitjà d'esperes realitzades amb rodons de diàmetres entre 16 i 20 mm, com les que es recullen a la figura 8.17. Per garantir una bona unió llosa-mur pantalla, cal que aquesta hagi estat fresada o repicada recentment. No s'acostuma a realitzar, en aquests casos, pont d'unió llosa-mur pantalla amb resines epoxídiques, atès que no existeixen subpressions i la superfície de contacte és neta i rugosa.

Per tal de garantir un formigonatge correcte i el recobriment de les armadures, és preceptiu col·locar formigó de neteja. Sobre aquest se situa la primera capa d'armadures. Al damunt d'ella mateixa es fixen, uniformement repartits, els separadors anomenats "peus d'ànec" (figura 8.18). Sobre els peus d'ànec es munten els armats de la cara superior.

La figura 8.19 mostra una llosa aferrallada amb les dues graelles d'armadura separades pels "peus d'ànec".

La figura 8.20 mostra l'inici d'un pilar apantallat. Sota d'ell s'observa l'armat del capitell invertit amb les corresponents creuetes de punxonament i el reforç d'armats a la zona de contacte.

Abans de formigonar les lloses, cal establir la xarxa de preses de terra. Requereixen una atenció especial, si és el cas, la formació dels fossats d'ascensors, aljubs, pous col·lectors i, en general, qualsevol element que alteri la continuïtat estructural de la llosa de fonamentació.

El formigonatge de les lloses de fonamentació, a causa de la gran quantitat de formigó que s'hi ha d'abocar en un termini de temps re-

|8.20|
Encontre d'un pilar apantallat amb la llosa de fonamentació. Es poden apreciar els reforços intercalats a la graella a la base del pilar i la presència de les creuetes de punxonament

lativament reduït, es realitza habitualment per mitjà de bombes. Cal programar amb antelació suficient les operacions de formigonatge per tal de tenir garantits el personal, els equips i el subministrament de formigó.

Cada cop és més freqüent donar un acabat "definitiu" a les lloses de fonamentació per mitjà de remolinat mecànic i pols de quars. Aquesta operació requereix, també, la programació logística corresponent.

Quan existeixen subpressions com a conseqüència del nivell freàtic és precís per realitzar la fonamentació:

- Disposar d'equips de bombament per esgotar l'aigua i formigonar en sec (vegeu el capítol 4, Aigua i sòl. Conceptes bàsics).
- Realitzar, si és necessari per determinacions de càlcul, micropilons injectats en el sòl per tal d'evitar la flotabilitat del vas.
- Efectuar amb molta cura el pont d'unió mur pantalla-llosa. A aquest efecte, s'ha de sanejar la superfície del mur pantalla en contacte amb la llosa, col·locar les esperes i preparar el pont d'unió entre formigons de diferents edats amb una imprimació de resines epoxídiques.
- Procedir a l'armat i al formigonatge posterior de la llosa segons s'ha indicat l'apartat precedent.

2.10 Fixació de sostres al mur pantalla

La possibilitat de realitzar fàcilment forats al formigó amb broques de vídia ha simplificat notablement els encontres dels sostres amb els murs pantalla. Les esperes constituïdes per rodons corrugats es poden introduir profundament en la pantalla i ancorar-se amb tota eficàcia.

La indústria química ha desenvolupat morters especials per a ancoratges que garanteixen una unió excel·lent formigó-acer. Estan formats, per d'àrids escollits, ciment pòrtland i compostos orgànics. Ofereixen baixa retracció i alta resistència en temps molt curts en alguns casos en qüestió d'hores.

Els procediments tradicionals basats en incorporar esperes a les gàbies s'han abandonat per la dificultat de la seva execució comparada amb el procediment descrit.

El gran avantatge de fixar els ancoratges per mitjà de perforacions és que la posició de les esperes es determina un cop el vas ha estat excavat, deixant al descobert les superfícies dels murs pantalla. No es depèn de les condicions de col·locació i anivellament de les gàbies d'armadura ni dels possibles desplaçaments induïts durant el formigonatge.

Per garantir una bona adherència de les esperes al mur pantalla, cal que, un cop efectuada la perforació, es netegin els detritus per mitjà d'una manxa. Les perforacions es realitzen lleugerament inclinades respecte de l'horitzontal (entre 10° i 20°). Es facilita així el treball del operari i es dificulta una eventual extracció amb accions de caràcter gravitatori.

2.11 Supressió dels ancoratges provisionals i regularització dels paraments

Com a criteri general, els ancoratges provisionals no es poden retirar fins que entren en servei els sostres encarregats de transmetre i equilibrar les empentes que el sòl exerceix sobre els murs pantalla. A la figura 8.21, s'aprecia aquesta situació. Només a la zona que disposa

|8.21|
Sostre reticular en fase de construcció. Un cop aquest entri en servei, es podran tallar els ancoratges provisionals. Observeu el solapament de tasques per tal d'incrementar-ne, de forma racional, els rendiments

|8.22|
Armadura posada al descobert per efecte de la fresa. Aquest defecte es repara respatllant les armadures i aplicant morter de reparació per cobrir-les

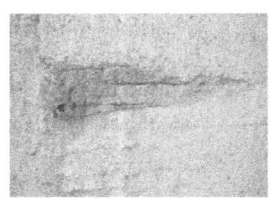

|8.23|
Petita inclusió d'argila en el formigó. Per a la seva reparació, se saneja la zona afectada amb pistola pneumàtica respectant les armadures. Posteriorment, un cop eliminats els detritus, es cobreix el forat resultant amb morter de reparació

del segon sostre construït és factible la supressió dels ancoratges definitius.

Els sostres que s'empren més a l'interior del vasos són els reticulars. També es poden utilitzar sostres unidireccionals. En ambdós casos, han de disposar d'una capa de compressió armada d'un mínim de 5 cm.

Una alternativa que pren força són les lloses massisses. Són avantatjoses per la simplicitat de la seva execució, cosa que suposa estalvi de temps i de mà d'obra. El seu pes elevat acaba incidint negativament en les seccions dels pilars i en el dimensionament dels fonaments, especialment quan es tracta d'edificis amb un nombre elevat de plantes. Fins ara, els sostres reticulars guanyen, per poc, la partida en el conjunt dels factors preu-temps.

En la determinació de les armadures de la capa de compressió, cal considerar l'increment de tensions, superior al 40%, que es produeix en les zones de cantonada com a conseqüència de la presència i l'actuació concentrada d'empentes ortogonals, en lloc de les empentes oposades que actuen en les zones centrals.

Les figures 8.22 i 8.23 mostren defectes d'execució en el parament d'un mur pantalla. Cal reparar-los, amb morters de qualitat. Prèviament, s'ha de sanejar el formigó eliminant les restes de terra i aplicar un pont d'unió per garantir un bon enllaç entre formigons de diferents edats.

La figura 8.22 mostra un cop fresada la superfície de formigó, armadures mancades de recobriment. La figura 8.23 permet apreciar una inclusió d'argila causada per la caiguda ocasional d'un sector del parament de la rasa.

Un cop retirats els ancoratges provisionals, es tapen els forats que queden en el mur pantalla amb morter i se'n regularitza la superfície.

Realitzades satisfactòriament les operacions indicades, es pot donar per conclosa la formació d'un vas d'edificació.

3 Murs pantalla autoestables. Plantejament teòric del problema. Determinació de la fondària de la clava. Mètode de Blum

A l'apartat 2.3.6 (Murs pantalla. Introducció i tipus de murs pantalla) del capítol 6, s'exposen els conceptes bàsics respecte dels murs pantalla autoestables. D'acord amb el que ja s'ha detallat, aquest apartat tracta, directament, com determinar la fondària de la clava i els moments màxims als quals estarà sotmès el mur pantalla.

El protocol que s'ha de desenvolupar per establir la fondària de la clava, segons la figura 8.24, és el següent:

- 1. S'estableix l'equilibri de moments entre les empentes activa i passiva. Aquest equilibri es produeix a una fondària z.
- 2. Es determina el punt de pressió nul·la. Aquest punt es troba a una fondària f_1 en la que l'empenta unitària passiva és igual a l'empenta unitària activa en la zona de peu de la part volada.
- 3. La diferència de cotes entre el valor z i f_1 dona el valor de referència f_2.

– 4. Incrementant un 20% el valor de f_2 (mètode de Blum), s'obté, per a la clava, una fondària de seguretat. Aquesta garanteix l'estabilitat del mur pantalla com a autoestable, sempre que el mur, des del punt de vista estructural, estigui ben dimensionat.

El mètode de Blum permet, en definitiva, determinar la fondària de la clava de la pantalla per garantir-ne l'estabilitat. El coeficient de seguretat entre el moment produït per l'empenta passiva respecte de l'activa, utilitzant els seus preceptes, se situa al voltant d'1,3, suficient per a una situació provisional.

Hi ha tractadistes que recomanen, com a mesura de seguretat, utilitzar com a valor de contraresta els 2/3 de l'empenta passiva, (és el cas del CTE); a més, utilitzen com a fondària de seguretat $0{,}2z$, en lloc de $0{,}2f_2$.

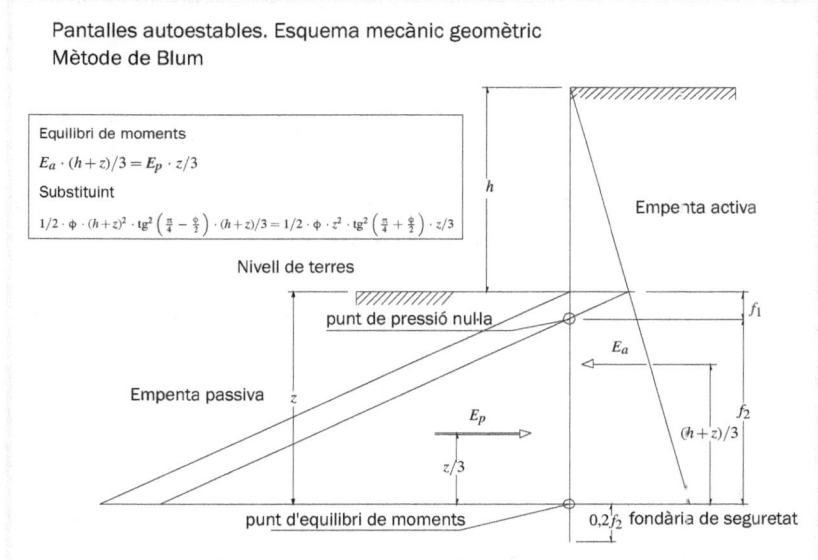

|8.24|
Esquema gràfic del mètode de Blum. Els diagrames només contenen les empentes del massís de terres. El propòsit és simplificar les operacions en l'exposició conceptual del mètode. Afegir sobrecàrregues o altres accions no altera el plantejament mecànic

3.1 Desenvolupament numèric

Se suposa, per simplificar les operacions, que sobrecàrrega i cohesió = 0 Tn/m². En cas de considerar sobrecàrrega i cohesió, es té un diagrama d'empenta activa trapezoïdal. Descomposable en un de triangular més un de rectangular.

1) Forces que actuen sobre el mur pantalla: empenta activa E_a i empenta passiva Ep.

$$E_a = \frac{1}{2} \cdot \gamma \cdot (h+z)^2 \cdot \text{tg}^2\left(\frac{\pi}{4} - \frac{\phi}{2}\right)$$

$$E_p = \frac{1}{2} \cdot \gamma \cdot z^2 \cdot \text{tg}^2\left(\frac{\pi}{4} + \frac{\phi}{2}\right)$$

2) *Equilibri de moments.* L'empenta activa multiplicada pel seu braç mecànic s'equilibra amb el producte de l'empenta passiva pel seu

$$E_a \cdot (h+z)/3 = E_p \cdot \frac{z}{3}$$

$$\frac{1}{6} \cdot \gamma \cdot (h+z)^3 \cdot \text{tg}^2\left(\frac{\pi}{4} - \frac{\phi}{2}\right) = \frac{1}{6} \cdot \gamma \cdot z^3 \cdot \text{tg}^2\left(\frac{\pi}{4} + \frac{\phi}{2}\right)$$

$$(h+z)^3 \cdot \text{tg}^2\left(\frac{\pi}{4} - \frac{\phi}{2}\right) = z^3 \cdot \text{tg}^2\left(\frac{\pi}{4} + \frac{\phi}{2}\right)$$

El desenvolupament de l'expressió anterior dóna lloc a una equació de tercer grau, en la qual el valor de z es resol per aproximacions iteratives (mètode de Ruffini).

3) *Determinació de la fondària de pressió nul·la, f_1.* Es parteix del valor de l'empenta unitària E_a, a la fondària h (peu de la zona volada). S'obté de l'expressió:

$$E_a = \gamma \cdot h \cdot \text{tg}^2\left(\frac{\pi}{4} - \frac{\phi}{2}\right)$$

Perquè hi hagi pressió nul·la l'empenta unitària activa ha de ser igual a l'empenta unitària passiva; $E_a = E_p$

$$E_p = \gamma \cdot f_1 \cdot \text{tg}^2\left(\frac{\pi}{4} + \frac{\phi}{2}\right)$$

Igualant i desplegant f_1, s'obté:

$$f_1 = \frac{h \cdot \text{tg}^2\left(\frac{\pi}{4} - \frac{\phi}{2}\right)}{\text{tg}^2\left(\frac{\pi}{4} + \frac{\phi}{2}\right)}$$

4) *Obtenció de f_2.* Directament, per geometria es te: $f_2 = z - f_1$

5) *Fondària de seguretat, f_s, i clava, c_l.* Conegut el valor f_2, l'obtenció de la fondària de seguretat, f_s i la fondària de clava, c_l, és immediata segons les expressions:

$$f_s = 0{,}2 \cdot f_2$$
$$c_l = z + 0{,}2 f_2$$

3.2 Determinació del moment màxim que sol·licita la pantalla. Diagrama de moments

El moment en una secció qualsevol, per damunt del pla de terreny, és igual al producte de l'empenta activa, M_{ea}, per el seu braç mecànic.

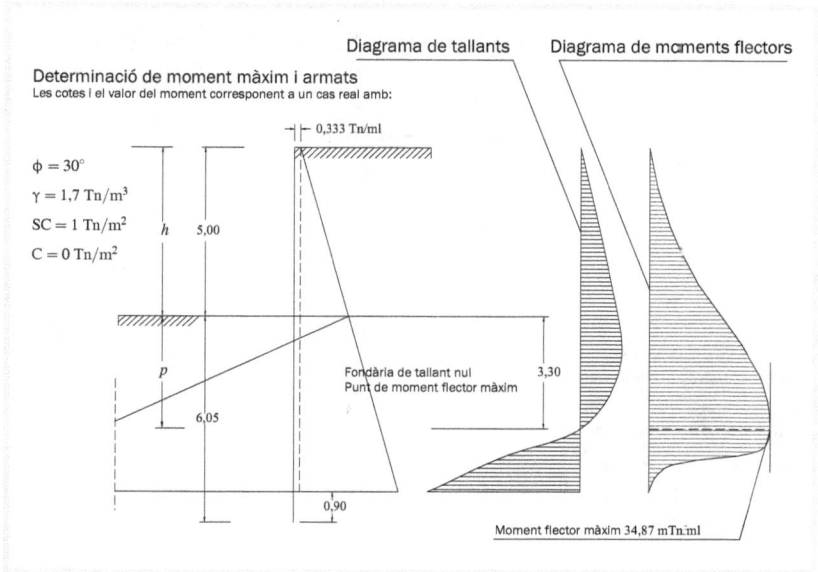

|8.25|
Mètode de Blum. Diagrames d'esforços de tall i de moments flectors que es produeixen en un mur pantalla autoestable

Per sota de dit pla entra en acció l'empenta passiva, que té sentit contrari al de l'empenta activa. En aquesta situació, el moment que sol·licitarà la secció serà igual a la diferència dels moments provocats, respectivament, per les empentes activa, M_{ea}, i passiva, M_{ep} (vegeu la figura 8.25).

$$M = M_{ea} - M_{ep}$$

Substituint, es té:

$$M = \frac{1}{6} \cdot \gamma \cdot (h+p)^3 \cdot \text{tg}^2\left(\frac{\pi}{4} - \frac{\phi}{2}\right) - \frac{1}{6} \cdot \gamma \cdot p^3 \cdot \text{tg}^2\left(\frac{\pi}{4} + \frac{\phi}{2}\right) \quad (1)$$

La primera derivada dóna l'equació de l'esforç tallant. Aquesta derivada se simplifica i s'iguala a 0 per trobar el punt de flector màxim.

$$0 = (h+p)^2 \cdot \text{tg}^2\left(\frac{\pi}{4} - \frac{\phi}{2}\right) - p^2 \cdot \text{tg}^2\left(\frac{\pi}{4} + \frac{\phi}{2}\right)$$

En la fondària p corresponent a tallant 0, el moment flector serà el màxim que assolirà la pantalla. Substituint el valor de p trobat a (1), s'obtindrà el valor del moment màxim.

4 Murs pantalla estabilitzats isostàticament

Els murs pantalla estabilitzats isostàticament són aquells que disposen d'una sola fila d'elements estabilitzadors, siguin aquests estampidors,

|8.26|
Murs pantalla fixats isostàticament. Mètode del "peu lliure". Diagrames d'empentes teòric i pràctic. El pràctic té la mateixa secció que el teòric i la resultant de les empentes és més alta. Amb aquest supòsit, la reacció sobre el puntal és superior i més ajustada a la realitat

ancoratges o qualsevol altre element per a fer front a les empentes generades pel massís de terres durant la fase d'excavació del vas.

En sòls homogenis, sense presència d'aigua, amb un cert grau de cohesió i sense edificacions i/o sobrecàrregues properes que incideixin sobre la contenció, es poden arribar a realitzar amb aquest mètode fins a tres soterranis. En termes generals, si la fondària del vas, inclosa la fonamentació, ha de superar els 10,00 metres, caldrà plantejar dues files o més d'elements estabilitzadors.

Per establir el dimensionament dels murs pantalla amb una sola fila d'estabilitzadors, es poden emprar dos mètodes anomenats, respectivament, de "peu lliure", conegut també com a mètode americà i de "peu fix". Aquest darrer a vegades es referencia com a mètode europeu o de Blum.

4.1 Mètode del "peu lliure"

El disseny de murs pantalla estabilitzats amb "peu lliure" parteix de les premisses següents:

- El punt de contacte de la pantalla amb l'element estabilitzador es manté inamovible ja que, si no, suposaria que aquest no acompleix adequadament la seva funció.
- La pantalla no està encastada en el sòl (peu lliure). Els possibles desplaçaments de la part enterrada de la pantalla es produiran vers el vas.

A la figura 8.26 es mostra, a l'esquerra, l'efecte de pivot de la pantalla en relació amb la posició de l'element estabilitzador i la mobilització de passiu en el seu peu. El valor teòric de les empentes passives del peu cal reduir-lo al 60% del total, segons el CTE. Les accions es majoraran d'acord amb la taula 2.1 (coeficients de seguretat parcials) del llibre 3 del CTE (Seguridad estructural. Cimientos).

A la figura 8.26 es troben dos gràfics d'empenta activa. El primer té forma de trapezi, perquè es considera l'efecte d'una sobrecàrrega uniformement repartida. El segon diagrama, de forma rectangular, té la mateixa superfície que el primer. Es tracta d'un diagrama pràctic.

Aquest nou diagrama, rectangular, a més de facilitar una major simplicitat en les operacions, és més proper a la realitat del comportament del sòl que el trapezoïdal.

Observeu que, en funció de la forma, la resultat de l'empenta, $E_{sc} + E_t$ (empenta de les sobrecàrregues més empenta de les terres), es desplaça vers la posició de l'element estabilitzador, el qual queda sotmès a un major esforç que el corresponent al primer diagrama. S'evita, d'aquesta forma, subestimar la reacció que ha d'assumir l'element estabilitzador.

La figura 8.27 mostra el plantejament teòric del problema; com a dades, es disposa de la geometria pràctica de la contenció H (altura compresa entre el coronament de la pantalla i la cota d'excavació segons es detalla al gràfic inferior) i dels paràmetres geotècnics del sòl: densitat, cohesió, angle de fregament intern i tensió de contacte entre el peu de pantalla i el sòl.

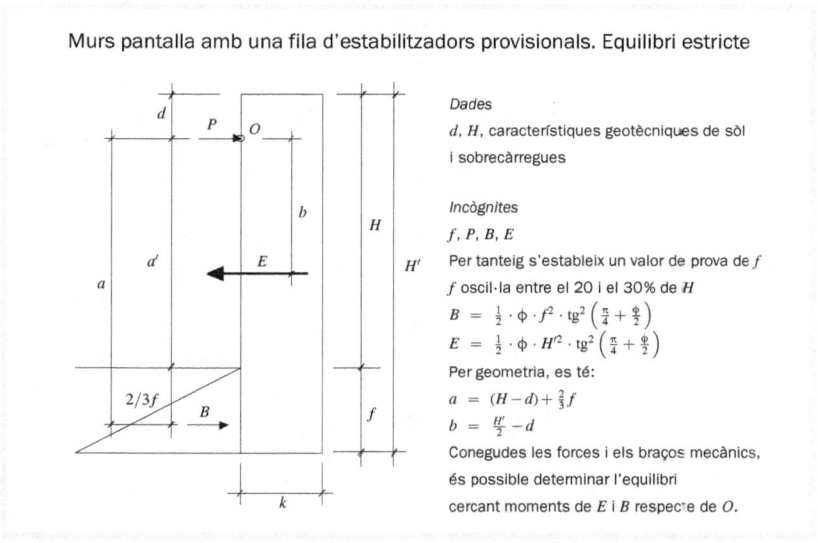

|8.27|
Plantejament pràctic del problema. La quantitat de variables aconsella procedir per tanteig i de forma iterativa

Murs pantalla amb una fila d'estabilitzadors provisionals. Equilibri estricte

Dades
d, H, característiques geotècniques de sòl i sobrecàrregues

Incògnites
f, P, B, E
Per tanteig s'estableix un valor de prova de f
f oscil·la entre el 20 i el 30% de H
$B = \frac{1}{2} \cdot \phi \cdot f^2 \cdot tg^2\left(\frac{\pi}{4} + \frac{\phi}{2}\right)$
$E = \frac{1}{2} \cdot \phi \cdot H'^2 \cdot tg^2\left(\frac{\pi}{4} + \frac{\phi}{2}\right)$
Per geometria, es té:
$a = (H - d) + \frac{2}{3}f$
$b = \frac{H'}{2} - d$
Conegudes les forces i els braços mecànics, és possible determinar l'equilibri cercant moments de E i B respecte de O.

Com a incògnites, es tenen la fondària de la clava f, la reacció de l'estabilitzador P, la reacció del peu de pantalla B i l'empenta total produïda per les terres i les eventuals sobrecàrregues E.

Per tal de simplificar el problema, es procedeix, per tanteig, estimant una fondària de clava f en funció de l'alçada de la contenció H. Cal iniciar el problema utilitzant un valor de f entre el 20 i el 30% de H.

La fondària de clava f establerta genera un valor de B de reacció del sòl i una geometria per a la biga virtual creada. En funció de la geometria, és possible determinar el valor de la sol·licitació P sobre l'estabilitzador i la reacció B' sobre el peu.

B' es contrastarà amb la reacció minorada del passiu provocada pel peu B. S'ha de complir $B' < B$. Si no és així, s'ha d'incrementar la longitud de la clava f i repetir el procés.

Per tal de determinar els moments màxims que sol·liciten la pantalla, de forma aproximada, es poden utilitzar les expressions següents:

Zona central: $M_{màx} = E \cdot \left(\dfrac{H'}{2} - d\right) = E \cdot b$

Zona volada: $Mv = k \cdot \dfrac{d^2}{2}$

4.2 Mètode del "peu fix"

El mètode del "peu fix" suposa, respecte del precedent, incrementar la fondària d'encastament. Es tracta d'aconseguir una reducció dels desplaçaments, girs i moments a la pantalla. Aquest mètode s'aplica, de manera preferent, a sòls de matriu sorrenca de densitat mitjana a alta.

El problema és, doncs, determinar la fondària de la clava per garantir que, a la efectes pràctica, es pugui considerar un encastament perfecte.

Es plantegen tres incògnites:

- La dimensió de la clava.
- La reacció de l'element estabilitzador. És considera que aquesta se situa a prop del coronament de la pantalla.
- La reacció del sòl a la zona del suport.

Per facilitar la resolució pràctica del problema, es parteix de la hipòtesi següent:

El punt de la pantalla en el qual la resultant de les empentes és nul·la coincideix amb el moment nul. Aquesta hipòtesi permet descompondre la pantalla en dues bigues suportades per recolzaments simples.

A la figura 8.28, es detalla gràficament el plantejament del problema i la descomposició del gràfic en dues bigues equivalents. Se suposa, exclusivament en aquest cas per simplificar-ne la operativa, que hi ha empentes de terres sense sobrecàrregues i sense presència de nivell freàtic, raó per la qual el diagrama d'esforços és triangular. En cas de considerar qualsevol de les hipòtesis esmentades, els diagrames es veurien modificats tal com s'indica al capítol 7 (Murs de contenció per gravetat a flexió. Aspectes de disseny constructiu i de dimensionament).

El procés d'estimació d'esforços i de geometria és el següent:

- Determinar la fondària f_1 de pressió nul·la en la qual l'empenta passiva e_p equilibra l'activa e_a.

$$e_p = \gamma \cdot f_1 \cdot \text{tg}^2\left(\dfrac{\pi}{4} + \dfrac{\phi}{2}\right) = e_a = \gamma \cdot h \cdot \text{tg}^2\left(\dfrac{\pi}{4} - \dfrac{\phi}{2}\right)$$

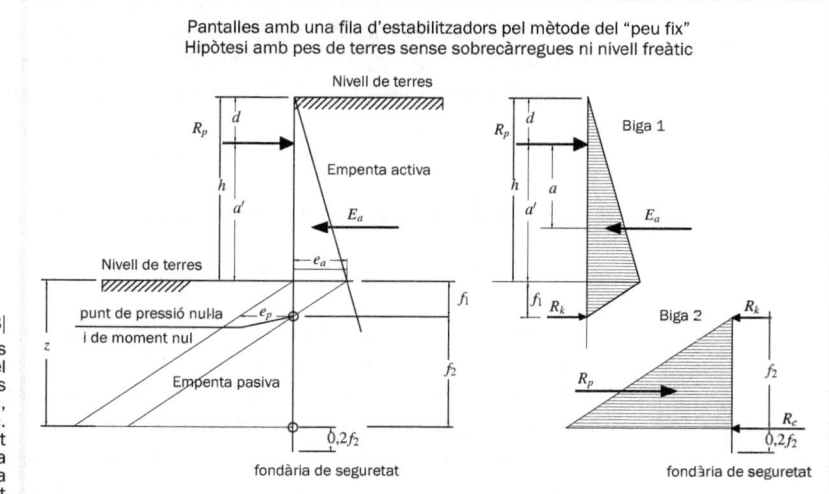

|8.28|
Murs pantalla fixats isostàticament. Mètode del "peu fix". La pantalla es fragmenta en dues bigues, segons es mostra al gràfic. L'equilibri d'aquestes permet determinar la fondària de clava f_2 i, a partir d'aquesta la fondària de seguretat

d'on

$$f_1 = \frac{h \cdot \operatorname{tg}^2\left(\dfrac{\pi}{4} - \dfrac{\phi}{2}\right)}{\operatorname{tg}^2\left(\dfrac{\pi}{4} + \dfrac{\phi}{2}\right)}$$

– Establir la biga 1, en funció de la geometria de la contenció, h i f_1, els diagrames d'empentes i la posició d prevista per a l'element estabilitzador. A partir d'aquesta, es poden determinar els valors de R_p, corresponent a la sol·licitació del estabilitzador, i R_k, de la resposta del sòl en el punt de pressió nul·la.

– Determinar la fondària f_2. Per fer-ho, es parteix del coneixement de la reacció del sòl R_k, determinada en el pas precedent, i de la funció de l'empenta passiva de les terres. Aquesta segueix un diagrama triangular, raó per la qual la reacció total del sòl estarà situada a una distància de R_k de $2/3$ de f_2. Per la mateixa raó la reacció total del sòl "R_p" té un valor de $3R_k$ i R_c és igual a $2R_k$. Es pot plantejar, per tant, l'expressió:

$$R_c = 3R_k = \frac{1}{2} \cdot \gamma \cdot f_2^2 \cdot \operatorname{tg}^2\left(\frac{\pi}{4} + \frac{\phi}{2}\right)$$

d'on

$$f_2 = \sqrt{\frac{6R_k}{\gamma \cdot \operatorname{tg}^2\left(\dfrac{\pi}{4} + \dfrac{\phi}{2}\right)}}$$

– Conegut f_2, incrementat el seu valor en un 20% i sumant el valor de f_1, s'obté la fondària de la clava.

L'estimació dels moments positius i negatius màxims que sol·liciten el mur pantalla es realitza sobre la base dels diagrames simplificats de les bigues 1 i 2, utilitzant les resultants respectives.

A la pantalla es tindrà, com a moment positiu màxim a la biga 1,

$$M(+) = E_a \cdot a - R_k(a' + f_1) = R_p \cdot a$$

El moment negatiu màxim s'obtindrà, a la biga 2, per mitjà de l'expressió:

$$M(-) = R_k \cdot \tfrac{2}{3} f_2$$

El moment de la zona de pantalla en voladís acostuma a ser d'un ordre de magnitud baix per a la secció. Habitualment, és absorbible per mitjà de les quanties geomètriques mínimes establertes normativament. En cas que sigui necessari estimar-lo, el seu valor s'obté per mitjà del sumatori del producte de les resultants de les empentes situades per damunt de l'estabilitzador pel seu braç mecànic respecte d'aquest.

5 Murs pantalla estabilitzats hiperestàticament. Introducció

Els murs pantalla hiperestàtics són aquells que disposen de dues fileres o més d'estabilitzadors. Aquest fet permet reduir, substantivament en sòls sense afectació de nivell freàtic per damunt del pla d'excavació del fons del vas, la fondària de la clava respecte dels murs subjectats per una sola fila d'estabilitzadors. Sol ser suficient una longitud al voltant del 15% de l'altura de la contenció. La clava és tractada, a efectes de determinació d'esforços, com un puntal addicional fictici. Per tant, rep la part corresponent d'empentes.

També podrien figurar dins de la categoria d'hiperestàtics, els murs pantalla d'una sola filera d'estabilitzadors, calculats amb el mètode del "peu fix", és a dir, amb la clava sobredimensionada pel fet de disposar d'encastament.

Els murs de "peu fix" s'han inclòs dins de l'apartat dels isostàtics per raó del mètode emprat per determinar les seves sol·licitacions, que consisteix, com s'ha indicat a l'apartat precedent, en la descomposició d'aquest en dues bigues isostàtiques.

En les cares, especialment les interiors, dels murs pantalla estabilitzats hiperestàticament es produeixen zones plàstiques i zones elàstiques. Aquesta situació complica la modelització del problema amb vista a efectuar càlculs teòricament exactes.

Aspectes de racionalitat constructiva fan recomanable, per no dir imprescindible, una distribució homogènia, en secció, de la posició dels estabilitzadors, segons es detalla als gràfics adjunts.

5.1 Diagrames

L'evidència que no és necessari afinar en excés uns càlculs que, segons la naturalesa heterogènia del sòl, hauran de restar afectats per un am-

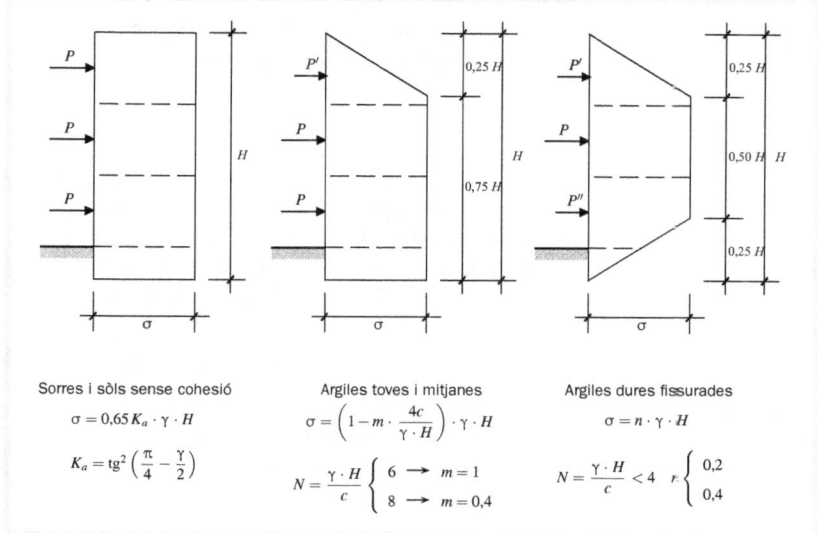

|8.29|
Pantalles hiperestàtiques. Diagrames estimatius de càrregues per tal d'establir les reaccions dels suports

pli coeficient de seguretat porta Karl Terzagui i R. B. Peck a publicar, l'any 1967, uns diagrames de caràcter empiricopràctic, corresponents a les empentes màximes que es produeixen durant l'excavació de rases estintolades.

Per fer-ho, utilitzen observacions i mesures realitzades en obra. Constitueixen un instrument per avaluar l'ordre de magnitud de les sol·licitacions a les quals està sotmès un mur pantalla, amb diverses files d'estabilitzadors, durant el procés d'excavació i, en definitiva, facilitar-ne el disseny constructiu.

Els autors citats descriuen tres tipus de sòl: sorres i altres materials sense cohesió, argiles toves i mitjanes i argiles dures amb fissures.

Amb les dades precedents, elaboren els diagrames de la figura 8.29. Cada panell resta esquematitzat, en base a ells mateixos, com una biga contínua amb els recolzaments coincidents amb la posició dels estabilitzadors.

Els significats i les unitats de les fórmules són els següents:

σ = càrrega, pressió, sobre el mur pantalla en Tn/m²

K_a = coeficient d'empenta activa

γ = densitat del sòl en Tn/m³

H = alçada de la contenció en metres inclosa la clava

c = cohesió en Tn/m²

m, n = factors obtinguts de la relació $N = \gamma \cdot H/c$

Sorres i altres materials sense cohesió. A partir de les dades precedents, es té, com a valor de σ, per a sorres i altres materials sense cohesió:

$$\sigma = 0{,}65 \cdot K_a \cdot \gamma \cdot H$$

Argiles toves i mitjanes. Per a les argiles toves i mitjanes s'adopta un diagrama en forma de trapezi asimètric. El valor σ de la pressió màxima a la qual està sotmesa la contenció és:

$$\sigma = \left(1 - m \cdot \frac{4c}{\gamma} \cdot H\right) \cdot \gamma \cdot H$$

on m és un coeficient que oscil·la entre 1 i 0,4. Inicialment, es va adoptar un valor de $m = 1$. Es va comprovar, però, que les empentes, en determinats casos, eren netament superiors.

L'any 1969, R. B. Peck va proposar adoptar un valor de:

$$m = 0{,}4, \text{ si el factor } N = \gamma \cdot \frac{H}{c}$$

dóna resultats compresos entre 6 i 8 i existeix, sota el fons de l'excavació, un estrat important d'argila tova. La raó d'aquesta correcció és que es forma, en aquest lloc, una zona plàstica que produeix un augment de les empentes.

Argiles dures i amb fissures. Les empentes produïdes per les argiles dures i amb fissures es representen per mitjà d'un diagrama en forma de trapezi simètric. El valor σ de la pressió màxima a la qual està sotmesa la contenció respon a la expressió:

$$\sigma = n \cdot \gamma \cdot H$$

on els valors de n oscil·len entre 0,2 i 0,4 en funció del tipus de sòl.

5.2 Criteris per a l'estimació de moments i d'armats

Per a l'estimació pràctica dels moments, tant positius com negatius, que es produeixen a ambdós costats de la pantalla, el professor J. Calavera recomana adoptar valors conservadors emprant la relació $M = q \cdot l^2 / 10$. Igualment, recomana respectar en tot moment les quanties mínimes.

En el primer recolzament, es considera que la pantalla treballa en voladís i s'adopta el moment més gran, que resulta de comparar el del voladís amb el del tram.

Respecte de l'estimació de moments ortogonals a l'eix vertical del mur pantalla, se segueix el criteri de considerar la existència de voladissos simètrics respecte al recolzament de l'estabilitzador.

Igualment, s'han de verificar les sol·licitacions de punxonament i de tallant de la forma habitual.

A tall orientatiu, l'aplicació dels criteris descrits suposa emprar entre 40 i 65 kg d'acer per metre quadrat i cara, en les zones fortament sol·licitades.

L'aplicació estricta de quanties mínimes, segons l'aplicació de l'article 42.3.5 de l'EHE, suposa adoptar valors d'entre 10 i 15 kg/m² de acer per cara.

6 Armadures per a murs pantalla. Disseny constructiu de les gàbies

Al capítol 8, relatiu a aspectes de disseny constructiu i de dimensionament de murs pantalla, a l'apartat 2 (Protocol d'execució dels murs pantalla i formació del vas), subapartat 4.4 (Introducció de les gàbies d'armadura), es fa referència als aspectes següents:

- Criteris per a la utilització dels diàmetres de les armadures
- Separacions, màximes i mínimes recomanables entre armadures
- Recobriments
- Condicions de rigidesa
- Tècniques de manipulació

Aquest apartat incorpora nous aspectes, orientats a facilitar el disseny constructiu de les gàbies, i inclou les consideracions següents:

- Tipus de mur pantalla
- Sistema o sistemes de contenció provisional que s'han d'emprar
- Forma del junt entre batatges
- Compatibilitat amb el tub *tremie*

Tipus de mur pantalla. Segons el tipus de mur pantalla, els esforços de flexió principals afectaran a una o a les dues cares, essent aquesta última la situació més habitual. La distribució de les sol·licitacions al llarg de la pantalla determina, respectant les quanties mínimes i les longituds d'ancoratge, la disposició de les armadures principals. S'entenen com a tals les que segueixen l'eix longitudinal del batatge a cada cara d'aquest.

Sistema o sistemes de contenció provisional que s'han d'emprar. Els sistemes de contenció provisional que s'han d'emprar tenen incidència en la forma d'armar transversalment el batatge. Des de l'òptica dels armats, els sistemes de contenció provisional poden ser de tipus puntual (ancoratges) o lineals (estampidors).

Els ancoratges suposen la concentració dels esforços que equilibren l'empenta del sòl sobre un conjunt de superfícies relativament petites, definides a la zona de contacte per les plaques de base.

La distribució dels ancoratges quan s'han d'establir diversos nivells, per raó de la racionalitat constructiva i l'economia, es realitza segons una quadrícula. Aquesta circumstància comporta que els moments, en les dues direccions ortogonals, siguin força similars. En aquesta situació, les armadures transversals poden tenir quanties semblants a les longitudinals.

La concentració de sol·licitacions al voltant de les plaques de base pot comportar esforços de tall que no puguin ser assolits en solitari pel formigó. Quan això succeeix, s'han d'afegir una armadura complementària en forma de greca, de manera anàloga a com es realitza, en els sostres reticulars, en les zones de nervis properes als capitells.

La utilització d'estampidors sol anar acompanyada de dorments. Aquests generen, sobre la pantalla, un efecte de recolzament lineal.

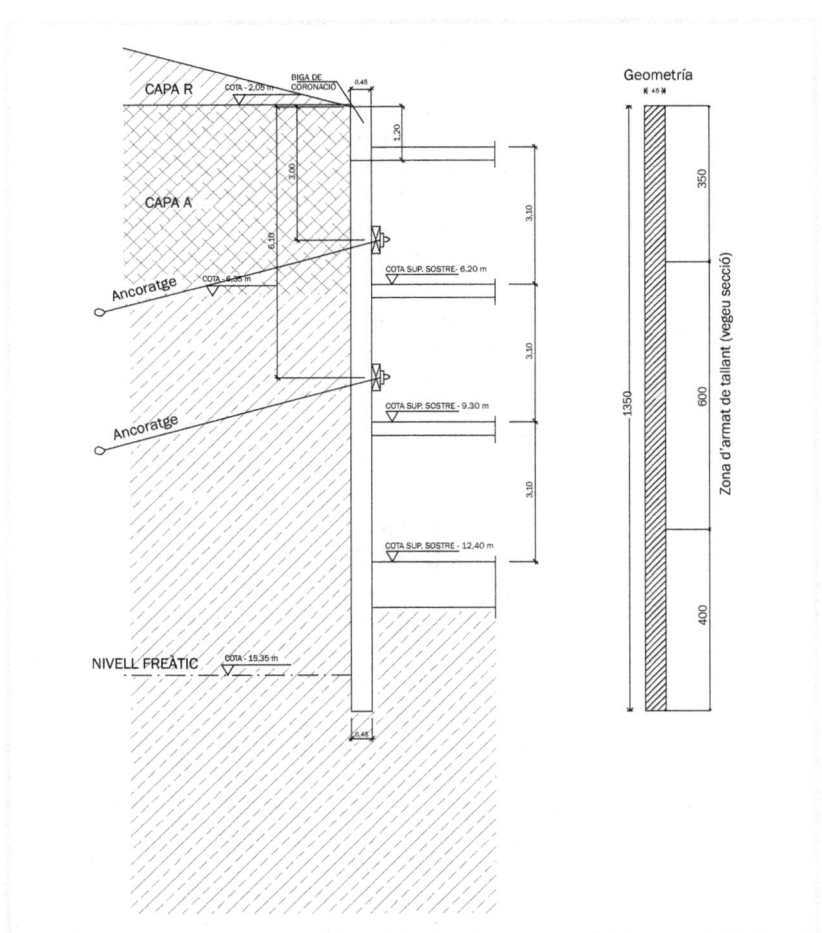

|8.30|
Esquema de les formes que adopten els cèrcols de les gàbies d'armadura, dels batatges dels murs pantalla, segons el tipus de junt

|8.31|
Esquema de la disposició dels ancoratges i de la longitud de clava en un mur pantalla corresponent a un cas real

Els moments es produeixen, fonamentalment, segons l'eix longitudinal del batatge. Les armadures tranversals, en aquestes condicions, es transformen en armadures de repartiment. Sempre que es compleixin les quanties mínimes, les armadures transversals es poden dissenyar considerant un terç de la longitudinal.

Forma del junt entre batatges. La forma del junt entre batatges determina la forma dels cèrcols per tal de facilitar l'encaix del panell en la perforació. A la figura 8.30 es mostren els tres tipus més habituals de junts i la forma que adopten els cèrcols en funció d'aquests.

La figura 8.31 correspon a la secció d'un cas real, de mur pantalla per a tres soterranis. La contenció provisional es va realitzar amb dues files de tirants. A la secció es pot apreciar la geometria dels ancoratges i la seva compatibilitat amb les cotes dels sostres.

La figura 8.32, d'armats, respon al desenvolupament constructiu dels batatges de la secció precedent, en alçat, planta i secció. S'hi poden apreciar els elements de base i els reforços necessaris per fer front a la concentració d'esforços de flexió en les zones estratègiques de cada cara.

La zona de recolzament de les plaques de base està reforçada amb una greca per absorbir esforços de tall. També resten dibuixades les barres encreuades, tant en sentit longitudinal com transversal, que tenen per missió donar rigidesa al panell durant les operacions de manipulació i de formigonatge.

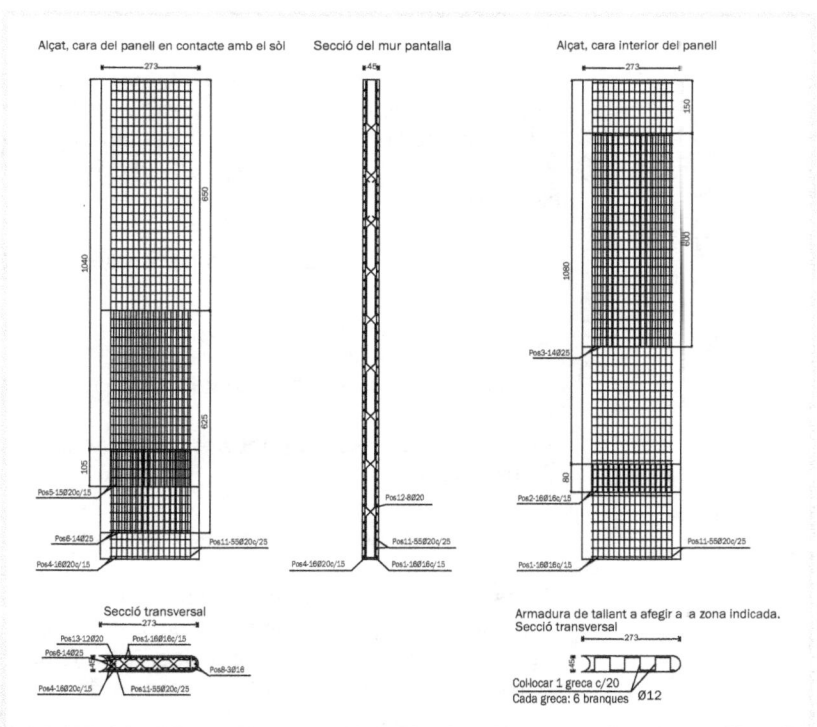

|8.32|
Disposició dels armats dels batatges tipus de la pantalla anterior

Compatibilitat amb el tub *tremie*. El diàmetre dels tubs tremie (15 cm), en els murs pantalla de 45 cm de gruix, a vegades, entra en conflicte amb les armadures de tallant i amb els rigiditzadors.

Quan s'utilitzen, en la confecció de les gàbies, barres de diàmetres compresos entre 20 i 25 mm, si es descompten els recobriments i els gruixos d'aquestes resten escassament 20 cm lliures.

Si es produeixen errades de muntatge que n'afecten a la verticalitat, pot arribar a resultar pràcticament impossible formigonar en condicions determinades gàbies, per la impossibilitat de portar el tub fins al fons. Cal tenir cura especialment en la disposició de les armadures de tallant, ja que poden constituir un obstacle insalvable.

No considerar els aspectes indicats en el disseny constructiu de les armadures s'acabarà convertint en un entrebanc o, en el cas pitjor, en un formigonatge deficient. Si el tub *tremie* no es pot col·locar en les degudes condicions es preferible retirar la gàbia abans que formigonar el panell de forma deficient.

7 Com evitar patologies en els murs pantalla i corregir-les si es produeixen

Aquest apartat té per objecte analitzar la forma d'evitar patologies derivades d'errades d'apreciació de les empentes i la seva traducció en un disseny constructiu inadequat o insuficient. També s'incideix en com s'ha d'efectuar la correcció de les patologies que poden aparèixer, durant la formació d'un vas amb murs pantalla, si aquestes s'arriben a produir.

En aquest apartat, no es consideren les patologies derivades d'una execució deficient dels batatges, perquè s'exposen al capítol 6, apartat 2.3.7 Prestacions exigibles als murs pantalla.

Les patologies analitzades que cal evitar i corregir, si és el cas, són les següents:

– Deformacions de la pantalla per empentes més grans de les previstes
– Clava insuficient
– Sifonaments
– Fallida del sistema o sistemes de contenció provisional

7.1 Deformacions de la pantalla per empentes més grans de les previstes

Per evitar, a l'origen, una estimació deficient de les empentes, cal:

Disposar d'un bon estudi geotècnic. És necessari que l'estudi geotècnic sigui el més complet possible. En aquest sentit, el CTE especifica el contingut mínim dels estudis geotècnics. Resulta imprescindible que, a més de les prospeccions, es realitzin assaigs de laboratori específics per determinar els paràmetres geotècnics amb la màxima exactitud possible.

Utilitzar correlacions o dades d'estudis geotècnics propers pot donar lloc a importants desviacions en l'estimació de les empentes.

Fer una estimació correcta de les empentes actives o en repòs. Cal establir, per a cada cas, si es consideren estats límit d'equilibri o càlculs en repòs. Aquest aspecte és especialment significatiu quan es treballa al costat d'estructures que no poden tolerar desplaçaments del cap del mur pantalla.

L'estimació d'una empenta activa o l'equivalent en repòs pot oferir diferencials de l'ordre d'entre un 40% i un 300%. Es necessari coordinar, en funció de les condicions de l'entorn, de manera correcta i racional, la seguretat i l'economia.

Les deformacions més perilloses dels murs pantalla són les que es produeixen a la part superior. Es tradueixen en desplaçaments de les terres situades sota el fonament veí i propicien l'aparició d'assentaments diferencials i les esquerdes conseqüents. També es poden produir, per aquesta causa, afectacions de serveis urbans. Un cop més, disposar de dades fiables derivades d'un bon estudi geotècnic és determinant.

Establir les fondàries d'excavació reals. Cal considerar, en la determinació de les empentes, durant les fases de buidatge, la fondària real d'excavació necessària per col·locar el sistema de contenció. Establir en el càlcul la cota del sistema de contenció, en lloc de la cota d'excavació, suposa subestimar les empentes. En intervenir-hi l'alçada al quadrat, es poden produir escreixos entre el 30 i el 40% respecte de les previsions.

Garantir la rigidesa del mur pantalla. Resulta fonamental garantir que el mur pantalla serà prou rígid per suportar, sense deformacions significatives en funció de les condicions d'entorn, les sol·licitacions a les quals restarà sotmès, tant en les fases d'execució del vas com en les de servei. Es tendeix a forçar en excés les relacions cantell/llum per guanyar superfície útil en el vas. Entre suports consecutius, no s'hauria de superar la relació 1/8, respecte del gruix del mur pantalla, per tal d'evitar deformacions excessives.

Estimar, de forma prudent, la cota del nivell freàtic. De nou la referència a l'estudi geotècnic resulta inevitable. Cal que l'estimació del nivell freàtic es realitzi de forma prudent en aquells sòls en els quals es tingui constància de la seva fluctuació estacional o per altres motius.

Malgrat tot, la presència d'aigua sota rasant, a nivells i en situacions diferents a les previstes, pot ser deguda a situacions accidentals, contra les quals poc es pot fer. A tall d'exemple:

– Excavacions i construcció de nous soterranis en edificis propers. Es poden traduir en desviacions i modificacions del nivell freàtic.
– Trencament accidental de conduccions d'aigua.

En les dues circumstàncies exposades, es poden veure incrementades, de forma substantiva, les empentes sobre el mur pantalla per efecte d'embassament. De sec a inundat les empentes es poden arribar a duplicar.

Controlar l'execució. El control d'execució d'un vas d'edificació comença amb la redacció estructurada i eficient dels documents del projecte executiu, fonamentalment la memòria, l'estat d'amidaments i els plànols. S'hi ha d'exposar, de forma clara i detallada, les fases de treball i les cotes que s'hi han d'assoli.

Les premisses indicades faciliten l'anàlisi i, si és el cas, les observacions per part dels responsables d'executar físicament l'obra. Se simplifica la planificació i el seguiment dels treballs i s'eviten errades d'interpretació.

Paral·lelament, es pot establir, si les condicions d'execució ho fan aconsellable, un sistema taquimètric per controlar el comportament del cap de la contenció durant el procés de formació del vas.

Les deformacions de les pantalles es tradueixen en pèrdues de verticalitat i fissures horitzontals en els espais entre recolzaments. Aquestes darreres denoten estats de flexió superiors als previstos en el càlcul.

La causa dels problemes esmentats és deu, en moltes ocasions, que la cota de les fases de rebaix no està ben definida en el projecte, o no es compleix *"per avançar"* abans de col·locar els sistemes provisionals de contenció.

Una ullada als diagrames d'empentes mostra que la mobilització de passiu comença a actuar bastant per sota de la cota d'excavació. En els elements flectats la llum intervé, en la determinació de moments, al quadrat.

Amb el quadre descrit, no és estrany que es produeixin fissures horitzontals en les zones flectades. Aquestes actuen a manera de testimonis. La raó de l'aparició ràpida de les fissures és que els recobriments alts de formigó, propis dels murs pantalla, són més proclius a fissurar-se per la distància més gran de la cara exterior a les barres.

Habitualment, el problema es resol quan es col·loquen, en condicions, els sistemes provisionals de contenció.

7.2 Clava insuficient

Per evitar, en origen, una clava insuficient, és necessari establir, d'acord amb les indicacions del apartat anterior, una estimació correcta de les empentes i dels paràmetres geotècnics. Cal afectar el coeficient d'empenta passiva del coeficient reductor sobre la base de les recomanacions de la taula 2.1 del llibre 3 del CTE, a la qual s'ha fet referència. Igualment, seguint les mateixes directrius, caldrà efectuar les corresponents majoracions de les accions.

Una clava insuficient es pot traduir en un desplaçament de la pantalla vers la part interior del vas. La forma de frenar ràpidament un defecte de clava consisteix a acumular terres en la base de la contenció per incrementar-ne la seva longitud. Un cop estabilitzat el mur pantalla, es podrà estudiar el sistema més idoni per garantir-ne l'estabilitat.

Les possibilitats de correcció són diverses. Entre elles, les més assequibles són:

- Col·locació d'una fila d'ancoratges propera a la base.
- Formació, per trams, d'una llosa al fons del vas.
- Establiment d'un sistema de riostes.

7.3 Sifonaments

En la construcció sota rasant, s'entén per sifonament el fenomen físic que provoca, per diferència de pressió, la penetració d'aigua freàtica al fons d'un vas.

L'eventualitat dels sifonaments es produeix en sòls sorrencs, a causa de la seva alta permeabilitat. Cal considerar especialment aquesta situació quan el nivell freàtic estigui substantivament per damunt de la cota d'excavació.

L'efecte d'un sifonament es tradueix en una baixada del nivell freàtic i penetració d'aigua, que arrossegant partícules sòl, a la zona perimetral. Cal procedir, per mitjà de bombament, a l'extracció de l'aigua del fons del vas.

Les reduccions del nivell freàtic comporten habitualment col·lapses del terreny, que poden afectar els edificis veïns. Aquest és un risc que es corre sempre que sigui necessari rebaixar el nivell freàtic, per mitjà de bombament, per tal de treballar en sec durant l'excavació i la construcció de les lloses d'estanquitat. Per evitar danys en els edificis veïns, cal retornar al contorn l'aigua extreta durant el bombament.

Com a norma general, pel que fa a la seguretat, l'encastament de la pantalla, si hi ha la possibilitat de sifonament, ha de ser igual o més gran que la diferència de cota existent entre el nivell freàtic i el fons de l'excavació. En el seu càlcul no tan sols intervenen les empentes, sinó que cal considerar-hi el flux i la pressió hidrostàtica.

Aquest aspecte es tracta al capítol 4 (Aigua i sòl. Conceptes bàsics) apartat 9, (Gradient hidràulic crític. Aplicació pràctica).

La presència d'un estrat d'argiles o de llims, proper al fons de l'excavació o al peu de la pantalla, suposa una situació favorable. L'encastament del mur pantalla en una capa impermeable redueix substantivament la possibilitat de sifonament.

7.4 Fallida del sistema o dels sistemes de contenció provisional

Per evitar la fallida del sistema o dels sistemes de contenció provisional, és necessari, a més de partir d'un estudi geotècnic correcte:

- Evitar errades de plantejament i/o de càlcul en l'estimació de les reaccions que han de suportar els sistemes de contenció provisional.
- En cas d'utilitzar estampidors, cal considerar el pes propi i el vinclament en els dos eixos principals de la secció, sigui aquesta formada per un sol perfil o per agrupació de perfils.

- Si s'utilitzen ancoratges, cal garantir tots els seus paràmetres, la longitud lliure i la longitud i el diàmetre del bulb, com també una execució correcta i el control d'execució. És necessari que els aparells de mesurament de les tensions estiguin calibrats correctament.
- Quan les operacions de control d'execució (verificació de la tensió) denoten un comportament incorrecte d'un o més ancoratges, la solució habitual és investigar-ne la causa i corregir-la. A aquest efecte, se solen incorporar, en els espais intermedis, nous ancoratges realitzats d'acord amb les noves prescripcions. Observeu a la figura 8.33 la proximitat dels ancoratges de la fila superior respecte de la inferior.

|8.33|
El mal comportament dels ancoratges de la fila superior va obligar a col·locar-ne de nous en els espais intermedis

- Les bermes de terres requereixen un control rigorós de la seva cota i el seu perfil durant l'execució dels treballs per tal de garantir-ne el comportament correcte. Cal establir proteccions per evitar la seva degradació, per les accions derivades de la circulació de maquinària, durant la fase de servei.

Les fallides en els sistemes de contenció provisional es tradueixen en moviments del cap de la pantalla. La seva incidència variarà, de forma notable, segons l'existència o no d'edificis veïns entre mitgeres.

Un desplaçament del cap del mur pantalla, de fins a 10 cm, és possible que no suposi cap incidència greu, més enllà de la pèrdua de verticalitat, si el vas d'edificació es troba aïllat respecte altres edificis o infraestructures. En canvi, un desplaçament inferior a 3 cm del cap d'un mur pantalla situat al costat d'una paret mitgera pot causar lesions significatives en l'edifici veí.

En les situacions descrites, els estampidors de cantonada poden veure cisellats els ancoratges dels seus suports. Els estampidors centrals afecten fletxes substantives en períodes curts de temps, des de dies fins a hores. En aquestes circumstàncies, l'actuació ha de ser immediata abans que empitjori. La intervenció de correcció ha de consistir a donar rigidesa a l'estampidor o estampidors afectats afegint secció resistent a l'eix o als eixos deficitaris. Es tracta d'aturar l'evolució de la deformació. Difícilment se'n podrà corregir la verticalitat.

A la figura 8.34 s'observa una fletxa a l'estampidor de 17 cm. Es va produir en menys de vuit hores a causa del guerxament per insuficiència de moment d'inèrcia d'aquest a l'eix vertical.

|8.34|
Fletxa de 17 cm, produïda, en qüestió d'hores, per vinclament de l'estampidor per manca de rigidesa de l'eix X. Va comportar un desplaçament del cap de la pantalla. Es va corregir, com s'observa a la fotografia, per mitjà de l'addició de perfils per tal d'incrementar el moment d'inèrcia de la secció

Si el sistema de contenció provisional es realitza per mitjà d'ancoratges, les operacions de control d'aquests alertaran de la seva insuficiència. La correcció habitual, com s'ha indicat, consisteix en la realització de nous ancoratges en els espais intermedis.

En el cas de les bermes, s'ha de procedir, per batatges, a la construcció de l'estructura definitiva per tal de garantir-ne l'estabilitat. Els batatges es fan coincidir amb la posició de les sabates properes a la contenció per tal de facilitar la construcció de sectors complerts de forjats que puguin actuar, de forma eficient, com a estabilitzadors.

pantalles de pilons

1 Aspectes generals

Les pantalles de pilons o de micropilons són una alternativa constructiva vàlida per afrontar situacions de sòl en les quals no és possible o aconsellable emprar murs pantalla per a la formació de vasos d'edificació. Els casos d'aplicació més habitual són:

- En presència de sòls molt tous i de baixa cohesió. La situació descrita garanteix el despreniment de les parets de rases de grans dimensions.
- Quan el nivell freàtic es presenta alt i desestabilitza les excavacions plantejades amb parets de plans verticals.
- En presència de roques amb plans de fractura irregulars. Els estrats durs no poden ser atacats per les culleres bivalves. Plantejar una excavació a cel obert en roques fragmentades pot comportar un risc elevat d'esllavissaments. És el cas de les llicorelles.
- En zones fortament comprimides per l'acció de fonaments que no toleren el grau de descompressió que suposa l'obertura d'un batatge. Plantejar un batatge de menys de 2 m d'amplada no resulta operatiu; un piló de 400 mm dels que s'empren habitualment en aquestes comeses suposa la cinquena part d'aquesta longitud. Disposa, a més, d'una secció circular que ajuda a equilibrar les empentes.
- En corbes de radi reduït, en les quals realitzar batatges pot resultar complex i poc aproximat a la forma volguda.

En general, les pantalles de pilons són d'aplicació en aquelles situacions en les quals la construcció d'una rasa per efectuar un mur pantalla es fa difícil o inviable.

2 Diàmetres i disposició dels pilons

Els diàmetres que s'utilitzen per realitzar pantalles de pilons oscil·len entre els 200 i els 1.000 mm. Es tracta, en tots els casos, de pilons formigonats in situ pel fet que les situacions delicades que obliguen a la seva elecció no permeten emprar pilons clavats a causa de les vibracions que es produeixen durant la seva col·locació.

Els pilons, en funció de la naturalesa del sòl, de la presència o no de nivell freàtic i dels esforços mecànics imposats per l'entorn, a efectes de formació de pantalles de contenció, es poden disposar:

- Separats
- Tangents
- Secants

3 Pantalles de pilons separats

Les pantalles executades amb pilons separats són d'aplicació en sòls amb un cert grau de cohesió i sense presència de nivell freàtic. En ells es produeix, en planta i al llarg de la longitud del fust a la zona de contenció, un arc espontani de descàrrega. Aquest tramet les empentes del sòl cap als pilons.

La separació que s'adopta entre pilons consecutius depèn de factors diversos, entre els quals es compten:

- El diàmetre del piló
- El grau de cohesió del sòl
- La presència d'aigua
- L'ordre de magnitud de les empentes generades a l'entorn

Els valors de separació que s'utilitzen habitualment oscil·len entre 1,50 i 3,00 vegades el diàmetre del piló entre eixos de dos pilons consecutius.

El diàmetre de piló que s'empra més sovint en la formació de vasos d'edificació és el de 400 mm. En sòls coherents, se sol aplicar una distància entre eixos de 700 mm, que suposa una relació, entre dos pilons consecutius, de 1,75 vegades el diàmetre.

4 Pantalles de pilons tangents

Les pantalles realitzades amb pilons tangents es construeixen quan el grau de cohesió del sòl és pràcticament nul. No suposen cap garantía d'impermeabilitat però eviten o limiten de forma substantiva l'arrossegament de fins.

Si hi ha presència de nivell freàtic, el fet que la pantalla dreni evita la possibilitat que es generin sobrepressions. En aquestes circumstàncies és precís disposar, per davant dels pilons, una cambra ventilada dotada dels corresponents col·lectors.

La realització d'aquestes pantalles requereix executar la perforació en dues sèries per evitar malmetre el piló formigonat recentment durant l'excavació del contigu, per qüestió de proximitat. En primer lloc, es realitzen els pilons imparells i, un cop formigonats aquests, es perfora la sèrie de pilons parells.

5 Pantalles de pilons secants

Les pantalles de pilons secants tenen per objectiu reduir al màxim, però que no impedir, la penetració d'aigua a l'interior del vas.

Aquest tipus de pantalla de pilons requereix la intervenció de màquines potents amb barrines equipades amb puntes de vídia per tal d'escapçar, al llarg del fust, els pilons formigonats prèviament. A més, és indispensable que les màquines disposin de sistemes de guiatge molt precisos.

Igual que en el cas anterior, resulta necessari realitzar el pilotatge amb sèries de pilons parells i imparells. També és convenient preveure una cambra ventilada, si be l'aplicació de productes específics d'impermeabilització en els junts ho pot fer innecessari.

6 Consideracions de tipus constructiu

Un dels inconvenients principals que presenten les pantalles de pilons, per comparació dels murs pantalla, és la seva menor rigidesa. La relació entre les inèrcies d'una secció quadrada de costat d i una secció circular del mateix diàmetre indica que la secció quadrada, a igualtat de longitud i de material, és un 70% més rígida que la circular.

El fet s'accentua en analitzar la posició de les armadures respecte de la fibra neutra, en una i altra seccions. Mentre que en la secció quadrada o rectangular tota l'armadura resta en tracció de forma homogènia i òptima enfront dels esforços de flexió, en la secció circular tan sols una o dues barres es troben en posició idònea.

Aquesta situació s'ha de resoldre:

- Incrementant el diàmetre dels pilons, amb la pèrdua conseqüent d'espai.
- Incorporant més nivells d'estintolament provisional.
- Reduint la distància entre eixos de pilons.
- Disposant els pilons de forma alterna per incrementar-ne el braç mecànic.

El darrer procediment s'ha d'emprar tan sols en situacions molt excepcionals en les quals el diàmetre reduït de la perforació sigui l'alternativa més vàlida per resoldre l'excavació. Sempre que sigui possible, per qüestió d'operativitat i per facilitar l'acabat posterior, el diàmetre del piló ha de coincidir amb l'ample de la pantalla.

Els tipus de pilons d'utilització preferent per realitzar pantalles són els barrinats de tipus CPI-7 i CPI-8. L'agilitat de la seva execució i la seva capacitat per travessar estrats durs en són les raons preferents. Per a més informació vegeu el capítol 12 (Fonaments profunds. Pilons) apartat 5.3 (Pilons perforats).

En el cas dels CPI-8 i dels micropilons, s'ha de considerar com a factor altament positiu la seva baixa –per no dir nul·la– incidència pel que fa a la descompressió del sòl. La retirada de la barrina suposa la injecció de formigó. En els micropilons, la injecció de vorada produeix el mateix efecte.

7 Dades de partida per al disseny constructiu de pantalles de pilons

Les dades de partida que cal considerar per a la construcció d'una pantalla de pilons són similars a les necessàries per desenvolupar un mur pantalla:

- Estimació de càrregues dels elements estructurals que han de gravitar sobre la pantalla
- Incidència de l'entorn, en forma de magnitud i posició d'empentes i condicionaments d'execució
- Informe geotècnic

L'informe geotècnic, a més del valor de fregament fust-sòl per a cada estrat, ha de contenir la informació següent:

- Seccions estratigràfiques. La seva informació permet:
  - Determinar l'estrat o els estrats en els quals s'ha de fixar la clava.
  - El tipus de sòl que ha de suportar la zona de pantalla i el seu grau de cohesió. Aquest darrer paràmetre, en un factor de decisió respecte a la disposició dels pilons: separats, tangents o secants.
  - Considerar la presència de fregament negatiu.
  - L'existència i, en aquest cas, el nivell de la capa freàtica i les possibles oscil·lacions estacionals.
- El grau d'agressivitat del sòl. Determina el tipus de ciment amb el qual elaborar el formigó.

8 Procés constructiu

El procés constructiu d'una barrera de micropilons comprèn els apartats següents:

- Replantejament.
- Formació dels murets guia
- Perforació de la sèrie parell. Aquesta operació es divideix en subsèries per tal de poder formigonar el mateix dia, o al dia següent, les perforacions efectuades.
- Armat i formigonatge de la sèrie parell
- Perforació, armat i formigonatge de la sèrie imparell
- Escapçament dels pilons
- Assaigs d'integritat
- Realització de la biga de coronació
- Procés d'excavació i d'estintolaments per a la formació del vas
- Neteja i acabat dels pilons
- Realització de la fonamentació
- Unions sostre-pilons
- Eliminar els estintolaments provisionals

8.1 Replantejament

El replantejament de base s'ha de fer després de netejar i esbrossar el terreny, preferentment per mitjà d'una estació total. Durant la seva execució, s'han de fixar punts de referència inamovibles per definir els eixos del conjunt de les pantalles i la seva altimetria.

pantalles de pilons

|9.1|
Peces de poliestirè extrudit amb la posició dels pilons. Serveixen d'encofrat perdut per facilitar el posicionament i l'alineació dels pilons formant barrera

8.2 Formació dels murets guia

La construcció de murets guia no resulta indispensable per realitzar una pantalla de pilons, si bé ajuda a la realització més ràpida i eficient dels treballs. Les figures 9.1 i 9.2 mostren, respectivament, uns blocs de poliestirè expandit que assenyalen la posició prevista per a s pilons en el conjunt de la pantalla, i les peces assentades en el fons d'una rasa i

|9.2|
Formigonatge en el terreny de les peces de poliestirè com a pas previ a l'excavació

fixades amb una evolupant de formigó pobre. D'aquesta manera, es garanteix, de forma senzilla i eficient, l'alineació i el centrat dels pilons que constitueixen la pantalla.

8.3 Perforació de la sèrie parell

La perforació es realitza des de la màquina de pilonar. Les figures 9.3 mostren els comandaments de la cabina que permeten ubicar i aplomar la guia de perforació en la posició exacta.

La figura 9.4 mostra el detall del front de perforació de la barrina equipada amb dents de vídia. Sobre aquesta, per mitjà d'un cabrestant accionat per cable, s'exerceix una força constant. En el cas de la màquina referida, l'esforç aplicat és de 6 Tn. El efecte combinat de la rotació, la pressió i una eina de tall eficient permeten la perforació de roques. En sòls no excessivament durs, la perforació de tota la columna es produeix en qüestió de minuts.

La figura 9.5 permet apreciar l'acumulació, al voltant de la perforació, dels materials extrets per la barrina. Cal comptar amb la col·laboració d'una excavadora de tipus universal per retirar les terres sobrants.

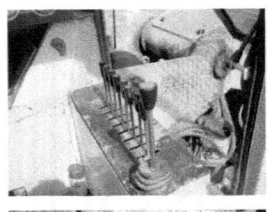

|9.3|
Interior de la cabina de comandament de la màquina que efectua les perforacions. S'hi poden apreciar els controls que permeten ubicar la posició i l'aplomat correcte dels pilons

|9.4|
Barrina equipada amb dents de vídia. Permet la perforació de roques

|9.5|
Acumulació de detritus al costat de les perforacions. Es requereix la intervenció d'una excavadora universal per a la seva retirada i càrrega als camions

8.4 Armat i formigonat de la sèrie parell

La figura 9.6 correspon al moment d'introduir l'armadura en la perforació d'un piló tipus CPI-7. Aquesta operació s'ha de realitzar com més aviat millor, per procedir immediatament al formigonatge. Es tracta d'evitar eventuals despreniments de terres que podrien afectar la continuïtat del piló.

pantalles de pilons

|9.6|
Introducció de l'armadura en un piló. Cal fer-la com més aviat millor i formigonar ràpidament per evitar esfondraments en les parets de la perforació

La figura 9.7 detalla un conjunt de pilons armats i formigonats corresponents a la primeria sèrie. S'hi pot observar, per la separació entre pilons, l'alternança en l'execució de les dues sèries.

8.5 Perforació, armat i formigonatge de la sèrie imparell

A la figura 9.8 la barrina comença a perforar sobre la referència de poliestirè situada entre dos pilons prèviament executats de la sèrie parell per realitzar un piló de la sèrie imparell.

|9.7|
Pilons armats i formigonats corresponents a la primera sèrie. Resten lliures els espais intermedis corresponents a la segona sèrie de pilons

|9.8|
Barrina en el moment de perforar el poliestirè de guia

|9.9|
Armadura col·locada corresponent a un piló de tipus CPI-7. El tub *tremie*, ajustat a l'armadura, facilita centrar les armadures dins la perforació

|9.10|
Formigonatge per mitjà d'una bomba injectora d'un piló de tipus CPI-8

|9.11|
Immediatament després de formigonatge s'introdueix l'armadura en aquest piló de tipus CPI-8. Observeu la barrina bruta de formigó. El formigonatge s'ha realitzat amb part de la barrina submergida per tal de garantir la continuïtat del piló

La figura 9.9 mostra, en primer terme, el poliestirè extrudit de guia. Al fons, l'armadura pendent de formigonar en posició excèntrica. Es tracta d'un piló de tipus CPI-7. El formigonatge s'ha de realitzar amb tub *tremie* disposat al centre de l'armadura, de forma que centri la posició d'aquesta al llarg del fust del piló.

Les figures 9.10 i 9.11 mostren el formigonatge de pilons de tipus CPI-8; a la figura 9.10, la bomba rep a la tremuja el formigó del camió. A la figura 9.11, el formigonatge ha arribat al seu final. Observeu que a la barrina hi ha restes de formigó, ja que s'ha formigonat amb part d'aquesta submergida per tal de garantir la continuïtat del piló.

8.6 Escapçament dels pilons

Igual com succeeix amb els murs pantalla, el formigó que arriba a la superfície es troba contaminat per l'arrossegament de detritus procedents de les parets de la perforació. Cal procedir a sanejar la zona afectada amb pistola d'aire comprimit.

8.7 Assaigs d'integritat

Els assaigs d'integritat són preceptius. Formen part del programa de control de qualitat propi de cada projecte. Es troben descrits a l'apartat 15 a l'assaigs d'integritat dels pilons, del capítol 12 (Fonaments profunds. Pilons).

8.8 Realització de la biga de coronació

La biga de coronació a les pantalles de pilons o de micropilons assoleix les mateixes funcions que en els murs pantalla, és a dir:

- Unifica el comportament mecànic dels pilons fent-los treballar de forma solidària.
- És pot utilitzar com a receptora dels esforços del sistema d'estintolament.
- Rep i reparteix de forma homogènia les càrregues de les estructures superiors.
- Serveix habitualment de nexe d'unió amb el sostre de la planta baixa. A aquest efecte, molt sovint es preveu el formigonatge de la biga de coronació en dues etapes.

D'acord amb els dos primers apartats, es conclou que no es poden iniciar els treballs de rebaix del vas fins que la biga de coronació s'ha conclòs, tal com es mostra a la figura 9.12.

|9.12|
Un cop realitzada la biga de coronació, es pot procedir al rebaixament del solar

8.9 Procés d'excavació i de contencions provisionals per a la formació del vas

Els processos d'excavació i de formació del vas s'han de determinar i aplicar d'acord amb criteris de racionalitat, per tal de facilitar-ne la construcció, i d'economia.

La documentació del projecte executiu ha de donar una resposta tècnica adequada. Hi han de restar definides, de forma clara i detallada, les etapes del procés a seguir per a la execució integral dels treballs.

Els documents preferents per desenvolupar-los són els plànols de contencions i fonaments, la memòria tècnica constructiva i l'estat d'amidaments. Una anàlisi detallada d'aquests documents per professionals experts aliens a l'equip de projectistes mostra, en la majoria dels casos; imprevisions, mancances, incongruències o altres defectes que, si

|9.14|
Quan els fronts d'excavació estan separats per menys de 20 metres, una opció per efectuar contencions provisionals són els estintolaments. Observeu les bigues de repartiment dels esforços dels estampidors sobre la biga de coronació

|9.15|
Contenció provisional efectuada amb ancoratges. L'esforç es reparteix entre dos pilons per mitjà de seccions de perfils metàl·lics

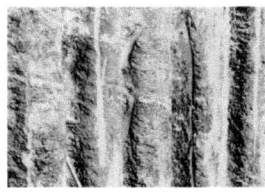

|9.16|
Cal netejar o fresar la superfície rugosa i amb restes de sòl adherit que presenten els pilons abans de procedir al gunitat

|9.17|
Acabat de la pantalla de pilons per mitjà de gunitat aplicat sobre un mallat. A terra, hi ha la mànega i la cànula per a la projecció del gunitat

no són detectats amb antelació, poden donar lloc a problemes durant l'execució.

D'acord amb tot el que s'ha exposat, és recomanable fer auditories de projecte per tal de fer les correccions pertinents en la fase de disseny i evitar errades a l'obra.

En les figures 9.14 i 9.15, es mostren dos sistemes de contenció provisionals. A la figura 9.14, per mitjà d'estintolaments prefabricats. A la figura 9.15, emprant seccions de perfil metàl·lic que transmeten l'esforç de l'ancoratge injectat al terreny a dos pilons consecutius.

Els criteris generals per estructurar i dissenyar el procés d'excavació i contencions d'un vas han de ser els següents:

– Garantir, en tot moment, la seguretat estructural de la contenció.
– Garantir la seguretat del perímetre, edificat o no, i dels accessos a persones i vehicles, especialment durant el procés de buidatge. Aquest darrer aspecte cal aplicar-lo especialment a les rampes.
– Evitar la generació de temps morts.
– Entorpir el mínim possible els treballs d'excavació. Evitar la generació d'obstacles en el procés d'implantació d'obra i en la programació del buidatge.
– Disposar, entre contencions provisionals, de gàlib suficient per garantir el treball còmode i segur de les màquines.
– Dotar l'obra de mitjans i equips equilibrats perquè puguin treballar de forma coordinada i eficient amb rendiment homogeni.
– Elaborar una planificació racional de l'execució, vinculant entre si les activitats relacionades i establint els terminis per a la seva realització d'acord amb els rendiments propis del tipus d'obra.
– Disposar de mecanismes per adoptar les correccions pertinents si la planificació no es compleix.

8.10 Neteja i acabat dels pilons

Els pilons presenten una superfície rugosa i amb restes de sòl adherit quan s'ha conclòs l'excavació, com s'aprecia a la figura 9.16. Per tal de regularitzar-ne la superfície, segons el tipus de sòl, pot ser suficient un raspallat o l'aplicació d'aigua a pressió. Si les irregularitats i les adherències són importants, es pot procedir a un fresatge. L'aspecte abans i després de fresar es pot apreciar, respectivament, a les figures 9.16 i 9.17.

La figura 9.17 mostra l'acabat, sota la biga de coronació, dels pilons per mitjà de gunitat aplicat sobre un mallat. A terra, hi ha la mànega i la cànula per a la projecció del gunitat.

8.11 Realització de la fonamentació

Realitzar la fonamentació, en especial en les zones properes al peu de la pantalla de pilons suposa rebaixar la cota de base de la solera el escreix corresponent al cantell de les sabates. Aquesta eventualitat ha d'estar prevista en el càlcul. Suposa una situació de curta durada, raó per la

pantalles de pilons

qual s'acostumen a apurar els coeficients de seguretat. Durant l'execució de la obra, cal actuar en conseqüència i programar els treballs per

– No obrir tots els fronts alhora.
– Col·locar la ferralla i formigonar immediatament.

La figura 9.18 mostra el rebaixament necessari per fonamentar un pilar. La figura 9.19, l'inici d'una rampa.

|9.18|
Rebaixament puntual a la base d'una pantalla de pilons per realitzar una sabata de fonamentació

|9.19|
Inici d'una rampa tangent a una pantalla de pilons

|9.20|
Unió entre un sostre i una pantalla de pilons per mitjà de perforacions i esperes fixades al piló

8.12 Unions sostre-pilons

Les unions sostre-pilons es fan actualment de forma senzilla i segura, per mitjà del desenvolupament de *grouts* específics per realitzar ancoratges en el formigó.

Es parteix del replantejament dels nivells del sostre. Posteriorment, es realitzen perforacions radials en el piló amb màquines manuals equipades amb broques de vídia. Habitualment, es fa una primera perforació de guia i, després, aquesta s'amplia a la dimensió definitiva, entre 20 i 30 mm de diàmetre, com es mostra a la figura 9.20, en la que també es poden apreciar els connectors formats per fragments de rodó corrugat.

Per tal de garantir l'adherència correcta dels connectors, és important netejar de detritus el interior de la perforació. L'operari de la figura 9.21 ho fa amb l'auxili d'una manxa.

|9.21|
Neteja dels detritus de les perforacions amb una manxa per tal de garantir un bon ancoratge de les esperes

8.13 Eliminació dels estintolaments provisionals

Un cop formigonats i endurits els sostres, se n'han d'eliminar les contencions provisionals o els seus efectes. És el cas dels ancoratges injectats al terreny. Davant la inoperància i la dificultat de la seva extracció total, es procedeix, senzillament, a tallar els tendons per mitjà d'un bufet.

Les figures 9.22 i 9.23 mostren el procés de culminació d'un vas amb la construcció foto inferior esquerra, del sostre corresponent a la planta baixa.

Concloses correctament les operacions descrites, les pantalles de pilons acaben l'etapa de construcció i comencen la de servei.

pantalles de pilons

|9.22|
Inici del formigonatge del sostre corresponent a la biga de coronació

|9.23|
Un cop endurit el sostre corresponent a la biga de coronació, se'n poden eliminar les contencions provisionals

10

els sistemes de contenció provisional de terres durant la formació de vasos d'edificació resolts amb murs pantalla

■ 1 Introducció als sistemes de contenció provisional de terres per a l'excavació de vasos d'edificació

La solució idònia per resoldre un vas d'edificació seria disposar de prou espai lliure per poder realitzar l'excavació a cel obert i pujar l'estructura de l'edifici paral·lelament al sistema de contencions. Per desgràcia, situacions com la descrita es dóna poques vegades en les zones urbanes, en les quals, a més, és freqüent la construcció entre parets mitgeres edificades. En aquests casos, cal recórrer a formar contencions perimetrals prèvies a l'excavació (habitualment murs pantalla o pantalles de pilons), per tal de garantir l'estabilitat de les terres, tant durant les fases de buidatge del vas, com en condicions de servei.

Qüestions de tipus numèric i econòmic, que relacionen les empentes generades pel sòl amb la capacitat resistent dels sistemes de contenció, no permeten, excepte en casos molt concrets, que aquests les puguin assolir en solitari, és a dir, sense mecanismes externs de col·laboració.

Per tant, cal establir sistemes de contenció provisionals per garantir l'estabilitat dels vasos d'edificació durant les fases de buidatge i de construcció dels sistemes de contenció definitius.

La contenció provisional de terres és un dels aspectes més conflictius i complexos de resoldre durant la formació de vasos d'edificació en els quals les condicions del sòl i/o de l'entorn fan necessària l'execució de contencions perimetrals prèvies a l'excavació.

La varietat de situacions i circumstàncies fan que no hi hagi pràcticament dos vasos iguals, raó per la qual quasi sempre cal començar l'anàlisi per aplicar les solucions constructives i estructurar les fases de treball des de zero.

Per donar una resposta adequada als reptes plantejats per un buidatge eficient d'un vas d'edificació cal conèixer i aplicar, de forma racional, els recursos tècnics que permeten assegurar, provisionalment, l'estabilitat de les contencions.

És necessari que, en la memòria, en l'estat d'amidaments i en els plànols del projecte executiu, restin perfectament definides les fases d'execució, indicant les cotes successives de l'excavació, i el tipus de contenció provisional que s'ha d'aplicar en cada etapa.

2 Bases per el estudi de les contencions provisionals dels vasos d'edificació

Els sistemes de contenció provisional de terres s'han d'estudiar en funció de diversos aspectes. Entre ells:

- Característiques del sòl
- Garantia, en tot moment, de la seguretat
- Nombre de soterranis per construir
- Superfície, dimensions i morfologia del vas
- Condicions de l'entorn
- Facilitació del procés d'excavació

2.1 Característiques del sòl

El sòl és el primer material de construcció. Els cinc primers capítols d'aquest treball es dediquen, de forma preferent, a analitzar i a conèixer-ne el comportament mecànic. Són determinants els paràmetres geotècnics obtinguts en una campanya de prospecció acurada, i cal respectar-los al llarg de tot el procés de construcció.

La presència d'avenaments, o de nivell freàtic, són aspectes que compliquen l'execució dels vasos, ja que suposen l'alteració de les condicions d'equilibri del sòl. Cal tenir present que l'aigua és responsable de més del 70% dels moviments del sòl; en conseqüència, es consideraran els possibles efectes de l'aigua durant les fases d'excavació, tant si la seva presència és de forma continuada com eventual, per efecte de les tempestes. Disposar de pous de drenatge equipats amb bombes i proteccions perimetrals per evitar la irrupció aigües torrencials en el vas és una mesura de precaució que és recomanable adoptar.

Les característiques i la naturalesa del sòl tenen incidència directa sobre l'ordre de magnitud de les empentes que es generen en una contenció. A igualtat d'altura, es poden arribar a duplicar, en funció que l'angle de fregament ϕ s'aproximi als 45° o als 20°. Igualment, l'acumulació d'aigua darrere les contencions imposa increments d'empenta que poden causar el col·lapse de les contencions.

2.2 Garantia, en tot moment, de la seguretat

La seguretat durant el buidatge, a més del compliment de les normes d'utilització de la maquinària i els equips, es basa en els aspectes següents:

- Conèixer l'ordre de magnitud de les empentes i sol·licitacions que actuen, en tot moment, sobre la contenció perimetral del vas.
- Actuar, en el temps i de la forma escaients, d'acord amb un pla

de buidatge estructurat en el qual figuri el sistema o els sistemes provisionals per garantir l'equilibri, del sistema de contenció, en condicions de seguretat.
- Organitzar el treball de la maquinària i els equips per garantir-ne la utilització racional, sobre la base de la seva complementarietat, i evitar les interferències i els temps morts.

2.3 Nombre de soterranis per construir

Com més gran és el nombre de soterranis, més dificultat hi ha tant en el buidatge com en la pròpia contenció perimetral, ja que les empentes són funció del quadrat de l'altura de la contenció.

A tall indicatiu, es donen les referències següents:

- En terrenys de bona qualitat, sense sobrecàrregues importants en el perímetre, és possible establir un sol nivell de contencions provisionals fins a tres soterranis destinats a aparcament.
- Entre quatre i cinc soterranis, cal considerar un mínim de dos nivells.
- Per resoldre més de cinc soterranis, el mínim de nivells de contenció provisional que s'ha de considerar és de tres nivells.

Cada nivell de contenció, a mesura que avança l'excavació, ha de suportar una càrrega més gran. Aquest fet es tradueix en increments de la seva secció o capacitat resistent, en disposicions més properes dels sistemes de contenció provisionals o en situacions intermèdies entre les descrites.

La fondària complica també el sistema d'extracció de terres i la seva càrrega fins a l'abocador, en especial quan no és possible l'accés directe dels camions al fons del vas.

2.4 Superfície, dimensions i morfologia del vas

L'estudi conjunt dels paràmetres de superfície, dimensions i morfologia del vas que s'ha de buidar permet establir criteris per adoptar, com a preferents, uns determinats mètodes o procediments i posar condicions o rebutjar-ne d'altres.

A l'efecte d'aquest estudi, per tal de sistematitzar les opcions, s'estableixen unes dimensions i característiques de referència justificades en criteris constructius d'aplicació pràctica.

Per a la realització d'un vas d'edificació, emprant sistemes de contenció prèvia de perímetre, es considera una amplada mínima del vas de 12,00 metres, inclosos els gruixos de la contenció. És la dimensió mínima necessària per garantir el moviment d'una pantalladora convencional.

Els vasos d'edificació per sota d'aquesta mesura és preferible abordar-los amb sistemes tradicionals o emprant maquinària més lleugera.

El llindar entre un solar mitjà i un de gran es fixa en 20,00 metres entre els fronts més propers del vas. És la longitud màxima recomanable per a la col·locació d'estampidors.

En funció de la seva superfície i de les dimensions, es consideren els tipus següents de solar.

- **Petits.** Aquells amb superfícies compreses per sota dels 400,00 m², i amb un volum d'excavació inferior als 4.000,00 m³.
- **Mitjans.** Es consideren, com a tals, els que disposen d'una façana inferior a 20,00 metres, una superfície compresa entre 400,00 i 1.500,00 m² i un volum d'excavació comprès entre els 4.000,00 i els 22.000,00 m³.
- **Grans.** Separació mínima entre fronts del vas superior a 20,00 metres, sense limitació de superfície ni de volum de terres. Cal preveure un mímin de 6 mesos per arribar a la cota zero; dos per a la formació de pantalles, dos de buidatge i formació de contencions provisionals i dos més per realitzar els fonaments i els sostres sota rasant.

Quant a la seva morfologia, es consideren els tipus de vas següents:

- **Circular.** La forma circular és la ideal per a un vas, ja que les empentes de les terres sobre la contenció s'equilibren recíprocament. El vas es pot anar buidant per plans successius per no establir desequilibris sobre la contenció sense necessitat d'establir contencions convencionals.

  La geometria circular és poc freqüent, però els seus principis mecànics en poden utilitzar avantatjosament en plantes que disposin d'arcs en contacte amb el sòl, com és el cas de determinades rampes d'accés als soterranis.
- **Regular.** Quadrilàter o figura trapezoïdal propera, en què la relació entre el costat llarg i el costat curt no supera la proporció 2:1.
- **Rectangular.** Quadrilàter o figura trapezoïdal propera, en què la relació entre el costat llarg i el costat curt supera la proporció 2:1.
- **Poligonal.** Amb cinc costats o més de directriu recta.
- **Amb reclaus.** Planta irregular, amb costats entrants i sortints, en angle recte o proper al recte. Les cantonades successives constitueixen elements de rigidesa que, en ocasions, faciliten els estintolaments i, fins i tot els poden fer innecessaris.
- **Compost.** Perfil lliure, en què es poden donar, en la configuració del perímetre del vas, combinacions de tipus poligonal, reclaus i zones corbes (és el cas de les rampes d'accés).

2.5 Condicions d'entorn

Les condicions d'entorn tenen una gran incidència en l'establiment i l'organització dels sistemes provisionals de contenció. Cal considerar, a aquest efecte els aspectes següents:

- **L'accessibilitat.** El nivell d'accessibilitat més o menys apropiat, per a màquines i equips, ve definit per l'amplada dels carrers d'accés i pel seu grau d'utilització en diverses franges horàries.

- **La presència d'infraestructures.** Les infraestructures, especialment les subterrànies, són un condicionament important en el moment de plantejar determinats tipus de contenció provisional, especialment els ancoratges, ja que aquests habitualment superen els límits del solar. La presència d'infraestructures aèries també ha de ser tinguda en consideració per tal d'eliminar, prèviament, aquells obstacles que puguin impedir o limitar el desenvolupament normal dels treballs.
- **Edificacions veïnes.** Cal considerar, a més de les empentes que poden generar sobre les contencions, el seu estat de conservació i els efectes que pot tenir sobre elles l'entrada en servei de les contencions provisionals.

2.6 Facilitació el procés d'excavació

Els sistemes de contenció provisional, excepció feta dels ancoratges i, en alguns casos, quan s'utilitza com element estabilitzador la propia geometria de la planta, ocupen espai físic dins del vas. Cal dissenyar-ne i programar-ne la col·locació per tal que siguin compatibles amb els gàlibs de les màquines excavadores previstes.

Una màquina de gran format te un rendiment i unes capacitats de treball superiors que una altra més reduïda. En canvi, requereix disposar d'uns espais de maniobra més amplis i una altura lliure, sota les contencions provisionals, si aquestes es fan amb estampidors, superior a cinc metres.

La necessitat de gàlib per treballar sota les contencions provisionals té incidència, també, sobre la capacitat resistent a flexió de les pantalles. Aquestes s'han de dimensionar, entre altres aspectes, en funció de la posició prevista de les files d'estintolaments.

Tractar de separar els nivells de les contencions provisionals per emprar màquines de major rendiment pot suposar la necessitat de canviar el cantell de la pantalla amb el consum conseqüent de materials i la pèrdua d'espai útil. El projectista ha de ponderar, d'acord amb els requeriments específics del projecte, quina és la solució més idònia.

En funció de l'experiència i de forma orientativa, cal preveure que una pantalla, segons les sol·licitacions que suporti, admet estintolaments provisionals entre 8 i 10 vegades el seu cantell. Així, una pantalla de 45 cm de cantell admetria un gàlib màxim al voltant de 4,00 metres, amb quanties d'armat tolerables.

3 Recursos tècnics per a la contenció provisional de terres

Els recursos tècnics habituals a l'abast, per a la contenció provisional de terres i per facilitar l'excavació del vas, en les construccions arquitectòniques, són els següents:

- Bermes de terres
- La geometria de la planta
- Estintolaments i estampidors metàl·lics

- Ancoratges injectats al terreny
- Mòduls de pantalla
- Talussos de perímetre
- Sistema ascendent/descendent
- Combinacions dels mètodes precedents

3.1 Bermes de terres

Les bermes de terres són prismes de terreny natural cohesiu. Es deixen adossades a la contenció durant les primeres fases de l'excavació. El seu efecte estabilitzant es basa en el pes propi del massís resultant i en la cohesió del sòl.

Per tal de garantir-ne l'estabilitat i evitar esfondraments, s'han d'acabar en talús. Aquest ha de tenir un angle, respecte de la vertical, equivalent com a mínim a l'equilibri superior de Rankine. A la pràctica, les relacions amplada-altura dels talussos de les bermes oscil·la entre 1:2 i 1:3.

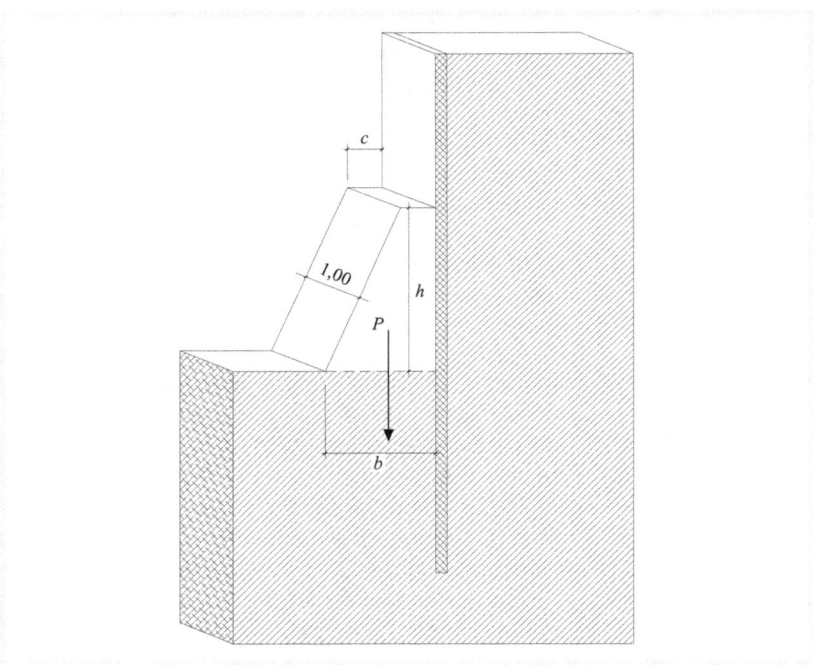

|10.1|
Bermes de terra que s'empren com a element de contenció provisional. Els murs pantalla, en aquestes condicions, es caracteritzen com a autoestables

La seva capacitat resistent límit a esforços horitzontals, R, es pot estimar per metre lineal, de forma aproximada, segons l'expressió:

$$R = A \cdot C + P \cdot \mathrm{tg}\,\phi$$

Aquesta expressió s'obté a partir de les dades del dibuix superior, on:

C = valor de la cohesió del sòl, expressat en Tn/m^2
γ = densitat del sòl, en Tn/m^3

ɸ = angle de fregament intern del sòl
P = pes del prisma de terres, en Tn/ml = $\gamma \cdot 1,00 \cdot h \cdot (b+c)/2$
A = superfície a la base de la berma de terres per metre lineal = $b \cdot 1,00$

S'insisteix en que l'expressió respon a un valor límit estimatiu. Conceptualment és equivalent a una mobilització d'empenta passiva. Ha de ser afectat dels corresponents coeficients de seguretat, en tot cas, no inferiors a tres.

Cal tenir present, a més, que les bermes acaben essent parcialment excavades per tal de realitzar les sabates de fonamentació dels pilars més propers a la pantalla. Aquestes operacions comporten concentració de càrregues sobre els sectors de bermes en servei, per efecte arc.

Amb les bermes de terres es pot aconseguir que, durant les primeres fases de l'excavació, fins a poder construir totalment o parcialment el primer sostre, la pantalla disposi de la longitud de clava suficient per comportar-se com a autoestable.

En les condicions indicades, és necessari assegurar la capacitat resistent a flexió del sector de pantalla en voladís, ja que possiblement es tracta del moment pèssim de tot el procés de formació i estabilització del vas.

Les bermes de terres presenten l'inconvenient que ocupen un espai considerable. La banqueta superior ha de disposar d'un metre d'amplada, per garantir un mínim de resposta estructural.

Un altre inconvenient de les bermes és la dificultat de la seva excavació un cop resten per sota del primer sostre. Es tracta d'operacions que s'ha de realitzar amb màquines de petit format. A favor es té que l'excavació de les bermes no es una activitat del camí crític. L'estructura es continua desenvolupant amb independència de la extracció de les bermes.

Les bermes habituals tenen altures compreses entre 3,00 i 6,00 metres; fins i tot amb un talús 1:3 es té una amplada en el fons del vas reduïda entre 4,00 i 6,00 metres respecte del total. Sobre la base de les dades precedents s'arriba a la conclusió que les bermes es poden aplicar, si és necessari, amb distàncies entre fronts de contenció iguals o superiors als 15,00 metres.

3.2 La geometria

Els paraments lineals de gran longitud (proporcions superiors a 2:1 de llargada respecte de l'altura) de les contencions són els que es comporten pitjor per a la pròpia estabilitat. La seva rigidesa no es veu reforçada per la presència de plans de la contenció perpendiculars o propers a la perpendicular.

La presència de reclaus, a més de donar rigidesa al conjunt de la contenció, facilita, si és necessari en funció de les empentes, aplicar estampidors entre cantonades. Aquest estampidors presenten l'avantatge de ser relativament curts, atès que habitualment no superen els 5 metres, raó per la qual són fàcilment manipulables.

Cal considerar com a favorable, com s'ha indicat, la presència d'arcs de cercle en la configuració del perímetre del vas. Si es poden assegurar els seus estreps amb paraments de la pròpia contenció d'una bona geometria i dimensions apropiades, la forma en arc ajuda a alleugerir el sistema provisional de contencions.

La figura 10.2 mostra un cas real de vas, amb dos nivells sota rasant, en què la presència de nombrosos reclaus i un arc al seu perímetre són aprofitats per simplificar el sistema d'estintolament provisional per mitjà d'estampidors metàl·lics. A l'exemple es pot apreciar que l'arc de la rampa no disposa de cap estintolament, com tampoc la zona de reclaus situada a l'esquerra.

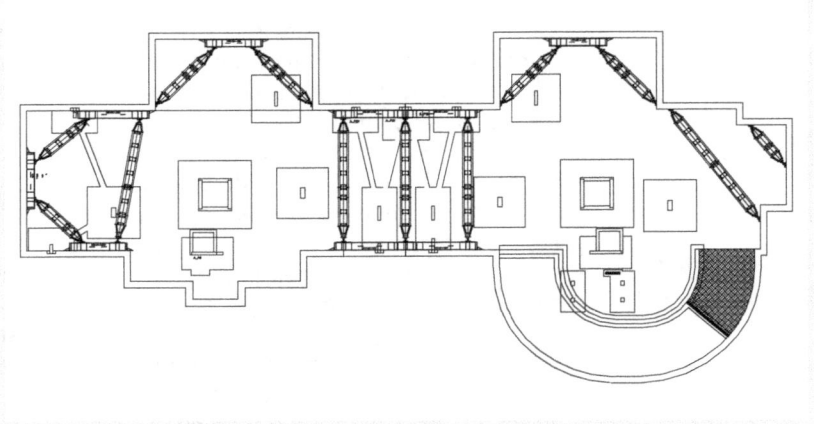

|10.2|
Exemple real de disposició d'estintolaments. S'aprofita l'efecte estabilitzador dels reclaus i l'efecte arc de la zona de rampa

El coneixement, per part del projectista, d'aquests recursos pot facilitar, substantivament, les tasques de formació dels vasos.

3.3 Estintolaments i estampidors metàl·lics

Els estintolaments i els estampidors metàl·lics tenen aplicació en vasos en que els fronts de pantalla més propers estan separats fins a 20 metres. Superar aquesta mesura comporta la necessitat d'emprar perfils de gran geometria per tal d'evitar problemes de deformació derivats del vinclament. Aquests, a més, en funció del seu pes i de les dimensions, són difícils manipular.

Amb fronts de vas separats més de 20,00 metres, es poden aplicar altres procediments per a la contenció provisional tècnicament més eficients i menys costosos.

Els estampidors metàl·lics es poden resoldre amb perfils estructurals convencionals de tipus HEB, IPE, o IPN, simples o units amb platines (figura 10.3).

Una altra opció, que cada cop pren més força, ja que es tracta de material de lloguer que munten i desmunten empreses especialitzades, és emprar seccions modulars prefabricades dissenyades a l'efecte (figura 10.4).

|10.3|
Estintolaments provisionals resolts amb perfils estructurals enllaçats amb platines. Observeu que la biga de coronació està construïda abans de començar a excavar. De l'estintolament neixen tornapuntes per reduir les llums de flexió del mur pantalla

|10.4|
Estintolament realitzat amb perfils prefabricats. Aquests materials els munten i els lloguen empreses especialitzades

3.4 Ancoratges injectats al terreny. Definició. Generalitats

Els ancoratges són elements estructurals que treballen a tracció per mitjà de la reacció de fregament que exerceix la seva part activa, anomenada *bulb*, amb el sòl que els envolta. El bulb és resultat d'una injecció d'una vorada de ciment en una perforació prèvia, de petit diàmetre, de fins a 175 mm, en la qual prèviament s'han introduït un o diversos tendons d'acer d'alta resistència.

El bulb s'ha de situar, lògicament, en zones de sòl, que no estiguin afectades per l'àmbit d'influència del element a subjectar. Com a tals, se solen adoptar, com a valors de referència, els angles $\pi/4 - \phi/2$, respecte de la vertical, definits per l'equilibri superior de Rankine. Aquest aspecte s'explica amb detall en aquest capítol a l'apartat 3.4.1.8 (Longitud lliure).

L'esquema mecànic de funcionament d'un ancoratge injectat en el terreny és el següent: l'acció sobre bulb és exercida, habitualment, per efecte d'un posttesatge sobre tendons d'acer que travessen el sistema de contenció. La tensió del posttesatge es manté gràcies a les falques del cap de bloqueig. Com que aquest es recolza sobre la contenció per mitjà d'una placa de repartiment, es produeix un esforç contrari a l'empenta del sòl, que manté estable el conjunt.

La capacitat de treball a tracció dels ancoratges els converteix en un recurs de nombroses aplicacions. Les més significatives són:

– Fonaments amb capacitat de treball a tracció; és el cas dels cables estabilitzadors d'estructures.
  La figura 10.5 esquerra mostra la torre de comunicacions de Collserola. La figura 10.5 dreta, el detall de l'ancoratge d'un dels seus

cables estabilitzadors. S'hi poden apreciar les cobertes protectores dels caps que contenen les falques de bloqueig dels ancoratges que subjecten la torre.

|10.5|
Tirants estabilitzadors de la torre de Collserola. Detall del seu encontre amb la fonamentació

– Estabilització de talussos

|10.6|
Talús estabilitzat per mitjà de bolons que fixen un mallat sobre el quals s'ha realitzat un gunitat amb formigó

La figura 10.6 mostra l'estabilització d'un talús per mitjà d'un mallat i un gunitat posterior. Sobre d'ell mateix s'han col·locat bolons per cosir els esllavissaments.
– Estabilització, provisional o definitiva, de sistemes de contenció: murs per gravetat amb pantalles flectades, murs pantalla i execució de fases descendents. Els ancoratges, si les condicions d'entorn permeten aplicar-los, són el procediment que menys entorpiment causa a l'excavació de vasos.

els sistemes de contenció provisional...

|10.7|
L'estabilitat provisional de les parets d'aquest gran vas d'edificació resta assegurada per la disposició de tres files d'ancoratge

Haurien de ser, per aquesta raó, una de les primeres opcions que s'haurien de considerar en estudiar una contenció provisional durant la formació d'un vas. La necessitat de control i manteniment, i les servituds i els costos que aquestes accions generen, aconsella que sigui una de les darreres solucions que s'ha d'acoptar en la formació d'edificis construïts a mig vessant.

A la figura 10.7, es poden apreciar, sobre els murs pantalla, fins a tres nivells d'ancoratges. A la part inferior dreta apareixen ancoratges-micropilons realitzats amb tubs disposats per evitar la flotabilitat de la caixa. L'excavació es pot efectuar en sec, rebaixant el nivell freàtic, gràcies a un bombament constant.

– Evitar la flotabilitat de les caixes de fonamentació immerses en nivells freàtics.

La tècnica per a la construcció d'ancoratges és similar a la dels micropilons, ja que el bulb injectat té capacitat per treballar tant a tracció com comprimit. Únicament s'ha de canviar els tendons per armadures amb capacitat de treball a compressió. Habitualment, es fan servir tubs. Els micropilons tenen un ampli ventall d'utilitzacions, especialment per realitzar treballs de contenció i de recalçament. S'expliquen amb detall al capítol 13.

Per realitzar ancoratges, es necessita disposar d'acer d'alta resistència, equips de perforació eficients i maquinària per a la injecció de vorades de ciment. Aquestes condicions tecnològiques no es varen donar fins a mitjan anys trenta. Es tracta, doncs, d'una aplicació relativament recent.

Els ancoratges estan inclosos al CTE (apartat 9 del llibre 3, DB SE-C, seguridad estructural. Cimientos) i reconeguts com a solució tècnica. La seva regulació detallada es troba inclosa a la norma UNE-EN 1537 (Ejecución de trabajos geotécnicos especiales. Anclajes).

3.4.1 Elements i parts que conformen un ancoratge injectat al terreny

Es detallen, a continuació, tant els elements com les parts que conformen els ancoratges injectats al terreny, amb el propòsit de fer una primera aproximació a l'element i a la seva funcionalitat. La figura 10.8 permet apreciar els noms i les parts d'un ancoratge injectat al terreny, els quals s'aniran desglossant al llarg d'aquest apartat.

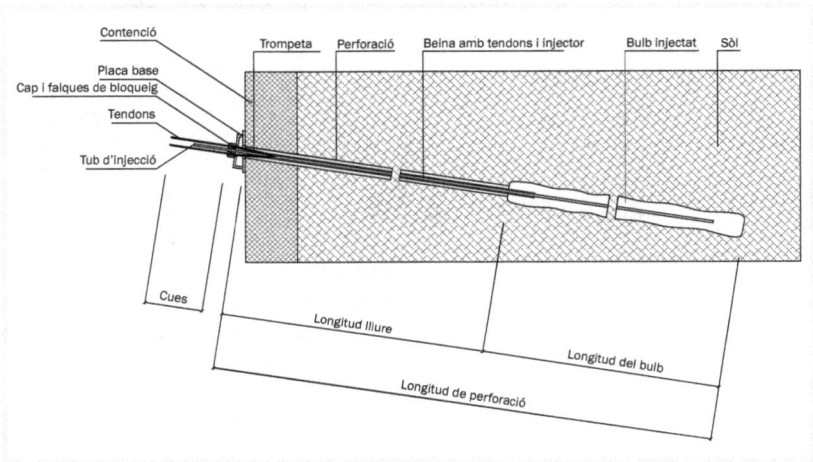

|10.8|
Elements i parts d'un ancoratge injectat al terreny

3.4.1.1 La perforació

|10.9|
Carro perforador emprat per efectuar el barrinament dels ancoratges

És la fase prèvia de la formació d'un ancoratge. Permet, per mitjà de la formació posterior del bulb i el tesatge dels tendons vincular la part activa de l'ancoratge al sòl. Es realitza per mitjà de carros perforadors, aparells sobre erugues que disposen d'un capçal de perforació rotatori i orientable (figura 10.9).

La fondària de la perforació s'obté per mitjà de l'addició de tubs enllaçats per maniguets. Les longituds de perforació més freqüents, per a ancoratges injectats al terreny, oscil·len entre els 10 i els 40 m. Els diàmetres habituals de perforació oscil·len entre els 60 i els 175 mm, essent el més freqüent el de 100 mm.

La perforació dels ancoratges s'executa lleugerament inclinada, entre 10° i 30° respecte de l'horitzontal, per tal de facilitar la incorporació, per gravetat, de l'ancoratge (figura 10.10). S'acostuma a perforar una longitud superior en uns 50 cm respecte a la nominal de l'ancoratge per tal que els detritus arrossegats per la introducció restin acumulats en el fons de l'excavació i no passin a formar part de la zona activa prevista per al bulb.

els sistemes de contenció provisional...

|10.10|
Col·locació manual d'un ancoratge lleuger. El pendent de la perforació en facilita la introducció

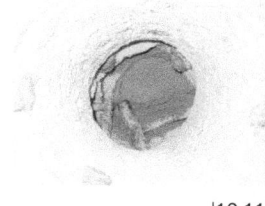

|10.11|
Perforació del mur pantalla. La broca de vídia ha tallat les armadures. Al fons s'observa un sòl argilenc. Per a la seva perforació, s'ha d'utilitzar una altra barrina. Les perforacions es realitzen en sèrie d'uns deu ancoratges i en dues fases

|10.12|
L'aire injectat a pressió manté neta de detritus la perforació. Es facilita així l'adherència de la injecció al terreny

Cal foradar, en primer lloc, la contenció. És necessari efectuar la perforació en dues fases, excepte si es té roca darrere la contenció. La primera, amb una punta de perforació específica per a materials durs. La segona, amb una punta adequada al tipus de sòl que es vol perforar. La figura 10.11 mostra la perforació de la contenció. Es pot apreciar com la punta de perforació ha tallat tant el formigó com les armadures.

Sempre que sigui possible, la perforació s'ha de fer en sec. Si s'ha de travessar el nivell freàtic, caldrà encamisar la perforació. En sòls de baixa cohesió, es poden utilitzar llots bentonítics per mantenir la perforació estable. En el cas d'argiles, la neteja de la perforació es realitza amb aire a pressió des del propi carro perforador, tal com es pot apreciar a la figura 10.12.

Sempre cal tenir present la necessitat de col·locar el tendó al més aviat possible, un cop efectuada la perforació, per evitar haver de repetir l'operació a causa d'obturacions provocades per despreniments.

3.4.1.2 Els greixos

Els greixos lubrificants tenen un paper important en els ancoratges permanents, ja que serveixen per evitar la corrosió dels tendons. També són presents en el procés de perforació, per tal que els tubs de perforació i els maniguets puguin ser accionats sense entrebancs.

Els greixos que s'apliquen als ancoratges pertanyen a dues famílies diferents:

– Hidrocarburs derivats del petroli

– Sabó calci-liti

Sigui quina sigui la seva procedència, cal que estiguin homologats d'acord amb la normativa vigent, aspecte que el DEO ha de verificar, per mitjà de la documentació pertinent a partir dels assaigs o certificats.

3.4.1.3 Els tendons, els separadors i els centradors

Els tendons estan formats per filferros i cables d'acer d'alta resistència (límits elàstics compresos entre 1.600 i 2.000 N/mm^2). Transmeten a la contenció l'esforç estabilitzador del bulb.

Es poden utilitzar, com a tendons, filferros aïllats amb diàmetres compresos entre 5 i 8 mm, encara que és més habitual fer servir cables, perquè són més flexibles i fàcils de manipular.

Els cables estan formats per agrupacions de set filferros iguals, d'entre 2 i 4 mm de diàmetre, un central i sis situats al seu perímetre. Estan sotmesos a torsió per garantir-ne l'estabilitat formal.

Variants dels tendons són les barres amb diàmetres compresos entre 16 i 40 mm, realitzades amb acers de límit elàstic que oscil·len entre els 500 i els 700 N/mm^2. Els ancoratges de barres s'utilitzen, preferentment, en roca sana i s'anomenen *bolons*.

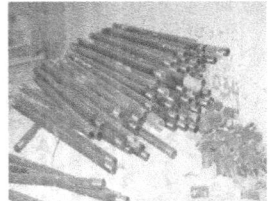

|10.13|
Seccions de tubs roscats, units per mitjà de maniguets. S'utilitzen com a armadura de racció i de compressió

També es fan servir com a tendons seccions de tubs d'entre 2 i 3 m de longitud, units per maniguets roscats. Els seus diàmetres de perforació comprenen entre 33 i 130 mm. (figura 10.13).

La seva capacitat de treball és més reduïda, d'entre 15 i 150 Tn. Com a contraprestació, ofereixen la possibilitat de treballar tant a tracció

|10.14|
Puntes autoperforants perdudes, dotades de perforacions per a la injecció de beurada de ciment per a la formació de bulbs

com comprimits (micropilons). Habitualment, es realitzen sota patents. Disposen de puntes autoperforants perdudes. Aquestes puntes estan dotades de forats per aplicar la injecció de la beurada de ciment i/o aigua o aire comprimit, que actua com a refrigerant durant la perforació (figura 10.14).

El fluid pertinent a cada fase i circumstàncies de la perforació és conduït fins a la punta pel propi tub. A més de la funció indicada, el tub assoleix les funcions de transmissor dels esforços de perforació i d'armadura a tracció o comprimida, segons si es tracta, respectivament, d'un ancoratge o d'un micropiló.

Per evitar la corrosió, cal que tots els tendons i les beines, un cop situats dins la perforació, restin protegits per un recobriment mínim de 10 mm almenys. Per garantir aquest requisit, a distàncies regulars, els ancoratges disposen de separadors i de centradors. Aquestes peces habitualment estan elaborades amb polietilè o polipropilè amb preferència a l'acer.

Els separadors generen espais entre els tendons perquè es pugui infiltrar entre ells la beurada. Els centradors apropen els tendons al voltant de l'injector, cosa que facilita el recobriment exterior del conjunt. El seu disseny no ha de perjudicar la injecció de la beurada.

3.4.1.4 Les fundes, les beines i els injectors

La funció de les fundes i les beines és protegir, en els ancoratges permanents, els tendons de la corrosió. Les beines tenen un diàmetre més gran que les fundes. Eviten, a més de la corrosió, el contacte directe del tendó amb el sòl a la zona del bulb. Es garanteix així una unió òptima entre la vorada i l'acer.

|10.15|
Ancoratges provisionals de 16 metres de longitud: 8 metres per al bulb, 7 metres de longitud lliure i 1 metre de cua per aplicar el gat de tracció

Els injectors són tubs que tenen la funció de conduir la beurada de ciment fins al fons de l'excavació i propiciar la formació del bulb. A aquest efecte, en el moment de la injecció se'ls dota del corresponent ràcord. Habitualment, se'n disposa un per ancoratge.

Els materials més emprats per realitzar fundes, beines i injectors són el polipropilè i el polietilè d'alta densitat, per la seva resistència i economia.

Els gruixos mínims recomanables de paret són:

- > 1,00 mm per a fundes
- > 2,50 mm per a beines i injectors

Han d'estar nets i lliures de fissures.

|10.16|
Detall dels ancoratges anteriors. Cada ancoratge està format per dos tendons i un injector. La seva capacitat en servei és de 30 tones

Les figures 10.15 i 10.16 corresponen a uns ancoratges provisionals, ja que els tendons no disposen de fundes ni de beines. S'hi pot apreciar l'injector i, a distàncies regulars, les fixacions necessàries per mantenir unit el conjunt.

3.4.1.5 Barres i tubs

Si bé els ancoratges injectats es realitzen, majoritàriament, amb tendons, perquè són més elàstics i fàcils de manipular, també es fan ancoratges amb barres massisses de diàmetres compresos entre els 16 i els 40 mm, amb límits elàstics entre els 500 i els 700 N/mm^2.

També s'utilitzen a tal fi tubs com a elements de tracció o de compressió.

3.4.1.6 Els ciments i la beurada

L'ús dels diferents tipus de ciment es troba recollit a l'annex 3 de l'EHE. Segons les seves prescripcions, els ciments que s'han d'utilitzar per a la formació de bulbs injectats són els següents:

- En sòls no agressius, CEM I, 42,5 R (ciment pòrtland d'enduriment ràpid).
- En presència de sulfats, CEM II/A-S, 42,5 R (amb elevada reserva alcalina per addició d'escòries d'alt forn i d'enduriment ràpid).
- Si es tracta de sòls amb clorurs d'origen marí, cal emprar CEM III i CEM IV, 52,5 i 52,5 R (ciments amb addició de putzolanes).

Amb els ciments indicats, per mitjà de pasteres especials vinculades a un equip compressor (vegeu la figura 10.17), amb l'addició d'aigua es prepara la beurada. S'aconsegueix així una mescla homogènia i sense formació de grums, que ha de poder passar per una malla de 5 mm de costat.

Les relacions aigua-ciment en volum de les beurades oscil·len entre 0,4 i 0,8. La primera de les relacions suposa una unitat d'aigua per 2,5 de ciment. Es tracta d'una pasta espessa, que s'utilitza per formar el bulb. La relació 0,8 correspon a un volum d'aigua cada 1,25 volums de ciment. Es tracta d'una barreja fluida. S'injecta en primer lloc i ajuda a netejar la perforació.

|10.17|
Màquina per preparar i injectar la beurada. Està formada per una tremuja on s'aboca el ciment, una pastera on es produeix l'addició d'aigua i una bomba injectora

|10.18|
Per procedir a la injecció, se separa, el tub de polietilè tallant-lo. A l'extrem es col·loca un maniguet roscat, que es connecta a la màquina injectora de beurada

Les resistències habituals dels bulbs se situen al voltant de 30 N/mm^2 al cap de 7 dies i de l'ordre de 40 N/mm^2 al cap de 28 dies.

La figura 10.18 mostra les cues de l'ancoratge i el tub injector al que s'ha equipat amb un ràcord per a la injecció. La figura 10.19 permet apreciar el resultat de la injecció. Aquesta es deté quan la beurada comença a sortir per la boca de la perforació.

Per realitzar les beurades, també es poden emprar morters de resines.

|10.19|
L'operació d'injecció dels bulbs conclou quan la beurada emergeix de la perforació

3.4.1.7 Bulb

Consisteix en un massís de ciment armat o de resines, de secció irregular però propera a la circular, pel fet que es parteix de perforacions circulars de diàmetres compresos entre els 60 i els 175 mm. A la figura 10.20 es pot observar un bulb recuperat a fi de verificar-ne les característiques geomètriques i mecàniques.

El bulb està format per injecció d'una beurada d'aigua i ciment, a pressions que oscil·len entre els 10 i els 60 kg/cm^2, encara que puntualment es pot arribar als 200 kg/cm^2.

El bulb és l'element del ancoratge encarregat de generar, per fricció de la seva superfície, la reacció amb el sòl. Per tant, el bulb està sotmès a compressió, la qual cosa és favorable a la seva durabilitat, ja que no es poden produir, en la seva superfície, les fissures pròpies dels elements sotmesos a tracció.

El paràmetre geotècnic que determina el valor del fregament entre el sòl i el bulb s'expressa amb la lletra grega tau. El valor del fregament, τ, entre el bulb i el sòl haurà de formar part de l'estudi geotècnic quan es prevegi la necessitat de realitzar ancoratges.

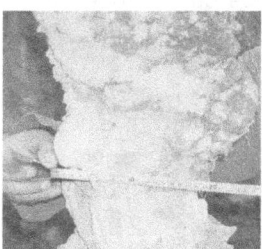

|10.20|
Recuperació d'un fragment de bulb per comprovar que es compleixen les previsions de càlcul. Aquest tipus d'assaigs no se sol efectuar a l'obra. Són més propis dels fabricants per tal d'elaborar estadístiques sobre el comportament esperable dels seus productes

A tall orientatiu, s'acompanya la següent taula dels valors de τ.

Tipus de sòl	Valors de τ (kg/cm^2)
Roques dures: granit, gneis, calcàries...	Entre 10,00 i 25,00
Roques toves: margues, esquistos, pissarres	Entre 3,00 i 10,00
Graves i sorres gruixudes	Entre 6,00 i 10,00
Sorres fines	Entre 3,00 i 6,00
Argiles molt compactes	Entre 6,00 i 8,00
Argiles compactes	Entre 2,00 i 6,00
Argiles de consistència mitjana	Entre 0,50 i 2,00

Del quadre precedent, es desprèn el bon comportament que presenten, respecte al fregament dels bulbs, les roques i els materials granulars. En el cas de les argiles, la seva resposta es pot veure molt alterada per la presència ocasional d'aigua.

Si el bulb no disposa de prou capacitat resistent, es detecta de forma immediata, durant el procés de tesatge, si es tracta de graves, sorres o materials petris, ja que el bulb resisteix o es trenca.

La mateixa situació pot passar desapercebuda amb les argiles, raó per la qual és necessari extremar les precaucions quan es col·loquen ancoratges en aquest tipus de sòl. Es poden produir lliscaments imperceptibles, però constants, del bulb dins el sòl.

El lliscament s'acaba manifestant, al cap de dies o setmanes en una pèrdua significativa de tensió. Per aquest motiu, normativament s'estableixen protocols de revisió de la tensió dels ancoratges, especialment durant els primers dies i setmanes de posada en servei. (Vegeu UNE-EN 1537, Ejecución de trabajos geotécnicos especiales. Anclajes).

Si, com a conseqüència de les revisions dels ancoratges, es detecten pèrdues de tensió superiors al 15% de la tensió de bloqueig (la tensió de bloqueig és la que es mesura en el moment de l'entrada en càrrega de les falques de bloqueig), cal analitzar les causes que han produït aquesta relaxació i corregir-les.

Les causes de la relaxació poden derivar d'una estimació errònia del valor τ, o d'una execució deficient. La solució habitual consisteix a col·locar, en els espais intermedis, nous ancoratges realitzats d'acord amb les noves estimacions.

Cal tenir present, a més, que l'entrada en càrrega de les falques de bloqueig suposa una certa relaxació del tendó fins a aconseguir una nova situació d'equilibri, ja que la transferència de càrregues del gat a les falques no és perfecta. Se sol perdre, en aquesta operació, al voltant del 2% de la tensió de bloqueig.

La tensió del tendó es redueix també per altres causes. Entre elles:

– La pròpia relaxació de les armadures
– Els trencaments puntuals del bulb
– El lliscament del bulb en el si del sòl fins a la seva estabilització

Les pèrdues de tensió per les causes precedents tenen un marge de tolerància que no hauria de superar el 5% de la tensió de bloqueig.

Com més gran són el diàmetre i la longitud del bulb, major és la seva capacitat resistent. El bulb ha de restar ubicat a la zona de sòl estable, és a dir, allunyat del pla teòric de fractura.

Els diàmetres nominals dels bulbs que es consideren, a efectes de càlcul, oscil·len entre 1,80 i 2,00 vegades el diàmetre de la perforació segons si es tracta, respectivament, d'ancoratges de caràcter permanent o provisional.

El diàmetre dels bulbs determina la separació entre els ancoratges per tal de no superposar les seves àrees d'influència i generar disminucions de resistència a la tracció. A efectes pràctics, s'estima que la distància mínima, entre dos ancoratges consecutius, ha de ser igual o superior a 10 diàmetres del bulb considerat, amb un mínim de 2 metres.

La convergència necessària de paràmetres resistents entre ancoratge i element de contenció acaba donant, en les situacions habituals, ancoratges disposats a distàncies d'entre 2 i 4 metres.

La capacitat de treball d'un ancoratge varia segons el nombre de tendons, el seu diàmetre, la patent i el model de què es tracti. Permeten disposar d'un ampli ventall de valors, d'entre unes poques tones fins a 1.000 tones. Pel que fa a l'edificació els valors habituals dels models disponibles en el mercat oscil·len entre les 20 i les 200 tones. Els més emprats se situen en la gamma compresa entre les 30 i les 70 tones.

3.4.1.8 Longitud lliure

Està formada pels tendons i les seves fundes, si és el cas. Correspon a la longitud compresa entre el final del bulb i, aproximadament, la cara exterior del cap de bloqueig. La seva funció és transmetre, a les falques de bloqueig, la tensió suportada pel bulb.

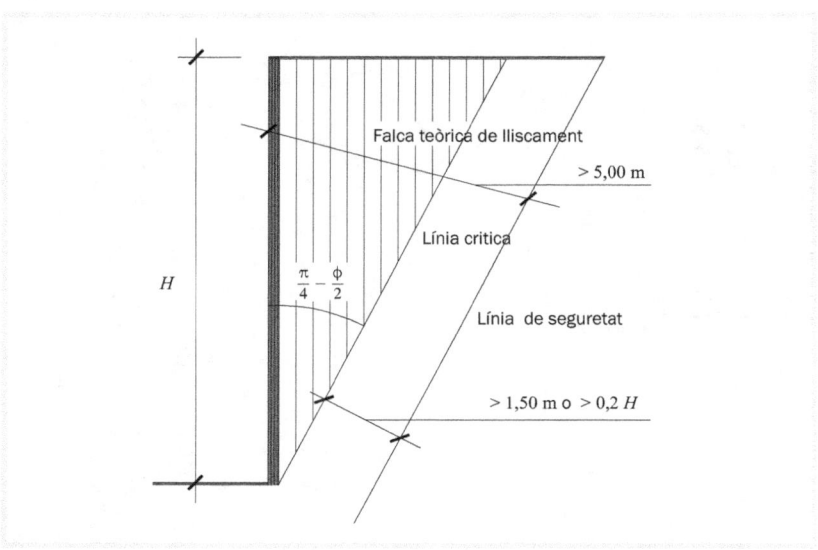

|10.21|
Criteris per determinar la longitud lliure dels ancoratges

Com a norma generalment acceptada s'acostuma a utilitzar en pantalles de baixa rugositat, a fi de determinar la longitud lliure mínima dels ancoratges, la falca activa definida per l'angle corresponent a l'equilibri superior de Rankine ($\pi/4 - \phi/2$). A partir de la geometria definida per aquesta falca es determina la longitud lliure de l'ancoratge a partir del més desfavorable dels criteris següents (figura 10.21):

- Un mínim de 5 metres, a comptar des del pla de la contenció.
- Una paral·lela a la falca activa, distanciada un mínim d'1,5 metres.
- Una paral·lela a la falca activa, distanciada un mínim de $0,2H$, essent H l'altura lliure de la contenció.

3.4.1.9 La trompeta

S'anomena així per la seva forma de troc de con. Es troba situada a la zona de la longitud lliure, propera a la boca de perforació. Es produeix en ancoratges de més de tres tendons, per l'adaptació d'aquests a la disposició geomètrica imposada pel cap de bloqueig.

3.4.1.10 Les cues

|10.22|
És recomanable tallar les cues dels ancoratges i protegir-les per tal d'evitar accidents. El tall s'ha de realitzar deixant longitud suficient per verificar, si cal, la tensió de l'ancoratge

Les cues són la porció de tendons emergents de la contenció. La seva funció és permetre l'acoblament i l'entrada en acció del gat de tesatge per tal de facilitar la posada en servei del conjunt de l'ancoratge. Habitualment, la seva longitud se situa al voltant d'un metre. Els ancoratges disposen d'etiquetes en les quals s'indiquen la longitud del bulb, la de la zona lliure, i la de les cues.

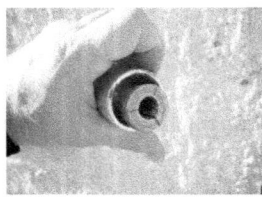

|10.23|
Manigueta roscada i falques de bloqueig per aplicar sobre cues tallades

|10.24|
Terminal de cua amb rosca per enllaçar a la manigueta de la foto anterior

els sistemes de contenció provisional...

|10.25|
Aplicació del gat hidràulic per verificar un ancoratge amb les cues tallades. Observeu el perllogador interposat, on es produeix la reacció del gat, per salvar la manigueta

Les cues, per la seva rigidesa en sobresortir del pla de la contenció, constitueixen un perill potencial. Per aquesta raó, es recomana tallar-les i protegir-les amb curulls de plàstic tan bon punt sigui possible (vegeu la figura 10.22). Si cal verificar la tensió, es pot realitzar amb prolongadors roscats com el que es mostra a les figures 10.23 i 10.24. Per aplicar el gat es precís utilitzar un estri prolongador, que actua com a placa base, tal com es mostra a la figura 10.25.

3.4.1.11 Els gats de tesatge i el procés de tesatge

|10.26|
Aplicació d'un gat hidràulic sobre les cues per procedir al tesatge de l'ancoratge

Els gats de tesatge (figura 10.26) són estris que, accionats manualment o elèctricament, actuen sobre una bomba hidràulica equipada amb un manòmetre (figura 10.27), que impulsa oli vers l'èmbol de gat. Aquest disposa d'una una mordassa amb la qual es subjecta el tendó. En desplaçar-se l'èmbol del gat, els tendons de la zona lliure es tesen i es produeix l'entrada en càrrega progressiva del tirant.

Els gats poden ser de tipus unifilar o multifilar, segons si poden actuar sobre un o diversos tendons a la vegada.

Quan el nombre de tendons és de quatre o més, el tesatge, si no es realitza amb gats multifilars, s'executa de forma circular per tal d'efectuar una posada en càrrega racional i progressiva de l'ancoratge.

Els gats solen tenir una longitud de carrera al voltant dels 200 mm. Aquesta capacitat de desplaçament permet tesar, en una sola operació, ancoratges amb una longitud lliure compresa entre 25 i 30 m.

L'operació de tesatge d'un tendó per a una posada en servei estàndard, és a dir, sense realitzar protocols específics de tesatge de prova o verificatius, un cop col·locat el gat, es realitza en un parell de minuts.

|10.27|
Manòmetre amb el què es controla la tensió que suporta l'ancoratge. Permet detectar, al moment, pèrdues de tensió en el bulb. Per garantir la seva eficiència, ha de ser verificat periòdicament

Un cop injectat el bulb, és necessari esperar un període de temps comprès entre 3 i 5 dies perquè el ciment s'endureixi per damunt dels 20 N/mm².

El control del tesatge, una vegada el tendó ha entrat en càrrega, es realitza habitualment per mitjà de manòmetres incorporats a la centraleta d'injecció hidràulica. També es poden emprar regletes de comparació. En aquest cas, es mesura la força exercida sobre la base de la linealitat existent entre la tensió i la deformació en la fase elàstica.

Tenint en compte que les tensions de prova arriben fins al 90% del valor del límit elàstic de l'acer, cal que els aparells de mesurament estiguin convenientment tarats per tal que no es produeixin dispersions en les lectures més enllà del 3%.

Les pèrdues de tensió causades per la transferència de càrregues a les falques de bloqueig o altres causes s'han tractat a l'apartat relatiu al bulb.

3.4.1.12 La placa de base

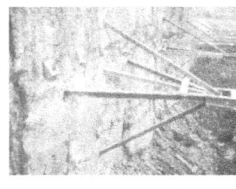

|10.28|
Plaques de base, de fins a 100 Tn, fixades al mur pantalla amb inclinació per garantir un esforç perpendicular de l'ancoratge i un assentament correcte dels caps de bloqueig

La placa de base és l'element encarregat de repartir, al sistema de contenció, l'esforç dels tendons per mitjà del contacte directe amb el cap de bloqueig. Per garantir aquest contacte, de forma homgènia, les plaques de base es disposen inclinades respecte al pla de la contenció, el mateix angle adoptat per a la perforació de l'ancoratge amb l'horitzontal.

Les plaques de base solen estar constituïdes per platines d'acer quadrades, de rigidesa suficient per suportar, sense deformació significativa, les tensions a les quals estaran sotmeses. Estan perforades a la part central per permetre el pas dels tendons i de l'injector.

|10.29|
Placa de base de contacte directe amb el mur pantalla, apta fins a 60 Tn

|10.30|
Placa base amb les falques de bloqueig col·locades a punt per a l'aplicació del gat hidràulic

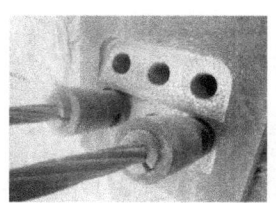

|10.31|
Placa en estat de servei. Observeu que les falques de bloqueig, fins i tot en estat de servei, encara disposen de marge per exercir una pressió més gran

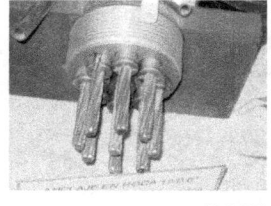

|10.32|
Cap de bloqueig per a grans càrregues, de l'ordre de 200 Tn. Observeu-ne l'extraordinària rigidesa, el nombre de tendons que hi conflueixen i el seu diàmetre

La inclinació de la placa, respecte del pla de la pantalla, s'aconsegueix per mitjà de platines en forma de falca. Se solden a ambdós costats de la placa de base pròpiament dita. Cal fer una preparació prèvia de la superfície de la contenció per garantir-ne l'assentament correcte. A la figura 10.28 es poden apreciar plaques de base de tipus convencional.

Per a càrregues inferiors, es poden aplicar les plaques de base del model que mostra la figura 10.29. Les platines estan mecanitzades amb entalladures en forma de falca. En aquestes condicions, la placa de base es pot acoblar directament sobre la contenció sense necessitat de realitzar cap mena de preparació per fixar-la, tal com es mostra a la figura 10.30, en la qual s'aprecia la formació espontània de la trompeta que deforma la beina.

La figura 10.31 mostra els caps de bloqueig individuals perfectament assentats sobre la placa base, després del tesatge, gràcies als plans inclinats mecanitzats en forma de falca.

Les perforacions que es poden apreciar en els caps de bloqueig s'expliquen perquè per elles és possible aplicar, directament sobre els tendons, el dard d'un bufet per tallar-los. Aquesta operació és obligatòria en el cas d'ancoratges provisionals quan aquests han deixat d'acomplir la seva funció. Es fa per qüestions de seguretat. En anul·lar la tensió sobre els tendons, s'evita que l'esforç acumulat s'alliberi de forma violenta per efecte de la corrosió o en efectuar treballs en el subsòl.

3.4.1.13 El cap de bloqueig i les seves falques

El cap de bloqueig és una peça d'acer molt rígida de forma circular (vegeu la figura 10.32). Està perforada a la part central per permetre el pas de l'injector. A la zona de perímetre, es disposen perforacions en forma de tronc de con. Amb l'ajuda de les perforacions en forma de tronc de con i les falques de bloqueig, adaptades a aquests troncs de con, té la missió de mantenir els tendons en tensió durant la vida útil de l'ancoratge.

Les falques de bloqueig disposen d'estries, a la cara interior, en contacte amb el tendó. Aquestes eviten el lliscament del tendó.

La pròpia tensió del tendó, quan tracta d'arrossegar les falques de bloqueig en direcció al bulb, les pressiona sobre ell per efecte de la forma de tronc de con del seu contenidor en el cap de bloqueig. Com més gran és la tensió major pressió de la falca sobre el tendó.

Els caps de bloqueig, dels ancoratges permanents, es protegeixen de la corrosió amb greixos. Posteriorment, es conserven, de forma estanca, per mitjà de caputxes metàl·liques. D'aquesta forma, el conjunt format pels caps de bloqueig, les falques i els tendons es mantenen en bon estat al llarg de la vida útil de l'ancoratge. Retirant la caputxa, es pot verificar l'estat de tensió de l'ancoratge.

3.4.2 Tipus d'ancoratges

Els ancoratges es poden classificar de diverses formes. En aquest estudi, es classifiquen segons:

- La durada del seu servei
- El procés de posada en càrrega

3.4.3 Durada del servei

En funció de la durada del seu servei, la norma UNE-EN-1537 estableix dos tipus d'ancoratges:

- Provisionals
- Permanents

Els ancoratges provisionals són els que tenen una durada d'ús inferior a dos anys. Els definitius tenen un servei previst superior a dos anys. Habitualment, la durada d'un ancoratge permanent s'hauria de correspondre amb la vida útil de la contenció o la construcció a la qual serveix.

Un ancoratge definitiu es diferencia d'un de provisional pels aspectes següents:

- Protecció contra la corrosió
- Coeficients de seguretat
- Programa de control

3.4.4 Protecció contra la corrosió

En un ancoratge permanent, la protecció contra la corrosió comprèn les parts següents la zona lliure: i el cap i la placa de recolzament. La zona lliure es protegeix amb beines i greixos, i també amb la pròpia beurada. La zona activa, amb beines i la beurada. El cap i la placa de recolzament, amb greixos i una caputxa protectora estanca.

3.4.5 Coeficients de seguretat

L'apartat 9.2 del DB SE-C del Codi tècnic de l'edificación estableix, com a criteri general respecte dels coeficients de seguretat que s'han d'adoptar per al disseny i la prescripció d'ancoratges, una majoració de les accions d'1,20 per al cas dels ancoratges provisionals i 1,50 per als definitius. Es deixa llibertat al projectista per modificar, a l'alça, aquests criteris en funció de les circumstàncies de risc que puguin concórrer en cada cas concret.

També s'estableixen coeficients de minoració de resistències per a l'acer dels tendons, respecte del seu límit elàstic: 1,10 per als ancoratges provisionals i 1,15 per als definitius. Si s'utilitza la tensió de trencament, els coeficients respectius que s'han d'aplicar són 1,25 i 1,30.

Pel que fa al valor τ_{lim}, valor límit d'adherència entre el tirant i el bulb, cal adoptar un coeficient reductor d'1,20 en tots els casos, el mateix que cal emprar sobre la cohesió efectiva del sòl en contacte amb el bulb.

L'adherència admissible respecte del lliscament o l'arrencament del bulb respecte del sòl adopta un coeficient reductor d'1,35.

3.4.6 Assaigs i programes de control

La norma UNE-EN 1537 distingeix tres tipus d'assaigs que es poden realitzar sobre els ancoratges:

- D'investigació
- D'adequació
- D'acceptació

3.4.6.1 Assaigs d'investigació

Els assaigs d'investigació són propis del fabricant. En gran mesura, son destructius. Tenen per objecte determinar, a partir de l'estadística, els estats límits dels ancoratges en funció de les diferents possibilitats de trencament que es poden donar, especialment en tipus de sòls dels quals no es conegui a fons el comportament real. El seu objectiu és millorar el producte i oferir unes prestacions homogènies respecte de diferents paràmetres que conformen el conjunt de l'ancoratge; entre ells:

- La resistència de l'ancoratge per la acció mútua bulb-sòl.
- La resistència crítica de fluència del sistema d'ancoratge, tant respecte de diferents nivells de càrrega com fins al trencament.
- El control de les pèrdues de càrrega, durant períodes de servei prolongat en estat límit de servei.
- La longitud lliure equivalent. La longitud lliure equivalent és l'allargament que es produeix en els tendons, mesurada a partir de l'entrada en càrrega dels gats. El valor de partida o càrrega de referència es considera quan la tensió sobre els tendons correspon, aproximadament, al 10% de la càrrega de prova.

3.4.6.2 Assaigs d'adequació

Tenen per objecte la confirmació per a una situació de càlcul específica:

- La capacitat de l'ancoratge per suportar una tracció de prova. Aquesta en cap cas ha de superar el 90% de la resistència obtinguda per aplicació del producte límit elàstic de l'acer dels tendons per la secció d'aquests.
- Les característiques de fluència o la pèrdua de càrrega dels sistema d'ancoratge fins a la càrrega de prova.
- La longitud lliure equivalent.

3.4.6.3 Assaigs d'acceptació

Són els que es realitzen sobre cadascun dels ancoratges en obra, durant el procés de tesatge i posada en servei. Els seus propòsits són:

- Demostrar que l'ancoratge supera la càrrega de prova.
- Determinar la longitud lliure equivalent.
- Assegurar que la càrrega de bloqueig, excloses les forces de fregament, es correspon amb la de càlcul.
- Determinar, si és necessari, les característiques de fluència i la pèrdua de càrrega de l'estat límit de servei.

3.4.7 Mètodes d'assaig

Els mètodes d'assaig estan descrits normativament, igual com els models documentals de seguiment. Les posades en càrrega poden fer-se de forma progressiva i contínua, en diversos cicles de càrrega i descàrrega progressiva o progressiva contínua per mitjà de graons de càrrega. En tots els casos, es mesura el desplaçament del cap de l'ancoratge.

3.4.8 Programes de control

Els programes de control fixen, en percentatge, els ancoratges que s'han de controlar, com i què s'ha de controlar, i els períodes de temps en els quals s'han de realitzar.

Els ancoratges se solen controlar en períodes creixents de temps: 24 hores, 7 dies, 15 dies, 180 dies i cada dos anys és una sèrie temporal que s'empra sovint.

Els ancoratges permanents se solen revisar cada dos anys, almenys el 25% del total.

3.4.9 Posada en càrrega

El procés de posada en càrrega permet distingir tres models d'ancoratges:

- **Actius.** Són els sotmesos a tensió abans d'entrar en servei. És el cas habitual dels ancoratges situats en els vasos formats per murs pantalla durant les fases d'excavació.
- **Passius.** Entren en càrrega com a conseqüència del desplaçament de la contenció. La posada en càrrega es fa manualment, per mitjà de rosques situades al cap de les barres. Es tracta d'ancoratges curts i molt rígids en els quals la possibilitat de desplaçament és mínima, de l'ordre de mil·límetres.
- **Mixtos.** En una primera fase de la seva vida útil, es tesen a un nivell inferior al de servei; posteriorment, se'ls dóna la tensió definitiva. Els ancoratges mixtos són, en realitat, ancoratges actius que es col·loquen provisionalment com, elements estabilitzadors de murs de gran altura, encofrats a dues cares, abans de procedir al reblert del seu extradós. A mesura que s'omple aquest, es genera empenta i també mobilització de passiu contra la qual reacciona la contenció per acció del tesatge progressiu tesat.

Quan l'extradós d'una contenció es troba sense reblert, forçar la tensió dels ancoratges podria causar greus danys a la contenció, en no estar aquesta preparada per suportar el moment flector generat per l'acció dels tirants.

3.4.10 Procés d'execució d'un ancoratge

A continuació, és detalla de manera esquemàtica, el procés d'execució d'un ancoratge.

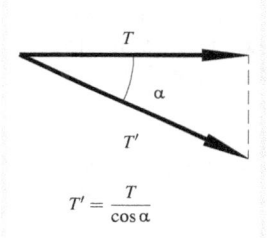

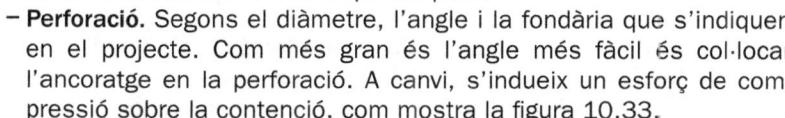

$$T' = \frac{T}{\cos \alpha}$$

|10.33|
Cal establir un compromís (10 – 30°) respecte dels pendents de les perforacions dels ancoratges. Com més gran és el pendent més fàcil es situar l'ancoratge. Per contra, es genera un component vertical d'esforç que no beneficia la fonamentació i suposa un increment d'esforç en els tendons per assolir la càrrega de servei

- **Replantejament de la boca**, en la posició i la cota prevista en el projecte. No pot coincidir mai amb una situació de sostres o rampes; sigui per necessitats de control i conservació, en el cas d'ancoratges permanents, o per disposar d'espai físic per poder tallar-los i anul·lar-los, un cop acomplerta la seva funció, si es tracta d'ancoratges provisionals.
  Els ancoratges provisionals, un cop anul·lats, deixen un forat en la superfície de la contenció que cal tapar amb morter sense retracció, per tal d'evitar entrades d'aigua. És un cost que cal preveure en l'estat d'amidaments i en el pressupost.
- **Perforació.** Segons el diàmetre, l'angle i la fondària que s'indiquen en el projecte. Com més gran és l'angle més fàcil és col·locar l'ancoratge en la perforació. A canvi, s'indueix un esforç de compressió sobre la contenció, com mostra la figura 10.33.
- **Col·locació dels tendons i de l'injector.** Manualment per gravetat, al més aviat possible per evitar esfondraments en la perforació.
- **Injecció, formació del bulb.** Amb el tipus de ciment apropiat a les característiques químiques del sòl, la relació correcte aigua-ciment i la pressió d'injecció adequada.
- **Temps d'espera per a la consolidació del bulb.** Entre cinc i set dies, fins a garantir una resistència a la compressió superior als 20 N/mm^2.
- **Col·locació de la placa de base.** Inclinada, respecte la vertical, e mateix angle que la perforació respecte de la horitzontal, per tal de garantir la perpendicularitat entre els tendons i la placa, i aconseguir una transmissió correcta dels esforços.
- **Tesatge.** Per l'acció de gats hidràulics, unifilars o multifilars, amb la col·locació prèvia del cap de bloqueig i les seves falques.
- **Control de tesatge, segons el programa**, en funció del tipus de sòl. Si es té referència del bon comportament del sistema, el control pot adquirir un caràcter testimonial. Les argiles amb un índex de plasticitat $I_p > 20$ requereixen una atenció especial. Es recomana fer-ne revisió al cap de 24 hores, de 7 dies i de 15 dies.
- **Posada en servei de l'ancoratge.** En fase d'excavació, si no es detecten problemes, al cap de 24 hores, aquesta es continua. En cas de pèrdues significatives de tensió, cal aturar el procés i investigar-ne les causes. La solució sol consistir a repetir els ancoratges a més longitud de bulb, emprant, per a la seva col·locació, els espais intermedis.

3.4.11 Protocol per a la prescripció d'un ancoratge

El protocol per a la prescripció d'un ancoratge ha de cobrir els aspectes següents:

- Disposició i anàlisi d'un estudi geotècnic, realitzat considerant l'existència d'ancoratges
- Estudi del sistema de contenció i de les fases previstes per a la seva execució.
- A partir de les dades dels dos apartats precedents, especificació de les característiques tècniques i de mecàniques de l'ancoratge: geometria i capacitat per suportar, en les degudes condicions de seguretat, els esforços previstos durant les diferents fases d'execució.

3.4.11.1 Estudi geotècnic

Un estudi geotècnic adequat per prescriure un ancoratge ha d'incloure, a més de la prospecció de l'espai de l'edifici, la zona de terreny afectada pels ancoratges, a la fondària presumiblement ocupada pels ancoratges. Ha de disposar d'informació sobre els punts següents:

- **Morfologia i estratigrafia del sòl.** Disposar de seccions estratigràfiques del sòl suposa tenir un coneixement de caràcter qualitatiu determinant per establir el model de comportament que es pot esperar del duet sòl-bulb.
- **Existència o no de nivell freàtic**, o presència d'avenaments. La presència d'aigua en el sòl sempre suposa dificultats afegides: la necessitat de realitzar perforacions entubades o la possibilitat d'inundació del fons del vas si no es prenen prèviament, sobre la base del seu coneixement, mesures adequades per evitar-ho.
- **Disposició de paràmetres geotècnics fiables.** Els paràmetres geotècnics obtinguts en l'assaig de camp i al laboratori, com la densitat, la cohesió i l'angle de fregament intern, són dades quantitatives, valors que permeten determinar les empentes generades per la contenció.

  El coneixement numèric de les empentes és la base per dimensionar els ancoratges.

  Cal que l'estudi contingui el paràmetre τ corresponent a l'esforç rasant sòl-bulb i que s'hi defineixi clarament si es tracta d'un valor de servei, és a dir, minorat, o bé si correspon a una situació límit.

  L'existència de dubtes respecte de la consideració dels paràmetres geotècnics, si no queda aclarida en el propi estudi, cal consultar-la directament al seu responsable.

- **Verificació de l'existència o no d'agressivitat química en el sòl.** La presència de clorurs i sulfats requereix la utilització de ciments apropiats per evitar la degradació dels bulbs i, després, dels tendons.

  Per tant, és necessari realitzar, durant la campanya de prospecció, els test corresponents i, si escau, l'anàlisi de laboratori sobre la naturalesa química del sòl, incloses les aigües que conté.

3.4.11.2 Estudi del sistema de contenció

L'estudi del sistema de contenció ha de tenir en compte les consideracions següents:

Sol·licitacions de la contenció. A més de les generades pel sòl i la presència eventual d'aigua, cal considerar l'existència de sobrecàrregues en el cap de la contenció per efecte d'aplecs, trànsit rodat pesant i, si és el cas, accions derivades de fonaments de mitgera pròxims.

Cal tenir present que, a efectes de les sol·licitacions, s'han de considerar en tot moment les anomenades *situacions pèssimes*. Aquestes es produeixen, habitualment, durant les fases d'excavació, quan efectes favorables a l'estabilitat, com la construcció de sostres en el interior dels vasos o el pes d'una part de l'edifici que graviti sobre el cap de la contenció, són inexistents.

Característiques geomètriques. Les característiques geomètriques de la contenció són resultat de les preexistències derivades de la situació física del terreny i dels requeriments del projecte.

A partir del mateix, es tindrà l'altura total de la contenció, un predimensionament dels gruixos d'aquesta compatibles amb el projecte i les cotes dels diferents sostres situats sota rasant.

Disposició de nivells d'ancoratge. Les cotes dels sostres sota rasant i les fases en què es pretén realitzar l'excavació, amb una fila d'ancoratges, o dues o més, condicionen la cota o les cotes d'ubicació d'aquests.

No poden coincidir amb els sostres i s'han de disposar amb marge suficient per permetre els treballs de control i, si és el cas, de destesatge.

Empentes que ha d'assumir cada nivell d'ancoratge. Les empentes tenen valor creixent a mesura que augmenta l'altura de la contenció. (Vegeu la determinació d'empentes als apartats 3, 4 i 5 del capítol 8). Als efectes pràctics, en funció del diagrama d'empentes resultant de la situació del mur per a cada nivell d'ancoratges, s'assigna una càrrega, expressada en tones per metre lineal.

Separació entre ancoratges. Conegut el valor, per metre lineal, de l'empenta que ha d'assumir una filera d'ancoratges, cal establir una separació entre ells. Aquesta separació depèn de:

– **L'ordre de magnitud de l'empenta.** Habitualment, sol oscil·lar entre 10,00 i 30,00 Tn/ml, segons la fondària i el tipus de sòl.
– **El diàmetre del bulb.** Cal recordar que aquest es considera d'1,80 vegades el diàmetre de la perforació, en el cas d'ancoratges definitius, i de 2,00 vegades, si són ancoratges provisionals. Es tracta d'evitar la reducció de resistència que ocasionaria l'efecte grup. A la pràctica, cal situar els ancoratges a un mínim de 10 diàmetres.
– **La capacitat de treball a flexió de la pantalla.** La capacitat de treball a flexió d'una pantalla de formigó armat depèn, fonamentalment,

del seu cantell. La fixació per punts de les empentes per part dels ancoratges i la l'acció d'aquestes actuant, com a càrrega repartida, al llarg de l'extradós provoca esforços de tracció a les dues cares de la pantalla.

Per tal de determinar els armats, es recomana utilitzar la coneguda expressió $ql_2/10$, tant per a moments positius com negatius. És necessari emprar els coeficients de majoració de càrregues i de minoració de resistència, indicats a l'apartat d'aquest capítol anomenat "Coeficients de seguretat".

Per tal d'establir un criteri de separació màxima entre dos ancoratges consecutius, de manera que els esforços puntuals de compressió i de tallant generats per la placa de repartiment i els moments flectors provocats per les empentes siguin assumibles per la pantalla, es recomana no superar en deu vegades el gruix d'aquesta.

A la pràctica, la superposició dels criteris exposats per al diàmetre del bulb i la capacitat de treball a flexió de la pantalla genera una disposició d'ancoratges entre 2,00 i 5,00 metres, si bé els valors més habituals se situen al voltant de 3,00-3,50 m. També cal considerar la conveniència d'ancorar tots els panells.

Establiment de les longituds lliures. Les longituds lliures es determinaran, en funció dels criteris que s'exposen a l'apartat 3.4.1.8 "Longitud lliure" inclòs en aquest mateix capítol.

Determinar la longitud del bulb. Per determinar la longitud del bulb, L_b (vegeu la figura 10.34), cal donar per coneguts els valors següents:

La tracció límit, T_L, afectada dels corresponents coeficients de majoració de càrregues.

El diàmetre del bulb, D_s, determinat per al tipus d'ancoratge (provisional o permanent i el diàmetre de perforació de partida, segons s'ha exposat).

El valor τ, corresponent a l'esforç rasant de contacte sòl-bulb afectat del coeficient de minoració de càrregues.

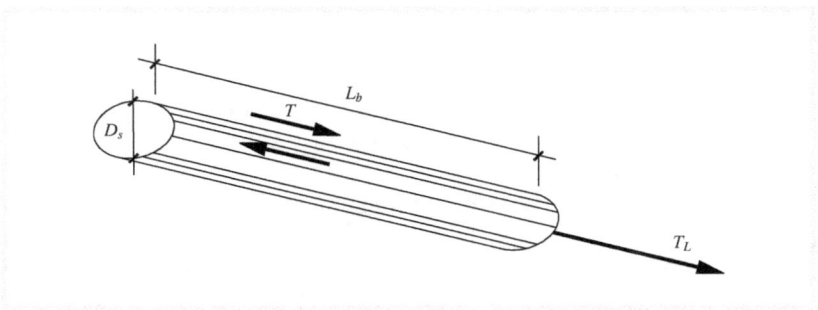

|10.34|
Estimació de la capacitat portant d'un bulb en funció de la superfície de contacte bulb–sòl

Amb les dades precedents, en base a la superfície circular teòrica de contacte necessària per assumir el valor T_L, es té:

$$L_b = \frac{T_L}{\pi \cdot D_s \cdot \tau}$$

La determinació de la longitud del bulb exposada a l'apartat precedent, junt amb la longitud lliure i la separació entre ancoratges, permeten definir i tancar el protocol per a la prescripció d'un ancoratge.

Resta tan sols la definició física de l'ancoratge, quant al nombre i diàmetre dels tendons, al disseny de la placa base i l'adopció del cap de bloqueig més escaient.

En la definició dels ancoratges, s'han de fer constar, per a cada tipus en funció de la seva càrrega de servei i posició, la longitud de les cues, la longitud lliure i la longitud del bulb.

3.5 Mòduls de pantalla

Els mòduls de pantalla poden ser un bon recurs per estabilitzar contencions en fase provisional. Construïts perpendiculars al pla principal de la contenció, milloren la geometria del sistema i, en conseqüència, la seva estabilitat.

Els mòduls de pantalla es poden construir tant per la part de la contenció en contacte directe amb el sòl com per l'interior del vas.

Quan els mòduls es construeixen per l'exterior del vas, és precís vincular els seus armats amb la pantalla en tota la seva altura. L'efecte de l'empenta de les terres sobre la pantalla produeix una tracció que la separaria del mòdul perpendicular malgrat l'existència de la biga de coronació.

En la situació descrita, per garantir un treball homogeni de la contenció, cal disposar armadures de batatge en forma de T. Aquestes són d'execució complexa i pel seu pes i forma, resulten complicades de manipular.

A la figura 10.35 s'observa una pantalladora obrint un mòdul perpendicular exterior al pla de la contenció principal. Es treu partit del fet que l'alineació de la contenció del vas resta retirada del carrer. La

|10.35|
Construcció de contraforts exteriors en un mur pantalla sense murets guia. L'objectiu és aconseguir una contenció provisional autoestable per geometria. La mala qualitat del sòl i l'absència del muret guia ocasionen l'esfondrament de la part superior de la rasa

construcció de diversos batatges perpendiculars al pla de la contenció propicia, en aquest cas, la formació d'un sistema provisional autoestable.

La mala qualitat del sòl ha provocat el despreniment de la part superior de l'excavació. Observeu també que el sistema de guiatge de la cullera permet l'execució del mòdul de pantalla sense necessitat de muret guia.

La construcció de mòduls de pantalla per l'interior del vas presenta l'avantatge que el contacte pantalla-mòdul es produeix per compressió d'aquesta sobre el mòdul. És suficient la biga de coronació com a element d'enllaç entre la pantalla pròpiament dita i el mòdul o els mòduls estabilitzadors.

La perforació, excepte prescripció en sentit contrari, s'ha de desenvolupar en dues fases, la primera per a la pantalla perimetral i la segona per realitzar els mòduls interiors. Les gàbies d'armadura, per tant, poden ser simples i independents entre si.

La construcció de mòduls interiors de mur pantalla s'ha de realitzar, preferentment, en zones en les quals no sigui necessari demolir-los posteriorment. L'altura del seu formigonatge pot ser inferior a la de la contenció pròpiament dita, per exemple una planta i mitja o dues plantes, respecte d'una contenció de tres plantes.

L'enllaç entre els mòduls i la pantalla pròpiament dita es pot materialitzar durant el buidatge per mitjà de grapes fixades amb resines. Cal garantir, en tot moment, les condicions de neteja i el grau d'humitat de les

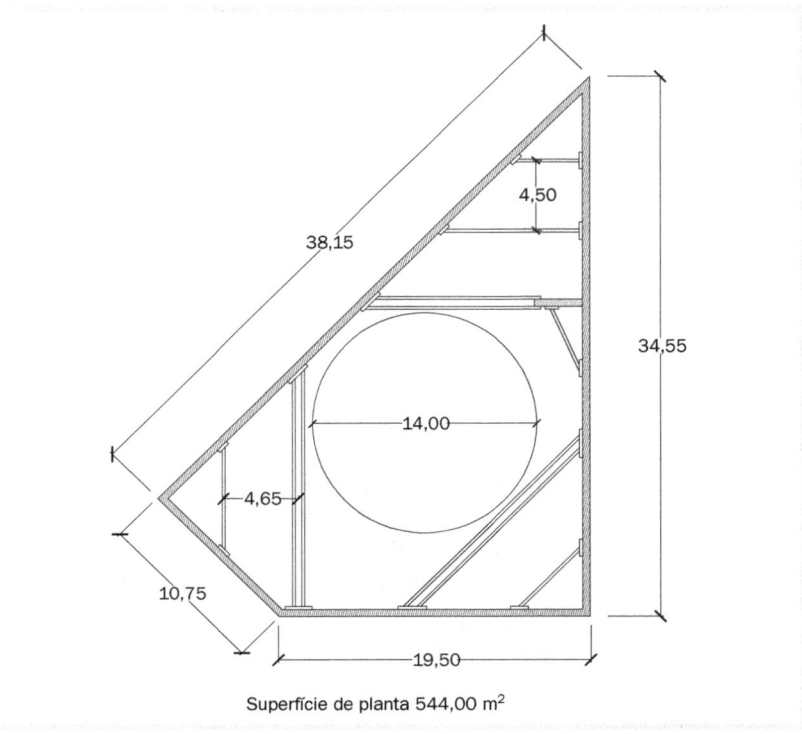

|10.36|
Estintolaments dissenyats per un vas real de tres soterranis. Permet el moviment d'una excavadora rotatòria en la zona central. El mur pantalla esquerre correspon a una paret mitgera on hi ha un edifici, de fàbrica de totxo, de planta baixa i cinc pisos. La resta de paraments corresponen a vies públiques amb serveis. No s'hi poden realitzar ancoratges. En la contenció provisional, es preveu utilitzar un contrafort interior realitzat conjuntament amb els murs pantalla

Superfície de planta 544,00 m²

superfícies de contacte. Els mòduls interiors, recalçant-los si és necessari, són una bona base per recolzar pilars sobre ells.

Els mòduls interiors també poden servir com a element per rebre tornapuntes o estampidors que contribueixin a l'equilibri provisional del sistema.

La figura 10.36 mostra un vas real de tres soterranis en el qual no és possible emprar ancoratges. S'ha utilitzat la seva morfologia per incorporar un mòdul de pantalla interior que col·labora, de forma eficient, a la seva estabilitat. La distribució dels estampidors s'ha realitzat de manera que es disposi d'espai interior entre els estampidors per garantir el moviment de la maquinària d'excavació.

3.6 Talussos de perímetre

Sempre que les condicions del sòl i de l'entorn ho permetin és una bona mesura reduir, al mínim indispensable, la construcció de murs pantalla. Aquesta possibilitat s'ha d'estudiar quan el vas disposa de separació suficient respecte dels llindars. És el cas de la figura 10.37. S'hi pot apreciar el rebaix previ, sobre el qual es troben realitzats els murets guia de la pantalla que es construirà a partir d'aquest pla.

|10.37|
Les condicions de perímetre d'aquest vas permeten realitzar un rebaix previ. S'alleugereixen així les empentes sobre els murs pantalla. El vas es tancarà, en una primera fase, en aquest nivell inferior. Un cop realitzades, a dues cares, les contencions perimetrals, les impermeabilitzacions i el sostre corresponent a cota zero, es podrà reomplir, amb reblerts granulars, la part posterior de les contencions

3.7 Sistema ascendent/descendent

El sistema ascendent/descendent pot resultar interessant quan el nombre de soterranis és superior a quatre.

A partir de la realització de les contencions de perímetre per mitjà de murs pantalla, permet executar l'estructura de les plantes sobre rasant en paral·lel a la excavació progressiva del vas i a la realització dels sostres sota rasant.

Consisteix a realitzar perforacions en el sòl per mitjà de màquines de pilotar coincidents amb la posició dels diversos pilars situats a l'interior del vas. Aquestes perforacions comprenen, des de la cota d'explanació, fins a una cota situada sota el pla de solera del darrer soterrani. La cota de perforació ha de garantir, si més no durant les fases inicials de construcció, la resistència en punta o per fregament necessària per sustentar el pilar.

A aquest efecte, s'ha d'omplir de formigó la perforació fins a la cota fixada en el projecte. Amb el formigó encara fluid, s'han de situar els pilars metàl·lics en la seva posició definitiva; és a dir, anivellats i aplomats segons les prescripcions de projecte.

Els pilars disposen, a la part inferior en contacte amb el formigó, de connectors que augmenten la superfície de contacte entre ells i el formigó, cosa que afavoreix un bon repartiment de càrregues.

Els pilars es mantindran estabilitzats amb l'ajuda de mitjans auxiliars fins a l'enduriment del formigó i que siguin blocats per la construcció, si més, no de l'entramat del sostre en aquestes condicions corresponent amb el pla d'explanació. Cal tenir en consideració que els pilars, si bé suporten càrregues relativament reduïdes, estan sotmesos a esforços de flexocompressió a causa del vinclament.

A partir de la construcció del primer sostre estabilitzant dels pilars i de la contenció perimetral, l'edifici pot avançar, en paral·lel, tant en sentit ascendent com descendent.

En arribar al darrer soterrani, si és necessari es procedeix al recalçament dels fonaments provisionals.

El problema fonamental del mètode ascendent/descendent són les dificultats d'excavació, ja que les màquines que s'empren han de ser de gàlib molt reduït per bellugar-se, tant entre els pilars com en l'espai lliure entre sostres.

En conseqüència, abans de decidir-se per aquest procediment de formació de vasos, és necessari ponderar adequadament els rendiments i els costos respecte de les solucions més convencionals. La realitat és que molt poques vegades surt rendible encara que aparentment ofereixi resultats enlluernadors.

3.8 Combinacions dels mètodes precedents

La diversitat de variables que conflueixen en la formació d'un vas d'edificació, algunes de les quals han quedat reflectides en els apartats precedents, permeten concloure la dificultat de sistematitzar, sense una informació exhaustiva de camp, com s'ha de programar l'execució d'un vas d'edificació.

Malgrat tot, no s'ha fet referència a altres variables de caràcter més aleatori, com la disponibilitat d'equips, o les condicions estacionals i meteorològiques, que poden ajudar a complicar encara més la presa de decisions.

L'exposició dels mètodes precedents s'ha acompanyat de diversos exemples. Alguns d'ells permeten apreciar la combinació en un mateix vas de diversos recursos, entre ells:

els sistemes de contenció provisional...

- Combinació d'estintolaments amb bermes de terres i/o mòduls de pantalles.
- Combinació de geometria de la contenció amb bermes i/o estintolaments.
- Realització de rebaixos previs que permeten dissenyar pantalles autoestables.

El coneixement del comportament mecànic del sòl, dels sistemes i procediments de contenció provisionals i definitius, i l'experiència professional resulten determinants per programar, dirigir i executar la formació dels vasos d'edificació, potser la part més complexa de l'edificació sota rasant.

fonaments superficials i semiprofunds

1 Introducció

Els fonaments superficials, en general, són la solució més simple per transmetre el pes de l'estructura al sòl. Per tant, és la primera opció que s'ha de temptejar. Per fer-ho, es parteix, de l'estimació de càrregues de l'estructura. El procés que permet obtenir una estimació de les càrregues de servei P per metre lineal de mur portant i/o dels diferents suports és conegut com a "descens de càrregues".

La segona dada que cal considerar és la tensió admissible del sòl σ_a. Aquest valor ha d'estar definit, en l'estudi geotècnic, per a cada estrat on es prevegi efectuar fonaments, junt amb unes recomanacions tècniques sobre el tipus de fonament que s'ha d'emprar.

El valor de la tensió admissible del sòl σ_a, s'obté de l'equació de Terzaghi. Aquesta es desenvolupa al capítol 12 (Fonaments profunds. Pilons) al apartat 14 (Estimació la capacitat portant d'un piló formigonat in situ). La seva aplicació és més pròpia d'especialistes en sòls que de projectistes de fonaments, per als quals, com a usuaris dels paràmetres geotècnics, el valor de partida és la tensió admissible del sòl σ_a.

Si es té coneixement de la zona, en els temptejos preliminars, es poden emprar valors de σa extrets de taules o de referències. El valor σ_a ha de garantir assentaments admissibles.

Habitualment, s'incrementa la càrrega de servei de l'ordre d'un 10%, per tal de considerar el pes propi del fonament.

A partir de les càrregues de servei, es pot determinar la geometria, en planta, de les sabates lineals i aïllades de base quadrada, d'acord, respectivament, amb les expressions:

$$\sigma_a = \frac{P + 10\%P}{100 \cdot b} \quad \text{Sabata lineal sota mur}$$

$$\sigma_a = \frac{P + 10\%P}{b \cdot b} \quad \text{Sabata quadrada}$$

$$\sigma_a = \frac{P + 10\%P}{a \cdot b} \quad \text{Sabata rectangular. "}a\text{" és una dada}$$

$$\sigma_a = \frac{P + 10\%P}{\pi \cdot \frac{b^2}{4}} \quad \text{Sabata circular}$$

Amb la mateixa, és possible determinar la dimensió b. Habitualment, σ_a s'expressa en kg/cm^2, P en kg i l'ample b en cm.

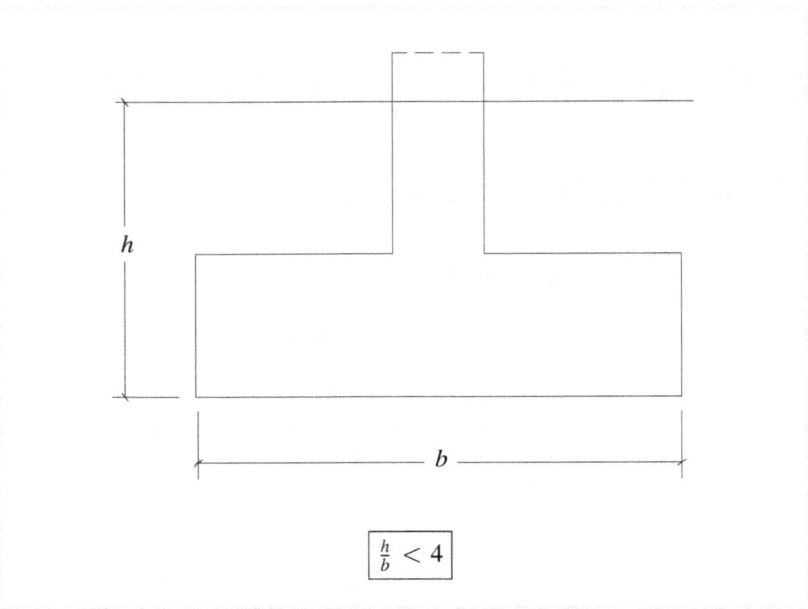

|11.1|
Esquema d'un fonament superficial

Si la superfície ocupada pels fonaments és superior al 50% de la superfície de la planta, s'han de considerar altres alternatives. En aquests casos, es pot optar, per una llosa de fonamentació, per pilons si la fondària de l'excavació no supera com a valor de referència els 6,00 metres, per realitzar pous de fonamentació.

En l'elecció final del sistema de fonamentació, hi intervenen altres paràmetres, tant tècnics com econòmics, raó per la qual s'han de seguir protocols de disseny estructurats per tal d'escollir-ne la solució més idònia.

De forma convencional, un fonament es considera superficial si la fondària h de la seva excavació, en relació amb l'amplada b, és menor que 4 (vegeu la figura 11.1).

Per realitzar fonaments superficials o directes, és necessari disposar d'estrats resistents a poca fondària de la superfície. El present capítol parteix d'aquest supòsit tal per d'incidir:

– Sobre els diferents tipus de fonaments superficials i les seves aplicacions.
– Sobre el disseny constructiu dels fonaments superficials més habituals realitzats amb formigó armat. Aquests són:
  - Sabates aïllades
  - Sabates associades
  - Bigues centradores
  - Bigues de fonamentació, també conegudes per bigues flotants sota pilars, o bigues invertides per raó de la posició dels seus armats respecte dels elements flectats que suporten càrregues gravitatòries
  - Lloses de fonamentació

També es fa referència als fonaments semiprofunds perquè es tracta d'uns sistemes híbrids, més propers als fonaments superficials que als profunds. En aquesta línia, es comenten:

- Pous i arcs
- Pous de fonamentació

Es consideren fonaments semiprofunds, en funció de la seva geometria, aquells en els quals la proporció h/b se situa entre 4 i 10.

2 Fonaments superficials, tipologies

A continuació, es detallen les característiques generals dels diferents tipus de fonaments superficials. Als apartats 3 a 8 d'aquest capítol, es troben desenvolupats els aspectes relatius al disseny constructiu de cadascuna de les tipologies tractades.

2.1 Sabates contínues

Les sabates contínues sota mur (figura 11.2), són el tipus de fonament més habitual per suportar obres de fàbrica. Tradicionalment, es varen realitzar amb maçoneria, lligada amb morter de calç, i, a partir dels anys trenta del segle XX, amb formigó ciclopi.

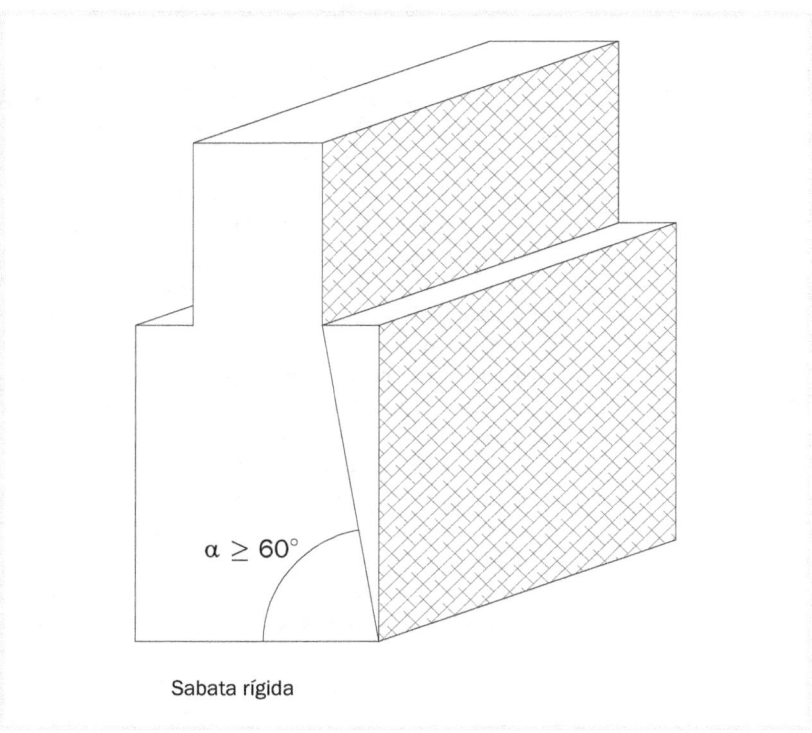

|11.2|
Estimació teòrica del repartiment de càrregues en una sabata rígida

Sabata rígida

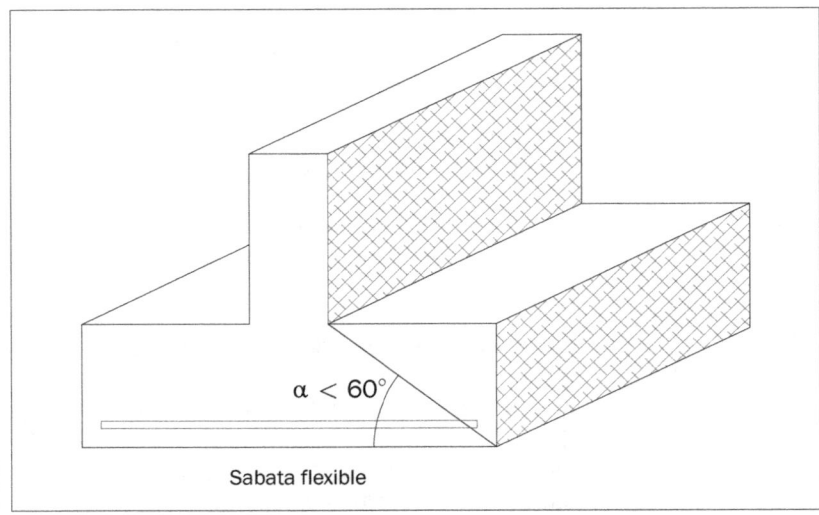

|11.3|
En una sabata flexible, el repartiment de càrregues depèn de la rigidesa i de la capacitat de treball a flexió dels materials que la constitueixen

Si el vol de la sabata, respecte del mur que suporta, és elevat i l'angle α és inferior a 60° l'alternativa per garantir la resistència estructural de l'element és disposar armadures a flexió en sentit transversal, con es detalla a la figura 11.3. La rigidesa del mur garanteix l'efecte de l'armadura. També s'han de col·locar les corresponents armadures de repartiment en sentit longitudinal.

2.2 Bigues de fonamentació i engraellats

Les bigues de fonamentació o bigues flotants constitueixen una solució per fonamentar estructures de pilars alineats amb càrregues de servei inferiors a 50 Tn, no excessivament separats entre si, almenys en un dels eixos. La separació entre eixos de pilars no hauria de superar els 5 m. És el cas de naus industrials o poliesportius.

Les bigues de fonamentació i els engraellats s'utilitzen en sòls de capacitat portant mitjana (> 1 kg/cm^2) com a alternativa a un sistema de sabates i riostes, atès que les bigues flotants permeten recolzar sobre elles els tancaments. Se simplifica l'excavació, que d'un sistema de rases i pous es redueix a simples rases. Per contra, les quanties d'armat són superiors, en intervenir-hi la llum entre pilars al quadrat.

Des del punt de vista mecànic, també es poden considerar bigues de fonamentació o invertides les jàsseres de coronació dels murs pantalla.

La interacció sòl-estructura en el cas de les bigues de fonamentació és molt complexa. El problema s'aborda, de forma pràctica, establint un cantell h de la biga, en funció de la llum L entre suports, que garanteixi un repartiment uniforme dels esforços puntuals dels suports sobre el sòl. Es considera que l'amplada b de la biga ve donada.

S'utilitza a aquest efecte l'expressió de Westergard.

$$L = \sqrt[4]{\frac{4 \cdot E \cdot I}{b \cdot K}}$$

on: L = distància entre suports, en cm

E = mòdul de deformació del formigó. Es pot adoptar $2 \cdot 10^5$ kg/cm².

K = coeficient de balast del sòl, en cm³.

I = moment d'inèrcia de la secció de formigó, cm⁴.

El moment d'inèrcia I, expressat en funció de la geometria de la secció, val:

$$I = \frac{b \cdot h^3}{12}$$

Per tant, coneguda l'amplada b, que estableix una tensió de contacte igual o inferior a l'admissible, és possible determinar el cantell h, que garanteix una transmissió lineal i homogènia de les càrregues del suport al sòl, segons es representa en la figura 11.4.

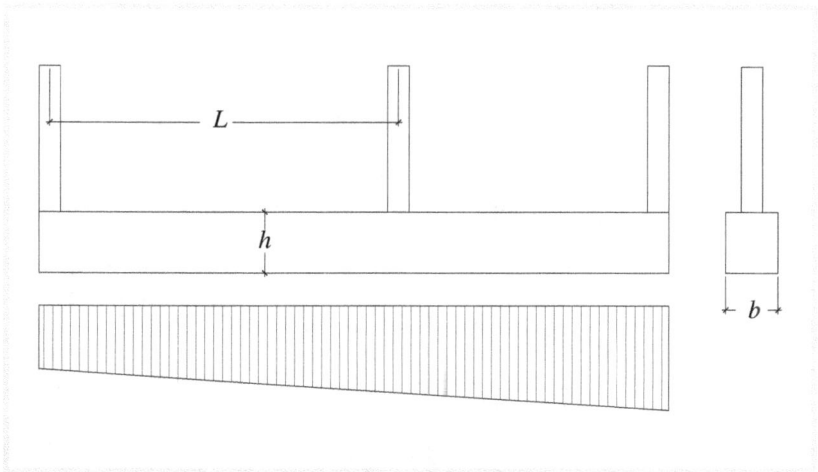

|11.4|
Per obtenir un repartiment lineal de càrregues sota la base d'una sabata que recull diversos suports, es recorre a dissenyar-la, per mitjà de la fórmula de Westergard, suficientment rígida

El compliment de la premissa precedent depèn de dos factors:

– Les càrregues entre suports consecutius no han de diferir entre si més del 20% del més gran.
– Les llums entre suports consecutius no han de diferir entre si més del 20%.

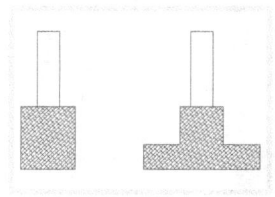

|11.5|
Possibles seccions de les bigues de fonamentació

La secció de les bigues de fonamentació pot ser rectangular o en T invertida, segons es mostra a la figura 11.5.

En el cas que la disposició en planta respongui a una distribució segons els eixos, sensiblement ortogonals, és possible plantejar una fonamentació basada en un engraellat, tal com s'indica a la figura 11.6. Aquest sistema de fonamentació, a més de lligar la base de l'edifici a efectes sísmics, presenta l'avantatge d'una menor sensibilitat davant de la presència de defectes locals del sòl.

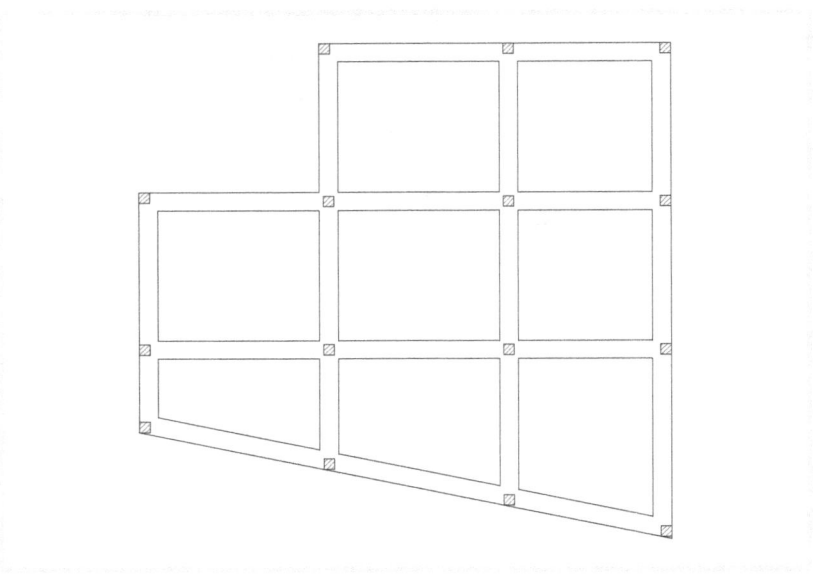

|11.6|
Fonamentació superficial formant engraellat

2.3 Sabates aïllades

Les sabates aïllades són la solució constructiva més comuna per fonamentar estructures de pilars. En principi, se situa un pilar per sabata.

A la figura 11.7, es pot apreciar una sabata aïllada amb el formigó de neteja i la ferralla col·locada a punt de formigonar. Com en tota obra de formigó, cal garantir el replantejament correcte i el manteniment de la posició establerta de la ferralla durant les operacions de formigonatge.

|11.7|
Sabata aïllada amb el formigó de neteja, l'engraellat de base i l'armadura d'inici del pilar col·locada. Cal que abans de formigonar es comprovi el posicionament correcte de les armadures. És precís garantir, també, que aquestes el conservin, un cop efectuat el formigonatge

Tractant-se de junts de dilatació, poden coincidir dos pilars o més sobre una sola sabata. En aquestes situacions, a efectes de disseny, el sumatori de les càrregues de servei es considera concentrat en un punt coincident amb el centre de gravetat de les càrregues actuants. Les sabates es construeixen sempre monolítiques, encara que sobre elles es fonamentin dos pilars o més que formin part d'un junt de dilatació.

Habitualment, per qüestions de simplicitat constructiva, les sabates es fan de planta quadrada. Si es tracta de fonamentar pilars molt apantallats, les sabates es realitzen de planta rectangular, idealment de secció isoperimètrica amb el pilar. La igualtat dels vols permet que els armats siguin similars en els dos eixos ortogonals (vegeu la figura 11.8).

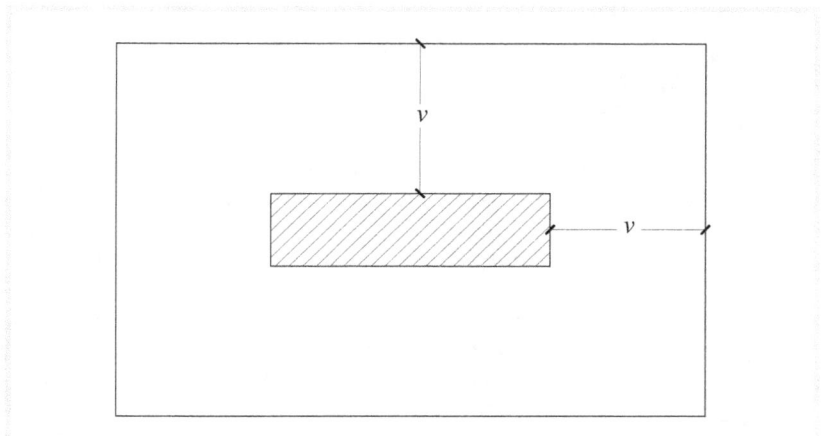

|11.8|
És convenient que les sabates dels pilars apantallats siguin isoperimètriques respecte de la secció d'aquests. La graella de base serà, així, la mateixa en les dues direccions, cosa que evita la possibilitat d'errors

També es poden construir sabates rectangulars, sota pilars sensiblement quadrats, per tal de no destorbar, per exemple, el pas d'una determinada instal·lació d'infraestructura o per evitar la superposició de tensions sobre el sòl. En aquesta situació, els armats són diferents en cada sentit.

En general, en tot disseny constructiu de fonaments superficials, cal preveure les cotes de coronació i d'excavació de les sabates per tal de permetre, si és el cas, la col·locació d'arquetes o altres elements.

2.4 Sabates associades

Les sabates associades són un recurs constructiu per recollir, de manera conjunta, l'acció de dos pilars o més molt pròxims.

A la pràctica, per al seu disseny, es determina el punt de pas de la resultant de les càrregues de servei dels pilars. El dimensionament de la sabata es realitza, a partir d'aquest moment, com si es tractés d'una sabata aïllada.

La resolució geomètrica de les sabates associades s'estructura per tal d'igualar els vols del perímetre respecte de les cares dels pilars,

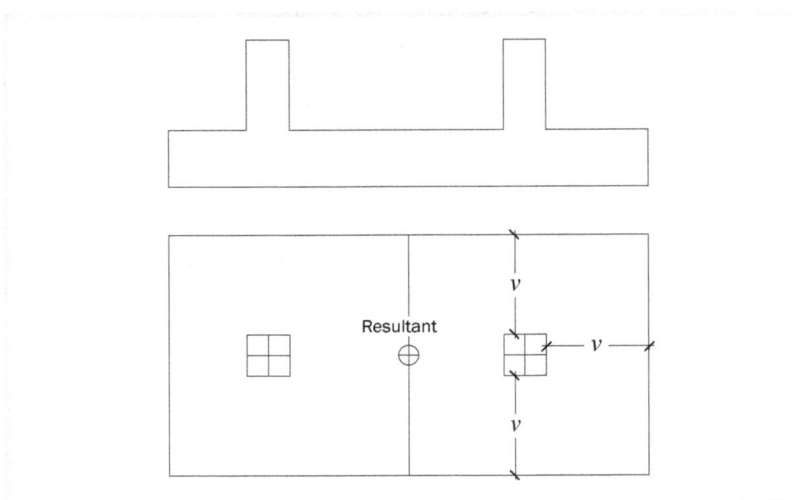

|11.9|
La resolució geomètrica de les sabates associades s'ha d'orientar a igualar els vols per aconseguir graelles de base homogènies

segons es detalla a la figura 11.9. S'aconsegueix així disposar el mateix armat en els dos eixos ortogonals.

La figura 11.10 permet apreciar diversos tipus de sabata i la complexitat de l'excavació per portar-les a terme:

– Sabata contínua, de directriu corba, sota mur, al cantó dret
– Sabata aïllada a la part superior esquerra
– Fossat d'ascensor immediatament a sota
– Sabata associada, entre el fossat de l'ascensor i la sabata del mur
– Sabata excèntrica a la zona central de la part inferior de la fotografia

|11.10|
En determinades ocasions la complexitat per excavar i armar sabates aïllades es pot compensar amb la facilitat d'execució que comporta una llosa contínua

2.5 Sabates excèntriques

Les sabates excèntriques són les que tenen limitat el vol en un o dos dels seus costats per efecte de la presència d'una paret mitgera o una cantonada, segons es detalla a la figura 11.11.

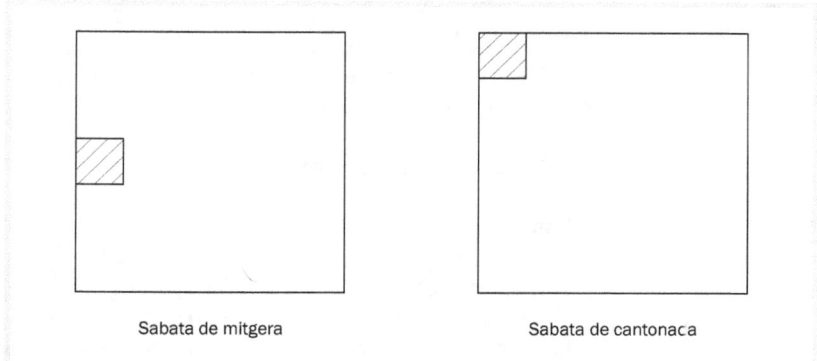

|11.11|
Les sabates excèntriques requereixen l'auxili de bigues centradores per garantir un repartiment uniforme de les càrregues al sòl

El seu comportament mecànic, de forma aïllada, és molt deficient (vegeu la figura 11.12). Es produirien concentracions de tensions, incompatibles amb la capacitat portant del sòl per raó de l'excentricitat.

Per pal·liar la situació exposada, s'ha de recórrer al recurs constructiu de les bigues centradores. No és concebible el disseny de sabates excèntriques sense disposar de la biga centradora corresponent.

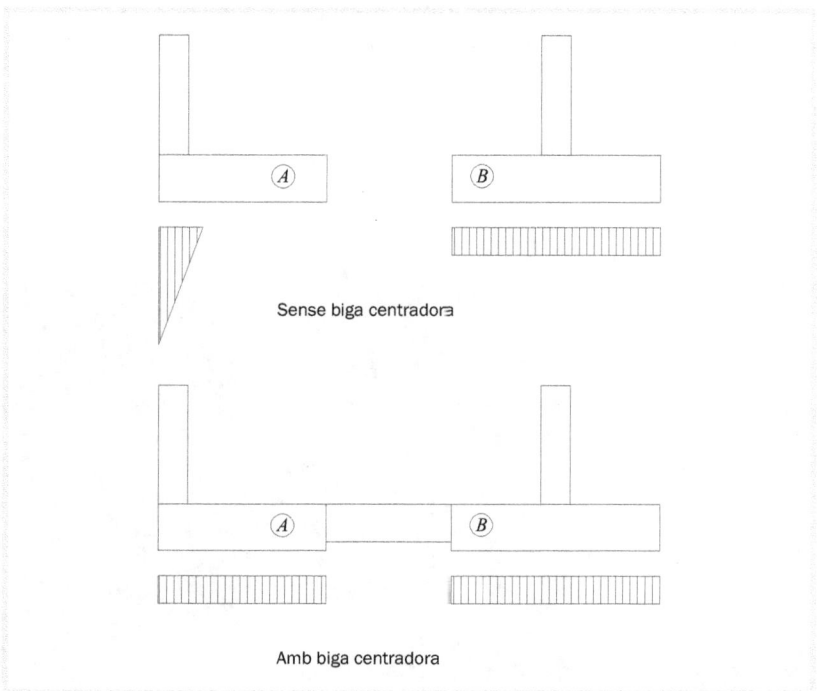

|11.12|
Diagrames de les tensions de contacte d'una sabata excèntrica aïllada i de la mateixa sabata enllaçada, per mitjà d'una biga centradora, a una sabata central

Les bigues centradores vinculen les sabates excèntriques a les interiors centrades. Per mitjà de la seva rigidesa i la reacció del suport interior, les bigues centradores actuen com una palanca. Acompleixen la funció d'homogeneïtzar la tensió sota la base de la sabata excèntrica.

Si bé les bigues centradores formen part del sistema de fonamentació, no tenen funció portant de les càrregues dels suports. La seva secció en contacte amb el sòl no es considera un suport. Per aquest motiu, la biga centradora es dibuixa, a la figura 11.12, deslligada del sòl, si bé, per raons pràctiques, el seu cantell es fa coincidir amb el de les sabates que enllaça.

2.6 Lloses de fonamentació

Les lloses de fonamentació constitueixen una solució constructiva per tal de fonamentar estructures de suports aïllats sobre sòls de baixa capacitat portant, d'entre 0,50 i 1,00 kg/cm^2.

El seu comportament mecànic és similar al d'un sostre invertit. Les lloses de fonamentació estan sotmeses, per tant, a esforços de flexió tant positius com negatius, de tallant i de punxonament.

Les armadures de les lloses de fonamentació es disposen simètriques en les dues cares. Són les anomenades *armadures de base*. Aquestes es poden completar eventualment, si escau, tant per fer front a moments positius com negatius, amb armadures de reforç intercalades entre les armadures de base. També cal disposar armadures per absorbir esforços de punxonament i de tall en les zones receptores de suports, si el cantell de formigó no els pot absorbir en solitari.

La figura 11.13 mostra una llosa de fonamentació en fase d'armat. S'hi poden apreciar el formigó de neteja i les dues capes d'armadura,

|11.13|
Sobre el formigó de neteja, s'està aferrallant una llosa de fonamentació per procedir, posteriorment, al formigonatge

separades per "peus d'ànec", assentades sobre el formigó de neteja. A la zona central, hi figura un fossat d'ascensor. Al voltant, s'hi poden observar les creuetes de punxonament dels pilars.

L'armadura inferior es col·loca calçada amb daus de morter sobre el formigó de neteja per garantir els recobriments de les barres. Cal insistir en la necessitat de disposar sempre formigó de neteja per tal de garantir un ferrallat i un formigonatge correctes, quant a la posició d'armadures i recobriments.

Les quanties habituals de les lloses de fonamentació oscil·len entre 40 i 60 kg d'acer per metre cúbic de formigó.

Cal preveure, en les lloses, la presència d'elements singulars que n'alteren la continuïtat, com l'esmentat fossar d'ascensor, aljubs, pous de bombament o la previsió de conduccions a l'interior de la llosa a base de col·locar en posició els tubs pertinents abans del formigonatge.

Abans de formigonar una llosa de fonamentació, s'ha de revisar curosament la presència i la ubicació correcta dels elements singulars que l'han de configurar. La possibilitat de correcció d'errades, un cop formigonada la llosa, resulta pràcticament impossible i, en tot cas, molt onerosa.

El diàmetre mínim recomanable de les armadures, per a una llosa de fonamentació, és de 12 mm.

Com a criteri de disseny, s'ha de tenir present que, per damunt dels mallats que en resultin, hi han de trepitjar els operaris per realitzar les operacions de ferrallat i de formigonatge. Les armadures més habituals corresponen als diàmetres de 16 i 20 mm. Es recomana que el quadre de la retícula de base oscil·li entre els 15 i els 25 cm, per les raons d'ergonomia indicades anteriorment.

La figura 11.14 permet apreciar una llosa en fase de formigonatge. En primer pla, es poden observar les armadures per a l'inici d'un pilar apantallat. La graella situada sota aquestes armadures s'ha obtingut intercalant barres en els espais intermedis.

Habitualment, la longitud de les zones reforçades oscil·la, a cada costat de l'eix del pilar, entre el 35 i el 40% de la longitud del va. Aquesta disposició d'armadures és una alternativa a les creuetes de punxonament disposades a la fotografia anterior.

A la zona inferior i al costat dret de la mateixa foto, s'ha situat una tela de galliner amb l'objectiu de controlar l'abocat del formigó per circumscriure'l a una zona concreta. Amb aquesta solució constructiva, s'acota l'extensió del formigó, en ser abocat i vibrat, i es genera una superfície de contacte rugosa que permet una bona continuïtat de la llosa.

Si cal definir sectors o zones de formigonatge per mitjà de teles de galliner, és convenient que aquestes es situïn properes als terços dels vans doncs corresponen a les zones estructuralment menys sol·licitades tant pel que fa referència a esforços de tall com a moments flectors.

És necessari doblegar cap amunt, almenys, el 50% de les armadures inferiors corresponents al perímetre de la llosa. El propòsit és doble: disposar d'armadures de contacte amb les esperes col·locades en el mur pantalla i afavorir el suport del mallat superior.

|11.14|
La gran quantitat de formigó a vegades fa necessari fragmentar el formigonat de les lloses de fonamentació. Per evitar el desplaçament del formigó i garantir-ne una bona continuïtat, es pot recórrer a la col·locació, en els límits, d'una tela de galliner

Formigonar una llosa de fonamentació requereix abocar una gran quantitat de formigó en un temps relativament reduït per garantir unions successives entre formigons frescos. L'abocat, si bé en determinades zones es pot efectuar directament amb canaleta, es precís programar-lo de forma general per mitja de bombes de formigó en funció de les distàncies a abastar.

Les bombes de formigó que s'utilitzen per aquestes tasques tenen una capacitat teòrica d'abocat d'entre 100 i 150 m^3/h, segons models. La capacitat teòrica queda, moltes vegades, limitada per les possibilitats d'accessibilitat a l'obra dels camions formigonera.

També és necessari considerar que les bombes poden tenir avaries i interrupcions. No està de més comptar amb un equip de suplència. Cal programar curosament la logística de l'operació per tal d'optimitzar les possibilitats d'abocat de cada obra i cobrir eventualitats.

En determinades ocasions, s'aprofita la realització de les lloses de fonamentació per executar, en una sola operació, la llosa pròpiament dita i un acabat superficial per deixar enllestit el paviment del darrer soterrani. Aquest es du a terme per mitjà d'un remolinat mecànic amb pols de quars.

Quan es comparen temps i costos entre sistemes de fonamentació, si es considera el fet que les lloses poden resoldre, en una sola operació, fonaments, solera i paviment, aquestes es converteixen molt sovint en solucions competitives.

Si bé els manuals de construcció mostren la possibilitat d'efectuar lloses nervades, amb nervis encofrats en el terreny o vers la part superior de pla de fonamentació, com a evolució lògica dels engraellats, el fet és que el cost i el temps necessari per a la seva construcció no acostumen a compensar la senzillesa d'execució de les lloses massisses.

El predimensionament del cantell h de les lloses de fonamentació, amb un mínim de 50 cm, es pot determinar, de forma empírica, a partir de l'expressió:

$$h = \frac{L_{màx}}{10} + 20$$

on "$L_{màx}$" és la distància més gran entre dos pilars immediats en cm. Els cantells habituals es situen entre 70 i 100 cm. La fórmula no té en consideració la càrrega dels suports, si bé, per a les situacions més freqüents en edificació, la fórmula indicada constitueix una bona base de tempteig.

Es pot considerar emprar lloses de fonamentació, en sòls amb més capacitat portant a 1,00 kg/cm^2, si l'ocupació de les sabates, en planta, és superior al 50% de la superfície d'aquesta.

L'ús de lloses de fonamentació també pot ser indicat quan els assentaments d'una fonamentació aïllada resulten excessius.

Als efectes de considerar les accions llosa-sòl, s'estima que el pes de la llosa incrementa les càrregues gravitatòries en un 15%. La totalitat o una part d'aquest pes pot ser compensat per l'extracció de les terres resultants de la formació d'un vas sota rasant.

L'aplicació del criteri indicat dóna lloc a la tècnica de fonamentació anomenada de *substitució*. Consisteix a extreure una quantitat de terres de pes equivalent a l'edifici que s'hi vol implantar. Sempre que les operacions es realitzin amb la rapidesa suficient per evitar la descompressió del sòl, es tracta d'un mètode excel·lent per evitar assentaments.

Les lloses de fonamentació també permeten, si es vinculen als murs de contenció perimetrals, realitzar soterranis impermeables sota el nivell freàtic. En les situacions de presència de columna d'aigua, les lloses de fonamentació resulten imprescindibles. Canvien lleugerament el nom i es transformen en les anomenades *lloses d'estanquitat*.

Des del punt de vista mecànic, a més de suportar les càrregues pròpies d'un sistema de fonamentació, les lloses d'estanquitat han d'estar dissenyades per resistir les subpressions generades per la columna d'aigua, determinada en condicions pèssimes.

Si el nivell freàtic és troba molt alt, cal enllaçar les lloses d'estanquitat a sistemes de fonaments profunds (pilons o micropilons), per tal d'evitar la flotabilitat de la caixa. Per a la consideració dels esforços, serà necessari incloure, igualment, l'efecte de la subpressió de l'aigua, amb la particularitat que la presència dels ancoratges redueix les longituds sotmeses a flexió.

Les lloses generen grans bulbs de pressions i, en conseqüència, el seu ordre d'assentament se situa al voltant del doble que el d'un fonament superficial, és a dir, al voltant de cinc centímetres. Aquesta raó i la interacció llosa–sòl, imposen algunes limitacions a la utilització de lloses de fonamentació:

- No es poden utilitzar en la construcció entre parets mitgeres. L'elevat ordre de magnitud d'assentament de les lloses produeix un efecte d'arrossegament que malmet els edificis veïns.
- La presència de sòls heterogenis sota la llosa podria produir girs a causa dels d'assentaments diferencials. Aquests girs afectarien tot l'edifici. Per tant, les lloses s'han de recolzar sobre estrats homogenis i potents. Si no es disposen, cal emprar fonaments semiprofunds o profunds.
- Per afavorir la racionalitat de les armadures, és recomanable que l'estructura de l'edifici es plantegi, preferiblement, per mitjà de llums homogènies i eixos ortogonals. Aquest, lògicament, és un tema d'ordre menor. No exclou, però, el fet de tractar de respectar, en la fase de disseny, el criteri de racionalitat indicat.

Les alternatives a una fonamentació per llosa són els pous de fonamentació i els pilons. En principi la llosa resulta avantatjosa respecte dels pilons si la fondària d'aquests es situa per damunt dels 8 metres. Entre 6 i 8 metres de fondària, els costos entre lloses i pilons estan molt equilibrats. Si el ferm es troba entre 4 i 6 metres, cal considerar, com a preferent, l'opció dels pous de fonamentació.

La decisió final sobre el tipus de fonament més apropiat s'ha de prendre a partir d'un estudi profund de les condicions del sòl, de l'entorn i de la disponibilitat tecnològica, d'acord amb les premisses de preu i de temps.

2.7 Pous i arcs

Aquesta és una solució de fonamentació semiprofunda de tipus històric. Les parets estructurals de l'edifici es recolzen sobre arcs, i aquests sobre pilars que, travessant l'estrat tou, descansen sobre el sòl ferm. El dibuix inferior en mostra la solució més habitual, si bé els arcs també es construïen invertits.

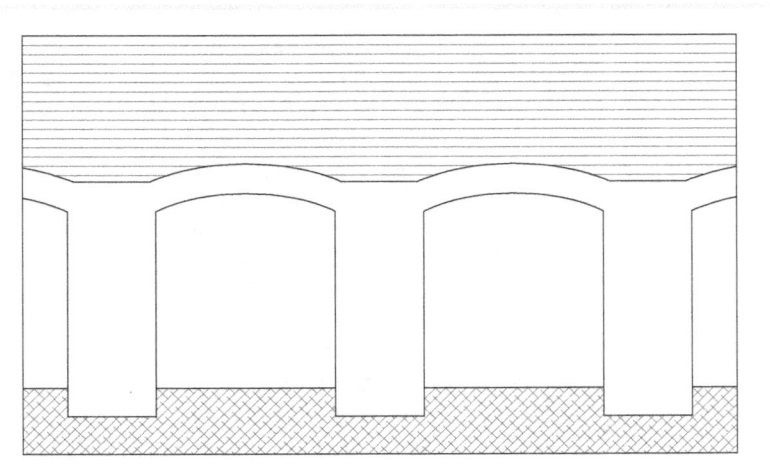

|11.15|
Esquema d'un sistema arcaic de fonamentació amb pous i arcs. L'enginy resolia, amb tècniques i materials primaris, la presència d'un estrat apte per fonamentar a cotes relativament profundes

Fonamentar sobre pous i arcs és una tècnica constructiva ja emprada en època romana, quan el ferm es trobava a una fondària de diversos metres respecte de la superfície. Es tracta d'una solució enginyosa, imposada per les limitacions tecnològiques de materials i de mitjans d'èpoques passades. Actualment, per la laboriositat de la seva construcció, es troba en desús.

2.8 Pous de fonamentació

Els pous de fonamentació s'utilitzen, habitualment, quan el ferm se situa entre 4,00 i 6,00 metres de fondària i el sòl és de tipus cohesiu.

No són d'aplicació en sòls granulars, ja que no es mantindria la verticalitat de les parets de l'excavació. Tampoc si el nivell freàtic es troba per damunt de la seva cota de perforació, per la mateixa raó.

Els pous de fonamentació es poden realitzar de planta quadrada o circular. Respecte dels pilons, presenten els avantatges següents:

- No es necessita maquinària especial de perforació. Es poden realitzar amb retroexcavadora o, per a més grans fondàries amb culleres bivalves accionades per excavadores equipades amb *batilon* (braç prolongador).
- Per la seva dimensió, relativament gran, no és necessari dissenyar riostes per absorbir excentricitats. Aquest fet i el de no necessitar riostes constitueixen punts favorables per als pous en l'estimació temps-cost, en establir comparacions amb les opcions llosa o pilons.

L'absorció d'excentricitats es realitza considerant la secció isoperimètrica, segons es detalla a la figura 11.16.

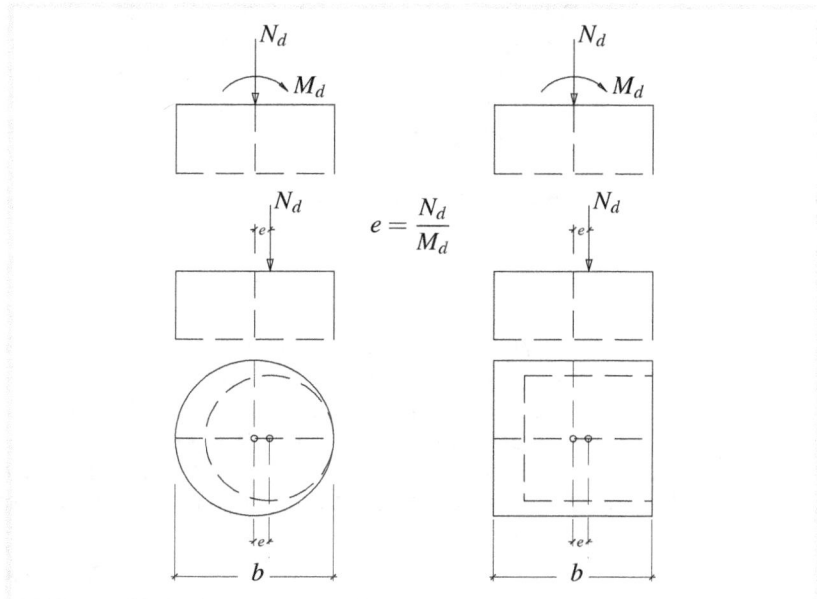

|11.16|
Les possibles excentricitats es resolen, en els pous de fonamentació, ampliant la seva secció, per garantir en tot moment l'existència d'una secció isoperimètrica que no superi la tensió admissible

En funció de l'excentricitat e, la resistència Q de la secció de formigó del pou de fonamentació s'obté de les expressions, següents per a pous circulars i quadrats, respectivament:

$$N_d < Q < 0{,}85\,\pi\,\frac{(b-2e)^2}{4} \cdot f_{cd}$$

$$N_d < Q < 0{,}85(b-2e)^2 \cdot f_{cd}$$

on: N_d = acció de càlcul del suport
        b = diàmetre o amplada de la secció de formigó
       f_{cd} = resistència de càlcul del formigó

El factor 0,85 és un coeficient reductor de la resistència del càlcul del formigó per formigonatge vertical.

- Es realitzen amb formigó en massa. Les armadures es concentren a la zona superior per absorbir traccions (vegeu la figura 11.18).
- Per tal de determinar la capacitat portant dels pous de fonamentació, es pot tenir en consideració l'efecte del fregament lateral.

2.8.1 Capacitat de càrrega a trencament dels pous de fonamentació

La capacitat de càrrega d'un pou de fonamentació s'obté de la suma de la resistència per punta, més la resistència per fust. Aquest valor ha de ser afectat d'un coeficient de seguretat 3.

$$Q = Q_p + Q_f$$

A la figura 11.17 es detalla la presència de dos tipus de sòl, amb els seus paràmetres geotècnics respectius.

Per als sòl de la punta es té, respectivament, densitat, cohesió i angle de fregament intern, γ, c, ϕ.

Anàlogament, per al sòl de fust es té γ', c', ϕ'.

La resistència per punta, Q_p, s'obté de l'equació de Terzaghi. Aquesta esta desenvolupa al capítol 12, apartat 14. (Estimació de la capacitat portant d'un piló formigonat in situ).

$$Q_p = A\,(c \cdot N_c + \gamma' \cdot D \cdot N_q + \gamma \cdot R_m \cdot N_\gamma)$$

N_c, N_q i $N\gamma$ són valors tabulats.

R_m és un factor de forma. El seu valor, per a sabates de secció circular i quadrada, és, respectivament, la quarta part del diàmetre, $b/4$, o la quarta part de la base de la sabata, $b/4$.

El càlcul de la resistència per fust Q_f es deu a Caquot i Kerisel, en funció de la l'empenta passiva, que té per expressió:

$$Q_f = P \cdot D \left(\frac{1}{2} \cdot \gamma' \cdot s_1 \cdot D + c' \cdot s_2 \right)$$

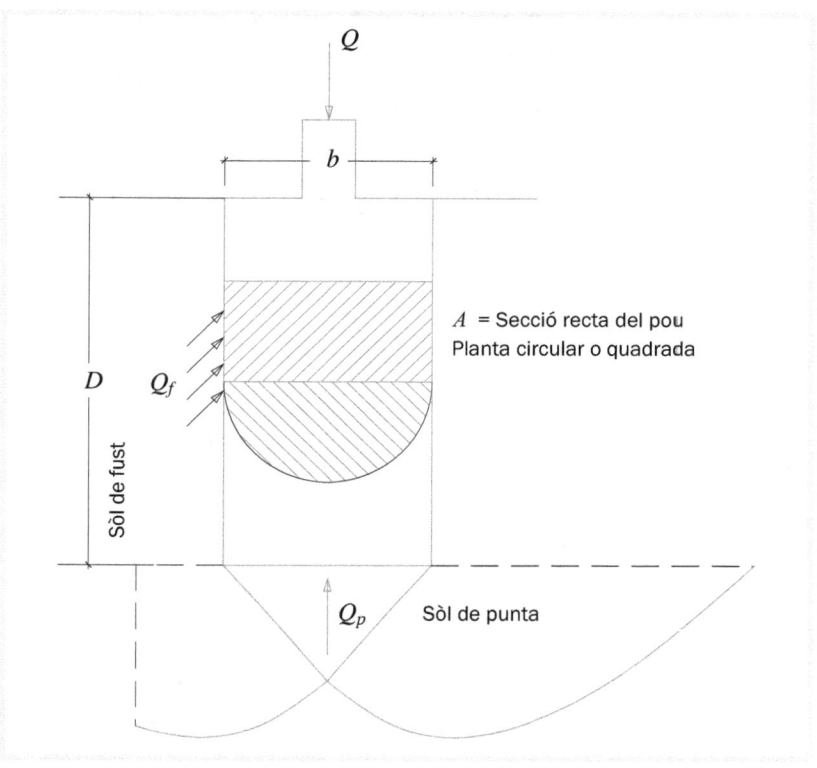

|11.17|
Esquema del comportament mecànic sòl–pou en situació de col·lapse

on: P = perímetre del fonament.
     D = longitud del fust.
     γ' = densitat del sòl del fust.
     c' = cohesió del sòl del fust.
     S_1 i S_2 són funció de l'angle de fregament intern. Estan tabulats a l'apartat 14 del capítol 12, al qual s'ha fet referència.

2.8.2 Disposició constructiva dels armats dels pous de fonamentació

A la pràctica es pot considerar que el formigó en massa omple el pou de fonamentació fins a la fondària que permeti construir-hi, sobre una sabata convencional. El formigó en massa es transforma en un transmissor indeformable dels esforços del suport, tal com es detalla a la figura 11.18.

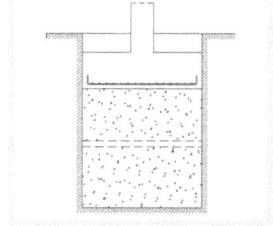

|11.18|
Esquema de la disposició constructiva dels armats dels pous de fonamentació

Una altra solució constructiva emprada, de tipus empíric, en els pous de fonamentació, és disposar en el darrer metre, a la zona d'inici del suport dins del fonament, tres mallats per absorbir les eventuals traccions d'aquest.

2.9 Zapilons

Els zapilons són una variant de pous de fonamentació. Tenen com a característica que la seva perforació es realitza amb maquinària especial, similar a la emprada en els pilons de gran diàmetre. Aquesta du a terme una perforació cilíndrica fins al ferm. Posteriorment, es despleguen unes aletes que amplien unes 2,7 vegades el diàmetre del fust, segons es detalla a la figura 11.19.

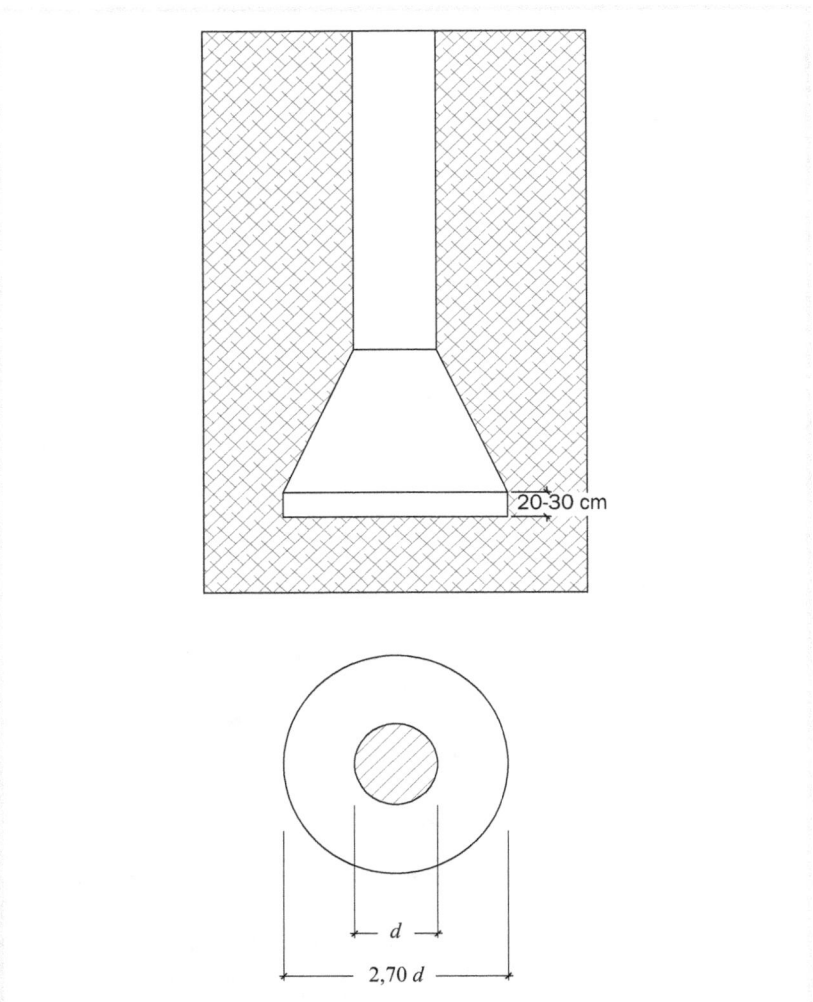

|11.19| Els zapilons permeten, gràcies a la utilització de maquinària especial, ampliar substativament la base de contacte amb el sòl. El consum de formigó i d'extracció de terres és menor que amb els peus

A tall indicatiu, es té:

Zapilons. Mesures en cm	
Ø INICIAL	Ø FINAL
Ø 85	230
Ø 100	270
Ø 115	310

Els zapilons, per les seves característiques dimensionals, tenen capacitat per absorbir càrregues importants, d'entre 300 i 500 tones.

3 Criteris de disseny constructiu per a sabates. Algunes consideracions respecte la normativa

La instrucció EHE, a l'article 59, tracta dels elements de fonamentació analitzant de forma conjunta, en funció de la seva geometria, enceps i sabates. A partir d'aquesta, estableix dos tipus d'enceps i de sabates: els rígids i els flexibles.

Es consideren fonaments rígids aquells en què el vol v és menor o igual a dues vegades el cantell h. A la figura 11.20 es detallen els criteris per mesurar el vol.

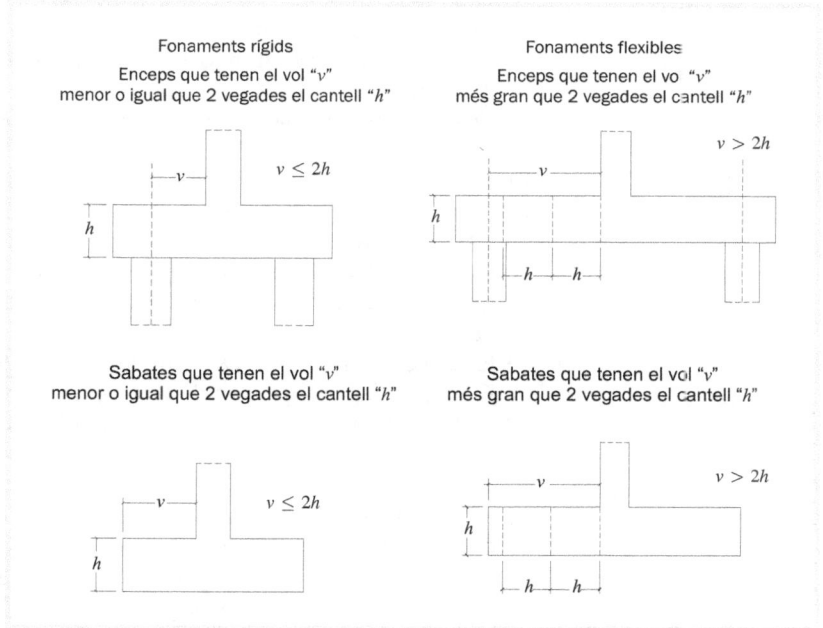

|11.20|
La geometria permet establir dues categories de fonaments superficials: rígids i flexibles

Els fonaments rígids es poden resoldre, exclusivament, amb armadura de flexió. No requereixen armadura de tallant; per aquesta raó, el seu armat és més senzill. Sempre que sigui possible, és el tipus de fonament superficial que s'ha d'aplicar de forma prioritària.

Els fonaments flexibles són aquells en els quals el vol v és superior a dues vegades el cantell h. Necessiten incorporar armadura de punxonament-tallant, cosa que en complica l'execució. Només es justifiquen en casos excepcionals com en el fons d'un vas amb roques difícils d'excavar.

Les dades de partida i els criteris constructius necessaris per dissenyar una sabata responen a la llista següent:

- La càrrega de servei, N_d, i el moment, M_d, que sol·liciten al pilar. El moment genera una excentricitat. La sabata es pot dissenyar a partir de a la secció isoperimètrica del posicionament de la càrrega de servei. (Vegeu el tractament d'aquest aspecte en els pous de fonamentació, apartat 2.8 d'aquest capítol.)
- Tensió de treball del sòl, σ_a.
- Les dimensions del pilar o de la placa d'ancoratge en el seu encontre amb la sabata. Permet mesurar el vol v i la secció de referència respecte de la qual establir el moment que sol·licita la secció.
- En la mesura que sigui possible, cal dissenyar pilars quadrats o propers al quadrat. Les sabates quadrades són les de construcció i armat més racional, perquè els vols en les dues direccions són iguals o molt similars.
- Si els pilars tenen costats marcadament diferents, és convenient dissenyar sabates isoperimètriques. Les raons d'aquesta forma de procedir són:
    - Es té el mateix vol en els dos sentits. Les armadures es poden disposar amb el mateix diàmetre i la mateixa separació en els dos eixos.
    - Hi ha menys possibilitats d'error en la col·locació de les armadures.
- El cantell mínim d'una sabata ha de ser ≥ 50 cm. Les raons d'aquest criteri constructiu responen a:
    - Garantir una longitud d'ancoratge raonable de l'armadura del pilar. Aquesta ve donada per l'expressió pràctica $h \geq 10\emptyset^2 + 10$ cm. Els ancoratges d'armadures passives estan definits amb detall a l'article 66.5 de l'EHE.
    - Els 10 cm corresponen a 5 cm de recobriment més la previsió de 5 cm per als dos gruixos de la graella.
    - Amb un cantell de 50 cm, es garanteix l'ancoratge de barres fins un diàmetre de 20 mm. Aplicant l'expressió pràctica, es té: $10 \cdot 2^2 + 10 = 50$ cm.
    - Si el pilar portés diàmetres més grans, caldria incrementar el cantell, aplicant la fórmula indicada per garantir l'ancoratge.
    - El cantell de 50 cm s'imposa, també, com un mínim constructiu a efectes de durabilitat, resistència a les gelades i comportament mecànic.
    - Als 50 cm de formigó estructural, cal afegir, a la fondària mínima d'excavació, el gruix del formigó de neteja; un mínim de 10 cm, segons es detalla a l'apartat 3 de l'article 4.5.2.1 del DB-SE-C del CTE.
- El valor $v = 2h$ marca una fita de disseny, no tan sols perquè és frontera entre els conceptes de fonament rígid i fonament flexible, sinó també perquè evita efectuar comprovacions de punxonament i de tallant.
    - Aquests esforços els absorbeix, per geometria, el formigó.
    - Si es dissenyen sabates amb $v > 2h$, cal comprovar punxonament i tallant; en cas contrari, no.

– Cal respectar, a l'armat, les quanties geomètriques mínimes establertes a l'article 42.3.5 de l'EHE.
  - Per a acer B-400S: 2 ‰.
  - Per a acer B-500S: 1,8 ‰.
  - Les quanties indicades s'han de col·locar en cadascuna de les direccions ortogonals formant graella.

– Les sabates, per les seves característiques massives, es resolen habitualment amb armats molt propers a les quanties mínimes.
– La verificació i aplicació de quanties pròximes a les geomètriques mínimes suposen el fet paradoxal que, en determinades circumstàncies, si es decideix incrementar el cantell d'unes sabates específiques (per unificar fondàries d'excavació, per exemple), sigui necessari augmentar les armadures de la peça per tal de garantir el compliment les quanties geomètriques mínimes, tal com es detalla a la figura 11.21.

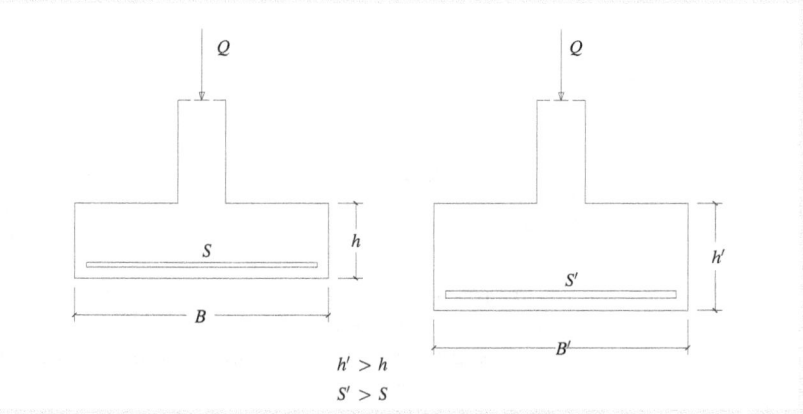

|11.21|
Per tal de acomplir amb les quanties geomètriques mínimes, es pot donar la paradoxa que una secció més gran de formigó requereix més armat que una de més petita. Aquest fet es produeix amb alguna freqüència en elements massius com les sabates. El seu armat frega quasi sempre les quanties mínimes

4 Disseny constructiu d'una sabata a flexió

Aquest mètode és aplicable a sabates que presentin una relació vol/cantell igual o superior a 2,00, si bé dóna resultats acceptables fins a valors vol/cantell 1,50. Cal recordar que les sabates molt flexibles, amb relacions superiors a 2,00, requereixen incorporar armadura de punxonament-tallant, raó per la qual pràcticament no s'utilitzen.

Per determinar la sol·licitació a flector M d'una sabata, és convenient utilitzar una secció de referència situada a $0,15a$, essent a el cantell del pilar en la direcció considerada. Per tant, cal conèixer o estimar la dimensió del pilar, per determinar tant el vol de la sabata com la posició de la secció de referència.

El criteri d'adoptar el moment corresponent a la secció situada a $0,15a$ és convencional. La normativa estima un moment intermedi entre els valors extrems que es podrien considerar: el de l'eix de la sabata i el de la cara del pilar.

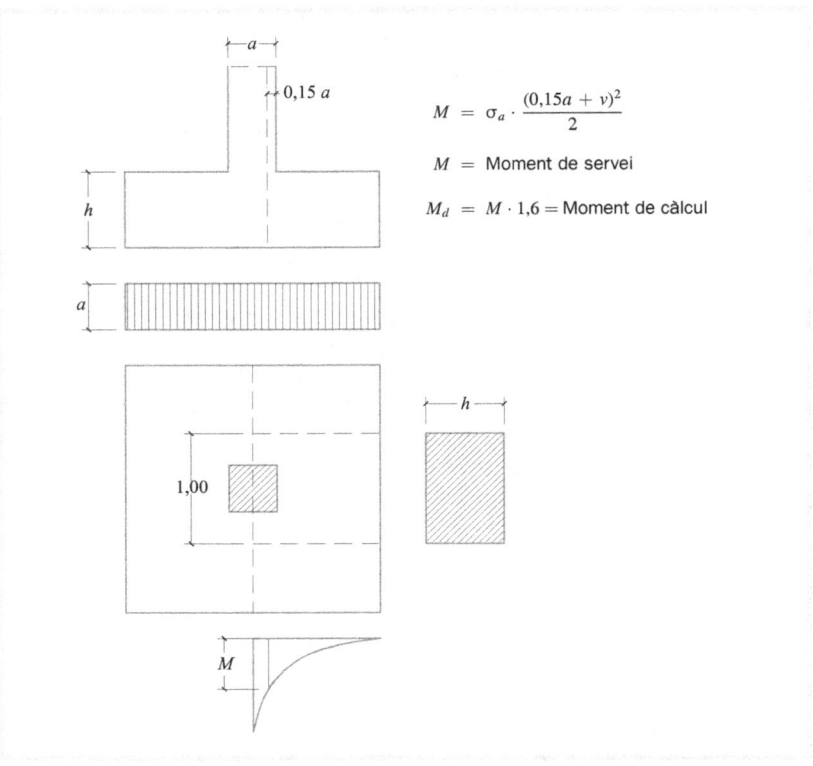

|11.22|
Diagrama per determinar
l'armat a flexió d'una sabata

A la pràctica, en un predimensionament s'utilitza, com a coeficient de majoració de les accions, el valor 1,6.

S'estudia una secció unitària de la sabata (1,00 m d'amplada), com es recull a la figura 11.22. Així, el nombre de rodons que s'obtenen s'ha de distribuir al llarg d'un metre lineal.

Conegut el moment de càlcul M_d que sol·licita la sabata, es pot determinar la secció de les armadures per qualsevol dels mètodes següents:

– Per taules com ara les de J. Montoya.
– Utilitzant les fórmules de l'annex 8 de l'EHE-98.
– Aproximadament (mètode recomanat per la seva simplicitat i suficient grau d'aproximació), fent servir l'expressió del braç mecànic.

$$A_s \cdot f_{yd} = \frac{M_d}{0,95 \cdot d}$$

on: $A_s \cdot f_{yd}$ = Capacitat mecànica de les armadures. Amb l'auxili d'una taula, permet determinar el nombre de rodons necessaris per metre lineal.

d = cantell útil de la sabata.

Cal considerar, en aquesta fase del procés de disseny constructiu, els aspectes següents:

fonaments superficials i semiprofunds

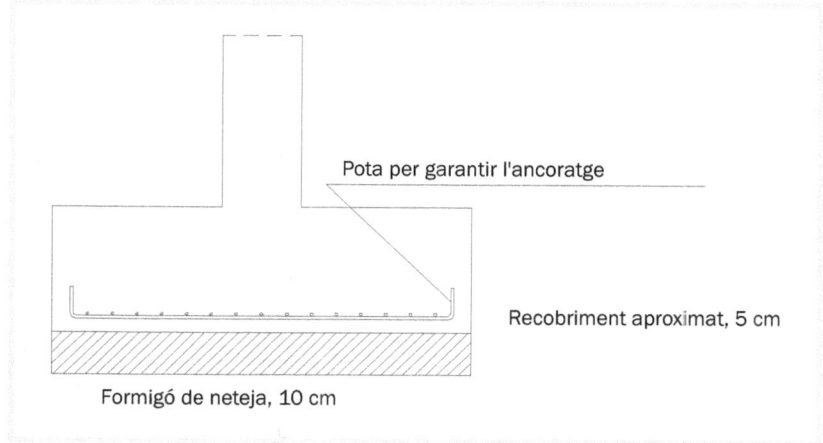

|11.23|
Esquema per a l'armat i el formigonatge correctes d'una sabata. El formigó de neteja és obligatori d'acord amb les prescripcions del CTE

- L'expressió del braç mecànic cal emprar-la amb unitats homogènies.
- La separació màxima entre barres, formant graella, és igual o inferior a 30 cm. La separació mínima no és inferior a 10 cm. Els valors aconsellables de separacions entre barres se situa entre 15 i 25 cm.
- El diàmetre mínim per a les armadures de la graella de la base d'una sabata és de 12 mm. El diàmetre recomanable per a sabates d'una certa entitat és 16 mm o superior.
- El resultat gràfic del disseny ha de respondre, en secció, a la figura 11.23.

Una sabata queda definida, en la documentació gràfica del projecte, per:

- El seu número (es correspon amb el del pilar)
- Les dimensions en planta
- El cantell
- La cota de la seva cara superior. És convenient disposar d'aquesta dada per garantir que no hi haurà interferències amb instal·lacions, drenatges, pous, fossats d'ascensors, etc.
- Les armadures en els dos sentits. Se n'han d'especificar el diàmetre i la separació. Per exemple, un rodó de 20 mm de diàmetre cada 15 cm, formant graella
- Detall genèric de la secció en què s'especifiqui el formigó de neteja i els recobriments
- Quadre de característiques dels materials, coeficients emprats i longitud de les potes, segons l'EHE.

5 Disseny constructiu d'una sabata rígida

Les sabates rígides són les que tenen una relació vol/cantell inferior a 2,00. El factor de rigidesa de la seva secció incorpora aquests tipus de sabata en les anomenades, a l'article 24, regions D, de l'EHE.

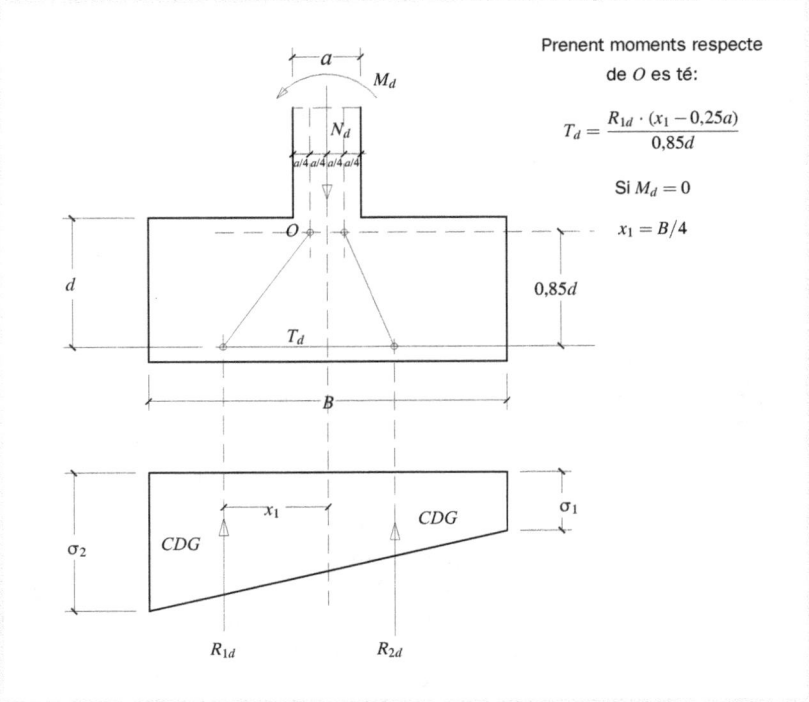

|11.24|
Diagrama genèric per determinar la capacitat mecànica d'una sabata rígida a partir de l'equilibri de moments entre esforços de compressió i de tracció

L'esforç de tracció de les armadures es determina per mitjà del mètode de les bieles i els tirants. La figura 11.24 mostra la forma convencional, imposada per l'article 59.4 de l'EHE, d'establir l'equilibri de moments entre la reacció de la base de la sabata i la tracció de les armadures respecte al punt O. Aquest es troba situat a una distància de $0{,}85d$, essent d el cantell útil de la sabata, i a una quarta part de a, corresponent a l'amplada del pilar.

Per simplificar els càlculs, s'utilitza una faixa d'un metre d'amplada. Els resultats s'extrapolen al conjunt de la sabata. Si els vols, en ambdós sentits, són similars, amb una sola operació es determina la graella. En cas contrari, cal repetir l'operació per l'eix ortogonal.

El cas que es dibuixa a la figura 11.24 és genèric. Correspon a un pilar amb una càrrega excèntrica que genera el moment M_d. El gràfic de reacció de la sabata és, en aquestes circumstàncies, un trapezi amb les tensions màxima i mínima situades als extrems de la sabata. Per aquesta raó, caldria determinar la posició del centre de gravetat x_1 de la meitat del gràfic de tensions de la zona de la sabata més carregada, respecte de l'eix d'aquesta, per tal d'establir l'equilibri de moments que figura al gràfic. D'acord amb aquest equilibri de moments, es determina el valor de tracció T_d que han de suportar les armadures.

Habitualment, es considera una sabata centrada. En aquestes condicions, el diagrama de tensions és rectangular i el valor x_1, conegut i igual a $B/4$. Determinar el valor T_d de la capacitat mecànica de les armadures resulta immediat.

El pas següent consisteix, igual com s'ha fet per a les sabates a flexió, a determinar el diàmetre i el nombre de rodons que s'han d'emprar en el disseny constructiu. Són d'aplicació els criteris que s'han exposat per al cas de les sabates dissenyades sota criteris de flexió.

Finalment, observeu, que les barres estan sotmeses a tracció tot al llarg de la distància existent entre els punts de pas de les resultants dels mitjos diagrames de tensió. Aquest fet fa indispensable, per garantir l'ancoratge de les barres en zones estructuralment no compromeses, dotar les barres de potes als seus extrems.

6 Sabates associades. Procés de disseny

Les sabates associades són un recurs constructiu per fonamentar, de forma conjunta, suports propers. El propòsit és evitar la superposició dels bulbs de pressió i la concentració de tensions en el sòl, tal com es detalla a la figura 11.25.

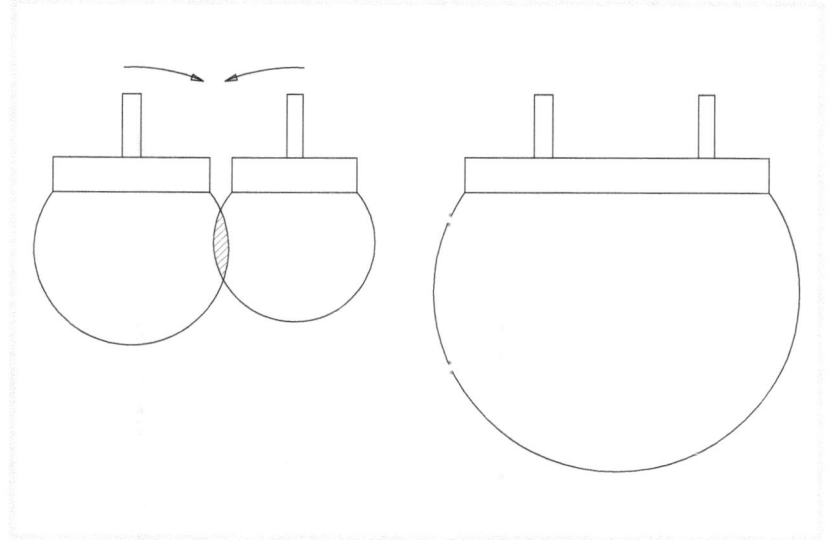

|11.25|
El diagrama de l'esquerra mostra el perill de superposició de tensions sobre el sòl, causades pels bulbs de pressions respectius, quan dues sabates estan pròximes. El diagrama de la dreta mostra la major dimensió del bulb unificat. La possibilitat d'assentaments és major

Observeu que la fondària del bulb de la sabata associada, per raó de la geometria, és superior a la dels bulbs de les sabates considerades de forma individual. En conseqüència, és un factor que cal considerar per tal de controlar assentaments diferencials.

Les dades de partida per abordar el disseny constructiu d'una sabata associada són els següents:

– Separació entre eixos dels suports, $L = a + b$
– Càrregues de servei dels suports, N_1 i N_2
– Dimensions dels suports (per tal de determinar les seccions de referència)
– Tensió de treball admissible pel sòl, σ_a

– Característiques mecàniques dels materials que s'han d'emprar, formigó i acer
– Coeficients de majoració de càrregues i de minoració de resistències

Es recomana emprar, com a unitats bàsiques, kg i cm.

Procés de disseny

1. Verificar la necessitat de resoldre els dos suports amb una sabata associada, a base d'establir la dimensió de les sabates aïllades respectives i observar-ne la proximitat o, fins i tot, la superposició.
2. Establir el valor de la secció A necessària per suportar la càrrega total N, més el 10%, per tal de considerar el pes del fonament $N = 1,10 \cdot (N_1 + N_2)$, considerant la tensió màxima admissible σ_a.

$$A = \frac{N}{\sigma_a}$$

3. Determinar el punt de pas de la resultant N, per mitjà de l'equilibri de moments

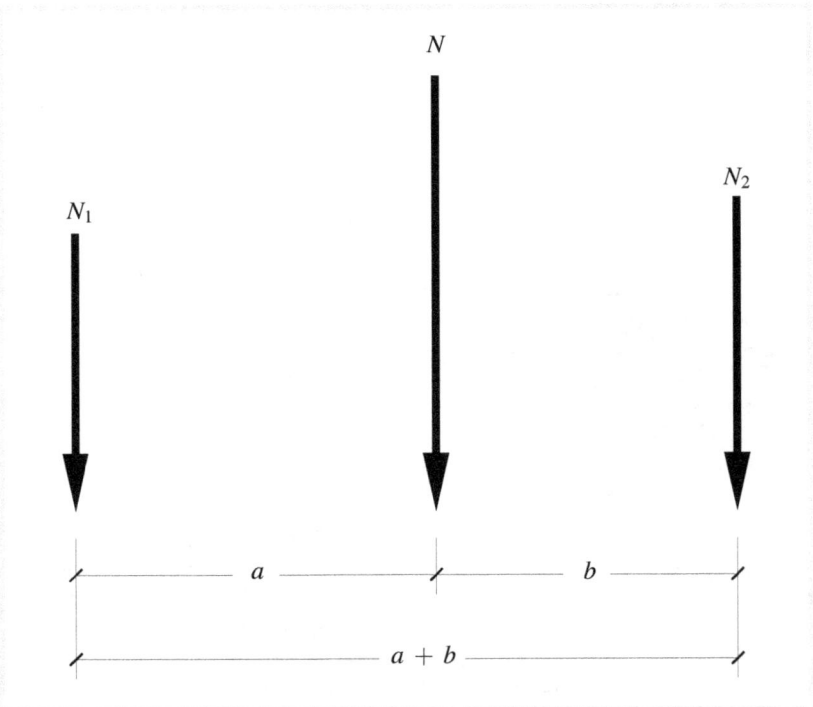

|11.26|
Diagrama per determinar el punt de pas de la resultant

$$N \cdot b = N_1 \cdot (a + b)$$

4. Equilibrar els vols v de la sabata (es pot aconseguir en tres costats) per tal de fer els armats en cada direcció similars, tal com es detalla a la figura 11.27.

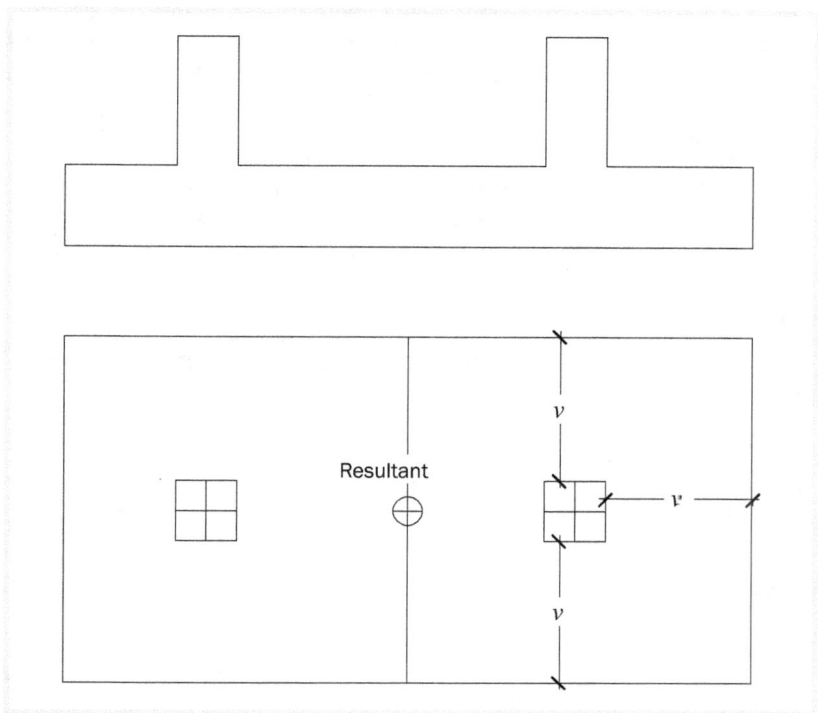

|11.27|
Diagrama per equilibrar els voladissos

Per aconseguir-ho, cal resoldre un sistema de dues equacions amb dues incògnites, plantejada en els termes de la figura 11.28, d'acord amb el sistema:

$$v_1 + a = b + v, \quad \text{on} \quad v_1 = (b-a) + v$$
$$A = (v_1 + a + b + v) \cdot 2v$$

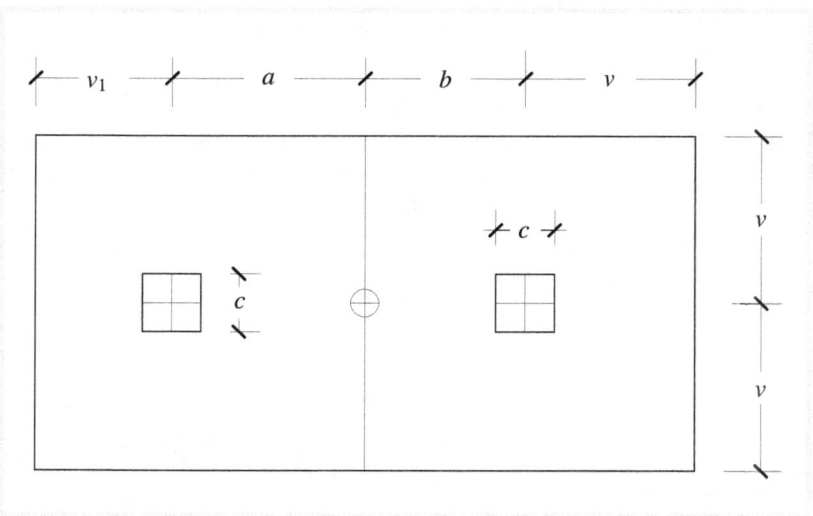

|11.28|
Esquema del procés matemàtic per igualar els voladissos

5. Coneguda la geometria en planta, es pot determinar el cantell h de la sabata. Es recomana emprar un valor de h superior o igual a la meitat de la diferència del vol i la meitat de la canya del pilar

$$h > v - \frac{c}{2}$$

6. Establertes les dimensions de la sabata, A el llarg, i B l'ample, s'està en condicions d'establir els armats de la graella inferior, com s'ha indicat per a les sabates aïllades (vegeu la figura 11.29).

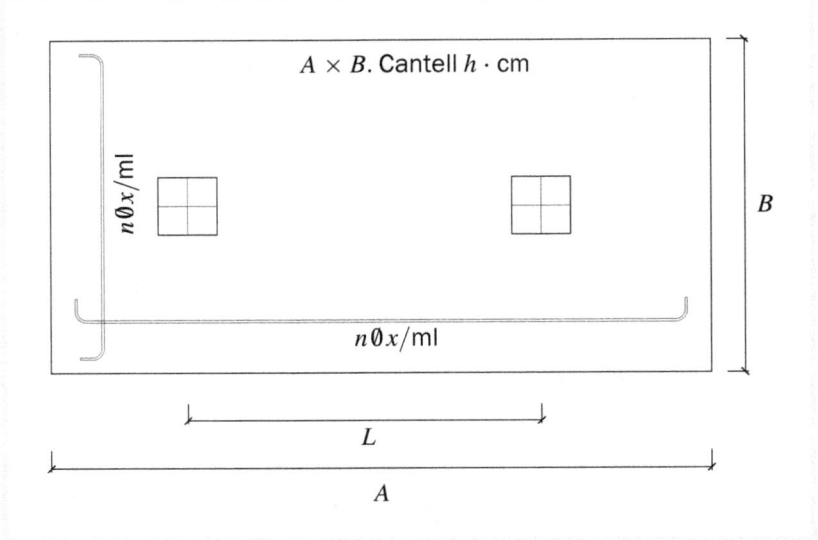

|11.29|
L'armat obtingut és una graella homogènia en les dues direccions

La sabata està també sotmesa a un moment negatiu M entre els dos pilars. En aquest espai es concentra la totalitat de la càrrega de la base de la sabata en una secció fictícia compresa entre les canyes dels dos pilars.

$$M = \frac{1}{24} \sigma_a \cdot B \cdot L^2$$

Sobre la base d'aquest moment M, majorat, (habitualment per 1,60) es determinen les armadures de negatius, segons es detalla a la figura 11.30.

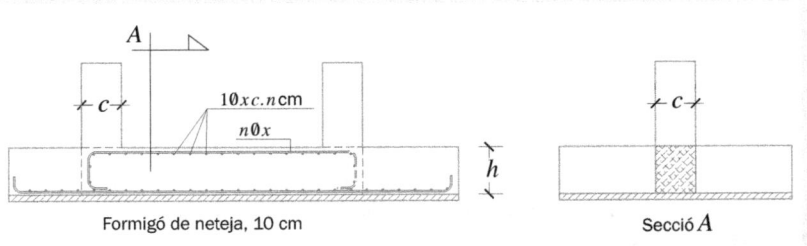

|11.30|
Esquema de les armadures de negatius situades entre les canyes dels pilars

7 Procés de disseny constructiu de bigues centradores

Les dades de partida per abordar el disseny constructiu d'una biga centradora són les següents (vegeu la figura 11.31):

- Separació entre eixos dels suports.
- Càrregues i moments de servei dels suports, N_1 i N_2 i M_1 i M_2, respectivament
- Dimensions dels suports (per tal de determinar les seccions de referència i excentricitat)
- Tensió de treball admissible pel sòl, σ_a
- Característiques mecàniques dels materials que s'han d'emprar, formigó i acer
- Coeficients de majoració de càrregues i de minoració de resistències

Es recomana emprar, com a unitats bàsiques, kg i cm.

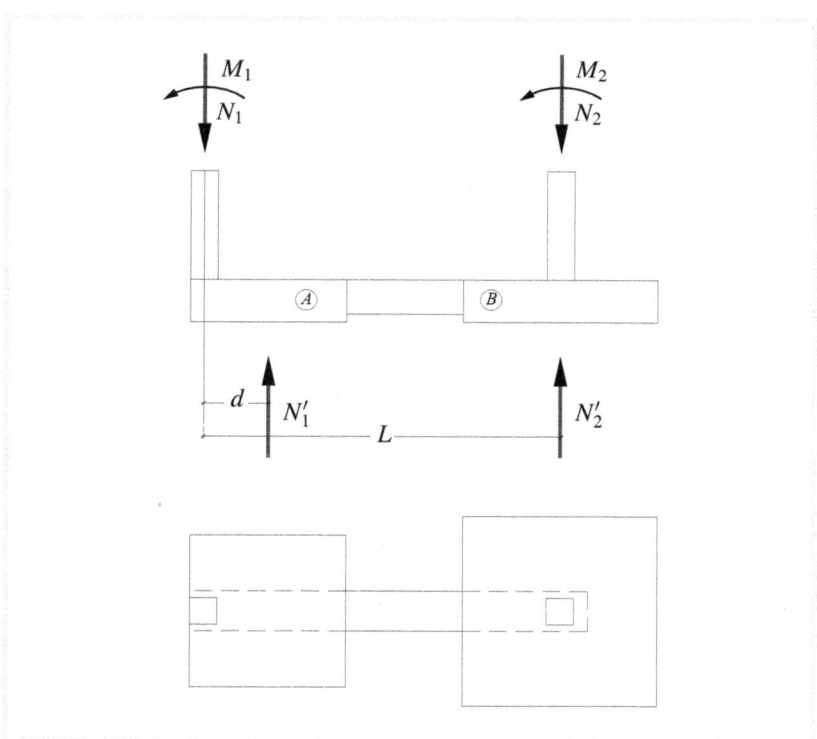

|11.31|
Esquema de disseny de les bigues centradores

El procés que cal seguir és el següent:

1. Els valors dels esforços N_1 i N_2 s'incrementaran en el 10% pel fet de considerar el pes de les sabates.
2. A partir d'ells es realitza el predimensionament de les sabates A i B.
3. Coneguda la geometria de la sabata A i la dimensió del suport, es pot establir l'excentricitat d.

4. Es determina el valor de N'_1, prenent moments respecte de N_2, segons l'expressió:

$$N'_1 = \frac{[N \cdot L + (M_1 + M_2)]}{(L-d)}$$

Es pot observar el increment de càrrega que ha provocat el moment. Per això, cal realitzar un nou dimensionament de la sabata, adequat al estat de càrregues.

5. Per diferència respecte del total, es determina N'_2. Es pot observar que la actuació dels moments M_1 i M_2, en funció de la seva orientació, redueixen la reacció N'_2. Com que no es pot garantir l'acció dels moments, ja que aquests poden respondre a la presència d'esforços horitzontals no constants com el vent, a fi de dimensionar la sabata B no es considera habitualment la reducció implícita en el dimensionament de la sabata.

6. Conegudes les reaccions, es determinen, per al disseny de l'armat, tres moments flectors: el situat al costat de la sabata excèntrica M_v, el situat al costat de la sabata centrada M_z i el central M_c, com es detalla a la figura 11.32.

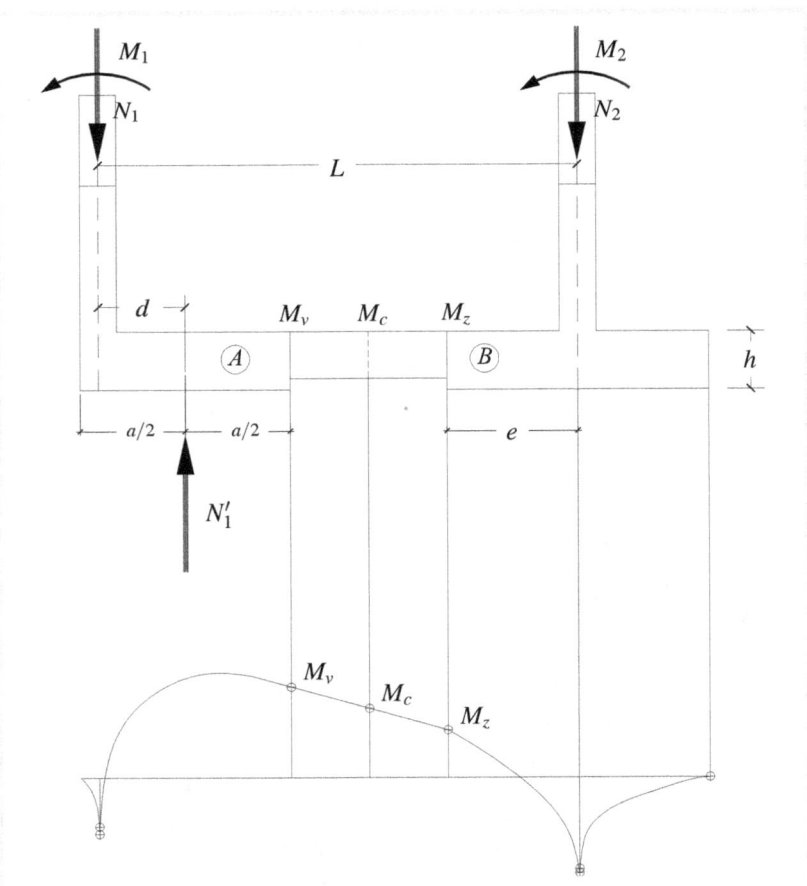

|11.32|
Diagrama de moments flectors de les bigues centradores

El moment flector situat al costat de la sabata excèntrica M_v s'obté de l'expressió.

$$M_v = M_1 + N_1 \left(d + \frac{a}{2}\right) - N'_1 \cdot \frac{a}{2}$$

Anàlogament, el moment situat al costat de la sabata centrada val:

$$M_z = M_1 + N_1 (L - e) - N'_1 [L - (d + e)]$$

El moment central M_c es pot obtenir per semisuma de M_v i M_z, ja que en el tram central el diagrama és lineal. La figura 11.33 mostra els trams d'armat. Aquest s'han de perllongar per garantir l'ancoratge de les barres.

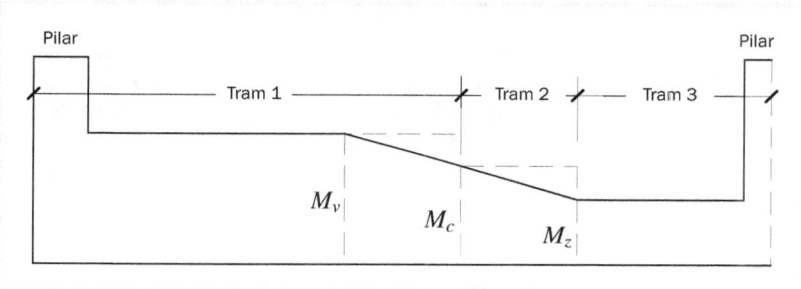

|11.33|
Esquema d'armat pràctic, per trams, de les bigues centradores

Els criteris de disposició d'armats han de correspondre als que estableix l'article 66 de l'EHE. La biga centradora s'ha de fer d'una longitud mínima que comprengui des de la cara exterior del pilar excèntric fins a l'eix de la sabata centrada. Cal garantir una bona connexió amb les armadures d'inici dels suports.

Sobre la base dels valors M_v i M_z, la geometria dels suports i la de les sabates es determina l'amplada b de la biga centradora i el seu cantell h.

Es tracta d'unificar els cantells de les sabates amb el de la biga centradora per tal de facilitar la construcció del conjunt.

Els estreps de les bigues centradores que es determinin en el tram central es portaran fins als extrems com a armadura de muntatge, ja que la geometria de les sabates esta capacitada per absorbir el tallant sense l'auxili de la biga centradora.

Cal recordar que els estreps han de disposar d'un diàmetre igual o superior a la quarta part de l'armadura principal de diàmetre més gran. El nombre de branques serà tal que garanteixi, tant en sentit transversal com longitudinal, una distància entre barres consecutives inferior a 30 cm.

La figura 11.34 mostra la poca incidència que té l'esforç tallant en el tram central de la biga centradora.

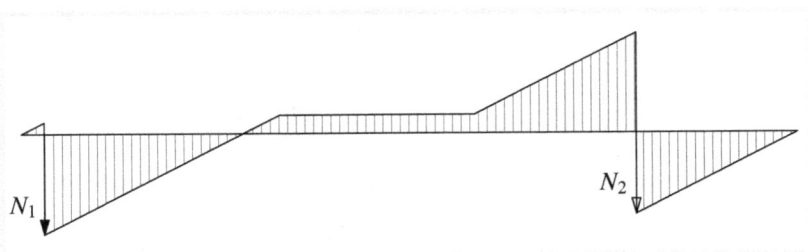

|11.34|
Diagrama d'esforços tallants d'una biga centradora

Les bigues centradores, en funció de les excentricitats a les quals han de fer front i l'ordre de magnitud de les càrregues dels suports, són peces que han d'absorbir moments que fàcilment superen els 100,00 mTn. Aquestes raons imposen cantells propers o superiors al metre i amplades al voltant dels 2/3 del cantell.

7. El disseny constructiu de la sabata centrada s'ha de fer tal com s'ha indicat per a les sabates aïllades.
8. El disseny constructiu de la sabata excèntrica requereix, tan sols establir l'armat en els vols transversals a la biga centradora. En sentit ortogonal, és suficient col·locar una armadura de repartiment. S'han de respectar les quanties mínimes establertes a l'article 42.3.5 de l'EHE.

8 Disseny constructiu de riostes

Les riostes són elements auxiliars dels fonaments superficials i profunds.

En els fonaments superficials, la seva funció és lligar les sabates entre si per tal de fer front, de forma conjunta, a esforços horitzontals, siguin empentes de terres, sobrecàrregues o sisme.

Els criteris de càlcul i de disseny per resistir els efectes sísmics estan recollits a la vigent Norma de construcció sismoresistent NCSE-02. En cas de sisme, com que es formen ones en el sòl, es produeixen tant compressions com traccions.

La necessitat de realitzar riostes de formigó armat en dues direccions l'estableix la citada norma, quan l'acceleració sísmica de càlcul a_c és superior a 0,16 g. Si a_c és inferior a 0,16 g, es podrà considerar que l'element de lligat el constitueix la solera de formigó. A aquest efecte, cal que es compleixi el següent:

- La solera s'ha de situar a nivell de les sabates o recolzada a la seva cara superior.
- La solera ha d'envoltar tots dels pilars.
- La solera ha de tenir un gruix igual o superior a 1/50 de la llum més gran i sempre igual a 15 cm o més gran.

D'acord amb això, les riostes es dimensionen amb capacitat per treballar tant a tracció com a compressió. El criteri que se segueix per al seu armat, en els casos habituals, és que disposin d'una capacitat de treball a tracció i a compressió equivalent al 10% del pilar més carregat.

Els estreps de les riostes es col·loquen segons els criteris habituals dels pilars:

- El diàmetre dels estreps ha de ser igual o superior a la quarta part del diàmetre de la barra més gran.
- La separació entre estreps consecutius ha de ser inferior a quinze diàmetres de la barra més prima.
- La separació màxima entre estreps, en qualsevol pla, no pot ser superior a 30 cm.

12

fonaments profunds. pilons

1 Introducció

El concepte de fonament profund s'estableix de forma empírica en els tractats de construcció, sobre la base de la relació fondària/amplada de l'element de fonamentació. Si aquesta relació és igual, o superior a 8 (CTE), es tracta d'un fonament profund.

Els fonaments profunds s'adopten quan el sòl situat sota la cota de la solera de la planta baixa o, si és el cas del darrer soterrani, no té suficient capacitat per absorbir les tensions derivades d'una fonamentació superficial per a sabates i riostes.

En aquestes circumstàncies, se salva la distància fins a l'estrat resistent incorporant entre l'edifici i aquest uns elements lineals i rígids, habitualment de formigó armat, anomenats *pilons*. La funció dels pilons és, per tant, transmetre les càrregues de l'edifici fins a estrats del terreny amb capacitat per a suportar-les.

La fonamentació per mitjà de pilons de fusta clavats en sòls de poca compacitat a cops de martinet és descrita per Vitruvi. Aquest tipus de fonamentació va ser utilitzada de forma empírica fins a principis del segle XIX. Actualment, els pilons que s'utilitzen en les obres de construcció són, bàsicament, de formigó armat, tant prefabricats com elaborats in situ.

El desenvolupament de la mecànica de sòls ha estat decisiu en l'aplicació eficient dels pilons. Els estudis geotècnics, amb la determinació prèvia de l'estratigrafia, les característiques i els paràmetres geotècnics, recomanen, en les seves conclusions, si és el cas, la realització de pilotatges.

El mercat disposa d'una gran varietat de procediments per realitzar pilons, cosa que permet adaptar-los a les condicions del terreny, per adverses que aquestes siguin.

2 El treball mecànic dels pilons

Els pilons poden treballar de tres formes, entenent per aquest concepte la forma de transmetre els esforços del edifici al sòl:

– Per fricció del fust
– Per punta
– Per punta i per fust

El CTE tan sols reconeix els dos primers models de treball, ja que l'aportació de la punta és relativament reduïda, en sòls de baixa capacitat portant i en pilons de diàmetres inferiors a 100 cm.

Els pilons que treballen exclusivament per fricció del fust s'anomenen també *pilons flotants*. Aquesta situació es dona en estrats molt potents de sòls de baixa compacitat. En aquests casos, es requereix la construcció de pilons prou profunds per generar la superfície de contacte suficient i assolir, per fregament, les sol·licitacions de càlcul.

Els pilons que actuen únicament per punta són aquells que descansen sobre un estrat potent de roca o de graves. També s'anomenen *pilons columna*. El vinclamament no afecta els pilons, perquè són blocats lateralment pel sòl.

En sòls que, a partir d'una fondària determinada, presenten una millora substantiva de la capacitat resistent, es pot considerar el treball conjunt per fust i per punta del piló.

L'estimació de la capacitat portant dels pilons està desenvolupada per mitjà de fórmules empíriques o semiempíriques avalades per l'experiència. Són tractades als apartats 5.1, pilons de desplaçament, i 14, en què es determina la capacitat portant d'un piló formigonat in situ.

3 Nomenclatura de pilons

A continuació, es detallen una sèrie de conceptes i elements constructius relacionats amb els pilons que apareixen i s'utilitzen als apartats següents:

Cap. Zona superior dels pilons prefabricats, especialment reforçada per rebre els impactes de la massa durant l'operació de clavament.

Guaspa. Part inferior dels pilons prefabricats, en forma de punta reforçada, per afavorir la penetració d'aquest en el sòl quan s'hi clava.

Camisa. Funda de xapa de secció circular, d'un gruix igual o superior a 2 mm, coincideix amb el diàmetre nominal del piló. Les seves aplicacions i utilitats són les següents:

- Mantenir neta la perforació.
- Conservar estable el perímetre de la perforació.
- Evitar l'entrada d'aigua en la perforació.
- Ser recuperada o quedar perduda en la perforació, en funció de les característiques del sòl.

Encep. Element constructiu de formigó armat que corona un piló de gran diàmetre o enllaça els caps d'un grup de dos pilons o més. Té per funció servir de transició entre l'estructura pròpiament dita i els pilons. A aquest efecte, rep les accions de l'estructura, ajuda a absorbir esforços horitzontals i eventuals excentricitats. En els pilons de gran diàmetre i en grups de dos pilons, els enceps han d'estar vinculats a riostes.

Trepant. Peça d'acer pesant (entre 3 i 5 Tn) en forma de creu, amb les vores d'atac afuades. Serveix per trencar amb l'impacte que provoca per la seva caiguda lliure, les roques dures del fons de la excavació d'un piló o d'un batatge, per tal de garantir-ne l'encastament.

Escapçat. Acció d'eliminar, per sanejar-la, la part superior dels pilons. Aquesta acció és comuna als pilons prefabricats i als pilons elaborats in situ. En els primers, es fa tant per eliminar la zona del cap malmesa pels impactes de la massa, com per ajustar la longitud dels pilons a les necessitats de l'obra, ja que, no sempre és possible clavar tot el piló.

El sanejament dels pilons elaborats in situ es realitza per eliminar el formigó contaminat amb les terres que s'acumulen a la part superior, durant el procés de formigonatge.

L'escapçat es realitza per mitjà de martells trencadors. Durant l'operació d'escapçat, es respecten les armadures per tal que restin vinculades als enceps.

4 Criteris per a la utilització de pilons

És recomanable o imprescindible utilitzar pilons, en funció d'aspectes específics de segon nivell, en els casos següents:

- Quan el ferm es troba en fondàries superiors a quatre metres respecte del nivell inferior de l'edifici per fonamentar. Entre quatre i sis metres de fondària, és recomanable analitzar l'alternativa dels pous de fonamentació. Per a fondàries superiors a sis metres, la millor opció són els pilons. Es recomana també analitzar l'opció llosa.
- Si s'han de travessar sòls amb corrents soterranis o amb el nivell freàtic alt.
- En presència de sòls amb forats, propis de sòls en dissolució, com és el cas de les roques càrstiques (CO_3Ca) o les dolines (SO_4Ca).
- Associats a lloses d'estanquitat, quan el nivell freàtic queda per damunt del nivell del darrer soterrani en sòls de baixa capacitat portant.
- En sòls amb un elevat grau d'expansivitat, per evitar la zona afectada pels canvis d'humitat.

5 Tipus de pilons

A l'apartat 2 d'aquest capítol, s'ha establert una classificació dels pilons en funció de la forma mecànica de treballar.

Per tal de facilitar-ne l'estudi els pilons es poden classificar, a més, de diverses maneres; entre elles:

- Segons el diàmetre
- Segons el sistema de construcció

Segons el seu diàmetre, es consideren pilons convencionals els compresos entre els 30 i els 80 cm de diàmetre i, de gran diàmetre, els superiors a 100 cm. El límit dels pilons de gran diàmetre se situa en 250 cm.

Els micropilons tenen diàmetres inferiors, entre 20 i 30 cm, segons les fonts consultades, i formes d'execució i d'armat diferenciades dels pilons de diàmetres superiors. Es tracten al capítol 13.

Considerant el sistema de construcció, s'estableixen dos grans grups de pilons:

- Formigonats in situ
- Prefabricats

Els pilons formigonats in situ són els més utilitzats. Responen a tres tipologies bàsiques:

- Pilons de desplaçament
- Pilons d'extracció
- Pilons perforats

El CTE no fa referència específica a cap tipus de piló. Per a la seva descripció i comentari, en aquest estudi se segueix la nomenclatura NTE, perquè és la que s'utilitza, habitualment, en els àmbits professionals per referir-s'hi de forma abreviada i específica.

5.1 Pilons de desplaçament

Els pilons de desplaçament es realitzen clavant en el sòl, per mitjà d'un martinet, una camisa metàl·lica de secció circular corresponent al diàmetre nominal del piló. Resulta evident que l'aplicació d'aquest tipus de piló se circumscriu a sòls fluxos que permetin la penetració de la camisa.

Els diàmetres habituals d'aquest tipus de pilons són 30, 35, 45, 55 i 65 cm. La paret de la camisa ha de tenir un gruix superior a 2 mm.

Durant la seva construcció, no es produeix extracció de sòl. Aquest fet és positiu tant per la millora que suposa del sòl com perquè minimitza els moviments de terres. Per contra, no es pot apreciar, de manera directa, la naturalesa del sòl que s'està travessant.

El procés de clavament genera sorolls i vibracions, raó per la qual el seu ús es pot veure restringit en àrees urbanes densament poblades i a les proximitats d'edificis en estat precari, des del punt de vista estructural.

Sempre que les condicions del sòl ho permetin, s'ha de procurar recuperar la camisa, tant per raó d'economia com perquè la superfície de contacte entre el sòl i el formigó és substantivament superior a la del sòl amb la camisa. S'incrementa així, a igualtat de longitud, la capacitat portant del piló, aproximadament de l'ordre d'un 20%.

La camisa pot anar dotada de punta i tapa o bé d'un tap realitzat amb formigó molt sec. En el primer cas la camisa pot quedar perduda (pilons tipus CPI-1) o bé ser recuperada (pilons tipus CPI-2). Si el clavament de la camisa es realitza percudint sobre el tap de graves, no hi ha possibilitat de recuperar la camisa (pilons tipus CPI-3).

El conjunt format per camisa de punta i tapa o per camisa i tap de formigó es clava fins arribar a l'estrat ferm a o al rebuig. La capacitat portant del piló es verifica durant l'operació de clavament, fins al rebuig, sobre la base del nombre de cops necessaris de la massa per aconseguir una penetració determinada.

A l'efecte d'establir la seva capacitat portant, els pilons tipus CPI-1, CPI-2 i CPI-3 poden ser considerats com a prefabricats, raó per la qual els hi es d'aplicació una de les moltes fórmules dinàmiques que es poden trobar a la bibliografia tècnica. La més coneguda és l'holandesa:

$$N = \frac{m \cdot h}{6 \cdot r} \cdot \frac{m}{m + p}$$

on: N = capacitat portant del piló, expressada en tones
m = pes de la massa, en tones
h = altura de caiguda de la massa, en metres
r = rebuig = $20/n$. Valor al voltant de 0,1
n = nombre de cop necessaris per fer avançar el piló 20 cm
p = pes de la camisa més el tap de formigó o dels taps de cap i punta, en tones.

El valor 6 correspon al coeficient de seguretat que s'empra habitualment. Es pretén cobrir l'ampli grau d'incertesa que el sistema pot generar.

Un cop conclòs el procés de clavament de la camisa, s'introdueix l'armadura. Aquesta ha de tenir una longitud mínima corresponent al més gran dels valors següents: 6 metres o 9 diàmetres del piló. Com que el sòl envolta el piló, a partir de la fondària indicada, no és imprescindible que aquest estigui armat en tota de la seva longitud.

Per formigonar pilons de tipus CPI-1 i CPI-2, s'utilitza formigó de consistència fluida, d'una resistència característica f_{ck} igual o superior a 25 N/mm². Si es pretén recuperar la camisa (pilons tipus CPI-2) perquè ho permeten les condicions del sòl, cal considerar que la guaspa es perd.

Cal tenir cura, durant l'extracció de la camisa, que el formigó quedi sempre almenys tres metres per damunt de la boca per evitar la contaminació del formigó i garantir la continuïtat del fust. Els cops produïts per la massa sobre la camisa durant l'extracció faciliten el vibrat del formigó.

En els pilons de tipus CPI-3, un cop acabat el procés de clava i d'introducció de l'armadura, es procedeix a abocar, per tongades, el formigó de consistència seca o plàstica a l'interior de la camisa. Allí és piconat amb una massa que es desplaça per l'interior de la gàbia d'armadura. Es garanteix així un correcte formigonatge i la continuïtat estructural del piló.

5.2 Pilons d'extracció

Els pilons d'extracció es realitzen per mitjà de màquines perforadores especialitzades (vegeu la figura 12.1) en sòls que presenten un grau de consistència tal que no en permet la perforació per mitjà del desplaçament provocat per l'impacte d'una massa o, quan cal, treballar sense produir gaires vibracions ni sorolls.

L'extracció de les terres es fa amb l'auxili de culleres adaptades a les característiques del sòl. En sòls cohesius, s'utilitzen culleres helicoïdals. Aquest tipus de cullera pot disposar de puntes de vídia per travessar estrats de sòls molt durs, de tipus margues o llicorelles.

Els encastaments de les puntes dels pilons en sòls molt durs es realitzen per mitjà del trepant. Si es tracta de sòls solts o amb presència de nivell freàtic, s'utilitzen culleres de tipus bivalva. En tots els casos, abans de formigonar d'ha de tenir cura de la netedat del fons de l'excavació.

|12.1|
Màquina per perforar pilons amb sistema hidràulic de guiatge

|12.2|
Diversos models de culleres i barrina per realitzar pilons excavats. Al fons, es troben armadures preparades per a la seva col·locació i formigonatge

A la figura 12.2, es poden apreciar diversos tipus de culleres per excavar pilons d'extracció. Al fons, es troben preparades les armadures dels pilons.

El sistema d'extracció permet realitzar pilons de diàmetre superior als de desplaçament. Les mesures habituals responen a la sèrie 45, 55, 65 i 85 cm de diàmetre. Els pilons de 100, 125 i 150 cm són considerats de gran diàmetre. Amb la maquinària disponible actualment, es poden realitzar pilons de fins a 250 cm de diàmetre.

En els pilons de gran diàmetre, per facilitar la introducció i, si és el cas, l'extracció de les camises s'utilitza un aparell hidràulic, acoblat a la perforadora, anomenat *oscil·lador*. Disposa d'unes mordasses que abracen la camisa i en faciliten l'orientació.

Els pilons d'extracció es perforen sempre amb camisa i aquesta es desplaça per gravetat cap al fons de la perforació a mesura que s'extreuen les terres. La verticalitat de l'excavació es garanteix pel sistema de guiatge de la cullera. L'operar estableix i controla la verticalitat de la màquina des de la cabina.

Els pilons tipus CPI-4 es caracteritzen perquè tenen la intubació recuperable, mentre que en els CPI-5 la intubació resta perduda. Acabada la perforació, es col·loca l'armadura. Ha de tenir, igual que en els pilons de desplaçament, una longitud mínima corresponent al més gran dels valors següents: 6 metres o 9 diàmetres del piló. Es recorda que el sol evita, a partir de la fondària indicada, el vinclament del piló.

El formigonatge es realitza, en ambdós casos (CPI-4 i CPI-5), amb formigó de consistència fluida, d'una resistència característica, fck, igual o superior a 25 N/mm^2. En el formigonat dels pilons CPI-4, s'ha de mantenir el nivell del formigó, almenys tres metres per damunt de la boca de la camisa, per tal d'evitar la contaminació del formigó i garantir la continuïtat estructural del piló.

5.3 Pilons perforats

Els pilons perforats són aquells en els quals l'extracció de les terres es realitza sense encamisar. Comprèn tres tipus, anomenats CPI-6, CPI-7 i CPI-8, respectivament. Tots s'han de realitzar amb formigó de resistència característica, f_{ck}, igual o superior a 25 N/mm^2 i diàmetre màxim d'àrid igual o inferior a 20 mm.

Els pilons tipus CPI-6 es perforen amb culleres bivalves, amb l'ajut de llots de bentonita, de forma similar a la descrita per als murs pantalla (vegeu capítol 8, apartat 2.4).

Els llots de bentonita, per les seves propietats expansives i tixotròpiques, ajuden a la contenció de les parets i eviten, alhora possibles sifonaments.

Conclosa la perforació, s'introdueix l'armadura i es formigona, amb formigó de consistència fluida, per mitjà d'un tub *tremie* amb l'extrem inferior col·locat, pràcticament, al fons de la excavació.

El *tremie* es va elevant a mesura que es formigona. En tot moment, s'ha de tenir cura de mantenir la seva boca quatre metres per sota del nivell de formigó, per evitar contaminacions i garantir-ne el formigonatge correcte i la continuïtat del piló.

Respecte a la longitud de les armadures, és vàlid, per a tot el grup, el criteri establert per les tipologies precedents; una llargària mínima corresponent al més gran dels valors següents: 6 metres o 9 diàmetres del piló.

Els diàmetres habituals són 45, 55, 65, 85, 100 i 125 cm, si bé la maquinària actual permet realitzar pilons de diàmetres més grans.

Els pilons de tipus CPI-7 es realitzen completament en sec. Són d'aplicació en sòls amb la cohesió suficient per permetre l'operació de perforació, amb barrines contínues de la longitud del piló, sense que es produeixin despreniments substantius de les parets. Durant l'operació d'extracció, és possible reconèixer la naturalesa del sòl i contrastar-la amb la subministrada per l'estudi geotècnic.

Conclosa la perforació, es col·locaran les armadures. Per la zona central, s'introduirà un tub *tremie*. Aquest s'anirà elevant a mesura que avanci el formigonatge. Cal tenir cura de mantenir la seva boca tres metres per sota del nivell del formigó per evitar la contaminació del formigó i garantir la continuïtat del piló.

Els diàmetres propis dels pilons tipus CPI-7 són 35, 45, 55 i 65 cm. Cal tenir especial cura en formigonar pilons de 35 cm de diàmetre. L'espai resultant a l'interior de l'armadura és molt reduït. És fàcil enganxar el tub amb l'armadura i provocar-ne el desplaçament.

En els pilons tipus CPI-8, la perforació es realitza, igual que en els CPI-7, per mitjà d'una barrina helicoïdal de la longitud del piló. Aquesta disposa d'un nucli foradat a través del qual s'injecta formigó de consistència molt fluïda de forma contínua. A mesura que es retira la barrina, s'omple la perforació. Cal que aquesta estigui submergida almenys dos diàmetres en el formigó per tal d'evitar-ne la contaminació i garantir la continuïtat del piló.

Les figures 12.3 mostren una màquina de pilotar i la part superior de la barrina realitzant un piló tipus CPI-8. La mànega injecta formigó fluid en la perforació.

|12.3|
Perforadora equipada amb barrina per executar pilons injectats de tipus CPI-8. En primer pla, s'observa la mànega per injectar el formigó. A la dreta, el coronament de l'eix de guia amb la mànega d'injecció connectada

La figura 12.4 mostra l'equip de bombament del formigó rebent el producte del camió formigonera a la tremuja.

En concloure l'operació de formigonatge, aprofitant la fluïdesa del formigó, s'introdueix l'armadura, pressionant-la, si cal, amb la pròpia perforadora o amb la cullera d'una excavadora auxiliar. El fet d'introduir

|12.4|
Camió formigonera descarregant el contingut a la tremuja de la bomba d'injecció

l'armadura després del formigonatge imita la longitud d'aquesta a 10-12 metres (vegeu les figures 12.5 i 12.6).

|12.5|
Realització d'un piló tipus CPI-8. La perforació està plena de formigó fluid. La màquina perforadora es retira lleugerament. Amb la seva grua, eleva l'armadura. Immediatament, s'introdueix en la perforació

Si bé els models inicials de barrina tenien dificultats per travessar estrats intermedis durs, la incorporació de puntes de vídia al frontal de les barrines i la utilització de maquinària més potent ha resolt, en bona mesura, el problema.

|12.6|
Per aconseguir la penetració de tota la longitud de les armadures, s'utilitza la capacitat de la cullera de l'excavadora universal que realitza tasques auxiliars durant el procés de barrinatge dels pilons

Es poden travessar estrats potents de llicorella o de margues semicompactes i abordar estrats lleugers de roques molt dures i abrasives, com el granit. Evidentment, els preus de la perforació es disparen quan cal aplicar vídia, ja que el rendiment de la perforació baixa notablement. Per realitzar la perforació d'un piló, es pot passar de minuts a hores.

Els diàmetres més emprats són els de 35, 45, 55 i 65 cm. Excepcionalment, es realitzen amb aquesta tècnica pilons de 85 i de 100 cm.

En terrenys coherents de baixa compacitat, els pilons tipus CPI-8 ofereixen una resposta eficient i econòmica per l'agilitat de la seva realització.

6 Pilons prefabricats CPP

Els pilons prefabricats es produeixen en plantes fixes i es transporten a l'obra fragmentats. Aquest fet permet emprar, formigons d'una qualitat molt superior als que s'utilitzen en la confecció dels pilons prefabricats in situ. Presenten secció quadrada o hexagonal. La longitud dels trams se situa al voltant dels 6 metres.

Cal controlar-ne la data de fabricació per tal de garantir un procés de curat mínim del formigó de 28 dies. Quant als a criteris d'acceptació o rebuig, no s'han d'admetre pilons amb fissures superiors a 0,15 mm o trams que presentin una fletxa superior a 1/300 de la seva longitud.

Les unions entre trams es realitzen per mitjà d'encontres tipus caixa i espiga o de baioneta. La continuïtat del piló es garanteix amb passadors d'acer.

Els pilons es claven en el sòl amb l'ajuda de martinets hidràulics. Aquests disposen d'una guia amb recorregut suficient per admetre els trams. Els martinets colpegen sobre el cap del piló que, en aquesta zona, igual que en els encontres entre trams, es troba convenientment reforçat.

Els pilons prefabricats, per la forma en que son clavats, formen part del grup de pilons de desplaçament. A mesura que es claven, relativament junts, el sòl es compacta. Aquest fenomen, anomenat *efecte de grup* es tradueix, en ocasions, en diferents longituds a escapçar. Determinats pilons d'un mateix encep no poden assolir més penetració en el sòl, cosa que posa de manifest la major eficiència dels grups de pilons.

Per tal d'establir la capacitat portant dels pilons prefabricats, és aplicable la fórmula holandesa, indicada al apartat 5.1 d'aquest capítol, per als de desplaçament.

Els pilons prefabricats tenen, per raó del sistema de producció, les cares molt llises. Aquesta situació suposa un avantatge quan es tracta de pilotar en sòls sobre els quals es pugui produir un efecte de fregament negatiu.

El fregament negatiu es produeix quan les capes superficials del sòl no estan consolidades o bé quan es tracta de sòls expansius en procés de dessecament. En ambdós casos, el sòl en contacte amb el piló té tendència a arrossegar-lo en sentit descendent. Quant més rugós sigui el piló, més gran serà la superfície de contacte i, per tant, més gran l'efecte del fregament negatiu.

En tractar-se de peces prefabricades, els recobriments es poden reduir a 2,5 cm en lloc dels 4 cm que requereixen, com a mínim, els construits in situ. S'incrementa així, a igualtat de diàmetre equivalent, el braç mecànic.

Per diàmetre equivalent s'entén el del cercle de superfície igual a la secció recta del piló.

La capacitat de penetració d'aquest tipus de piló en sòls molt compactes és limitada, ja que la repetició d'impactes sense penetració pot produir fissures en el formigó.

Per facilitar la penetració en aquest tipus de sòls, es pot disposar una guaspa d'acer anomenada "punta de tipus Oslo".

7 Quadre d'aplicacions

La prescripció dels diferents tipus de pilons, per tal d'optimitzar-los a les necessitats de l'obra, haurà de considerar els aspectes següents:

- Presència de sòls granulars
- Consistència del sòl
- Existència de nivell freàtic
- Possibilitat de realitzar encastaments
- Existència de parets mitjaneres
- Possibilitat d'assolir grans profunditats

7.1 Presència de sòls granulars

En aquest tipus de sòls els pilons de desplaçament poden veure limitada l'aplicació com a conseqüència del rebuig durant el procés de clavat.

Els pilons d'extracció de tipus CPI-4 i CPI-5 no tenen limitacions en els sòls granulars. L'acció combinada de l'oscil·lador i la camisa en garanteixen la perforació.

Els pilons d'extracció de tipus CPI-6 (utilitza llots de bentonita per realitzar la perforació) tenen aplicació limitada en sòls granulars constituïts per graves sense matriu argilosa.

Els pilons perforats de tipus CPI-7 no es poden aplicar en sòls sense cohesió, ja que, a mesura que s'extreu la barrina, es produeixen esllavissaments.

Els pilons perforats de tipus CPI-8 es poden aplicar en sòls granulars ja que, a mesura que s'extreu la barrina, s'injecta formigó, que s'encarrega de contenir les parets. La dificultat més gran pera a utilitzar-los en sòls granulars, es pot derivar de la presència de còdols de gran format. Aquests dificulten notablement i fins i tot impedeixen, l'avanç de la barrina.

Destacar la presència o, no de còdols de gran format ha de ser un dels requeriments als quals ha de donar resposta l'estudi geotècnic, especialment quan es preveu la realització de pilons.

7.2 Consistència del sòl

Els pilons de desplaçament són recomanables en sòls de consistència fluixa, tant pel fet d'evitar el transport de terres com per l'efecte de consolidació que suposa el seu clavat.

La resta de tipus de pilons es realitzen extraient terres. Tenen la possibilitat de travessar estrats consistents.

7.3 Existència de nivell freàtic

Tots els pilons que es realitzen encamisats són apropiats en sòls amb nivell freàtic. El tub té per funció garantir un formigonatge correcte.

Els pilons perforats de tipus CPI-8 també es poden emprar en presència de nivell freàtic, sempre que no existeixin corrents d'aigua que rentin el formigó.

Tampoc no es veuen afectats per la presència de nivell freàtic, els pilons prefabricats.

7.4 Possibilitat de realitzar encastaments

Els pilons de desplaçament realitzats in situ es poden encastar en sòls granulars; no així a la roca ja que es produeix rebuig. Respecte dels pilons prefabricats, el seu encastament a la roca tan sols és possible emprant puntes especials de tipus Oslo.

Els sistemes encamisats permeten l'aplicació de trepants sense provocar esllavissaments. L'acció de l'oscil·lador és de gran ajuda per introduir la camisa en estrats durs.

El sistema CPI-6 es veu limitat, en la possibilitat d'encastament, per l'amortiment que rep el trepant per la presència dels llots de bentonita.

Els pilons de tipus CPI-7 i CPI-8 poden ser encastats en estrats durs aplicant puntes de vídia en la barrina.

7.5 Existència de parets mitgeres

Els pilons de desplaçament produeixen vibracions i soroll durant l'operació de clavat en el sòl. Aquest fet els fa desaconsellables a prop de parets mitgeres.

Si s'han de realitzar pilons encamisats d'extracció tangents a parets mitgeres i s'ha d'emprar l'oscil·lador, cal considerar que es produiran excentricitats notables, que s'hauran d'assumir amb bigues centradores.

Els pilons de tipus CPI-7 i CPI-8 són els que permeten aproximar-se més a les parets mitgeres, malgrat la petita excentricitat ocasionada pel cap de rotació. Són els més idonis per substituir els murs pantalla, en sòls que no permeten la seva construcció.

7.6 Possibilitat d'assolir grans profunditats

Els pilons de desplaçament realitzats in situ estan limitats per l'altura de la guia de la màquina encarregada del seu clavat. Es considera una longitud màxima per a aquest tipus de piló al voltant dels 20-22 metres.

Els pilons perforats estan limitats a 30 metres. Els pilons d'extracció són els que permeten assolir fondàries de fins a 50 metres. Els més limitats d'aquest grup són els de tipus CPI-6, per les dificultats afegides que suposen els llots de bentonita.

Els pilons prefabricats tenen limitada la longitud per la fricció del sò i les possibilitats dinàmiques del sistema de clavat.

8 Aspectes de seguretat en el treball durant l'execució dels pilons

A continuació, es detallen els aspectes més significatius de seguretat en el treball que s'han de seguir per tal de garantir una execució correcta del pilons.

La realització de pilons exigeix emprar maquinària pesada, la manipulació el manteniment de la qual han d'estar en mans de personal especialitzat. Cal senyalitzar i protegir tant les zones de treball, com els espais afectats pel pas de càrregues suspeses. És necessari assegurar la no-existència d'obstacles aeris que puguin dificultar l'acció de les màquines.

És precís revisar diàriament, abans de començar els treballs, l'estat dels aparells d'elevació i els dispositius de manipulació.

El transport suspès de les armadures s'ha de realitzar amb eslingues equipades amb ganxos i subjeccions de seguretat. La sustentació s'ha de fer garantint l'estabilitat de l'element transportat.

Els treballadors encarregats de la manipulació, a més de rebre la formació específica, han d'anar equipats amb casc, guants, armilla reflectant i calçat de seguretat.

La instal·lació elèctrica auxiliar, ha de disposar de la corresponent posada a terra. S'han de seguir les prescripcions del REBT.

Cal suspendre els treballs d'execució dels pilons en cas de pluja intensa, neu o amb vent superior a 50 km/h.

9 Resistència d'un piló sotmès a compressió centrada

Per determinar la resistència d'un piló sotmès a compressió centrada, cal considerar que el sòl exerceix pressió sobre el seu perímetre i impedeix que aquest es guerxi. La comprovació dels pilons és, per tant, anàloga a la d'un pilar amb compressió centrada. S'apliquen coeficients reductors d'acord amb les característiques i les condicions de formigonatge, segons les expressions:

$$N_u > N_d = 0{,}20 \cdot f_{ck} \cdot A_c + 0{,}35 \cdot A_s \cdot f_{yk}$$
$$N_u > N_d = 0{,}20 \cdot f_{ck} \cdot A_c + 0{,}32 \cdot A_s \cdot f_{yk}$$

La primera correspon a formigonatge en sec i sense tub, i la segona, als formigonats en medi líquid, on:

N_u = capacitat resistent del piló

N_d = valor de càlcul de la resistència del piló a compressió

f_{ck} = resistència característica del formigó del piló. El valor $0{,}20 f_k$ ha de ser sempre inferior a 4,8 N/mm^2

A_c = secció del piló

A_s = secció de les armadures longitudinals del piló

f_{yk} = tensió de càlcul de l'armadura longitudinal del piló. El valor $0{,}35 f_{yk}$ ha de ser sempre inferior a 130 N/mm^2.

Els pilons estan sotmesos a compressió, raó per la qual els són d'aplicació les limitacions normatives pròpies dels elements comprimits. El valor màxim de càlcul de la tensió de l'acer comprimit està limitat normativament per l'EHE al 0,002 de Es (mòdul de deformació de l'acer), és a dir:

$$f_{yd} < 0{,}002 \cdot 2 \cdot 10^5 = 400 \text{ N/mm}^2$$

Per tant, no té sentit utilitzar acer B-500S en les armadures dels pilons, llevat que es faci criteri per evitar errors en la utilització de les barres d'armadura.

10 Quanties mecàniques màximes i mínimes per a les armadures longitudinals dels pilons

La quantia mecànica mínima de l'armadura longitudinal del piló respon a l'expressió:

$$A_s \cdot f_{yd} > 0{,}1 \cdot N_d$$

La quantia mecànica màxima de l'armadura longitudinal convé limitar-la a:

$$A_s \cdot f_{yd} > 0{,}6 \cdot f_{cd} \cdot A_c$$

11 Criteris de disseny per a la formació d'armadures de pilons

El disseny correcte de les armadures dels pilons ha de respondre als criteris següents:

- El diàmetre mínim de la armadura longitudinal no ha de ser inferior a 12 mm.
- El nombre mínim de rodons que conformen la armadura longitudinal ha de ser igual o superior a 5, essent recomanable utilitzar-ne sis o més.
- La separació entre dues barres consecutives ha de ser inferior a 200 mm.
- El diàmetre dels estreps ha de ser igual o superior a la quarta part del de l'armadura principal, amb un mínim de 6 mm.
- Els estreps s'han de desenvolupar en espiral, amb un pas menor o igual 15 diàmetres de l'armadura longitudinal.
- Els recobriments, de 4 cm com a mínim, s'han de garantir per mitjà de separadors fixats a l'armadura principal.

12 Diàmetres i armats dels pilons

A continuació, es detallen els diàmetres i les característiques dels armats usuals, longitudinals i tranversals dels pilons realitzats in situ:

	Diàmetre del piló, en cm							
Armadura longitudinal	30	35	45	55	65	85	100	125
Nombre de barres	5	5	6	7	6	7	9	10
Diàmetre de les armadures, en mm	12	12	12	12	16	16	16	20
Armadura transversal								
Pas de l'hèlix que forma el cèrcol, cm	18	18	18	18	20	20	25	25
Diàmetre dels cèrcols, en mm	6	6	6	6	6	8	8	8

13 Protocol per al disseny d'una fonamentació realitzada amb pilons

El protocol de disseny d'una fonamentació profunda parteix, com en general en tots els tipus de fonaments, de la confluència de requeriments entre el sòl, les condicions d'entorn i les característiques de l'estructura.

El procés de disseny d'una fonamentació és freqüent que s'iniciï després de desestimar la possibilitat d'una fonamentació superficial amb sabates. Quan aquest tipus de fonamentació supera el 50% de la superfície de la planta que es considera, les alternatives són: les lloses de fonamentació, els pilons o la utilització conjunta dels dos sistemes, si existeix nivell freàtic alt.

Les característiques estratigràfiques del sòl i l'ordre de magnitud de càrregues de l'estructura determinen l'elecció de la fondària a la qual s'ha de fonamentar.

És convenient classificar, en funció de les seves càrregues de servei, els suports en un nombre limitat de tipus. L'objectiu és obvi: racionalitzar l'execució del sistema de pilons.

Paral·lelament, les condicions d'entorn i dels estrats que han de ser travessats pels pilons determinen l'elecció del tipus més idoni.

Amb les dades precedents, es realitza el predimensionament dels pilons necessaris per a cada tipus de suport, considerant les resistències per punta i/o per fust.

El predimensionament té per objecte establir, per a cada tipus de suport, com a base de les comprovacions posteriors, els aspectes següents:

- **Nombre de pilons.** El nombre de pilons per a cada tipus de suport s'estableix en funció de l'ordre de magnitud de les càrregues que s'han de suportar i de criteris d'uniformitat de diàmetres en el conjunt de l'obra.

- **Disposició.** La tendència actual és, per raons de temps d'execució i d'economia, reduir el nombre de pilons per encep a base d'incrementar-ne el diàmetre.

  Els pilons de gran diàmetre, igual o superior a 100 cm, poden absorbir en solitari un suport, sempre que disposin de riostes en dos sentits ortogonals. Els enceps de dos pilons requereixen riostes en la direcció ortogonal a l'eix que els uneix (vegeu-ne la figura 12.7)

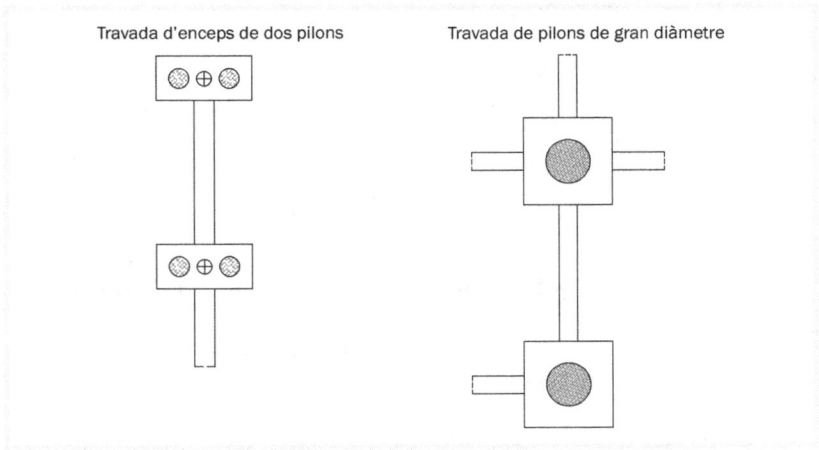

|12.7|
Esquema de la disposició de les riostes en els enceps de dos pilons i en pilons de gran diàmetre

Els enceps de tres, quatre o més pilons no requereixen riostes. La funció de les riostes és absorbir eventuals excentricitats del suport. La geometria dels enceps de tres pilons o més està capacitada per absorbir aquestes excentricitats.

– **Diàmetre.** Igual que el nombre de pilons l'elecció del seu diàmetre respon a criteris de racionalitat constructiva sorgits de l'anàlisi del conjunt de les necessitats estructurals dels fonaments de l'obra. Cal considerar, des de les primeres fases d'execució, la logística relativa als espais de maniobra i la disponibilitat de zones d'abassegament.

– **Separació entre eixos de pilons.** Si la separació entre eixos de pilons és igual o superior a 3 diàmetres, no es considera l'efecte de grup. Això suposa que cada piló té una eficiència, pel que fa al suport de càrregues, del 100% de la seva capacitat.

En les agrupacions de més de quatre pilons, situats a distàncies inferiors, s'ha de considerar que es produeix una interacció entre ells que en redueix l'eficiència. En el cas límit de pilons tangents, és a dir, quan la distància entre eixos és igual a un diàmetre, la capacitat portant efectiva de cada piló del grup és del 70%. Per a les situacions intermèdies, entre 1 i 3 diàmetres, l'eficiència percentual dels pilons es determina interpolant linealment.

– **Longitud del piló.** La longitud del piló ve determinada per l'estratigrafia del sòl. Aquesta ha de restar reflectida a l'estudi geotècnic, amb el grau de precisió suficient per establir una previsió correcta de la fondària o les fondàries que han d'assolir els pilons. Si hi ha possibilitat de fregament negatiu, cal descomptar, com a portant, la zona del fust que determini la secció estratigràfica.

A partir del predimensionament es realitzen les comprovacions de:

– Capacitat portant estimada per a cada grup de pilons assignat a cada suport tipus. Aquesta capacitat portant ha de ser superior a la càrrega de servei de cada suport tipus majorada. En la càrrega de servei, cal incloure:
  - La tramesa per l'estructura, segons el que s'ha especificat al DB-SE-AE (Accions en l'edificación, llibre 2 del CTE).
  - El pes propi dels enceps i les riostes. Habitualment, es considera que la càrrega de servei s'incrementa en un 7-10% respecte de la resultant de l'estimació dels esforços gravitatoris. No es pot considerar la contribució d'enceps i riostes amb vista a l'absorció de càrregues

– Resistència estructural dels pilons. Aquesta es determina segons el que s'ha indicat a l'apartat 9 d'aquesta capítol, com també al que s'ha exposat als apartats 10 i 11, respectivament.

– La resistència estructural dels pilons ha de ser superior a la fracció corresponent de la càrrega de servei, majorada.

– Existència o no de possibilitat de fregament negatiu del sòl. Habitualment, no se sòl considerar el fregament de la longitud del fust en contacte amb els estrats en fase de consolidació o de sòls expansius.

– Previsió d'assentaments.

Les dades precedents donen lloc al dimensionament, l'armat definitiu dels pilons, enceps i riostes i a la realització de la memòria constructiva, dels plànols i documents propis del projecte executiu; especificacions de materials, posada en obra, control de qualitat, amidaments i pressupost.

14 Estimació la capacitat portant d'un piló formigonat "in situ"

La càrrega Q que pot assolir un piló aïllat, fins al col·lapse, ve determinada per la expressió:

$$Q = Q_p + Q_f$$

on: Q_p = Resistència en punta
Q_f = Resistència del fust

La capacitat portant de servei, Q_s, s'obté aplicant un coeficient de seguretat 3 a la càrrega de col·lapse per punta i per fust:

$$Q_s = Q/3$$

El valor de la resistència en punta, Q_p, s'obté de la equació de Terzaghi:

$$Q_p = A \cdot (c \cdot N_c + \gamma \cdot h \cdot N_q + \gamma \cdot R_m \cdot N_\gamma)$$

on: A = secció recta del piló
c = cohesió del sòl a la zona de punta
γ = densitat del sòl a la zona de base del piló
h = longitud del piló de la zona de punta. Veure gràfic 12.8
R_m = factor de forma que equival a $1/4$ del diàmetre d del piló. Aquest terme, anomenat de superfície, numèricament és molt petit, raó per la qual no es considera.

N_c, N_q i N_γ són factors adimensionals. S'obtenen de funcions trigonomètriques complexes de l'angle ϕ de fregament intern. Corresponen, respectivament, als termes de cohesió, de fondària i de superfície.
Responen a la taula següent:

φ	N_c	N_q	N_γ
0	5,14	1,00	0,00
5	6,50	1,55	0,70
10	8,34	2,50	1,60
15	11,00	4,03	2,97
20	14,80	6,67	5,69
25	20,70	11,40	11,17
30	30,10	20,40	22,70
35	46,10	38,50	48,80
40	75,30	78,60	114,00
45	134,00	178,00	300,00
50	268,00	464,00	916,00

Per determinar la resistència per punta dels pilons, cal considerar la afectació del fust per part del bulb de pressions. Aquesta zona del fust s'estructura en tres parts (vegeu la figura 12.8):

- La situada per damunt de la base del piló s'anomena *zona activa superior*.
- La que es troba immediatament per sota del piló es denomina *zona activa inferior*.
- La situada sota la zona activa inferior es designa com *zona de seguretat*.

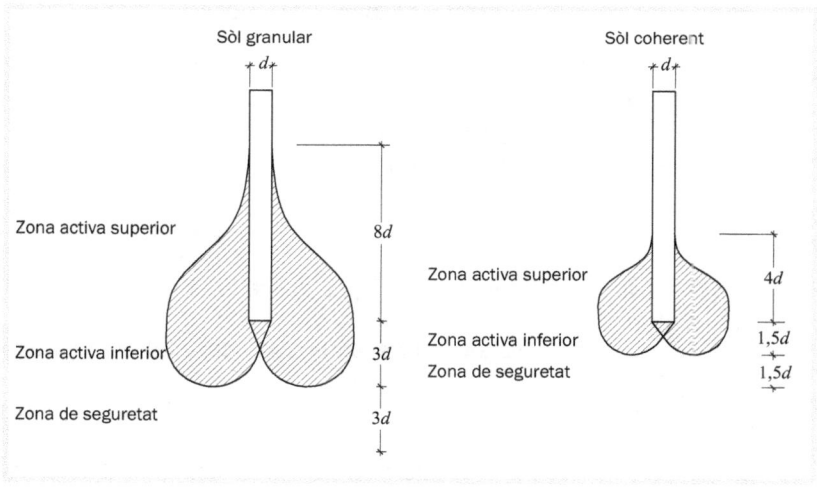

|12.8| Esquema dels bulbs de pressió dels pilons en punta, en funció dels tipus de sòl

Sòls granulars	
Longitud	Nombre de diàmetres
Zona activa superior	8,00
Zona activa inferior	3,00
Zona de seguretat	3,00

Sòls coherents	
Longitud	Nombre de diàmetres
Zona activa superior	4,00
Zona activa inferior	1,50
Zona de seguretat	1,50

El valor de la resistència per fust Q_f es determina de la expressió:

$$Q_f = h \cdot p \cdot (\tfrac{1}{2} \cdot \gamma' \cdot S_1 \cdot p + c' \cdot S_2)$$

on: h = longitud del piló
p = perímetre del piló
γ' = densitat del sòl en la zona de fust
c' = cohesió del sòl en la zona de fust
S_1 i S_2 = valors obtinguts per Caquot i Kerisel, en funció de l'angle ϕ de fregament intern. El terme $(\tfrac{1}{2} \cdot \gamma' \cdot S_1 \cdot p + c' \cdot S_2)$ correspon al fregament unitari piló-sòl ζ. Es recomana no adoptar valors superiors a 1,00 kg/cm². Aquest valor hauria de venir determinat a l'estudi geotècnic.

Els valors S_1 i S_2 es poden determinar en la taula:

ϕ	0	10	20	30	40
S_1	0,00	0,19	0,64	1,90	5,90
S_2	1,00	1,60	2,70	5,00	10,40

El fregament unitari piló-sòl es pot obtenir de diverses formes:

– Al laboratori, per mitjà d'assaigs de tall directe o triaxials.
– Amb el valor del penetròmetre estàtic R_p (resistència en punta, en kg/cm²), segons la expressió:

$$\zeta = R_p/200$$

– Utilitzant la correlació existent entre el valor del SPT "N" i la resistència en punta R_p:

$$R_p = 4 \cdot N$$

Obtinguda la R_p, s'aplica la fórmula precedent.

Segons el fregament, la capacitat del fust es determina en base a:

$$Q_f = h \cdot p \cdot \zeta$$

El significat dels termes precedents es defineix en aquest mateix apartat.

El CTE no fa diferència, a l'efecte de la geometria del bulb de pressions, entre sòls granulars i sòls coherents. Estima una zona passiva, equivalent a la zona activa superior, de sis diàmetres i una zona activa de tres diàmetres, que equival a la zona activa inferior.

Aquestes divergències entre la documentació tècnica posen en evidència el grau d'incertesa en l'estimació de la capacitat de càrrega dels fonaments profunds.

Per conèixer de forma experimental la càrrega Q que pot assolir un piló aïllat, fins al col·lapse es pot recórrer a la realització de proves de càrrega. Aquestes es porten a terme fent reaccionar un gat estabilitzat amb ancoratges o altres pilons sobre el piló, com es detalla a la figura 12.9.

Les proves de càrrega constitueixen assaigs llargs i costosos, per la qual cosa només tenen justificació per l'estalvi que poden comportar en la realització de grans obres. Les experiències obtingudes en els assaigs de càrrega han estat, però, determinants en la fiabilitat de les formulacions actuals.

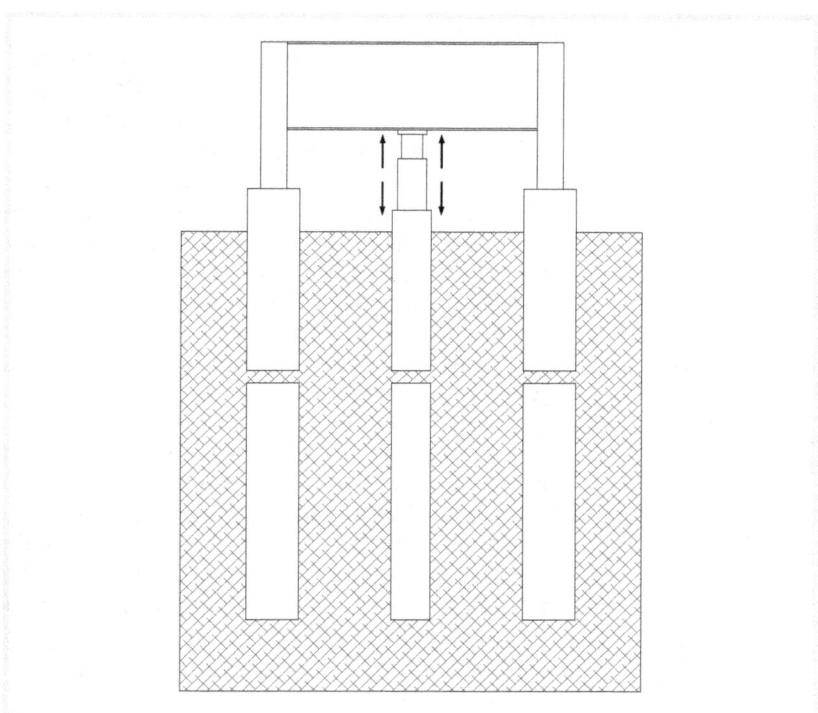

|12.9|
Esquema de prova de càrrega d'un piló per mitjà de la reacció en pilons situats als costats. Cal disposar una biga de rigidesa que els enllaci per aplicar un gat hidràulic dotat de manòmetre. També es necessiten comparadors per determinar la gràfica deformació-temps

Es considera que s'ha arribat a la càrrega de col·lapse quan el assentament permanent (el que resta després de cessar la càrrega) és de l'ordre del 10% del diàmetre del piló, amb un mínim de 4 cm.

Per tal de poder considerar l'aportació la zona de punta, cal que la longitud útil del piló, encastada en ella, superi l'anomenada *longitud crítica*, h_c

El valor de hc es pot determinar de l'expressió:

$$h_c = \frac{d}{4} \cdot N_q^{\frac{2}{3}}$$

La longitud crítica d'un piló és igual al producte de la quarta part del seu diàmetre per l'arrel cúbica del quadrat del factor de fondària. Correspon a la longitud del bulb de pressió.

D'acord amb les dades precedents, la càrrega admissible d'un piló es pot obtenir de l'equació:

$$Q_s = \frac{1}{3} \cdot [h \cdot p \cdot \zeta + A \cdot (c \cdot N_c + \gamma \cdot h \cdot N_q)]$$

15 Assaigs d'integritat dels pilons

Els assaigs d'integritat del pilons subministren informació sobre les dimensions físiques, la continuïtat i la consistència dels materials emprats en la seva confecció.

Els assaigs d'integritat no faciliten informació directa sobre el comportament dels pilons en condicions de càrrega. Per obtenir-lo, és necessari fer proves de càrrega, com s'ha indicat a l'apartat precedent.

Els assaigs d'integritat s'apliquen sobre pilons prefabricats sense empalmaments, sobre pilons prefabricats in situ i sobre pilons d'acer. S'utilitzen com a control de qualitat d'execució dels pilons.

La utilitat fonamental dels assaigs d'integritat és determinar experimentalment l'existència de defectes en els pilons de forma eficient i econòmica. La fiabilitat dels assaigs d'integritat requereix que el material del piló tingui un mòdul elàstic molt superior al del sòl en el qual està embegut, cosa que habitualment succeeix excepte en el cas de roques molt compactes.

Si es detecten defectes en els pilons, durant la realització dels assaigs d'integritat, les accions de control que cal adoptar poden ser; l'excavació al voltant del piló o bé extreure una secció contínua del piló per mitjà d'un sondeig. El primer sistema és car i complex d'executar; el segon és imprecís respecte de la posició de l'eix del piló.

Hi ha diversos mètodes per determinar la integritat d'un piló un cop instal·lat en el sòl abans d'entrar en càrrega. Aquests poden ser:

– Sònics
– Ultrasònics
– Dinàmics

El mètode sònic tradicional consisteix a introduir per dos tubs situats en paral·lel, a l'interior del piló, un emissor i un receptor. Es mesura el temps que tarda el so a recórrer la distància entre ambdós.

El procediment ultrasònic es basa a colpejar el cap del piló, prèviament escapçat perquè el cop es produeixi sobre formigó sa, amb un martell de mà. Es mesura instrumentalment l'ona de compressió generada al llarg del fust. Les dades i el gràfic que en resulten s'arxiven en un ordinador per tal d'interpretar-les posteriorment.

L'edat del formigó, en el moment d'efectuar l'assaig, ha de ser de set dies, com a mínim. S'aconsegueix així garantir un grau d'enduriment i un mòdul elàstic que facilitin la propagació de l'ona sònica.

El mètode dinàmic consisteix a deixar caure una massa de gran pes sobre el cap del piló. S'utilitza, preferentment, en pilons clavats ja que es fa servir el mateix martell que s'ha emprat per clavar-los. També s'anomena *assaig de resposta dinàmica*. S'instrumenta el cap per obtenir la força i la velocitat en funció del temps.

Els resultats dels assaigs d'integritat permeten identificar defectes greus. També s'en poden evidenciar altres de menor significació. Per aquesta raó, cal que siguin interpretats per personal especialitzat i amb experiència en la seva interpretació.

16 Enceps. Consideracions de tipus constructiu

En dissenyar i executar enceps, s'han de seguir les consideracions següents de tipus constructiu:

- El cantell mínim d'un encep ha de ser de 40 cm o més gran, i sempre més gran o igual al diàmetre del piló. Cal garantir la longitud d'ancoratge del pilar que descansa sobre l'encep.
- La distància entre el perímetre del piló i qualsevol punt del perímetre de l'encep ha de ser, en els llocs més desfavorables, d'un mínim de 25 cm ó la meitat del diàmetre del piló. Es garanteix així la possibilitat de prolongar les armadures de tracció i disposar d'espai per col·locar les armadures envolupants.
- La separació mínima recomanable, entre eixos de pilons ha de ser:
  - Dues vegades el seu diàmetre, si treballen per punta.
  - Tres vegades el seu diàmetre, si treballen per fust.
- Un cop escapçat el piló, aquest ha de penetrar a l'encep no menys de 10 cm ni més de 15 cm.

Els aspectes indicats es recullen a la figura 12.10.

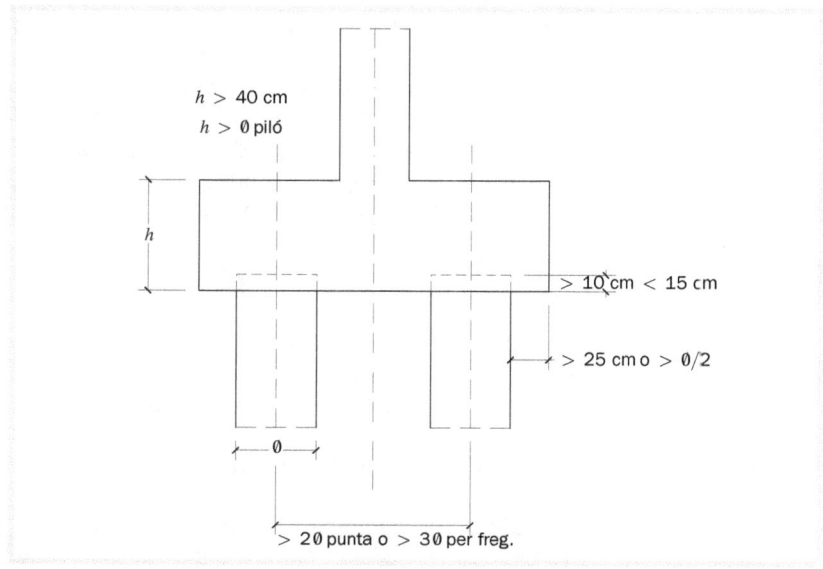

|12.10|
Esquema, en secció, per orientar el disseny d'enceps

– Cal fer un sanejament previ dels caps dels pilons, tant dels formigonats in situ perquè el formigó superior es contamina per arrossegament, com dels prefabricats en els què el cap resta malmès pels impactes de la massa. Durant aquest procés s'ha de respectar l'armadura dels pilons per tal que aquesta resti encastada en l'encep. La figura 12.11 mostra un conjunt de pilons escapçats, amb el formigó de neteja estès a punt per rebre les armadures de l'encep.

|12.11|
S'ha procedit al sanejatment del cap dels pilons. L'encep disposa de formigó de neteja. Manca col·locar la gàbia de les armadures de l'encep i formigonar

16.1 Encep de dos pilons

Els enceps de dos pilons es poden resoldre, en funció de la seva geometria, de tipus flexible i de tipus rígid.

El criteri que distingeix un encep flexible d'un de rígid s'estableix segons la relació de la separació dels eixos a_1 i el cantell h del encep. Si a_1 és major a $3h$, es tracta d'un encep flexible. Si la relació és inferior, l'encep és rígid. Vegeu la figura 12.12.

Determinar el moment de càlcul M_d d'un encep rígid és immediat:

$$M_d = \frac{a_1}{2} \cdot \frac{N_d}{2}$$

Conegut el moment de càlcul, el procés de disseny, en funció de la secció de formigó del encep, passa per determinar la capacitat mecànica de l'acer, $A_s \cdot f_{yd}$, i transformar-la en uns armats coherents.

16.1.1. Encep rígid de dos pilons

Al gràfic adjunt, es detalla la forma de determinar, per mitjà del mètode de bieles i tirants, l'armadura principal d'un encep de dos pilons.

fonaments profunds. pilons

El procés operatiu és el següent:

- Es parteix del valor N_d, càrrega de càlcul del suport.
- S'utilitza el criteri de simetria. N_d es transforma en dos $N_d/2$.
- L'ample a del suport es divideix en quatre parts. Al centre de cada mitja part, s'aplica $N_d/2$.
- Els valors h i d corresponen, respectivament, al cantell total i al cantell útil de l'encep.
- S'adopta el punt "O", situat a $0,85d$ (és un conveni del mètode, vegeu l'article 59 de l'EHE, en especial l'apartat 59.4.1.2) per establir l'equilibri de moments.
- El valor de càlcul de la tracció T_d que han d'absorbir les armadures situades a la cara inferior de l'encep s'obtenen de l'expressió:

$$T_d = \frac{\frac{N_d}{2}\left(\frac{a_1}{2} - \frac{a}{4}\right)}{0,85d}$$

$T_d = A_s \cdot f_{yd}$. Capacitat mecànica de l'armadura. Aquest valor s'ha de transformar en una armadura racional des del punt de vista constructiu.

A_s = secció acer

f_{yd} = resistència de càlcul de l'acer

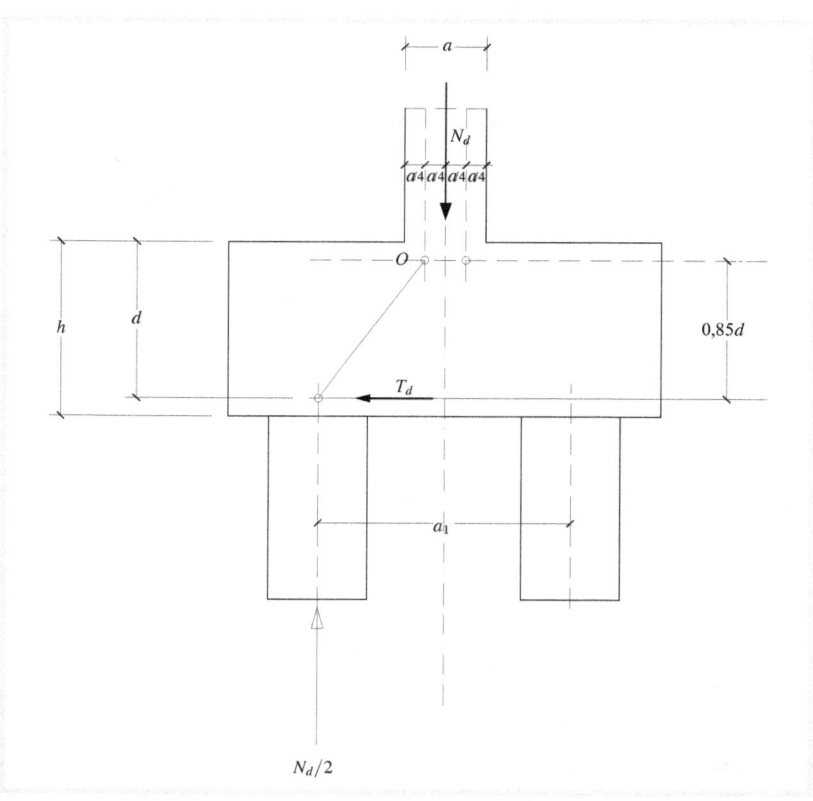

|12.12|
Esquema per determinar, per equilibri de moments, la capacitat mecànica de les armadures de tracció d'un encep de dos pilons

Observeu que l'armadura es troba en tracció d'eix a eix dels pilons. Això suposa que, a partir d'aquests eixos, cal garantir la longitud d'ancoratge de les barres. A aquest efecte, el perímetre de l'encep ha de restar separat mig diàmetre del piló amb un mínim de 25 cm. Malgrat aquest criteri de disseny, en alguns casos, en funció del diàmetre de les barres, cal establir ganxos per garantir l'ancoratge.

16.1.2. Armadures complementàries d'un encep rígid de dos pilons

A més de l'armadura inferior, per realitzar el disseny constructiu complet de les armadures d'un encep de dos pilons, és necessari considerar els aspectes següents:

- L'armadura de la cara superior s'ha de dissenyar amb una secció mínima equivalent a la desena part de la cara inferior traccionada.
- L'armadura superficial, en les cares laterals, s'ha de dissenyar formant una retícula ortogonal amb una quantia mínima del 4‰ o de la secció recta de formigó per sentit de la quadrícula.

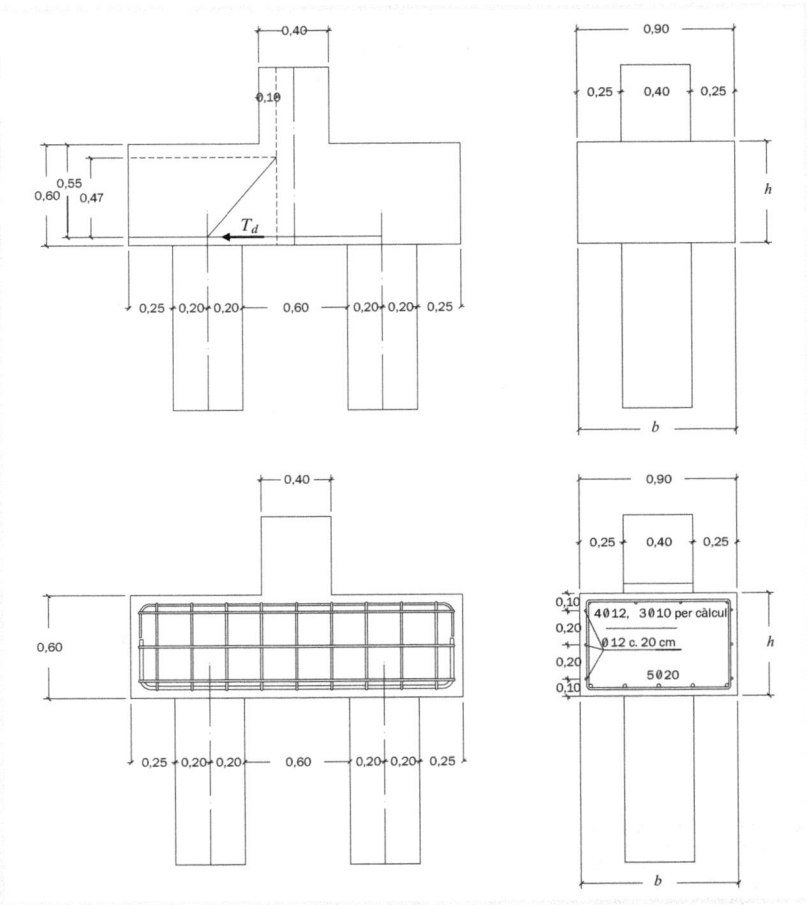

|12.13|
Solució constructiva d'un encep de dos pilons

- Si l'ample b de l'encep és major o igual a la meitat del cantell h, per determinar els armats de la secció recta s'aplica el 4% o sobre una secció fictícia obtinguda del producte $h \cdot 1/2h$.
- Les armadures verticals de la retícula s'han de disposar en forma d'estreps. Han d'abraçar les armadures de les cares superior i inferior.
- Les armadures horitzontals de la retícula també s'han de muntar com estreps envoltant els verticals.

El conjunt de l'armadura traccionada més les armadures complementàries configura una gàbia compacta en la qual s'incorpora l'armadura inicial del suport.

La funció de les armadures complementàries és donar rigidesa a l'encep per absorbir les torsions degudes a excentricitats accidentals. Malgrat això, els enceps de dos pilons requereixen l'auxili de riostes ortogonals a la dimensió més gran de l'encep.

La figura 12.13 mostra la solució constructiva les armadures d'un encep de dos pilons que suporta una càrrega de càlcul de 120 tones, resolta amb:

- Formigó de 25 N/mm^2
- Acer f_{yk} de 400 N/mm^2

17 Disseny constructiu d'un encep rígid de tres pilons

Se suposa que els eixos dels tres pilons formen un triangle equilàter. La condició perquè un encep de tres pilons sigui rígid s'estableix sobre la base de la relació entre la separació l entre els eixos dels pilons i el cantell h. Si el valor de l és menor o igual a $2,6h$, l'encep és rígid, vegeu la figura 12.14.

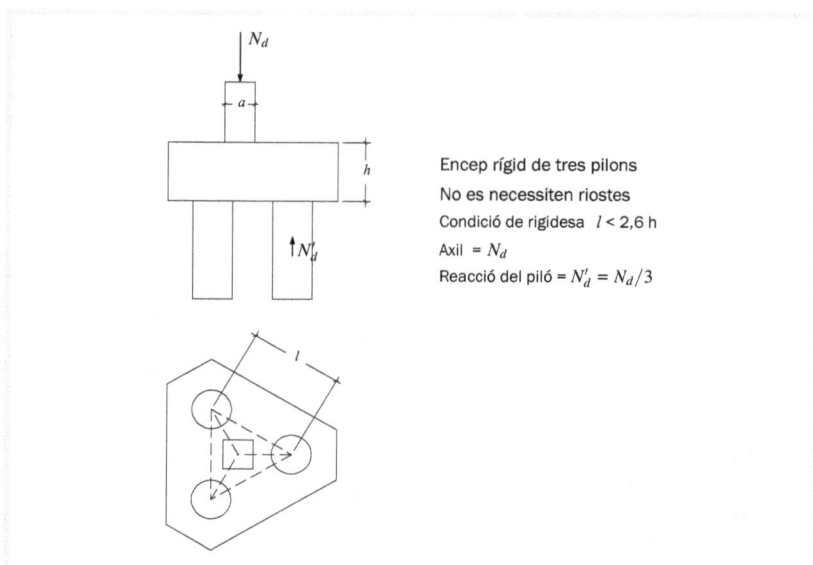

|12.14|
Esquema del repartiment de càrregues en un encep de tres pilons

La capacitat mecànica de l'armadura traccionada es determina per mitjà del mètode de bieles i tirants (vegeu la figura 12.15), en el qual s'estableix una proporcionalitat de triangles entre la geometria de l'encep i els esforços).

El procés operatiu és el següent:

- La càrrega de càlcul del suport té el valor N_d.
- La reacció de càlcul de cada piló N'_d és igual a $N_d/3$.
- Els criteris geomètrics, per tal d'establir l'equilibri de moments, són els mateixos que s'han adoptat en els enceps de dos pilons.

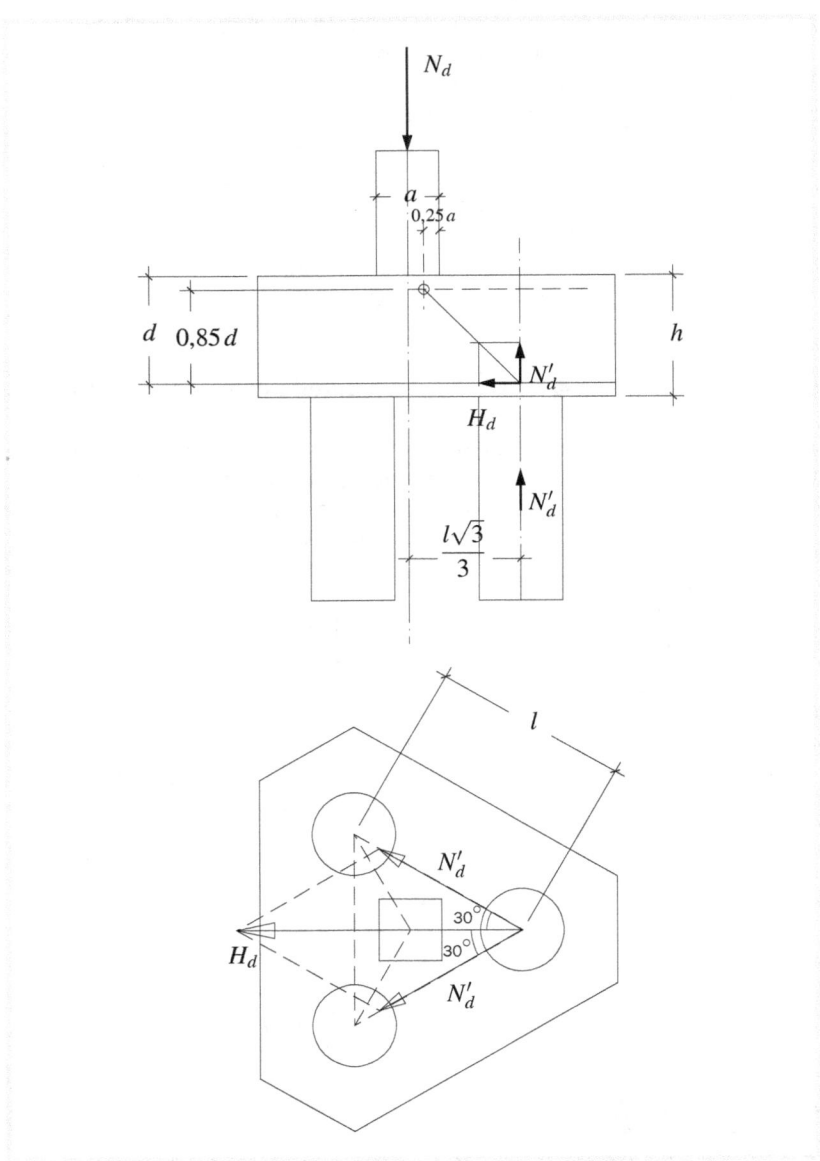

|12.15|
Gràfic dels esforços de tracció que es generen a la base d'un encep de tres pilons determinats pel mètode de tirants i bieles de compressió. Permet determinar la capacitat mecànica de les armadures traccionades

El valor per determinar és T_d, capacitat mecànica de l'armadura traccionada que uneix cadaun dels pilons.

D'acord amb els apartats precedents, es té:

$$\frac{N'_d}{H_d} = \frac{0{,}85\,d}{l \cdot \dfrac{\sqrt{3}}{3} - 0{,}25\,a} \tag{1}$$

$$T_d = \frac{H_d}{2 \cdot \cos 30°} = 0{,}58\,H_d$$

de (1) es té:

$$H_d = \frac{N'_d}{0{,}85\,d} \cdot \left(l \cdot \frac{\sqrt{3}}{3} - 0{,}25\,a \right)$$

Introduint la relació $T_d = 0{,}58\,H_d$ i operant, s'obté el valor T_d de la capacitat mecànica de càlcul de l'armadura traccionada de l'expressió:

$$T_d = 0{,}68 \cdot \frac{N'_d}{d} \cdot (0{,}58\,l - 0{,}25\,a)$$

A partir del valor de T_d, corresponent a la capacitat mecànica de les armadures de tracció, es pot procedir al disseny constructiu de les armadures de l'encep determinant, per mitjà de taules, el diàmetre de la barra i el nombre de rodons necessari per absorbir-lo.

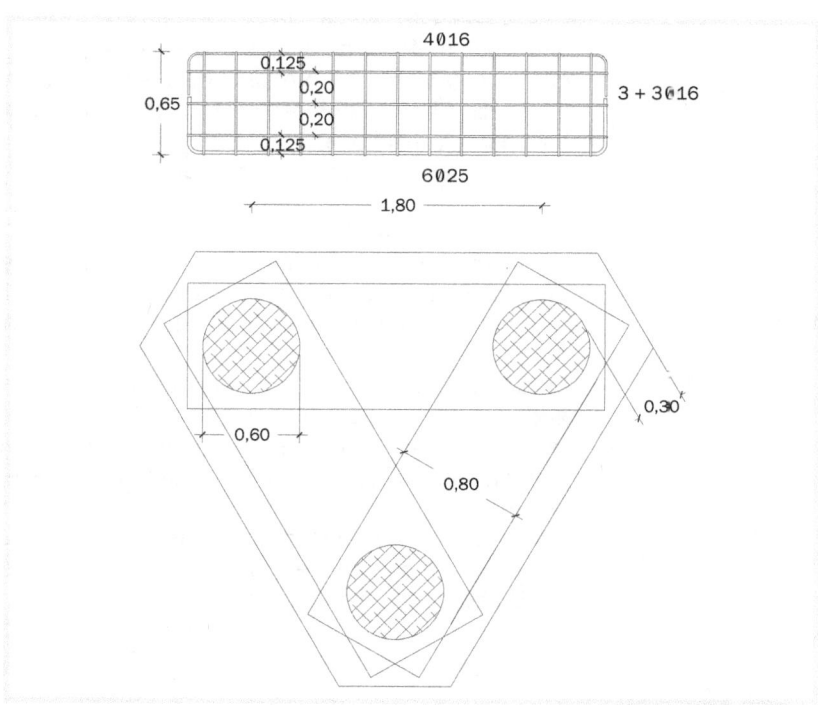

|12.16|
Disposició constructiva d'armadures en un encep de tres pilons

Si bé es poden realitzar gàbies d'armadura completes que incorporin els tres pilons, el ferrallat d'aquestes és complex. Per simplificar les operacions de ferrallat, es recomana considerar l'encep com a format per un conjunt de tres armadures, cadascuna de les quals abraça dos pilons.

L'armadura es resol fent tres gàbies iguals, enllaçades entre si. Es construeixen segons els criteris que s'han exposat per a l'armat dels enceps de dos pilons. A les cares superior i inferior, si queden espais centrals amb separacions entre barres de més de 30 cm, s'han de col·locar graelles d'una secció equivalent, en cada sentit, a un terç de l'armadura principal.

La figura 12.16 mostra l'esquema dels armats d'un encep de tres pilons de 60 cm de diàmetre, amb els eixos separats 180 cm. L'encep te 70 cm de cantell. El suport té una càrrega de servei de 300 tones. Està confeccionat amb els materials següents:

- Formigó 25 N/mm^2
- Acer f_{yk} 400 N/mm^2

18 Disseny constructiu d'un encep rígid de quatre pilons

Se suposa que els eixos dels quatre pilons formen un quadrat. La condició perquè un encep de quatre pilons sigui rígid s'estableix segons la relació entre la separació l entre els eixos dels pilons i el cantell h. Si el valor de l és menor o igual a $3h$ el encep és rígid.

La capacitat mecànica de l'armadura traccionada es determina per mitjà del mètode de bieles i tirants (vegeu la figura 12.17), en el qual s'estableix una proporcionalitat de triangles entre la geometria de l'encep i els esforços, de la mateixa manera com s'ha fet en els enceps de tres pilons).

El procés operatiu és el següent:

- La càrrega de càlcul del suport té el valor N_d.
- La reacció de càlcul de cada piló N'_d és igual a $N_d/4$.
- Els criteris geomètrics, a fi d'establir l'equilibri de moments, són els mateixos que els que s'han adoptat en els enceps de dos pilons.

El valor per determinar és T_d, capacitat mecànica de l'armadura traccionada que uneix cadascú dels pilons. En base al mateix, per mitjà d'una taula de rodons es determinarà el diàmetre i el nombre necessari dels mateixos per fer-los compatibles amb les necessitats constructives de l'element.

En el cas d'un encep de quatre pilons, la direcció de les traccions coincideix amb la dels eixos que uneixen els pilons, $H_d = T_d$.

D'acord amb els apartats precedents, es té:

$$\frac{N'_d}{H_d} = \frac{0,85 \cdot d}{\frac{1}{2} - 0,25a}$$

fonaments profunds. pilons

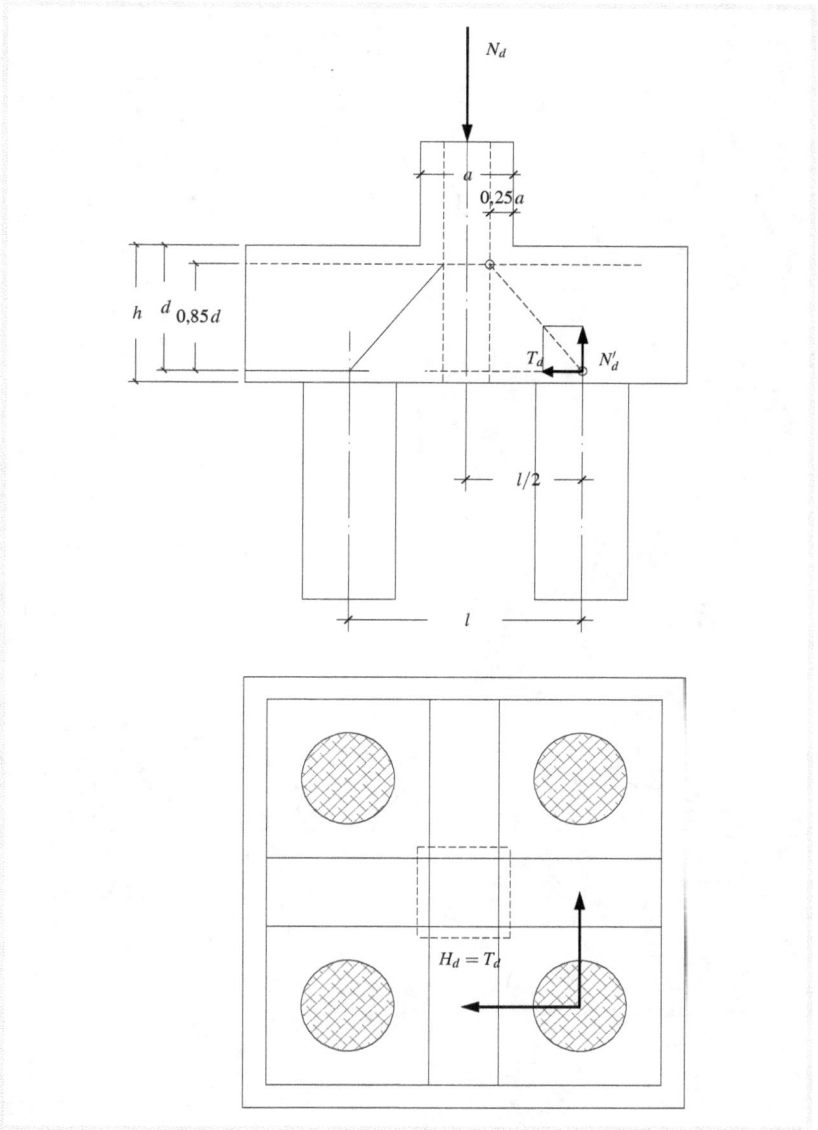

|12.17|
Gràfic dels esforços de tracció que es generen a la base d'un encep de quatre pilons determinat per mètode de tirants i bieles de compressió. Permet avaluar la capacitat mecànica de les armadures traccionades

d'on:

$$H_d = T_d = \frac{N'_d \left(\frac{1}{2} - 0{,}25\,a\right)}{0{,}85\,d}$$

L'armadura es resol fent quatre gàbies iguals, enllaçades entre si. Es construeixen segons els criteris que s'han exposat per a l'armat dels enceps de dos i de tres pilons. A les cares superior i inferior, si queden espais centrals amb separacions entre barres de més de 30 cm, es col·loquen graelles d'una secció equivalent, en cada sentit, a un terç de l'armadura principal.

13

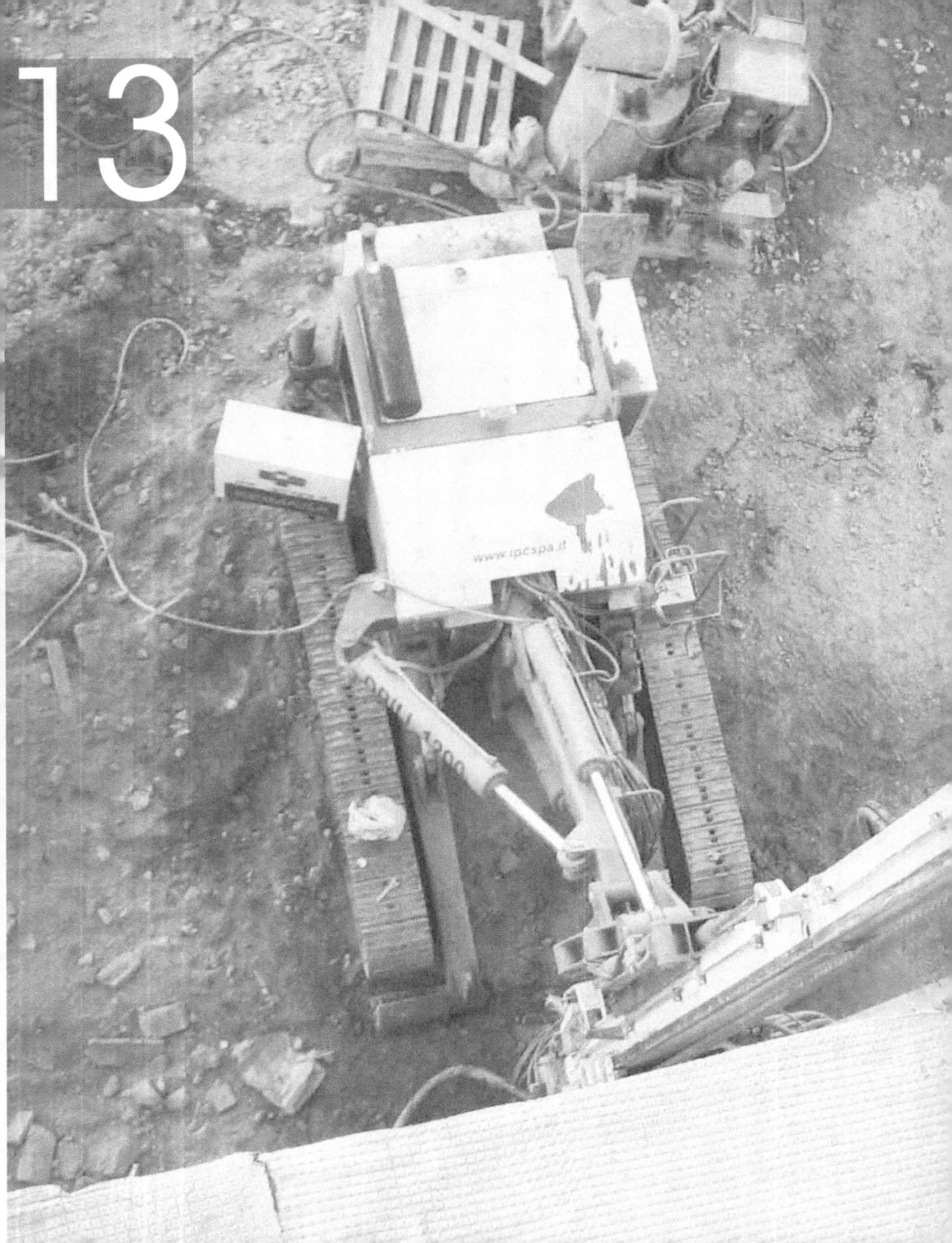

micropilons

1 Aspectes generals

Els micropilons són una tècnica constructiva desenvolupada a Itàlia a partir dels anys cinquanta per recalçar, de forma segura, edificis i monuments afectats en l'estabilitat tant per la seva antiguitat com, especialment, pels efectes de la Segona Guerra Mundial.

Inicialment, els micropilons es denominaren *pali radici* terme que es podria traduir com "estaques arrel". Actualment, s'utilitza de forma pràcticament exclusiva el terme *micropilons* o senzillament, "*micros*".

El concepte de micropiló respon al conjunt format per la injecció d'una beurada de ciment en una perforació de petit diàmetre (habitualment, inferior a 150 mm), en la qual es troba situada una armadura formada per un tub d'acer o barres d'elevades prestacions mecàniques.

El sistema de tubs és el que s'empra més per les facilitats que comporta a l'execució. La unió entre tubs es realitza per seccions unides per maniguets de continuïtat. Aquest procediment facilita el transport de les barres en seccions, habitualment, de dos a tres metres de longitud (foto inferior).

|13.1|
Seccions de tubs estructurals. S'uneixen per mitjà de maniguets roscats. Actuen com a armadura dels micropilons. La injecció de formigó es realitza per l'interior

Els micropilons treballen per mitjà de la fricció del sòl amb el seu fust. Per les seves característiques mecàniques, permeten absorbir tant esforços de compressió com de tracció.

El diàmetre màxim dels micropilons és, segons els autors, inferior a 250 o a 300 mm, essent la primera dimensió la més acceptada. En

|13.2|
Detall de les puntes autoperforants perdudes. Observeu, en primer pla, la perforació per on surt la beurada de formigó

funció de la seva secció, les prestacions mecàniques són relativament reduïdes. Habitualment, els micropilons, segons els models, suporten càrregues d'entre 20 i 50 tones per unitat, raó per la qual els micropilons, igual que els pilons, es fan treballar en grup per mitjà de sistemes d'encep i de travada.

L'elaboració dels micropilons respon a diverses variants, emparades per patents. Així, hi ha sistemes que disposen de puntes autoperforants perdudes, que alhora serveixen d'injector. Vegeu a la figura 13.2 diversos caps de perforació perduts, en els quals s'aprecia l'orifici de sortida de la beurada.

En altres, un cop efectuada la perforació, per mitjà d'un carro perforador, es col·loca l'armadura com a pas previ per a la injecció de beurada.

A més de la seva implantació en el terreny de forma vertical, els micropilons es poden introduir i poden treballar de forma inclinada, per tal de fer front a esforços fora del pla vertical, per "cosir" fàbriques soterrades o per delimitar paquets de sòl i millorar-los en quant a prestacions mecàniques.

2 Dades de partida per al disseny constructiu de sistemes de micropilons

Si bé els micropilons poden tenir aplicacions molt diverses, a fi d'establir les dades de partida per a la seva prescripció i disseny cal considerar-los com un sistema més de fonaments profunds.

Les dades de partida que és precís tenir en compte són:

- Estimació de càrregues dels elements estructurals.
- Informe geotècnic.

L'informe geotècnic, a més del valor de fregament fust-sòl, per a cada estrat, ha de contenir la informació següent:

- Seccions estratigràfiques detallades i documentades pel que fa a paràmetres geotècnics. Permeten determinar les capacitats portats de cada estrat i, fins i tot en determinats casos, no considerar la seva aportació.
- Nivell de la capa freàtica i possibles oscil·lacions estacionals, si n'hi ha.
- Estimació de la fondària i del estrat adequats per fonamentar.
- Grau d'agressivitat del sòl. Permet establir el tipus de ciment amb el qual elaborar la vorada que s'ha d'injectar per formar el fust del micropiló.

3 Replantejament i execució

El replantejament dels micropilons es pot realitzar, si es treballa sobre paviments ferms per mitjà de pintura, amb la definició i la verificació prèvies de la posició dels eixos per mitjans físics, òptics o electrònics.

En cas d'actuar sobre terreny natural, el centre dels micropilons es pot materialitzar clavant-hi porcions de rodons corrugats. Aquesta solució permet, a més de la verificació en tot moment del centre del micropiló, apuntar el centre de la barrina sobre el rodó i iniciar la perforació sense necessitat de procedir a la seva extracció.

La perforació es realitza aplomant l'eix de la barrina en el centre del micropiló. La barrina travessa el sòl gràcies a un doble moviment combinat de gir i de descens.

Durant la perforació, es controla la pressió exercida sobre la barrina. Es detecta així la presència d'estrats durs i s'evita forçar l'avanç de la perforació per damunt de les possibilitats de la màquina. Un sobreesforç podria causar danys en el sistema hidràulic o provocar el trencament de la barrina.

L'execució dels micropilons no és gaire complexa ja que es realitza amb carros perforadors sobre erugues de dimensions reduïdes, (vegeu la figura 13.3).

Fins i tot en interiors d'edificis, es fan servir màquines més lleugeres, reduïdes al mínim indispensable per suportar el capçal de perforació.

Per a la seva execució, cal disposar d'una superfície de treball estable i tan horitzontal com sigui possible. Com a precaució addicional, és necessari garantir la no-afectació de xarxes durant la perforació.

La longitud de la barrina permet controlar la fondària de l'excavació. La desviació en planta de la barrina, en qualsevol dels eixos, no hauria de superar el 10% de diàmetre del micropiló. La tolerància respecte de la vertical se situa per sota del 4% de la longitud del micropiló.

Com s'ha indicat, les puntes de perforació poden ser perdudes o recuperables. En el primer supòsit, no cal procedir a l'extracció de la barrina ni del seu tub d'accionament, ja que aquest constituirà el canal d'injecció i l'armadura del micropiló.

En cas contrari, serà necessari retirar, un cop assolida la fondària de perforació, el conjunt de la barrina. S'introduirà l'armadura en la perforació com més aviat millor, per evitar despreniments i procedir immediatament a injectar de la beurada.

|13.3|
Carro perforador realitzant micropilons

Per mantenir net el forat, segons el tipus de sòl, s'utilitza aire a pressió, aigua a pressió o beurada molt líquida. En presència de nivell freàtic, pot ser necessari encamisar la perforació.

A més dels elements de perforació, cal disposar de l'equip de formigonatge. Aquest està format per una màquina, dotada d'una tremuja, en la qual es prepara la beurada i una bomba d'injecció. Els dos aparells solen estar integrats en sol conjunt.

La injecció es pot realitzar de diferents maneres, en funció del tipus i les característiques del sòl:

– Per gravetat.
– A pressió. Les pressions d'injecció habituals oscil·len entre els 20 i els 60 kg/cm^2, si bé, puntualment, es pot arribar a 200 kg/cm^2.
– Realitzant una injecció primària per gravetat i, un cop endurida aquesta, una injecció secundària a pressió.

|13.4|
En extreure les terres, es pot observar la secció del micropiló que resulta de la injecció de beurada

És necessari sanejar, amb martell trencador, la part superior beurada, ja que aquesta resta contaminada. La figura 13.4 permet apreciar el resultat de la injecció un cop retirades les terres.

Les armadures del micropiló, siguin barres o enceps, s'han de deixar amb un escreix d'entre 60 i 90 cm, per garantir-ne l'ancoratge correcte a l'encep (vegeu la figura 13.5).

|13.5|
Utilització de micropilons en tasques de recalçament. Els enceps es troben en fase de ferrallat

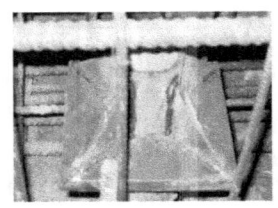

|13.6|
Plaques soldades a l'armadura d'un micropiló per garantir una transmissió correcta dels esforços a l'encep

Com que l'adherència entre el tub i el formigó no és gaire elevada en tractar-se d'una superfície llisa, se solen soldar plaques, com les de la figura 13.6, per garantir una transmissió correcta dels esforços.

La figura 13.7 permet apreciar el sobrant de barres dels micropilons que emergeix de la ferralla de l'encep. S'han de tallar abans de procedir al formigonatge.

|13.7|
Encep de micropilons ferrallat i a punt de formigonar. Prèviament, s'ha de tallar el sobrant dels tubs d'armadura i fixar les plaques de repartiment

4 Aplicacions dels micropilons

Les aplicacions dels micropilons en treballs sota rasant són molt variades, per les raons següents:

– Gran capacitat de perforació dels materials habituals de construcció. Aquest fet permet travessar i unir fàbriques per mitjà de la injecció.
– Versatilitat en el treball mecànic. A més de compressió i la tracció, el seu comportament a esforços de tall és apreciable, entre 180 i 200 N/mm^2.
– Adaptació a espais reduïts. Es poden realitzar micropilons a l'interior dels edificis sense cap mena de complicació.
– Absència d'impactes i de vibracions. El seu reduït diàmetre i la perforació per rotació garanteixen que el sòl no es pugui descomprimir. El risc d'afectació a edificis propers es redueix pràcticament a zero.
– Fiabilitat respecte de les capacitats portants i els assentaments. L'experiència acumulada al llarg dels anys d'aplicació del sistema i els coeficients de seguretat que s'empren en el càlcul permeten garantir l'absència pràctica d'assentaments. Es poden realitzar transferències de càrregues d'elements lineals a elements puntuals sense afectar sensiblement de les estructures superiors.

– Ventall ampli d'armadures i diàmetres que permeten trobar el micropiló adequat a cada necessitat.
– Possibilitat de realitzar-se i d'entrar en servei en sòls amb presència de nivell freàtic alt.

El ventall d'aplicacions pràctiques és molt ampli. En general, els micropilons constitueixen una alternativa en aquelles situacions delicades en les quals no és possible emprar pilons convencionals per qüestions de seguretat i/o, d'espai.

Els micropilons es poden emprar per augmentar la capacitat portant dels fonaments existents, per donar resposta tècnica a l'increment del nombre de plantes o per a la rehabilitació o el canvi d'ús d'un edifici.

Ajuden a resoldre alguns dels problemes que planteja la formació d'un nou soterrani en un edifici existent. La figura 13.8 mostra uns enceps metàl·lics provisionals realitzats a aquest efecte. Estan fixats damunt els tribs d'armadura dels micropilons. Observi que els tribs estan atirantats per evitar el seu guerxament.

Es pot apreciar el coll d'un dels futurs pilars de la planta soterrani. Un cop realitzada l'excavació a la cota dels enceps, una planta per sota del nivell actual, es faran els enceps definitius de formigó armat. Sobre ells es fixarà el nou pilar, que s'enllaçarà al coll existent. La mateixa operació es farà amb els altres pilars de la planta.

Mentre es porten a terme aquests treballs, es recreixen els pilars per damunt dels enceps provisionals. El propòsit és suportar, per mitjà d'un sistema d'estintolaments, les plantes superiors (vegeu la figura 13.9). En la forma descrita, és possible treballar de forma ascendent/descendent. Amb aquesta organització de l'obra, es redueixen els

|13.8|
Enceps metàl·lics provisionals. Sobre aquests es disposa una jàssera i el naixement del pilar, el qual, un cop efectuat el rebaix, es perllongarà fins a l'encep definitiu. La jàssera permet col·locar un pilar en sentit ascendent. En aquestes condicions és possible efectuar simultàniament treballs en dos nivells

|13.9|
Pilars ascendents recolzats sobre enceps metàl·lics provisionals

temps d'execució en les intervencions en les que no és possible fer un enderrocament total previ a la reposició.

La figura 13.10 mostra una fase de treball més avançada que la precedent. L'estintolament de les parets d'un pati, al nivell de la segona planta. Es genera una "planta escut" per mitjà d'una estructura metàl·lica recolzada en micropilons. Aquesta permet independitzar els treballs de remodelació de les plantes inferiors de l'edifici de les superiors.

|13.10|
Formació d'una "planta escut". En aquest cas suporta tres plantes. Permet tallar les parets situades sota l'estintolament. Està recolzada sobre pilars que neixen en jàsseres sustentades per enceps provisionals

micropilons

|13.11|
Primeres fases d'excavació. Cal eliminar el morter amb una pistola pneumàtica i enllaçar les armadures dels micropilons amb perfils metàl·lics per evitar-ne el vincla

Les figures 13.11 i 13.12 mostren dues fases de l'excavació dels micropilons. A mesura que s'excava, s'allibera l'armat de la vorada i s'enllacen entre si els tubs per evitar-ne el vincla.

La solució per resoldre el perímetre d'un nou o de nous soterranis consisteix, com mostra la figura 13.13, en situar micropilons tangents a aquest perímetre, a distàncies regulars. Aquestes oscil·len entre 50 cm i 1,00 metre. S'estableixen en funció de l'estat de càrregues de la paret que es vol encalçar i de la capacitat portant dels pilons.

|13.12|
L'excavació ha arribat a la cota definitiva. Es pot apreciar que les armadures dels pilons han experimentat desviaments de la verticalitat en ser introduïdes en el sòl

|13.13|
A les parets perimetrals, es constitueix una barrera de micropilons. S'enllacen amb una biga de coronació. En zones poc sol·licitades i amb sòls de cohesió elevada, es poden obrir fronts amplis i efectuar el calçat de les estructures existents

Els micropilons, abans d'iniciar l'excavació, s'uneixen en cap per mitjà d'una biga de coronació. Sobre la biga de coronació s'apliquen habitualment els estampidors per fer front a les empentes.

La fase següent consisteix a realitzar l'excavació del perímetre del recinte per mitjà de batatges.

La figura 13.13 mostra un ampli front d'excavació obert gràcies a l'elevada cohesió del sòl i a tractar-se d'una façana que dóna al carrer. Es poden apreciar les armadures dels micropilons alliberades de la vorada. L'operari està iniciant la col·locació de les armadures.

Les dues figures 13.14 i 13.15 mostren la confecció successiva dels batatges. A la primera, s'observa l'armadura de continuïtat horitzontal; també s'hi pot apreciar la zona de formigó repicada corresponent a la tremuja necessària per omplir el batatge.

|13.14|
En cas de parets perimetrals carregades, s'ha de procedir per batatges. Observeu, a la part superior dreta, un estampidor fixat a la biga de coronació

La segona fotografia recull una sèrie de batatges executats, pendents de la demolició del formigó de la tremuja. A la zona superior, es troben els estampidors fixats a la biga de coronació.

Els micropilons permeten també fer diàfans espais ofegats per la presència de murs de càrrega en edificis de construcció tradicional sense necessitat d'enderrocar-los.

A la figura 13.16 s'aprecia un pòrtic d'acer simètric a ambdós costats del mur de càrrega. Els pòrtics estan recolzats sobre enceps suportats per micropilons. S'hi han col·locat i calçat els perfils passadors dels murs sobre els pòrtics per garantir-los la transferència de les càrregues que gravitaven sobre el mur. Aquest s'ha tallat amb fil diamantat i ha deixat de treballar estructuralment. El procés s'ha repetit a pràcticament totes les parets de càrrega de la planta.

micropilons

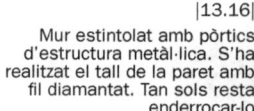

La figura 13.17 ofereix una panoràmica de la planta alliberada de les parets amb les runes d'aquests pendents d'extracció. La figura 13.18, la planta amb la solera acabada i amb l'estructura metàl·lica protegida contra el foc.

L'ancoratge al terreny dels elements estructurals per a l'estabilització de façanes, que es requereixen en els projectes en què aquestes es

|13.15|
El mateix mur de la fotografia anterior, en una fase més avançada del formigonatge dels batatges. S'hi poden observar, pendents de ser enderrocats, els escreixos de formigó ocasionats per les tremuges. Els estampidors fixats a la biga de coronació garanteixen l'estabilitat del conjunt durant les operacions de formigonatge

|13.16|
Mur estintolat amb pòrtics d'estructura metàl·lica. S'ha realitzat el tall de la paret amb fil diamantat. Tan sols resta enderrocar-lo

|13.17|
L'estructura metàl·lica recolzada sobre micropilons permet alliberar espais un cop enderrocats els murs de càrrega alliberats de la seva funció portant

|13.18|
L'estructura metàl·lica ha de ser protegida respecte al foc per mitjà de projecció de vermiculita

conserven i la resta de l'edifici es planteja de bell nou, es podria resoldre fàcilment per mitjà de micropilons.

|13.19|
La utilització de contrapesos de formigó és un recurs quan l'estintolament de les façanes no es pot realitzar amb micropilons per la possibilitat d'afectar infraestructures

|13.20|
La inclusió de làmines separadores, durant el formigonat de massissos de contrapès per estabilitzar façanes, permet facilitar el seu enderroc i transport a l'abocador

La realitat mostra que a les voreres de zones urbanes la densitat de serveis que les travessen se suma a la dificultat per garantir la posició dels seus elements. En les condicions descrites resulta pràcticament impossible evitar-ne l'afectació durant el procés d'elaboració dels micropilons cosa que moltes vegades fa inviable el sistema.

El problema s'acaba resolent, en moltes ocasions, com es mostra a la figura 13.19, per mitjà de contrapesos de formigó en massa confeccionats, in situ.

Aquests s'elaboren de forma que sigui relativament fàcil fragmentar-los un cop han acomplert el seu servei.

La figura 13.20 mostra la interposició de làmines de poliestirè durant l'elaboració de les tongades que conformen el contrapès, situades per facilitar-ne l'enderroc un cop acomplerta la seva funció estabilitzadora.

L'exemple que s'ha exposat permet concloure que els micropilons, malgrat la seva versatilitat i eficiència, no resolen tots els problemes. La ciència i la tecnologia de la construcció, però, acaben trobant solucions a qüestions i a reptes que fins fa pocs anys suposaven situacions inabastables.

bibliografia

Mecànica dels sòls

Ayuso Muñoz, J.; Caballero Repullo, A.; Pérez García, F. *Fundamentos de ingeniería de cimentaciones*. Còrdova: Servicio de Publicaciones de la Universidad de Córdoba, 2005.

Costet, J.; Sanglerat, G. *Curso práctico de mecánica de suelos*. Barcelona: Ediciones Omega, 1975.

Crespo Villalaz, C. *Mecánica de suelos y cimentaciones*. 6a ed. Mèxic: Limusa; Noriega, 2007.

Díaz Rodríguez, A. *Dinámica de suelos*. Mèxic: Limusa; Universidad Nacional Autónoma de México, 2005.

Fiol Femenia, F.; Fiol Olivan, F. *Manual de cimentaciones: diseño y cálculo de cimentaciones superficiales y muros, geotecnia y patología*. Burgos: Instituto de la Construcción de Castilla y León, 2006.

Graux, D. *Fundamentos de mecánica del suelo, proyecto de muros y cimentaciones*. Barcelona: Editores Técnicos Asociados, SA, 1970.

López Jimeno, C. (ed.) *Ingeniería del terreno*. Madrid: UD Proyectos; ETSI Minas, UPM, 2002-2005.

Jiménez Salas, J. A. *Geotecnia y cimientos*. Madrid: Editorial Rueda, 1984.

Muzás Labad, F. *Mecánica del suelo y cimentaciones*. Madrid: Fundación Escuela de la Edificación, 2007.

Suriol, J.; Lloret, A.; Josa, A. *Reconocimiento geotécnico del terreno*. Barcelona: Edicions UPC, 2007.

Suriol, J.; Lloret, A.; Josa, A. *Geotecnia: reconocimiento del terreno*. Barcelona: Edicions UPC, 2005.

Terzaghi, K.; Peck, R. B. *Mecánica de suelos en la ingeniería práctica*. Barcelona, Buenos Aires, Caracas, Lima, México, Montevideo, Rio de Janeiro: El Ateneo, 1969.

Torrijo Echarri, F. J.; Cortés Gimeno, R. *Los suelos y las rocas en ingeniería geológica: herramientas de estudio*. [Falta informació.]

Murs de contenció

Barros Pena, J. *Muros de contención*. Barcelona: CEAC, 2005.

Calavera Ruiz, J. *Muros de contención y muros de sótano*. 2a ed. Madrid: Instituto Técnico de Materiales y Construcciones, 1990.

Delgado Vargas, M. *Ingeniería de cimentaciones: fundamentos e introducción al análisis geotécnico.* 2a ed. Mèxic, DF: Alfaomega, 1999.

Elementos estructurales: análisis de punzonamiento, escaleras, losas macizas apoyadas, ménsulas cortas, muros de sótano, vigas de gran canto. Alacant: CYPE Ingenieros, 2002.

Littlewood, M. *Diseño urbano.* Versión castellana de Santi Castán. Mèxic, DF: Gustau Gili, 1994-1995.

Peña Fritz, Á.; Calavera Ruiz, J.; Llorens Alcón, M. *Recomendaciones para el proyecto de muros de sótano sometidos a cargas verticales originadas por pilares de fachada.* Madrid: Instituto Técnico de Materiales y Construcciones, 2006. [Versió anglesa: *Recommendations for the Design of Basement Walls Subjected to Vertical Loads Generated by Façade Pillars.*]

Pérez Valcárcel, J. *Excavaciones urbanas y estructuras de contención.* A Coruña: Ediciones CAT; Colegio de Arquitectos de Galicia; Comisión de Asesoramiento Tecnológico, 2005.

Rodríguez González, C. A.; Arribas Paz, R. *Introducción a la fisuración en muros de contención de hormigón armado.* Huelva: Universidad de Huelva, 2004.

Rolando Ayuso, A. *Cerramientos y estructuras por muros.* Madrid: Instituto Juan de Herrera; Escuela de Arquitectura de Madrid, 2002.

Vicente Fernández, A. *Manual de geosintéticos en la construcción de muros y terraplenes.* Madrid: UD Proyectos, 2001.

Murs pantalla

Arliblock; Vipren Prefabricados y Materiales, SL. DAU (Documento de Adecuación al Uso), 05/032. Barcelona: ITEC, 2005.

Calavera Ruiz, J. *Muros de contención y muros de sótano.* 2a ed. Madrid: Instituto Técnico de Materiales y Construcciones, 1990.

Domingo Cabo, A. *Cuadernos de procedimientos de construcción: muros pantalla.* València: Editorial de la UPV, 2004.

Levillain, J.-P. *Mesure des pressions derrière et sous un mur de soutènement.* París: Ministère de l'Aménagement du Territoire, de l'Équipement, du Logement et du Tourisme, Laboratoires des Ponts et Chaussées, 1973.

Long, N.-T.; Schlosser, F.; Guégan, Y.; Legeay, G. *Étude des murs en terre armée sur modèles réduits bidimensionnels.* París: Ministère de l'Aménagement du Territoire, de l'Équipement, du Logement et du Tourisme, Laboratoires des Ponts et Chaussées, 1973.

Schneebeli, G. *Muros pantalla: técnicas de realización: métodos de cálculo.* 2a ed. Barcelona: Editores Técnicos Asociados, 1981.

bibliografia

Fonaments

Ayuso Muñoz, J.; Caballero Repullo, A.; Pérez García, F. *Fundamentos de ingeniería de cimentaciones*. Còrdova: Servicio de Publicaciones de la Universidad de Córdoba, 2005.

Calavera Ruiz, José. *Muros de contención y muros de sótano*. 3a ed. Madrid: Instituto Técnico de Materiales y Construcciones, 2001.

Campo Rodríguez, J. C. *Construcción de cimientos y saneamientos: replanteo y construcción de cimentaciones y redes horizontales de saneamiento*. Vigo: Ideas Propias, 2004.

Castell, V.; Farré, B.; Regalado, F. *Biblioteca de detalles constructivos metálicos, de hormigón y mixtos en estructuras de edificación: 600 detalles constructivos de estructuras metálicas, mixtas y de hormigón armado, adaptados a la instrucción EHE*. 4a ed. Alacant: CYPE, 2004.

Crespo Villalaz, C. *Mecánica de suelos y cimentaciones*. 6a ed. Mèxic: Limusa; Noriega, 2007.

Das, Braja M. *Principios de ingeniería de cimentaciones*. 5a ed. Mèxic: Thomson, 2004.

Elementos estructurales: análisis de punzonamiento, escaleras, losas macizas apoyadas, ménsulas cortas, muros de sótano, vigas de gran canto. Alacant: CYPE Ingenieros, 2002.

Fiol Femenia, F.; Fiol Olivan, F. *Manual de cimentaciones: diseño y cálculo de cimentaciones superficiales y muros, geotecnia y patología*. Burgos: Instituto de la Construcción de Castilla y León, 2006.

Hidalgo Bahamontes, Á. *Construcción de cimientos*. Barcelona: CEAC, 2004.

Llorens, J. I. de. *Cimentaciones*. Madrid: Consejo Superior de los Colegios de Arquitectos de España, 2007. [Recurs electrònic.]

Mañà i Reixach, Fr. *La obra gruesa: unos apuntes de construcción*. Traducción realizada por Sail-labs, con la supervisión de Gabriel Genescà. Barcelona: Edicions UPC, 2003.

Massagué, A., et al. *L'estructura i el projecte*. David Garcia, ed. Barcelona: Col·legi d'Arquitectes de Catalunya: Demarcació de Barcelona, 2004.

Muzás Labad, F. *Mecánica del suelo y cimentaciones*. Madrid: Fundación Escuela de la Edificación, 2007.

Nacenta Navarro, A. *Arquitectura: la idea i el detall*. Barcelona: Edicions UPC, 2002.

Olmos Martínez, Pedro J. *Cimentaciones superficiales: diseño de zapatas*. Valladolid: Secretariado de Publicaciones e Intercambio Editorial; Universidad de Valladolid, 2003.

Peña Fritz, Á.; Calavera Ruiz, J.; Llorens Alcón, M. *Recomendaciones para el proyecto de muros de sótano sometidos a cargas verticales originadas por pilares de fachada*. Madrid: Instituto Técnico de Materiales y Construcciones, 2006. [Versió anglesa: *Recommendations for the Design of Basement Walls Subjected to Vertical Loads Generated by Façade Pillars*.]

Recomendaciones para el proyecto, construcción y control de anclajes al terreno. 3a ed. corregida. Madrid: Colegio de Ingenieros de Caminos, Canales y Puertos; Asociación Científico-Técnica del Hormigón Estructural, 2005.

Sánchez Domínguez, F., et al. *Recomendaciones para la ejecución e interpretación de ensayos de integridad de pilotes y pantallas in situ*. Madrid: CEDEX, 2006.

Pilons, pilotatge, micropilotatge

AENOR. *Ejecución de trabajos geotécnicos especiales*. Madrid: AENOR, 2001.

ASCE. *Design of Pile Foundations*. Nova York: ASCE, 1993.

Asociación Española de Normalización y Certificación. UNE-EN 1536: 1999: *Ejecución de trabajos especiales de geotecnia: pilotes perforados*. Madrid: AENOR, 2000.

Bru, J.-P.; Delude, P.; Lacerna, Ph. *Études expérimentales sur le bétonnage des pieux forés*. París: Laboratoire Central des Ponts et Chaussées, 1991.

Clarke, J. (ed). *Large-Scale Pile Tests in Clay: Proceedings of the Conference "Recent Large-Scale Fully Instrumented Pile Tests In Clay"*. Institution of Civil Engineers, 23-24 de juny de 1992. Londres: Thomas Telford, 1993.

Dennis, N.D.; Castelli, R.; O'Neill, M. W. *New Technological and Design Developments in Deep Foundations. Proceedings of Sessions of Geo-Denver 2000*. Denver, Colorado, 5-8 d'agost de 2000, amb el patrocini del Deep Foundations Committee del Geo-Institute of the American Society of Civil Engineers. Virginia: American Society of Civil Engineers, 2000.

ICE. *Specification for Piling and Embedded Retaining Walls*. 2a ed. Londres: ICE, 2007.

Levachev, S.N., et al. *Piles in Hydrotechnical Engineering*. Lisse; Exton, PA : A. A. Balkema, 2002.

Turner, J. P.; Mayne, P. W. (ed.) GeoSupport 2004: *Drilled Shafts, Micropiling, Deep Mixing, Remedial Methods, and Specialty Foundation Systems. Proceedings of Sessions of the GeoSupport Conference: Innovation and Cooperation in the Geo-Industry*. Orlando, Florida, 29-31 de gener de 2004. Reston, VA: American Society of Civil Engineers, 2003.

www.ingramcontent.com/pod-product-compliance
Lightning Source LLC
Chambersburg PA
CBHW081756300426
44116CB00014B/2142